普通高等教育"十四五"规划教材·课程思政系列

U0781101

TAX
MANAGEMENT

税务管理

徐永凡　张庆阁　陈　金／主　编

杜金柱　马毓婧　周青浮　徐　黎／副主编

立信会计出版社
LIXIN ACCOUNTING PUBLISHING HOUSE

图书在版编目(CIP)数据

税务管理 / 徐永凡，张庆阁，陈金主编. -- 上海：
立信会计出版社，2025. 8. -- ISBN 978-7-5429-7924-7

Ⅰ. F812.423

中国国家版本馆 CIP 数据核字第 2025WC9808 号

策划编辑　　王斯龙　汤　晏
责任编辑　　汤　晏
美术编辑　　吴博闻

税务管理

SHUIWU GUANLI

出版发行	立信会计出版社			
地　　址	上海市中山西路 2230 号		邮政编码	200235
电　　话	(021)64411389		传　　真	(021)64411325
网　　址	www. lixinaph. com		电子邮箱	lixinaph2019@126. com
网上书店	http://lixin. jd. com		http://lxkjcbs. tmall. com	
经　　销	各地新华书店			

印　　刷	上海万卷印刷股份有限公司
开　　本	787 毫米×1092 毫米　　　　1/16
印　　张	18.5
字　　数	486 千字
版　　次	2025 年 8 月第 1 版
印　　次	2025 年 8 月第 1 次
书　　号	ISBN 978-7-5429-7924-7/F
定　　价	49.00 元

如有印订差错,请与本社联系调换

前　言

依法纳税,利国利民。伴随新一轮税制改革,我国现行税制中,无论是程序法还是实体法,都有重大变化或即将发生重大变化。及时跟进这些变革,深刻理解、精准把握最新税收政策,掌握税法和现代税务管理的基本理论、基本制度和业务规程,熟练运用最新税收政策、税务管理方法,顺应税收立法精神,对自身经济行为预先规划,促使经济活动按预设路径运行,合理、合法、合规,实现国家、企业、个人共赢的目标。

本书针对每一重要税种,首先,展示税法有关规定、计算方法和账务处理方法;其次,介绍该税种的税务管理规定及相关业务流程;最后,在熟练掌握税法和税务管理知识的基础上,从纳税人身份、税基、税率、优惠政策等诸多角度,对该税种的缴纳进行税务合规计划,助力创造最大经济效益。学用结合,让抽象的税收理论、严谨的税收法律法规,在解决现实税务问题的实践中焕发活力,极大提升学习者主动探究的内驱力。从税务机关和纳税人、管理者和被管理者双重视角进行业务学习,达到真正的知己知彼,快速提升业务能力,加速跨进税务精英的行列。本书的规划设计突破传统思路,充分体现学以致用的特色,适合税务机关工作人员、企事业单位涉税工作者及在校大学生学习使用。

本书的主要特色:

(1)课程整合。本书将传统的税法、税务管理、税务合规计划课程进行科学整合,既有效避免知识重复,又将涉税知识系统地整合在一起,有利于学生系统掌握涉税知识。理论和实践的合理搭配、学和用的有机结合,体现了学习税法的针对性和实用性。

(2)内容与时俱进。本书依据最新法律法规编写,展现税收法律法规的最新变化,体现税收改革发展趋势。

(3)税会结合。本书将税收账务处理、涉税事务申报、纳税活动的税务合规计划、会计记账原理与方法等内容有机结合。

(4)突出课程思政。本书附有"思政园地"二维码,融入习近平新时代中国特色社会主义思想,将思政教育与专业知识紧密结合,育人寓教,润物无声。

(5)配套练习内容丰富。本书每一章后都附有巩固练习题,题型包括单选题、多选题、判断题、计算题、案例分析题。部分习题选自历年注册会计师、会计专业技术资格、注册税务师考试真题。

本书由南阳理工学院徐永凡教授、南阳理工学院张庆阁教授、黄河交通学院陈金高级会计师担任主编;南阳理工学院杜金柱副教授、黄河交通学院马毓婧讲师、南阳理工学院周青浮教授、南阳理工学院徐黎教授担任副主编;南阳理工学院李奥老师、南阳市中心医院许鸿博和南阳市审计局张育铭参与了本书的编写。具体编写分工如下：徐永凡负责编写第一章、第二章、第三章、第四章;张庆阁负责编写第五章、第六章、第十章;陈金负责编写第七章;马毓婧负责编写第八章;李奥、许鸿博、张育铭负责编写第九章。本书各章的巩固训练题由张庆阁、李奥负责编写,"思政园地"由徐永凡负责编写。全书由徐永凡、张庆阁总纂并定稿,杜金柱、周青浮、徐黎负责校对。

　　本书在编纂过程中,参考了大量专著和教材,并得到有关专家、学者及相关院校的大力支持,在此表示衷心的感谢! 由于编者专业理论水平和实践经验有限,且我国税收法律法规为适应经济社会的新形势,仍处于持续变革和完善中,税收立法进程亦逐步加快,本书难免存在疏漏之处,敬请广大读者不吝赐教,以便我们及时修订和完善。

编者

2025 年 8 月

目　　录

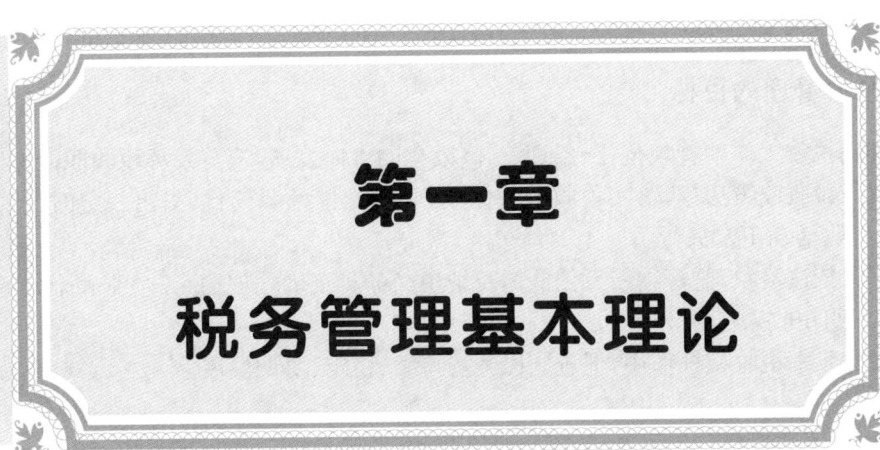

第一章
税务管理基本理论

📖 **知识目标**

理解税务管理的含义、目标及原则;理解和掌握税法的特征及税法的构成要素;掌握税法的分类;熟悉税务合规计划的原则及基本原理。

📖 **技能目标**

能够正确认识纳税义务人、税率、税收、税务管理等核心概念,并在实务场景中准确运用;能够将日常经济生活、工作实践与税务管理理论知识相结合,正确处理纳税事务。

📖 **思政目标**

理解税收"取之于民,用之于民"的核心意义,深刻领悟税收强国的原理;培养依法纳税、诚信纳税的自觉意识,树立良好的职业道德;坚定正确的政治方向,厚植爱国情怀,提高政治素养。

第一节 税务管理的基本概念

一、税务管理的含义

税务管理是指依照法律法规对企业各税种进行准确的核算和监督,对企业经营和财务活动进行税务合规计划,以及对企业各类涉税活动进行合规管理等,以此降低税务风险,提高企业价值的综合性管理活动。

二、税务管理的目标

（1）推动税收工作朝着规范化、条理化、高效化的方向发展，充分发挥税收职能作用。

（2）执行税收政策法令，落实税收管理体制规定，把握税源变化，提出一定时期税收收入目标，保障税收活动正常进行。

（3）坚持依法治税，监督纳税人依法履行纳税义务。正确处理国家、企业和个人的分配关系，保证完成组织收入任务。

（4）充分发挥税收杠杆作用，促进国民经济持续、稳定、协调发展。

第二节　税务管理的基本原则

一、我国税务管理的原则

税务管理原则是税务管理工作应遵循的准则。它是由国家性质以及与之相适应的税收性质、特点和任务决定的，体现了客观规律的要求。我国税务管理的原则主要包括以下几个方面。

1. 依法治税原则

税收是以法律为依据进行的特殊分配，既体现国家政策，又关系到生产发展和人民群众的切身利益。坚持依法治税是税收管理全过程应遵循的原则。

2. 从经济到税收原则

税收同经济息息相关，经济决定税收，税收又反作用于经济。制定税收制度和税收政策、法令，要有利于社会主义市场经济的发展；在税收管理工作中，要面向生产、关心生产，在促进生产发展的基础上增加税收收入。

3. 统一领导、分级管理原则

坚持统一领导、分级管理原则，须统一税法、集中税权、强化税收管理。税务机构实行上级税务机关与同级政府双重领导，以上级税务机关领导为主的管理体制。同时，要注意发挥中央和地方的积极性，赋予地方一定的管理权，以便因地制宜处理税收事务。

4. 税收效率原则

税收效率原则是指政府在征税过程中，无论是税制的建立、税收政策的运用，还是整个税收管理活动，都应讲求效率，遵循效率原则。

5. 公平原则

税收的公平原则是指税收本身的公平，即国家征税要使各纳税人承受的负担与其经济状况相适应，并使各纳税人之间的负担保持均衡。

6. 税收适度原则

税收适度原则是指政府在开展征税工作、构建税制体系及运用税收政策时，不但要满足国家建设的资金需要，而且要兼顾人员的负担能力。

7. 专业与群众管理相结合原则

在强化专业税收管理工作的同时，加大税收宣传力度，提高群众依法纳税的自觉性，依靠群众协税护税,把税务管理工作建立在坚实的群众基础之上。

二、企业税务管理应遵循的原则

1. 合法性原则

企业进行税务管理必须遵守国家法律、法规及规章制度等。依法纳税是企业和公民的义务,依法治税是税务管理必须坚持的首要原则。

2. 服从企业财务管理总体目标原则

税务管理必须充分考虑现实财务环境、企业发展目标及发展战略,运用各类财务模型对纳税事项进行选择和组合,有效配置企业资金和资源,获取税负与财务收益的最优化配置,最终实现企业价值最大化目标。

3. 成本效益原则

税务管理的根本目的是取得效益。因此,企业进行税务管理时,要着眼于整体税负的减轻,结合各税种特性和企业现实情况综合考量,确保税务管理带来的收益增量超过税务管理成本。

4. 事前税务合规计划原则

企业应纳税额是由经营管理活动决定的,而不是由核算决定。纳税核算只是结果的反映。因此,企业进行税务管理时,要对企业的经营、投资、理财等活动进行事前税务合规计划和安排,最大限度减少应税行为,降低企业税收负担,从而实现税务合规计划的目的。

第三节　税法的基本概念

一、税法及其特征

税法是国家制定的用以调整国家与纳税人之间在征税、纳税方面的权利与义务关系的法律规范的总称。它是国家依法征税、纳税人依法纳税的行为准则,保障国家利益和纳税人合法权益,维护正常税收秩序,保证国家财政收入。税法有三个特征:

（1）强制性。强制性是指国家以社会管理者的身份,通过法律、法规等对征收税款加以规定,并依照法律强制征税。

（2）无偿性。无偿性是指国家征税后,税款即成为财政收入,不再归还纳税人,也不支付任何报酬。

（3）固定性。固定性是指在征税之前,以法律形式预先规定了课税对象、课税额度和课税方法等。

因此,税法就是国家凭借其权力,利用税收工具,强制、无偿、固定地参与社会产品和国民收入分配的法律规范的总称。

二、税法的构成要素

税法的构成要素一般包括总则、纳税义务人、征税对象、税目、税率、纳税环节、纳税期限、纳税地点、减税免税、罚则、附则等项目。

三、税法的分类

1. 按照征税对象分类

按照税法征税对象不同,可分为流转税类、所得税类、财产行为税类和自然资源税类。

1) 流转税类

流转税类主要包括增值税、消费税、关税等税种。这类税的特点是与商品生产、流通、消费有密切联系。对什么商品征税、税率设定的高低,都会对商品经济活动产生直接影响,易于发挥对经济的宏观调控作用。

2) 所得税类

所得税类主要包括企业所得税、个人所得税等。其特点是可以直接调节纳税人收入,发挥其公平税负、调整分配关系的作用。

3) 财产行为税类

财产行为税类主要是对财产的价值或某种行为课税,包括房产税、印花税等。

4) 自然资源税类

自然资源税类主要是为保护和合理使用国家自然资源而课征的税。我国现行资源税、城镇土地使用税等税种均属于资源课税的范畴。

2. 按照主权国家行使税收管辖权分类

按照主权国家行使税收管辖权的不同,可分为国内税法、国际税法和外国税法。

3. 按照税收收入归属和征收管辖权限分类

按照税收收入归属和征收管辖权限的不同,可分为中央税、地方税和中央与地方共享税。

第四节　我国税收管理体制概述

一、税收管理体制的概念

税收管理体制是在各级国家机构之间划分税权的制度。税权的划分有纵向划分和横向划分的区别。纵向划分是指税权在中央与地方国家机构之间的划分;横向划分是指税权在同级立法机关、司法机关、行政机关等国家机构之间的划分。

我国的税收管理体制是税收制度的重要组成部分,也是财政管理体制的重要内容。税收管理权限包括税收立法权、税收法律法规的解释权、税种的开征或停征权、税目和税率的调整权、税收的加征和减免权等。如果按大类划分,可以简单地将税收管理权限划分为税收立法权和税收执法权两类。

二、税收执法权的划分

根据国务院《关于实行财政分税制有关问题的通知》等有关法律、法规的规定,我国现行税制下税收执法管理权限的划分大致如下:

(1) 根据国务院《关于实行分税制财政管理体制的决定》的规定,按税种划分中央和地方的收入。将维护国家权益、实施宏观调控所必需的税种划为中央税;将同国民经济发展直接相关的主要税种划为中央与地方共享税;将适合地方征管的税种划为地方税,并充实地方税税种,增加地方税收收入。

(2)地方自行立法的地区性税种,管理权由省级人民政府及其税务主管部门掌握。

(3)属于地方税收管理权限,在省级及其以下的地区如何划分,由省级人民代表大会或省级人民政府决定。

(4)除少数民族自治地区和经济特区外,各地均不得擅自停征全国性的地方税种。

(5)经全国人大及其常委会和国务院的批准,民族自治地方可以拥有某些特殊的税收管理权,如全国性地方税种某些税目税率的调整权以及一般地方税收管理权以外的其他一些管理权等。

(6)经全国人大及其常委会和国务院的批准,经济特区也可以在享有一般地方税收管理权之外,拥有一些特殊的税收管理权。

(7)上述地方(包括民族自治地区和经济特区)的税收管理权的行使,必须以不影响国家宏观调控和中央财政收入为前提。

(8)涉外税收必须执行国家统一税法,涉外税收政策的调整权集中在全国人大常委会和国务院,各地一律不得自行制定涉外税收的优惠措施。

(9)根据国务院有关规定,为了更好地体现公平税负、促进竞争的原则,保护社会主义统一市场的正常发育,在税法规定之外,一律不得减税免税,也不得采取先征后返的形式变相减免税。

三、税收征管范围划分

(一)征税机构

党的十九届三中全会明确改革国税地税征管体制,将省级和省级以下国税地税机构合并。2018年6月15日,全国各省(自治区、直辖市)级以及计划单列市国税局、地税局合并且统一挂牌,原省及省以下国税地税机构两个系统经合并整合,统一设置为省、市、县三级税务局,实行以国家税务总局为主与省(自治区、直辖市)人民政府双重领导管理体制。征税机构改革后,税务部门具体承担所辖区域内各项税收,非税收入征管等职责。自2019年1月1日起,将基本养老保险费、基本医疗保险费、失业保险费、工伤保险费、生育保险费等各项社会保险费交由税务部门统一征收。自2021年7月1日起,选择在河北、内蒙古、上海、浙江、安徽、青岛、云南省(自治区、直辖市、计划单列市)以省(区、市)为单位开展征管职责划转试点,将国有土地使用权出让收入、矿产资源专项收入、海域使用金、无居民海岛使用金四项政府非税收入统一划转税务部门征收。自2022年1月1日起,我国全面实施四项政府非税收入征管划转工作。另有海关总署及下属机构负责关税、船舶吨税征收管理和受托征收进出口增值税、消费税。目前,我国税收主要由税务系统和海关系统负责征收管理。

(二)中央政府与地方政府税收收入划分

根据国务院《关于实行分税制财政管理体制的决定》的规定,我国税收收入分为中央政府固定收入、地方政府固定收入和中央政府与地方政府共享收入。

中央政府固定收入包括消费税(含进口环节由海关代征的部分)、车辆购置税、关税、海关代征的进口环节增值税等。

地方政府固定收入包括城镇土地使用税、耕地占用税、土地增值税、房产税、车船税、契税。

中央政府与地方政府共享收入主要包括：

（1）增值税（不含进口环节由海关代征的部分）：中央政府分享50%，地方政府分享50%。

（2）企业所得税：中国国家铁路集团、各银行总行及海洋石油企业缴纳的部分归中央政府，其余部分中央与地方政府按60%与40%的比例分享。

（3）个人所得税：除储蓄存款利息所得的个人所得税外，其余部分的分享比例与企业所得税相同。

（4）资源税：海洋石油企业缴纳的部分归中央政府，其余部分归地方政府。

（5）城市维护建设税：中国国家铁路集团、各银行总行、各保险总公司集中缴纳的部分归中央政府，其余部分归地方政府。

（6）印花税：证券交易印花税收入全部归中央政府，其他印花税收入归地方政府。

第五节 税务合规计划管理概述

一、税务合规计划的概念

税务合规计划是指纳税人为了节约税收成本，使税后利润最大化，在纳税行为发生前，自己或委托他人在不影响企业管理目标和不违反税法的前提下，对纳税人各项涉税活动的预先规划和安排。具体来说，税务合规计划是在不违反法律法规的前提下，通过合法合规优化等方式，实现税源优化、涉税零风险的目的。

二、税务合规计划与偷税、漏税、骗税、欠税、抗税、避税的区别

（1）法律性质不同。税务合规计划合法；偷税、漏税、骗税、欠税、抗税、避税属于违法行为。

（2）行为的时点不同。税务合规计划具有事前性；偷税、漏税、骗税、欠税、抗税、避税通常具有事后性。

（3）产生的后果不同。税务合规计划有助于国家利用税收杠杆政策导向，调节经济发展；偷税、漏税、骗税、欠税、抗税、避税行为违背税法立法精神，使税收杠杆失灵。

三、税务合规计划的目标

1. 恰当地履行纳税义务

恰当地履行纳税义务是税务合规计划最基础的目标，规避纳税风险，规避纳税义务之外的纳税损失的发生，避免因涉税而造成损失，诚信纳税。

2. 降低纳税成本

降低纳税成本与正确履行纳税义务都是防卫型的税务合规计划目标，也都是最基础的税务合规计划目标。在应纳税额不变的前提下，纳税成本的降低意味着纳税人税后收益的增加。

3. 递延纳税

通过税务合规计划实现递延纳税，企业相当于从政府取得一笔无息贷款，递延金额越大、期限越长，对企业的发展越有利。

4. 降低税收负担

企业在经营中如何实现税负最低与利润最大化,是一项复杂的系统工程,需要对各类涉税事项进行总体运筹和安排。企业需要在法律规定、道德规范和经营目标之间寻求平衡,以此在涉税风险可控的前提下,实现企业利润最大化的目标。

税务合规计划的各项具体目标不是截然分开的,不同企业可以有不同的目标,同一企业在同一时期也可能有几种目标。纳税人应根据自身情况,设计适应企业发展的税务合规计划目标层次或目标组合。

四、税务合规计划的原则

1. 守法性原则

守法性原则要求税务合规计划必须在合法的前提下进行谋划,是对税法、制度、规则进行精准且有效的利用。任何违背税法的所谓"税务合规计划"不属于真正意义上的税务合规计划。

2. 事先性原则

事先性原则要求企业根据税收法律法规,在纳税义务发生之前,预先计划安排投资、经营、财务活动,从而合理调节纳税义务的发生时间与金额。

3. 成本效益原则

成本效益原则要求企业通过成本效益分析,考虑税务合规计划对财务目标的总体影响,选取能够为纳税人带来绝对收益的方案。

4. 整体性原则

整体性原则要求企业进行整体税务合规计划、综合衡量,力求整体税负最轻、长期税负最轻,防止顾此失彼、前轻后重。

5. 时效性原则

时效性原则是指纳税人应随时关注税收制度的变动,把握时机,灵活应对,不断调整和完善税务合规计划,以确保企业持久地获得税务合规计划带来的收益。

五、税务合规计划的基本原理

税务合规计划的基本发力点是通过涉税合规计划获得最大收益。

1. 绝对收益税务合规计划原理

绝对收益税务合规计划原理是指直接或间接地使纳税绝对总额减少,即在多个可供选择的纳税方案中,选择纳税总额最少的方案。

2. 相对收益税务合规计划原理

相对收益税务合规计划原理是指一定时期内的纳税总额并没有减少,但通过前期的纳税义务,递延到以后的纳税期间,纳税人获得了递延纳税的资金时间价值,从而实现了相对收益。

3. 风险税务合规计划原理

风险税务合规计划原理是指在进行税务合规计划时,既要考虑资金时间价值,又要考虑风险因素,客观地选择税收成本最低的方案,达到少缴或者不缴税款的目的。

4. 组合税务合规计划原理

组合税务合规计划原理是指纳税人在遵守现行税收法律、法规、制度的前提下,当存在多种纳税方案可供选择时,以减轻税负为目的,在一定时期和环境条件下,通过多种节税技术组合,实现节税总额最大化、节税风险最小化。需注意以下几点:

(1) 关注各税种间的关系。

(2) 综合考虑税务合规计划原理的作用。

(3) 从全局视角规划税务合规工作。

5. 模糊税务合规计划原理

模糊税务合规计划原理是指在税务合规计划过程中,其目标、条件、手段、风险等要素不具有内在确定性,呈现模糊特征,需要运用模糊决策来实施节税合规计划措施。

六、税务合规计划的步骤

首先,搜集相应必需信息,掌握有关法律法规,了解税务机关对"合规计划"行为合法性的界定。同时,了解纳税人的基本情况、财务及纳税情况、投资意向风险态度。

其次,设计备选税务合规计划,进行法定分析、可行性分析、成本效益分析,通过评价筛选出最优方案后予以实施。

最后,对税务合规计划进行监控、评估和改进。

七、税务合规计划风险的防范

为防范税务合规计划风险,防止由于税务合规计划失当而被认定为避税甚至偷税行为,受到税务机关反避税调查或者偷税处理,必须建立一套完整的防范体系,以妥善应对税务合规计划及其他涉税事务引发的问题。这主要需要做好以下几点:

(1) 严格遵守税收相关法律,谨防过度税务合规计划。

(2) 注重前期规划,全面评估税务合规计划风险。

(3) 关注整体效益,降低税务类经营风险。

(4) 保持适度灵活性,为应对税务合规计划风险预留空间。

(5) 建立实际有效的预警机制。

思考与练习题

1. 如何理解税务管理的含义?税务管理的原则主要有哪些?

2. 如何理解税法的概念?税法按照征税对象应如何分类?

3. 税务管理的目标是什么?

4. 税务合规计划的目标是什么?

5. 企业进行税务合规计划应遵循哪些原则?

巩固训练题

思政园地

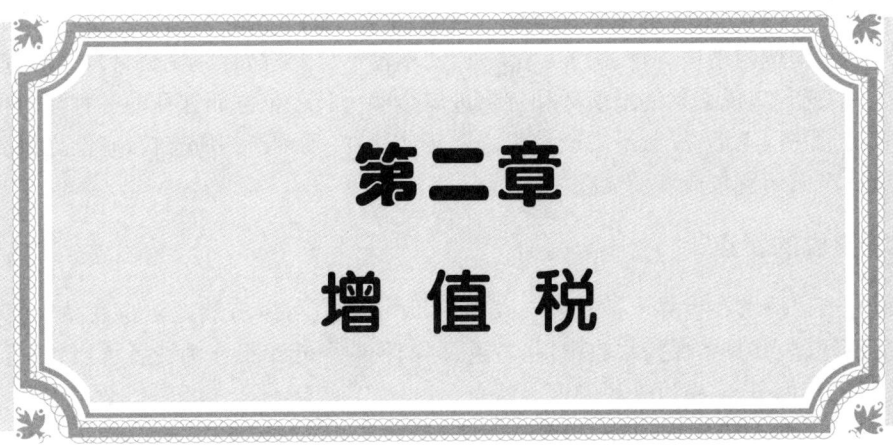

第二章
增 值 税

知识目标

理解增值税的含义;理解和掌握增值税的征税范围;掌握增值税的税率和计税方法;熟练掌握增值税应纳税额的计算及纳税申报;掌握增值税征收管理的内容;掌握增值税税务合规计划的基本方法。

技能目标

能够熟练运用增值税相关法律规定解决实际工作中的增值税问题;能够熟练进行增值税应纳税额的计算和纳税申报;能够熟练进行增值税的税务合规计划。

思政目标

我国增值税改革持续深化,充分彰显党中央推动经济发展方式向新质生产力转型的坚定决心与务实步伐。在增值税税额计算及纳税申报的学习实践中,培养严谨细致的工作作风和一丝不苟的职业精神;通过典型案例的学习,树立依法纳税、诚信纳税、纳税光荣的责任意识。

第一节　增值税的基本概念

一、增值税的含义

增值税是以商品和服务在流转过程中产生的增值额作为征税对象而征收的一种流转税。

按照《中华人民共和国增值税法》(以下简称《增值税法》,自 2026 年 1 月 1 日起施行)的规定,增值税是对在我国境内销售货物、服务、无形资产、不动产(以下简称应税交易),以及进口货物的单位和个人,就其应税交易的增值额和货物进口金额为计税依据而课征的一种流转税。

销售货物、服务、无形资产、不动产是指有偿转让货物、不动产的所有权,有偿提供服务,有偿转让无形资产的所有权或者使用权。

二、增值税的特点

增值税之所以能够在世界上被众多国家推广,是因为其可以有效地防止商品在流转过程中的重复征税问题,并具备保持税收中性、普遍征收、税收负担由最终消费者承担、实行税款抵扣制度、采用比例税率、实施价外税制度等特点。

1. 不重复征税,具有中性税收的特征

增值税只对货物或服务销售额中没有征过税的那部分增值额征税,对销售额中属于以前环节已征过的那部分销售额则不再征税,从而有效地排除了重复征税因素。

2. 税款抵扣,税负转嫁

增值税作为流转税,在逐环节征税的同时实行逐环节扣税。各环节经营者作为纳税人,只是把从买方收取的税款抵扣自己支付给卖方的税款后的余额上缴政府,而经营者自身实际上并没有承担增值税税款。可见,作为增值税纳税人的生产经营者并不是增值税的真正负担者,只有最终消费者才是全部税款的负担者。

3. 税基广阔,具有征收的普遍性和连续性

无论从横向还是纵向来看,增值税都有着广阔的税基。从生产经营的横向关系看,无论工业、商业还是服务业,只要有增值收入就纳税;从生产经营的纵向关系看,每一个商品无论经过多少生产经营环节,都要按各道环节上发生的增值额逐次征税。

第二节 增值税的征税范围

根据《增值税法》的规定,在我国境内销售货物、服务、无形资产、不动产以及进口货物的单位和个人,为增值税的纳税人,应当依照本法规定缴纳增值税。增值税的征税范围分为一般规定和特殊规定。

一、增值税征税范围的一般规定

现行增值税征税范围的一般规定包括应税销售行为和进口货物。具体规定如下。

1. 销售或者进口货物

货物是指有形动产,包括电力、热力、气体。销售货物是指有偿转让货物的所有权;有偿是指取得货币、货物或其他经济利益。进口货物是指申报进入中华人民共和国海关境内的货物。

2. 销售加工、修理修配服务

加工是指受托加工货物,即委托方提供原料及主要材料,受托方按照委托方的要求制造货物并收取加工费的业务;修理修配是指受托对损伤和丧失功能的货物进行修复,使其恢复原状和功能的业务。销售加工、修理修配服务是指有偿提供加工、修理修配服务。单位或者个体工商户聘用的员工为本单位或者雇主提供加工、修理修配服务不包括在内。

3. 销售服务

销售服务包括交通运输服务、邮政服务、电信服务、建筑服务、金融服务、现代服务和生活服务。具体征税范围如下。

1）交通运输服务

交通运输服务含陆路运输服务、水路运输服务、航空运输服务等。纳税人发生下列服务时的征税范围界定如下。

（1）陆路运输服务包括铁路运输服务和其他陆路运输服务。其他陆路运输服务包括公路运输、缆车运输、索道运输、地铁运输、城市轻轨运输等。

出租车公司向使用本公司自有出租车的出租车司机收取的管理费用，按照"陆路运输服务"缴纳增值税。

（2）水路运输的程租、期租业务，属于水路运输服务。

程租业务是指运输企业为租船人完成某一特定航次的运输任务并收取租赁费的业务。

期租业务是指运输企业将配备有操作人员的船舶承租给他人使用一定期限，承租期内听候承租方调遣，不论是否经营，均按天向承租方收取租赁费，发生的固定费用均由运输公司负担的业务。

（3）航空运输的湿租业务属于航空运输服务。

湿租业务是指航空运输企业将配备有机组人员的飞机承租给他人使用一定期限，承租期内听候承租方调遣，不论是否经营，均按一定标准向承租方收取租赁费，发生的固定费用均由承租方承担的业务。

（4）航天运输服务按照"航空运输服务"缴纳增值税。

（5）纳税人已售票但客户逾期未消费取得的运输逾期票证收入，按照"交通运输服务"缴纳增值税。

2）邮政服务

邮政服务包括邮政普遍服务、邮政特殊服务和其他邮政服务。

邮政普遍服务是指函件、包裹等邮件寄递，以及邮票发行、报刊发行和邮政汇兑等业务活动。

邮政特殊服务是指义务兵平常信函、机要通信、盲人读物和革命烈士遗物的寄递等业务活动。

其他邮政服务是指邮册等邮品销售、邮政代理等业务活动。

3）电信服务

电信服务包括基础电信服务和增值电信服务。

基础电信服务是指利用固网、移动网、卫星、互联网提供语音通话服务的业务活动，以及出租或者出售带宽、波长等网络元素的业务活动。

增值电信服务是指利用固网、移动网、卫星、互联网、有线电视网络，提供短信和彩信服务、电子数据和信息的传输及应用服务、互联网接入服务等业务活动。卫星电视信号落地转接服务，按照"增值电信服务"缴纳增值税。

4）建筑服务

建筑服务包括工程服务、安装服务、装饰服务和其他建筑服务。

（1）工程服务包括与建筑物相连的各种设备或者支柱、操作平台的安装或者装设工程作业,以及各种窑炉和金属结构工程作业。

(2)安装服务包括与被安装设备相连的工作台、梯子、栏杆的装设工程作业,以及被安装设备的绝缘、防腐、保温、油漆等工程作业。

(3)固定电话、有线电视、宽带、水、电、燃气、暖气等经营者向用户收取的安装费、初装费、开户费、扩容费以及类似收费,按照"安装服务"缴纳增值税。

(4)物业服务企业为业主提供的装修服务,按照"装饰服务"缴纳增值税。

(5)其他建筑服务是指上述工程作业之外的各种工程作业服务,如钻井(打井)、拆除建筑物或者构筑物、平整土地、园林绿化、疏浚(不包括航道疏浚)、建筑物平移、搭脚手架、爆破、矿山穿孔、表面附着物(包括岩层、土层、沙层等)剥离和清理等工程作业。

(6)纳税人将建筑施工设备出租给他人使用并配备操作人员的,按照"建筑服务"缴纳增值税。

5)金融服务

金融服务包括贷款服务、直接收费金融服务、保险服务和金融商品转让。

(1)各种占用、拆借资金取得的收入包括金融商品持有期间(含到期)利息(保本收益、报酬、资金占用费、补偿金等)收入、信用卡透支利息收入、买入返售金融商品利息收入、融资融券收取的利息收入,以及融资性售后回租、押汇、罚息、票据贴现、转贷等业务取得的利息及利息性质的收入,按照"贷款服务"缴纳增值税。

保本收益、报酬、资金占用费、补偿金是指合同中明确承诺到期本金可全部收回的投资收益。金融商品持有期间(含到期)取得的非保本的上述收益,不属于利息或利息性质的收入,不征收增值税。

融资性售后回租是指承租方以融资为目的,将资产出售给从事融资性售后回租业务的企业后,从事融资性售后回租业务的企业将该资产出租给承租方的业务活动。

(2)以货币资金投资收取的固定利润或者保底利润,按照"贷款服务"缴纳增值税。

(3)直接收费金融服务包括提供货币兑换、账户管理、电子银行、信用卡、信用证、财务担保、资产管理、信托管理、基金管理、金融交易场所(平台)管理、资金结算、资金清算、金融支付等服务。

(4)保险服务包括人身保险服务和财产保险服务。

(5)金融商品转让是指转让外汇、有价证券、非货物期货和其他金融商品所有权的业务活动。其他金融商品转让包括基金、信托、理财产品等各类资产管理产品和各种金融衍生品的转让。纳税人购入基金、信托、理财产品等各类资产管理产品持有至到期,不属于金融商品转让。

(6)纳税人转让因同时实施股权分置改革和重大资产重组而首次公开发行股票并上市形成的限售股,以及上市首日至解禁日期间由上述股份孳生的送、转股,以该上市公司股票上市首日开盘价为买入价,按照"金融商品转让"缴纳增值税。

6)现代服务

现代服务是指围绕制造业、文化产业、现代物流产业等提供技术性、知识性服务的业务活动,包括研发和技术服务、信息技术服务、文化创意服务、物流辅助服务、租赁服务、鉴证咨询服务、广播影视服务、商务辅助服务和其他现代服务。

(1)研发和技术服务包括研发服务、合同能源管理服务、工程勘察勘探服务、专业技术服务。

(2)信息技术服务包括软件服务、电路设计及测试服务、信息系统服务、业务流程管理服务和信息系统增值服务。

（3）文化创意服务包括设计服务、知识产权服务、广告服务和会议展览服务。

宾馆、旅馆、旅社、度假村和其他经营性住宿场所提供会议场地及配套服务的活动,按照"会议展览服务"缴纳增值税。

（4）物流辅助服务包括航空服务、港口码头服务、货运客运场站服务、打捞救助服务、装卸搬运服务、仓储服务和收派服务。

（5）租赁服务包括融资租赁服务和经营租赁服务。

融资租赁服务是指具有融资性质和所有权转移特点的租赁活动,即出租人根据承租人所要求的规格、型号、性能等条件购入有形动产或者不动产租赁给承租人,合同期内租赁物所有权属于出租人,承租人只拥有使用权,合同期满付清租金后,承租人有权按照残值购入租赁物,以拥有其所有权。不论出租人是否将租赁物销售给承租人,均属于融资租赁。按照标的物的不同,融资租赁服务可分为有形动产融资租赁服务和不动产融资租赁服务。

经营租赁服务是指在约定时间内将有形动产或者不动产转让他人使用且租赁物所有权不变更的业务活动。按照标的物的不同,经营租赁服务可分为有形动产经营租赁服务和不动产经营租赁服务。

纳税人发生下列服务时的征税范围界定：①融资性售后回租不按照"租赁服务"缴纳增值税。②将建筑物、构筑物等不动产或者飞机、车辆等有形动产的广告位出租给其他单位或者个人用于发布广告,按照"经营租赁服务"缴纳增值税。③车辆停放服务、道路通行服务（包括过路费、过桥费、过闸费等）等按照"不动产经营租赁服务"缴纳增值税。④水路运输的光租业务、航空运输的干租业务,属于经营租赁。光租业务是指运输企业将船舶在约定的时间内出租给他人使用,不配备操作人员,不承担运输过程中发生的各项费用,只收取固定租赁费的业务活动。干租业务是指航空运输企业将飞机在约定的时间内出租给他人使用,不配备机组人员,不承担运输过程中发生的各项费用,只收取固定租赁费的业务活动。

（6）鉴证咨询服务包括认证服务、鉴证服务和咨询服务。

翻译服务和市场调查服务按照"咨询服务"缴纳增值税。

（7）广播影视服务包括广播影视节目（作品）的制作服务、发行服务和播映（含放映,下同）服务。

（8）商务辅助服务包括企业管理服务、经纪代理服务、人力资源服务和安全保护服务。

拍卖行受托拍卖取得的手续费或佣金收入,按照"经纪代理服务"缴纳增值税。纳税人提供的安全保护服务,属于人力资源服务,比照劳务派遣服务政策执行。纳税人提供武装守护押运服务,按照"安全保护服务"缴纳增值税。

（9）其他现代服务是指除研发和技术服务、信息技术服务、文化创意服务、物流辅助服务、租赁服务、鉴证咨询服务、广播影视服务和商务辅助服务以外的现代服务。纳税人为客户办理退票而向客户收取的退票费、手续费等收入,按照"其他现代服务"缴纳增值税。纳税人对安装运行后的机器设备提供的维护保养服务,按照"其他现代服务"缴纳增值税。

7）生活服务

生活服务包括文化体育服务、教育医疗服务、旅游娱乐服务、餐饮住宿服务、居民日常服务和其他生活服务。

（1）提供餐饮服务的纳税人销售的外卖食品,按照"餐饮服务"缴纳增值税。

（2）纳税人在游览场所经营索道、摆渡车、电瓶车、游船等取得的收入，按照"文化体育服务"缴纳增值税。

（3）纳税人现场制作食品并直接销售给消费者，按照"餐饮服务"缴纳增值税。

（4）纳税人提供植物养护服务，按照"其他生活服务"缴纳增值税。

4. 销售无形资产

销售无形资产是指转让无形资产所有权或者使用权的业务活动。无形资产包括技术、商标、著作权、商誉、自然资源使用权和其他权益性无形资产。其他权益性无形资产包括基础设施资产经营权、公共事业特许权、配额、经营权（包括特许经营权、连锁经营权、其他经营权）、经销权、分销权、代理权、会员权、席位权、网络游戏虚拟道具、域名、名称权、肖像权、冠名权、转会费等。

5. 销售不动产

销售不动产是指转让不动产所有权的业务活动。不动产包括建筑物、构筑物等。转让建筑物有限产权或者永久使用权的，转让在建的建筑物或者构筑物所有权的，以及在转让建筑物或者构筑物时一并转让其所占土地的使用权的，按照"销售不动产"缴纳增值税。

二、增值税征税范围的特殊规定

1. 视同应税交易

单位或者个体工商户的下列行为，视同应税交易：

（1）将自产、委托加工的货物用于集体福利或者个人消费。

（2）将自产、委托加工或者购进的货物无偿转让给其他单位或者个人。

（3）将无形资产、不动产或者金融商品无偿转让给其他单位或者个人。

上述行为应确定为视同应税交易，均要征收增值税。其确定的目的主要有三个：一是保证增值税税款抵扣制度的实施，不致因发生上述行为而造成各相关环节税款抵扣链条的中断，如前两种情况就是这种原因。如果不将之视同应税交易就会出现销售代销货物方仅有销项税额而无进项税额，而将货物交付其他单位或者个人代销方仅有进项税额而无销项税额的情况，导致增值税抵扣链条不完整。二是避免因发生上述行为而造成货物销售税收负担不平衡的矛盾，防止以上述行为逃避纳税。三是体现增值税计算的配比原则，即购进货物已经在购进环节实施了进项税额抵扣，这些购进货物应产生相应的销售额，同时就应产生相应的销项税额，否则就会产生不配比情况。

有下列情形之一的，不属于应税交易，不征收增值税：

（1）员工为受雇单位或者雇主提供取得工资、薪金的服务。

（2）收取行政事业性收费、政府性基金。

（3）依照法律规定被征收、征用而取得补偿。

（4）取得存款利息收入。

2. 涉及不同税率或征收率的一项应税交易

一项应税交易涉及两个以上税率或征收率的，按照应税交易的主要业务适用税率、征收率计算应缴纳的增值税。

3. 涉及不同税率或征收率的多项应税交易

纳税人发生两项或两项以上应税交易涉及不同税率、征收率的，应当分别核算适用不同税率、征收率的销售额；未分别核算的，从高适用税率。

第三节 增值税的纳税人

一、增值税的纳税义务人

根据《增值税法》的规定,在我国境内销售货物、服务、无形资产、不动产,以及进口货物的单位和个人(包括个体工商户),为增值税的纳税人。

二、增值税的扣缴义务人

境外单位或个人在境内销售应税劳务而在境内未设有经营机构的,其应纳税款以代理人为扣缴义务人;没有代理人的,以购买者为扣缴义务人。

境外单位或者个人在境内发生应税行为,在境内未设有经营机构的,以购买方为增值税扣缴义务人。财政部和国家税务总局另有规定的除外。

扣缴义务人按照下列公式计算应扣缴税额:

$$应扣缴税额 = 接受方支付的价款 \div (1 + 税率) \times 税率$$

三、增值税纳税义务人的划分

增值税纳税人按会计核算水平和经营规模分为一般纳税人和小规模纳税人两类,分别采取不同的增值税计税方法。

(一) 一般纳税人的认定及管理

1. 一般纳税人的认定标准

一般纳税人是指年应征增值税销售额(以下简称年应税销售额),超过财政部、国家税务总局规定的小规模纳税人标准的企业和企业性单位(以下简称企业)。除按照政策规定可以选择按照小规模纳税人纳税以外,应当向主管税务机关办理一般纳税人登记。

年应税销售额是指纳税人在连续不超过 12 个月的经营期内累计应征增值税销售额,包括纳税申报销售额、稽查查补销售额、纳税评估调整销售额、税务机关代开发票销售额和免税销售额。其中,稽查查补销售额和纳税评估调整销售额计入查补税款申报当月的销售额,不计入税款所属期销售额。经营期是指在纳税人存续期内的连续经营期间,含未取得销售收入的月份。纳税人偶然发生的销售无形资产、转让不动产的销售额,不计入应税行为年应税销售额。

年应税销售额未超过规定标准的纳税人,会计核算健全,能够提供准确税务资料的,可以向主管税务机关办理一般纳税人登记。

纳税人应当向其机构所在地主管税务机关办理一般纳税人登记手续。纳税人登记为一般纳税人后,不得转为小规模纳税人,国家税务总局另有规定的除外。

2. 申请一般纳税人资格的条件

年应税销售额未超过财政部、国家税务总局规定的小规模纳税人标准以及新开业的纳税人,可以向主管税务机关申请一般纳税人资格认定。对提出申请并且同时符合下列条件的纳税人,主管税务机关应当为其办理一般纳税人资格认定:①有固定的生产经营场所。②能够按照国家统一的会计制度规定设置账簿,根据合法、有效凭证核算,能够提供准确税务资料。

3. 无须办理一般纳税人资格认定的纳税人

无须办理一般纳税人资格认定的纳税人包括以下三种:

(1)个体工商户以外的其他个人,即自然人。

(2)选择按照小规模纳税人纳税的非企业性单位。非企业性单位是指行政单位、事业单位、军事单位、社会团体和其他单位。

(3)选择按照小规模纳税人纳税的不经常发生应税行为的企业。不经常发生应税行为的企业是指非增值税纳税人;不经常发生应税行为是指其偶然发生增值税应税行为。

4. 办理一般纳税人登记的程序

纳税人向主管税务机关填报《增值税一般纳税人登记表》,如实填写固定生产经营场所等信息,并提供税务登记证件。

纳税人填报内容与税务登记信息一致的,主管税务机关当场登记。

纳税人填报内容与税务登记信息不一致,或者不符合填列要求的,税务机关应当场告知纳税人需要补正的内容。

5. 登记的时限

纳税人应在年应税销售额超过规定标准的月份(或季度)的所属申报期结束后 15 日内按照规定办理相关手续;未按规定时限办理的,主管税务机关应当在规定时限结束后 5 日内制作《税务事项通知书》,告知纳税人应当在 5 日内向主管税务机关办理相关手续;逾期仍不办理的,次月起按销售额依照增值税税率计算应纳税额,不得抵扣进项税额,直至纳税人办理相关手续为止。

纳税人自一般纳税人生效之日起,按照增值税一般计税方法计算应纳税额,并可以按照规定领用增值税专用发票,财政部、国家税务总局另有规定的除外。生效之日是指纳税人办理登记的当月 1 日或者次月 1 日,由纳税人在办理登记手续时自行选择。

(二)小规模纳税人的认定及管理

1. 小规模纳税人的认定标准

小规模纳税人是指年应征增值税销售额在规定标准(500 万元)以下,并且会计核算不健全,不能按规定报送有关税务资料的增值税纳税人。会计核算不健全是指不能正确按照国家统一的会计制度规定设置账簿,依据合法、有效凭证进行核算。

2. 小规模纳税人的管理

小规模纳税人会计核算健全,能够提供准确税务资料的,可以向主管税务机关申请资格认定,不作为小规模纳税人。转登记纳税人按规定再次登记为一般纳税人后,不得再转登记为小规模纳税人。

第四节　增值税的税率与征收率

一、增值税税率及适用范围

增值税的税率分别为 13%、9%、6% 和零税率。

（一）13%税率适用范围

纳税人销售货物、加工修理修配服务、有形动产租赁服务、进口货物，除按规定适用9%税率和零税率的货物以外，适用13%的基本税率。

采取填埋、焚烧等方式进行专业化处理后产生货物，且货物归属委托方的，受托方属于提供"加工服务"，其收取的处理费用适用13%的税率。

（二）9%税率适用范围

纳税人销售交通运输、邮政、基础电信、建筑、不动产租赁服务，销售不动产，转让土地使用权，销售或者进口下列货物，除按规定适用零税率以外，适用9%的税率：

（1）农产品、食用植物油、食用盐。

A. 农产品。农产品是指种植业、养殖业、林业、牧业、水产业生产的各种植物、动物的初级产品。具体征税范围暂继续按照《农业产品征税范围注释》（财税字〔1995〕52号）及现行相关规定执行，包括挂面、干姜、姜黄、玉米胚芽、动物骨粒等。

麦芽、复合胶、人发不属于《农业产品征税范围注释》中规定的农业产品范围，适用13%的增值税税率。

按照《食品安全国家标准 巴氏杀菌乳》生产的巴氏杀菌乳和按照《食品安全国家标准 灭菌乳》生产的灭菌乳，均属于初级农业产品，可依照《农业产品征收范围注释》中的鲜奶按9%的税率征收增值税；按照《食品安全国家标准 调制乳》生产的调制乳，不属于初级农业产品，应按照13%的税率征收增值税。

淀粉不属于农业产品的范围，应按照13%的税率征收增值税。

B. 食用植物油。花椒油、橄榄油、核桃油、杏仁油、葡萄籽油和牡丹籽油按照食用植物油适用9%的税率征收增值税。

环氧大豆油、氢化植物油不属于食用植物油征收范围，适用13%的增值税税率。

肉桂油、桉油、香茅油不属于《农业产品征税范围注释》中规定的农业产品，适用13%的增值税税率。

（2）自来水、暖气、冷气、热水、煤气、石油液化气、天然气、二甲醚、沼气、居民用煤炭制品。

（3）图书、报纸、杂志、音像制品、电子出版物。国内印刷企业承印的经新闻出版主管部门批准印刷且采用国际标准书号编序的境外图书，属于《增值税法》第10条第2项规定的"图书"，适用9%的增值税税率。

（4）饲料、化肥、农药、农机、农膜。

其中，饲料是指用于动物饲养的产品或其加工品。饲料的范围包括：①单一饲料是指作饲料用的某一种动物、植物、微生物产品或其加工品。②混合饲料是指采用简单方法，将两种以上的单一饲料混合到一起的饲料。③配合饲料是指根据不同的饲养对象、饲养对象的不同生长发育阶段对各种营养成分的不同需要量，采用科学的方法，将不同的饲料按一定的比例配合到一起，并均匀地搅拌，制成一定料型的饲料。

直接用于动物饲养的粮食、饲料添加剂不属于饲料的范围。

农机是指用于农业生产（包括林业、牧业、副业、渔业）的各种机器和机械化与半机械化农具以及小农具，包括农用水泵、农用柴油机、不带动力的手扶拖拉机、三轮农用运输车、密集型烤房设备、频振式杀虫灯、自动虫情测报灯、黏虫板、卷帘机、农用挖掘机、养鸡设备系列产品、养猪设备系列产品、动物尸体降解处理机、蔬菜清洗机等。农机零部件不属于本货物的征收范围。

（三）6%税率适用范围

纳税人销售增值电信服务、金融服务、现代服务（不动产租赁除外）、生活服务以及销售无形资产（转让土地使用权除外），增值税税率为6%。

（四）零税率适用范围

我国境内单位和个人销售的下列服务和无形资产适用增值税零税率：

（1）国际运输服务。国际运输服务是指在境内载运旅客或者货物出境；在境外载运旅客或者货物入境；在境外载运旅客或者货物。

发生国际运输服务适用零税率的具体政策如下：①按照国家有关规定应取得相关资质的国际运输服务项目，纳税人取得相关资质的，适用增值税零税率政策；未取得的，适用增值税免税政策。②境内单位或个人提供承租服务，如果租赁的交通工具用于国际运输服务和涉我国港澳台的运输服务，由出租方按规定申请适用增值税零税率。③境内单位和个人向境内单位或个人提供期租、湿租服务，如果承租方利用租赁的交通工具向其他单位或个人提供国际运输服务和港澳台运输服务，由承租方适用增值税零税率。境内单位或个人向境外单位或个人提供期租、湿租服务，由出租方适用增值税零税率。④境内单位和个人以无运输工具承运方式提供的国际运输服务，由境内实际承运人适用增值税零税率；无运输工具承运业务的经营者适用增值税免税政策。

（2）航天运输服务。

（3）向境外单位提供的完全在境外消费的下列服务：①研发服务。②合同能源管理服务。③设计服务。④广播影视节目（作品）的制作和发行服务。⑤软件服务。⑥电路设计及测试服务。⑦信息系统服务。⑧业务流程管理服务。⑨离岸服务外包业务。离岸服务外包业务包括信息技术外包服务（ITO）、技术性业务流程外包服务（BPO）、技术性知识流程外包服务（KPO），其所涉及的具体业务活动，按照《销售服务、无形资产、不动产注释》（财税〔2016〕36号）相对应的业务活动执行。⑩转让技术。

（4）财政部和国家税务总局规定的其他服务。

二、增值税征收率

增值税征收率是指特定纳税人发生应税销售行为在某一生产流通环节应纳税额与销售额的比率。增值税征收率适用于两种情况：一是小规模纳税人；二是一般纳税人发生应税交易按规定可以选择简易计税方法计税的。

（一）增值税征收率3%

1. 小规模纳税人

一般情况下，小规模纳税人增值税征收率为3%。至2027年12月31日，增值税小规模纳税人适用3%征收率的应税销售收入，减按1%征收率征收增值税；适用3%预征率的预缴增值税项目，减按1%预征率预缴增值税。

2. 一般纳税人

一般纳税人通常按照一般计税方法征收增值税，但也存在简易计税的情形。纳税人按简易计税方法计税的，除按规定适用5%征收率的以外，其应税交易均适用3%的征收率。

（二）增值税征收率5%

纳税人发生下列应税交易,按照简易计税法计税的,适用征收率5%:

（1）小规模纳税人销售自建或者取得的不动产。

（2）一般纳税人选择简易计税方法计税的不动产销售。

（3）房地产开发企业中的小规模纳税人,销售自行开发的房地产项目

（4）其他个人销售其取得(不含自建)的不动产(不含其购买的住房)。

（5）一般纳税人选择简易计税方法计税的不动产经营租赁。

（6）小规模纳税人出租(经营租赁)其取得的不动产(不含个人出租住房)。

（7）其他个人出租(经营租赁)其取得的不动产(不含住房)。

（8）个人出租住房应按照5%的征收率减按1.5%计算应纳税额。

（9）一般纳税人和小规模纳税人提供劳务派遣服务选择差额纳税的。

（10）一般纳税人2016年4月30日前签订的不动产融资租赁合同,或以2016年4月30日前取得的不动产提供融资租赁服务,选择适用简易计税方法的。

（11）一般纳税人收取试点前开工的一级公路、二级公路、桥、闸通行费,选择适用简易计税方法的。

（12）一般纳税人提供人力资源外包服务,选择适用简易计税方法的。

（13）纳税人转让2016年4月30日前取得的土地使用权,选择适用简易计税方法。

（14）房地产开发企业中的一般纳税人购入未完工的房地产老项目(2016年4月30日之前的建筑工程项目)继续开发后,以自己名义立项销售的不动产,属于房地产老项目,可以选择适用简易计税方法按照5%的征收率计算缴纳增值税。

（三）增值税征收率3%减按2%

根据《增值税法》相关规定,适用3%征收率的某些一般纳税人和小规模纳税人可以减按2%计征增值税。

一般纳税人销售自己使用过的属于《增值税法》第22条规定不得抵扣且抵扣进项税额的固定资产,按照简易办法依照3%征收率减按2%征收增值税。

纳税人销售自己使用过的固定资产,适用简易办法依照3%征收率减按2%征收增值税政策的,可以放弃减税,按照简易办法依照3%征收率缴纳增值税,并可以开具增值税专用发票。所称自己使用过的固定资产,是指纳税人根据财务会计制度已经计提折旧的固定资产。

小规模纳税人(除其他个人外,下同)销售自己使用过的固定资产,减按2%的征收率征收增值税。

纳税人销售旧货,按照简易办法依照3%征收率减按2%征收增值税。旧货是指进入二次流通的具有部分使用价值的货物(含旧汽车、旧摩托车和旧游艇),但不包括自己使用过的物品。

上述纳税人销售自己使用过的固定资产、物品和旧货适用按照简易办法依照3%征收率减按2%征收增值税的,按下列公式确定销售额和应纳税额:

$$销售额 = 含税销售额 \div (1 + 3\%)$$
$$应纳税额 = 销售额 \times 2\%$$

该规定不包括二手车经销业务,对从事二手车经销业务的纳税人销售其收购的二手车,自

2020 年 5 月 1 日至 2027 年 12 月 31 日,按照简易办法依 3% 征收率减按 0.5% 征收增值税。

销售额和应纳税额的计算公式如下:

$$销售额＝含税销售额÷(1＋0.5\%)$$
$$应纳税额＝销售额×0.5\%$$

纳税人应当开具二手车销售统一发票。购买方索取增值税专用发票的,应当再开具征收率为 0.5% 的增值税专用发票。

第五节　一般计税方法下应纳税额的计算

我国目前对一般纳税人采用的计税方法是国际上通行的一般计税方法(购进扣税法),增值税一般纳税人发生应税交易的应纳税额,一般采用一般计税方法计算,等于当期销项税额抵扣当期进项税额后的余额。其计算公式为:

$$当期应纳税额＝当期销项税额－当期进项税额$$
$$＝当期销售额×适用税率－当期进项税额$$

一、销项税额的计算

销项税额是指纳税人发生应税交易,按照销售额乘以规定的税率计算的增值税税额。销项税额的计算公式为:

$$销项税额＝销售额×适用税率$$

销项税额是指购买方购买货物或者应税劳务支付价款时,一并向销售方支付的税额。对于一般纳税人销售方来说,在没有抵扣其进项税额前,销售方收取的销项税额还不是其应纳增值税税额。销项税额的计算取决于销售额和适用税率两个因素。在适用税率既定的前提下,销项税额的大小主要取决于销售额的大小。增值税适用税率是比较简单的,因而销项税额计算的关键是如何准确确定作为增值税计税依据的销售额。

(一)一般销售方式下的销售额

销售额是指纳税人发生应税交易取得的与之相关的价款,包括货币和非货币形式的经济利益对应的全部价款,不包括按照一般计税方法计算的销项税额和按照简易计税方法计算的应纳税额。

价外费用(销售方的价外收入)包括价外向购买方收取的手续费、补贴、基金、集资费、返还利润、奖励费、违约金、滞纳金、延期付款利息、赔偿金、代收款项、代垫款项、包装费、包装物租金、储备费、优质费、运输装卸费以及其他各种性质的价外收费。但下列项目不包括在内:

(1)受托加工应征消费税的消费品所代收代缴的消费税。

(2)同时符合以下条件的代垫运输费用:①承运部门的运输费用发票开具给购买方的。②纳税人将该项发票给购买方的。

(3)同时符合以下条件代为收取的政府性基金或者行政事业性收费:①由国务院或者财政部批准设立的政府性基金,由国务院或者省级人民政府及其财政、价格主管部门批准设立的行政事业性收费。②收取时开具省级以上财政部门印制的财政票据。③所收款项全额上缴财政。

（4）销售货物的同时代办保险等而向购买方收取的保险费，以及向购买方收取的代购买方缴纳的车辆购置税、车辆牌照费。

凡随同应税交易向购买方收取的价外费用，无论其会计制度如何核算，均应并入销售额计算应纳税额。税法规定各种性质的价外收费都要并入销售额计算征税，目的是防止以各种名目的收费减少销售额逃避纳税的现象。上述四项允许不计入价外费用是因为在满足了上述相关条件后可以确认销售方在其中仅仅是代为收取了有关费用，这些价外费用确实没有形成销售方的收入。

应当注意的是，对增值税一般纳税人（包括纳税人自己或代其他部门）向购买方收取的价外费用和逾期包装物押金，应视为含税收入，在征税时换算成不含税收入再并入销售额。

按会计制度规定，对价外收费一般都不在"产品销售收入"或"商品销售收入"科目中核算，而在"其他应付款""其他业务收入""营业外收入"等科目中核算。这样，企业在实务中时常出现对价外收费处理不规范的问题。有的企业虽在相应科目中作会计核算，却未核算其销项税额；有的企业则既不按会计核算要求进行收入核算，又不按规定核算销项税额，而是将发生的价外收费直接冲减有关费用科目。这些行为都是逃避纳税的错误做法，必将受到税法处罚。因此，纳税人对价外收费按税法规定并入销售额计税必须予以高度重视，严格核查各项价外收费，保证做到正确计税和会计核算。

销售额以人民币计算，纳税人以人民币以外的货币结算销售额的，应当折合成人民币计算。

销售额明显偏低或者偏高且无正当理由的，税务机关可以依照《中华人民共和国税收征收管理法》（以下简称《税收征收管理法》）和有关行政法规的规定核定销售额。

（二）特殊销售方式下的销售额

在销售活动中，为了达到促销的目的，有多种销售方式。不同销售方式下，销售者取得的销售额会有所不同。对不同销售方式如何确定其计征增值税的销售额，既是纳税人关心的问题，也是税法必须分别予以明确规定的重要内容。税法对以下几种销售方式分别作了规定。

1. 采取折扣方式销售

折扣销售是指销货方在发生应税交易时，因购货方购货数量较大等原因而给予购货方一定的价格优惠（如购买 5 件，销售价格折扣 10%；购买 10 件，销售价格折扣 20% 等）。由于折扣与实现销售同时发生，根据税法规定，如果销售额和折扣额在同一张发票上分别注明，可以折扣后的余额为销售额计算增值税；如果折扣额另开发票，不论其在财务上如何处理，均不得从销售额中减除折扣额。根据税法规定，纳税人销售货物并向购买方开具增值税专用发票后，由于购货方在一定时期内累计购买货物达到一定数量，或者由于市场价格下降等原因，销货方给予购货方相应的价格优惠或补偿等折扣、折让行为，销货方可按现行《红字增值税专用发票开具申请》的有关规定开具红字增值税专用发票。这里需要作两点解释：

第一，折扣销售不同于销售折扣。销售折扣是指销货方在销售货物或应税劳务后，为了鼓励购货方及早偿还货款而协议许诺给予购货方的一种折扣优待。销售折扣发生在销货之后，是一种融资性质的理财费用，因此销售折扣不得从销售额中减除。企业在确定销售额时应把折扣销售与销售折扣严格区分开。另外，销售折扣又不同于销售折让。销售折让是指货物销售后,由于其品种、质量等原因,销货方需给予购货方的一种价格折让。销售折让与销售折扣相比,虽然都是在货物销售后发生的,但销售折让是由于货物的品种和质量引起销售额的减少。因此,对销售折让可以按折让后的货款确认销售额,同时需开具增值税红字发票。

第二,折扣销售仅限于货物价格的折扣。如果销货方将自产、委托加工或购买的货物进行实物折扣,则该实物对应的款项不能从货物销售额中减除,而应按《增值税法》中的"无偿赠送他人"计算征收增值税。

纳税人采取折扣方式销售货物,销售额和折扣额在同一张发票上分别注明是指销售额和折扣额在同一张发票上的"金额"栏分别注明,此时可按折扣后的销售额征收增值税。未在同一张发票"金额"栏注明折扣额,而仅在发票的"备注"栏注明折扣额的,折扣额不得从销售额中减除。

2. 采取以旧换新方式销售

以旧换新是指纳税人在销售自己的货物时,有偿收回相关的旧货物,以达到促销的目的。根据税法规定,采取以旧换新方式销售货物的,应按新货物的同期销售价格确定销售额,不得扣减旧货物的收购价格。之所以这样规定,既是因为销售货物与收购货物是两个不同的业务活动,销售额与收购额不能相互抵减,也是为了严格规范增值税的计算征收,防止出现销售额不实、减少纳税的现象。考虑到金银首饰以旧换新业务的特殊情况,对金银首饰以旧换新业务,可以按销售方实际收取的不含增值税的全部价款征收增值税。

3. 采取还本销售方式销售

还本销售是指纳税人在销售货物后,到一定期限由销售方一次或分次退还给购货方全部或部分价款。这种方式实际上是一种筹资,是以货物换取资金的使用价值,到期还本不付息的方法。其主要目的是促进销售和融通资金。税法规定,采取还本销售方式销售货物的,销售额就是货物的销售价格,不得从销售额中减除还本支出。

4. 采取以物易物方式销售

以物易物是一种较为特殊的购销活动,是指购销双方不是以货币结算,而是以货物相互结算,实现货物购销的一种方式。在实务中,有的纳税人认为以物易物不是购销行为,销货方收到购货方抵顶货款的货物,认为自己不是购货;购货方发出抵顶货款的货物,认为自己不是销货。这两种认识都是错误的。正确的做法是,以物易物双方都应作购销处理,以各自发出的货物核算销售额并计算,即购销双方均以各自发出的货物核算销售额,计算销项税额。需注意的是,在以物易物活动中,应分别开具合法票据,收到的货物不能取得相应的增值税专用发票或其他合法票据的,不能抵扣进项税额。

5. 包装物押金是否计入销售额

包装物是指纳税人包装本单位货物的各种物品。纳税人销售货物时另收取包装物押金,目的是促使购货方及早退回包装物以便周转使用。

根据税法规定,纳税人为销售货物而出租出借包装物收取的押金,单独记账核算的,时间在1年以内且未过期,不并入销售额征税,但对因逾期未收回包装物不再退还的押金,应按所包装货物的适用税率计算销项税额。

上述规定中,逾期是指按合同约定实际逾期或以1年为期限,对收取1年以上的押金,无论是否退还均并入销售额征税。当然,在将包装物押金并入销售额征税时,需要先将该押金换算为不含税价,再并入销售额征税。

对销售除啤酒、黄酒外的其他酒类产品而收取的包装物押金,无论是否返还以及会计上如何核算,均应并入当期销售额征税。对销售啤酒、黄酒所收取的押金,按上述一般押金的规定处理。

另外,包装物押金不应混同于包装物租金,包装物租金在销货时作为价外费用并入销售额计算销项税额。

6. 对视同应税交易的销售额的确定

确定视同应税交易的销售额的方法有:①按纳税人最近时期同类货物的平均销售价格确定。②按其他纳税人最近时期同类货物的平均销售价格确定。③用以上两种方法均不能确定其销售额的,按组成计税价格确定。组成计税价格的公式为:

$$组成计税价格＝成本×(1＋成本利润率)$$

征收增值税的货物,同时又征收消费税的,其组成计税价格中应加上消费税税额。其组成计税价格的公式为:

$$组成计税价格＝成本×(1＋成本利润率)＋消费税税额$$

或:

$$组成计税价格＝成本×(1＋成本利润率)÷(1－消费税税率)$$

公式中的成本,销售自产货物的为实际生产成本,销售外购货物的为实际采购成本。公式中的成本利润率由国家税务总局确定。

(三)含税销售额的换算

为了符合增值税作为价外税的要求,纳税人在填写进销货及纳税凭证、进行账务处理时,应分项记录不含税销售额、销项税额和进项税额,以正确计算应纳增值税额。然而,在实际工作中,常常会出现一般纳税人对应税交易采用销售额和销项税额合并定价收取的方法,这样就会形成含税销售额。我国增值税是价外税,计税依据中不含增值税本身的数额。在计算应纳税额时,如果不将含税销售额换算为不含税销售额,既不符合我国增值税的设计原则,会导致对增值税销项税额的重复征税,也会影响企业成本核算过程。如果普遍以含税销售额作为计税依据,则还会在某种程度上推动物价非正常上涨。因此,一般纳税人发生应税交易取得的含税销售额,在计算销项税额时,必须换算为不含税销售额。采用销售额和销项税额合并定价方法的,按下列公式计算销售额:

$$销售额＝含税销售额÷(1＋税率)$$

公式中的税率为发生应税交易时按《增值税法》规定所适用的税率。

二、进项税额的计算

《增值税法》第16条规定,进项税额,是指纳税人购进货物、服务、无形资产、不动产支付或者负担的增值税税额。纳税人应当凭法律、行政法规或者国务院规定的增值税扣税凭证从销项税额中抵扣进项税额。进项税额是与销项税额相对应的另一个概念。在开具增值税专用发票的情况下,销售方收取的销项税额,就是购买方支付的进项税额。增值税的核心就是用纳税人收取的销项税额抵扣其支付的进项税额,其余额为纳税人实际应缴纳的增值税税额。这样,进项税额作为可抵扣的部分,对于纳税人实际纳税多少就产生了举足轻重的作用。

然而,需要注意的是,并不是纳税人支付的所有进项税额都可以从销项税额中抵扣。为体现增值税的配比原则,即购进项目金额与销售产品销售额之间应有配比性,当纳税人购进的货物、服务、无形资产、不动产行为不是用于增值税应税项目,而是用于简易计税项目、免税项目或用于集体福利、个人消费等情况时,其支付的进项税额就不能从销项税额中抵扣。增值税法律法规对不能抵扣进项税额的项目作了严格的规定,如果违反税法规定,随意抵扣进项税额就将以逃避纳税款论处。因此,严格把握哪些进项税额可以抵扣、哪些进项税额不能抵扣是十分重要的。这也是纳税人在缴纳增值税实务中出现差错最多的地方。

(一)准予从销项税额中抵扣的进项税额

根据《增值税法》的规定,准予从销项税额中抵扣的进项税额,限于下列增值税扣税凭证上注明的增值税税额和按规定的扣除率计算的进项税额:

(1)从销售方取得的增值税专用发票(含税控机动车销售统一发票,下同)上注明的增值税额。

(2)从海关取得的进口增值税专用缴款书上注明的增值税税额。

(3)纳税人购进农产品,按下列规定抵扣进项税额:

A. 纳税人购进农产品,取得一般纳税人开具的增值税专用发票或海关进口增值税专用缴款书的,以增值税专用发票或海关进口增值税专用缴款书上注明的增值税税额为进项税额。

B. 从按照简易计税方法依照3%的征收率计算缴纳增值税的小规模纳税人处取得增值税专用发票的,以增值税专用发票上注明的金额和9%的扣除率计算进项税额。

C. 取得(开具)农产品销售发票或收购发票的,以农产品销售发票或收购发票上注明的农产品买价和9%的扣除率计算进项税额。

D. 购进农产品进项税额的计算公式为:

$$进项税额＝买价×扣除率$$

E. 对烟叶税纳税人按规定缴纳的烟叶税,准予并入烟叶产品的买价计算增值税的进项税额,并在计算缴纳增值税时予以抵扣。购进烟叶准予抵扣的增值税进项税额,按照收购烟叶实际支付的价款总额和应纳烟叶税税额及法定扣除率计算。其计算公式为:

$$烟叶税应纳税额＝收购烟叶实际支付的价款总额×税率(20\%)$$
$$准予抵扣的进项税额＝(收购烟叶实际支付的价款总额＋应纳烟叶税税额)×扣除率$$

F. 纳税人从批发、零售环节购进适用免征增值税政策的蔬菜、部分鲜活肉蛋而取得的普通发票,不得作为计算抵扣进项税额的凭证。

G. 纳税人购进用于生产销售或委托加工13%税率货物的农产品,允许加计扣除,按照10%的扣除率计算进项税额。其具体操作方法可分为以下两个环节:

第一,在购进农产品当期,所有纳税人按照购进农产品抵扣进项税额的一般规定,凭票据实抵扣或者凭票计算抵扣。

第二,将购进农产品用于生产销售或委托加工13%税率货物的纳税人,在生产领用农产品当期,根据领用的农产品加计1%抵扣进项税额。

纳税人购进农产品既用于生产销售或委托受托加工13%税率货物又用于生产销售其他货物服务的,应当分别核算用于生产销售或委托受托加工13%税率货物和其他货物服务的农产品进项税额。未分别核算的,统一以增值税专用发票或海关进口增值税专用缴款书上注明的增值税税额为进项税额,或以农产品收购发票或销售发票上注明的农产品买价和9%的扣除率计算进项税额。

上述购进农产品抵扣进项税额的办法,不适用于《农产品增值税进项税额核定扣除试点实施办法》中购进的农产品。

(4)增值税一般纳税人在资产重组过程中,将全部资产、负债和劳动力一并转让给其他增值税一般纳税人,并按程序办理注销税务登记的,其在办理注销登记前尚未抵扣的进项税额可结转至新纳税人处继续抵扣。

(二)不得从销项税额中抵扣的进项税额

纳税人发生应税交易,取得的增值税扣税凭证不符合法律、行政法规或者国务院税务主管部门有关规定的,其进项税额不得从销项税额中抵扣。增值税扣税凭证是指增值税专用发票、海关进口增值税专用缴款书、农产品收购发票和农产品销售发票以及运输费用结算单据。

根据《增值税法》的规定,下列项目的进项税额不得从其销项税额中抵扣:

(1)适用简易计税方法计税项目对应的进项税额。

(2)免征增值税项目对应的进项税额。

(3)非正常损失项目对应的进项税额。

(4)购进并用于集体福利或者个人消费的货物、服务、无形资产、不动产对应的进项税额。

(5)购进并直接用于消费的餐饮服务、居民日常服务和娱乐服务对应的进项税额。

(6)国务院规定的其他进项税额。

三、应纳税额的计算

一般纳税人在计算出销项税额和进项税额后可以得出实际应纳税额。为了正确计算增值税的应纳税额,在实际操作中,还需要掌握以下重要规定。

(一)计算应纳税额的时间限定

为了保证计算应纳税额的合理性、准确性,纳税人必须严格把握当期进项税额从当期销项税额中抵扣这个要点。"当期"是个重要的时间限定,具体是指税务机关依照税法规定对纳税人确定的纳税期限;只有在纳税期限内实际发生的销项税额、进项税额,才是法定的当期销项税额、当期进项税额。

1. 计算销项税额的时间限定

销项税额是增值税一般纳税人发生应税交易,按照实现的销售额乘以规定的税率计算的金额。纳税人在什么时间计算销项税额,《增值税法》作了严格的规定。

(1)采取直接收款方式销售货物的,不论货物是否发出,均为收到销售款或者取得索取销售款凭据的当日。

(2)采取托收承付和委托银行收款方式销售货物的,为发出货物并办妥托收手续的当日。

(3)采取赊销和分期收款方式销售货物的,为合同约定的收款日期当日;无书面合同或者书面合同没有约定收款日期的,为货物发出的当日。

(4)采取预收货款方式销售货物的,为货物发出的当日;但生产销售生产工期超过12个月的大型机械设备、船舶、飞机等货物的,为收到预收款或者书面合同约定的收款日期的当日。

(5)纳税人提供建筑服务、租赁服务,采取预收款方式的,为收到预收款的当日。

(6) 委托其他纳税人代销货物的,为收到代销单位的代销清单或者收到全部或者部分货款的当日;未收到代销清单及货款的,为发出代销货物满 180 天的当日。

(7) 销售应税劳务的,为提供劳务同时收讫销售款或取得索取销售款凭据的当日。

(8) 纳税人从事金融商品转让的,为金融商品所有权转移的当日。

(9) 纳税人发生视同销售行为的,为货物移送、服务及无形资产转让完成的当日或者不动产权属变更的当日。

2. 增值税专用发票不再设定抵扣期限

根据国家税务总局《关于取消增值税扣税凭证认证确认期限等增值税征管问题的公告》(国家税务总局公告 2019 年第 45 号),自 2020 年 3 月 1 日起,增值税一般纳税人取得 2017 年 1 月 1 日及以后开具的增值税专用发票、海关进口增值税专用缴款书、机动车销售统一发票等,取消了认证确认、稽核比对、申报抵扣的期限。这意味着目前增值税专用发票抵扣期限已经不再设定,即没有时间限制。

(二) 销货退回或折让涉及销项税额和进项税额的税务处理

一般纳税人发生应税交易,开具增值税专用发票后,发生销售货物退回或者折让、开票有误等情形,应按国家税务总局的规定开具红字增值税专用发票。未按规定开具红字增值税专用发票的,增值税额不得从销项税额中扣减。

《增值税法》规定,增值税一般纳税人因销售货物退回或者折让而退还给购买方的增值税额,应从发生销售货物退回或者折让当期的销项税额中扣减;因购进货物退出或者折让而收回的增值税额,应从发生购进货物退出或者折让当期的进项税额中扣减。

(三) 向供货方取得返还收入的税务处理

对商业企业向供货方收取的与商品销售量、销售额挂钩(如以一定比例、金额、数量计算)的各种返还收入,均应按照平销返利行为的有关规定冲减当期增值税进项税金。应冲减进项税金的计算公式调整为:

$$\text{当期应冲减进项税金} = \text{当期取得的返还资金} \div \left(1 + \text{所购货物适用增值税税率}\right) \times \text{所购货物适用增值税税率}$$

商业企业向供货方收取的各种返还收入,一律不得开具增值税专用发票。

【例 2-1】 某生产企业为增值税一般纳税人,适用 13% 增值税税率,2025 年 5 月的有关生产经营业务如下:

(1) 销售甲产品给某商场,开具增值税专用发票,取得不含税销售额 80 万元;另外,开具普通发票,取得销售甲产品的送货运输费收入 5.65 万元。

(2) 销售乙产品,开具普通发票,取得含税销售额 29.38 万元。

(3) 将试制的一批应税新产品用于本企业基建工程,成本价为 30 万元,成本利润率为 10%,该新产品无同类产品市场销售价格。

(4) 销售 2025 年 1 月份购进作为固定资产使用过的进口摩托车 6 辆,开具普通发票,每辆取得含税销售额 1.13 万元;该摩托车原值每辆 0.9 万元。

(5) 购进货物取得增值税专用发票,注明支付的货款 60 万元,进项税额 7.8 万元;另外支付购货的运输费用 6.54 万元,取得运输公司开具的普通发票。

(6) 向农业生产者购进免税农产品一批,支付收购价 30 万元,支付给运输单位的运费

5.45万元,取得相关的合法票据。本月下旬将购进的农产品的20%用于本企业职工福利。

以上相关票据均符合税法的规定。要求:按下列顺序计算该企业5月应缴纳的增值税税额。

(1) 计算销售甲产品的销项税额。

(2) 计算销售乙产品的销项税额。

(3) 计算自用新产品的销项税额。

(4) 计算销售使用过的摩托车应纳税额。

(5) 计算外购货物应抵扣的进项税额。

(6) 计算外购免税农产品应抵扣的进项税额。

(7) 计算该企业5月合计应缴纳的增值税税额。

解:(1) 销售甲产品的销项税额=80×13%+5.65÷(1+13%)×13%=10.40+0.65

　　　　　　=11.05(万元)

(2) 销售乙产品的销项税额=29.38÷(1+13%)×13%=3.38(万元)

(3) 自用新产品的销项税额=30×(1+10%)×13%=4.29(万元)

(4) 销售使用过的摩托车应纳税额=1.13÷(1+13%)×13%×6=0.78(万元)

(5) 外购货物应抵扣的进项税额=7.80+6.54÷(1+9%)×9%=7.80+0.54

　　　　　　=8.34(万元)

(6) 外购免税农产品应抵扣的进项税额=[30×9%+5.45÷(1+9%)×9%]×(1-20%)

　　　　　　=(2.70+0.45)×80%=2.52(万元)

(7) 该企业5月合计应缴纳的增值税税额=11.05+3.38+4.29+0.78-(8.34+2.52)

　　　　　　=19.50-10.86=8.64(万元)

第六节　简易计税方法下应纳税额的计算

一、应纳税额的计算

适用简易计税法的应纳税额是指按照销售额和增值税征收率计算的增值税税额,不得抵扣进项税额。小规模纳税人发生应税交易,实行按照销售额和征收率计算应纳税额的简易办法,并不得抵扣进项税额。其应纳税额计算公式为:

$$应纳税额=不含税销售额×征收率$$

这里需要解释两点:

第一,小规模纳税人取得的销售额不包括按3%征收率收取的增值税税额。

第二,小规模纳税人不得抵扣进项税额。

二、含税销售额的换算

小规模纳税人在发生应税交易时,一般只能开具普通发票,取得的销售收入均为含税销售额。而根据《增值税法》的规定,小规模纳税人的销售额不包括其应纳税额。为了符合增值税作为价外税的要求,小规模纳税人在计算应纳税额时,必须将含税销售额换算为不含税的销售额后才能计算应纳税额。

小规模纳税人发生应税交易采用销售额和应纳税额合并定价方法的,按下列公式计算销售额:

$$销售额＝含税销售额÷(1＋征收率)$$

【例 2-2】 某便利商店为增值税小规模纳税人,2025 年 7 月取得零售收入总额 12.36 万元。要求:计算该商店 7 月应缴纳的增值税税额。

解: 2025 年 7 月取得的不含税销售额＝12.36÷(1＋3％)＝12(万元)

8 月应缴纳的增值税税额＝12×3％＝0.36(万元)

说明:小规模纳税人因销售货物退回或者折让退还给购买方的销售额,应从发生销售货物退回或者折让当期的销售额中扣减。

三、一般纳税人可以选择适用简易计税方法的情形

一般纳税人发生财政部和国家税务总局规定的特定应税交易,也可以选择简易计税方法计税,但是不得抵扣进项税额。这主要包括以下情况:

(1) 县级及县级以下小型水力发电单位生产的自产电力。小型水力发电单位是指各类投资主体建设的装机容量为 5 万千瓦以下(含 5 万千瓦)的小型水力发电单位。

(2) 自产建筑用和生产建筑材料所用的砂、土、石料。

(3) 以自己采掘的砂、土、石料或其他矿物连续生产的砖、瓦、石灰(不含黏土实心砖、瓦)。

(4) 自己用微生物、微生物代谢产物、动物毒素、人或动物的血液或组织制成的生物制品。

(5) 自产的自来水。

(6) 自来水公司销售自来水。

(7) 自产的商品混凝土(仅限于以水泥为原料生产的水泥混凝土)。

(8) 公共交通运输服务,包括轮客渡、公交客运、地铁、城市轻轨、出租车、长途客运、班车。班车是指按固定路线、固定时间运营并在固定站点停靠的运送旅客的陆路运输服务。

(9) 经认定的动漫企业为开发动漫产品提供的动漫脚本编撰、形象设计、背景设计、动画设计、分镜、动画制作、摄制、描线、上色、画面合成、配音、配乐、音效合成剪辑、字幕制作、压缩转码(面向网络动漫、手机动漫格式适配)服务,以及在境内转让动漫版权(包括动漫品牌、形象或者内容的授权及再授权)。

(10) 电影放映服务、仓储服务、装卸搬运服务、收派服务和文化体育服务。

(11) 以清包工方式提供的建筑服务。以清包工方式提供建筑服务是指施工方不采购建筑工程所需的材料或只采购辅助材料,并收取人工费、管理费或者其他费用的建筑服务。

(12) 为甲供工程提供的建筑服务。甲供工程是指全部或部分设备、材料、动力由工程发包方自行采购的建筑工程。

(13) 销售 2016 年 4 月 30 日前取得的不动产。

(14) 房地产开发企业销售自行开发的房地产老项目。房地产老项目是指:①《建筑工程施工许可证》注明的合同开工日期在 2016 年 4 月 30 日前的建筑工程项目;②未取得《建筑工程施工许可证》的,建筑工程承包合同注明的开工日期在 2016 年 4 月 30 日前的建筑工程

项目。

（15）出租 2016 年 4 月 30 日前取得的不动产。

（16）提供非学历教育服务。

（17）纳税人转让 2016 年 4 月 30 日前取得的土地使用权。

（18）一般纳税人销售自产机器设备的同时提供安装服务,应分别核算机器设备和安装服务的销售额,安装服务可以按照甲供工程选择适用简易计税方法计税。

（19）房地产开发企业中的一般纳税人以围填海方式取得土地并开发的房地产项目,围填海工程《建筑工程施工许可证》或建筑工程承包合同注明的围填海开工日期在 2016 年 4 月 30 日前的,属于房地产老项目,可以选择适用简易计税方法按照 5% 的征收率计算缴纳增值税。

（20）非企业性单位中的一般纳税人提供的研发和技术服务、信息技术服务、鉴证咨询服务,以及销售技术、著作权等无形资产,可以选择简易计税方法按照 3% 的征收率计算缴纳增值税。非企业性单位中的一般纳税人提供"技术转让、技术开发和与之相关的技术咨询、技术服务",可以参照上述规定,选择简易计税方法按照 3% 的征收率计算缴纳增值税。

（21）一般纳税人提供教育辅助服务,可以选择简易计税方法按照 3% 的征收率计算缴纳增值税。

（22）一般纳税人生产销售和批发、零售抗癌药品,可选择按照简易办法依照 3% 的征收率计算缴纳增值税。抗癌药品是指经国家药品监督管理部门批准注册的抗癌制剂及原料药。抗癌药品的范围实行动态调整。

（23）一般纳税人生产销售和批发、零售罕见病药品,可选择按照简易办法依照 3% 的征收率计算缴纳增值税。纳税人应单独核算罕见病药品的销售额;未单独核算的,不适用上述规定的简易征收政策。罕见病药品是指经国家药品监督管理部门批准注册的罕见病药品制剂及原料药。罕见病的药品范围实行动态调整。

第七节　特殊应税交易的税务处理

一、涉及不同税率或征收率的多项应税交易

涉及不同税率或征收率的多项应税交易是指纳税人的销售行为既涉及应税货物,又涉及应税服务、无形资产或者不动产,但是销售货物、服务、无形资产或者不动产不同时发生在同一应税交易中。比如,某农村供销社既销售税率为 13% 的家用电器,又销售税率为 9% 的化肥、农药等;某农业机械厂既生产销售税率为 9% 的农机,又利用本厂设备从事税率为 13% 的加工、修理修配服务。对这种兼营行为,《增值税法》规定的税务处理方法如下:

纳税人涉及不同税率或征收率的多项应税交易,应当分别核算不同税率或征收率应税交易的销售额;未分别核算销售额的,从高适用税率或征收率。

"分别核算"主要是指对涉及不同税率或征收率的应税交易在取得收入后,应分别如实记账,分别核算销售额,并按照不同的税率或征收率各自计算应纳税额,以避免适用税率或征收率混乱,出现少缴或多缴税款的现象。

"对未分别核算销售额的从高适用税率"是指涉及不同税率或征收率的货物或服务而取得的混合在一起的销售额,本应按 13% 或 9% 高低不同税率分别计税,但由于未分别核算,只能以不减少上缴国家的税收为前提,对混合在一起的销售额一律按 13% 的高税率计税。该规定有利于促进纳税人健全账簿,正确核算应纳税额。

二、涉及不同税率或征收率的一项应税交易

根据《增值税法》的规定,纳税人发生一项应税交易涉及两个以上税率、征收率的,按照应税交易的主要业务适用税率、征收率。

从事货物的生产、批发或者零售的企业、企业性单位和个体工商户的上述应税交易,按照销售货物适用税率缴纳增值税;其他单位和个人的上述应税交易,视为销售服务,按照销售服务适用税率缴纳增值税。

第八节 进口货物征税及出口货物退(免)税管理

一、进口货物征税管理

(一)进口货物的征税范围及纳税人

1. 进口货物的征税范围

根据《增值税法》的规定,申报进入中华人民共和国海关境内的货物,均应缴纳增值税,并由海关代征。

确定一项货物是否属于进口货物,必须看其是否有报关进口手续。一般来说,境外产品要输入境内,必须向我国海关申报进口,并办理有关报关手续。只要是报关进口的应税货物,无论是国外产制还是我国已出口而转销国内的货物,无论是进口者自行采购还是国外捐赠的货物,也无论进口货物是自用还是作为贸易或其他用途等,均应按照规定缴纳进口环节的增值税。

2. 进口货物的纳税人

进口货物的收货人或办理报关手续的单位和个人,为进口货物增值税的纳税义务人。也就是说,进口货物增值税纳税人的范围较宽,包括了国内一切从事进口业务的企事业单位、机关团体和个人。

对于企业、单位和个人委托代理进口应征增值税的货物,鉴于代理进口货物的海关完税凭证,有的开具给委托方,有的开具给受托方的特殊性,对代理进口货物以海关开具的完税凭证上的纳税人为增值税纳税人。在实际工作中,一般由进口代理者代缴进口环节增值税。纳税后,由代理者将已纳税款和进口货物价款费用等与委托方结算,由委托方承担已纳税款。

(二)进口货物的适用税率

进口货物增值税税率与内销货物征税率相同,分别为 13%、9%、6% 和零税率。

(三)进口货物应纳税额的计算

海关代征纳税人应纳进口货物增值税时,按照组成计税价格和规定税率计算应纳税额,不得抵扣发生在我国境外的各种税金。

在计算增值税销项税额时直接用销售额作为计税依据或计税价格,但在进口产品计算增值税时不能直接得到类似销售额这样一个计税依据,需要通过计算而得,即要计算组成计税价格。组成计税价格是指在没有实际销售价格时,按照税法规定计算出作为计税依据的价格。进口货物增值税组成计税价格和应纳税额的计算公式为:

$$组成计税价格＝关税完税价格＋关税$$
$$应纳税额＝组成计税价格×税率$$

如果进口货物属于消费税的应税消费品,组成计税价格公式中须加上消费税额,其计算公式为:

$$组成计税价格＝关税完税价格＋关税＋消费税$$

或:

$$组成计税价格＝(关税完税价格＋关税)÷(1－消费税税率)$$

【例 2-3】　甲商场 2025 年 7 月进口货物一批,该批货物在国外的买价为 50 万元,该批货物运抵我国海关前发生的包装费、运输费、保险费等共计 21 万元。货物报关后,商场按规定缴纳了进口环节的增值税并取得海关开具的海关进口增值税专用缴款书。假定该批进口货物在国内全部销售,取得不含税销售额 89 万元。已知:货物进口关税税率为 15％,增值税税率为 13％。

要求:(1) 计算关税的组成计税价格。

(2) 计算进口环节应缴纳进口关税。

(3) 计算进口环节应缴纳增值税的组成计税价格。

(4) 计算进口环节应缴纳增值税的税额。

(5) 计算国内销售环节的销项税额。

(6) 计算国内销售环节应缴纳增值税税额。

解:(1) 关税的组成计税价格＝50＋21＝71(万元)

(2) 应缴纳进口关税＝71×15％＝10.65(万元)

(3) 进口环节应缴纳增值税的组成计税价格＝71＋10.65＝81.65(万元)

(4) 进口环节应缴纳增值税的税额＝81.65×13％＝10.614 5(万元)

(5) 国内销售环节的销项税额＝89×13％＝11.57(万元)

(6) 国内销售环节应缴纳增值税税额＝11.57－10.614 5＝0.955 5(万元)

二、出口货物退(免)税管理

出口货物退(免)税是国际贸易中通常采用并为世界各国所普遍接受的、目的在于鼓励各国出口货物公平竞争的一种退还或免征间接税(目前我国主要包括增值税、消费税)的税收措施,即对出口货物已承担或应承担的增值税和消费税等间接税实行退还或者免征。由于这项制度比较公平合理,因此它已成为国际社会通行的惯例。

我国的出口货物退(免)税是指在国际贸易业务中,对我国报关出口的货物退还或免征在国内各生产和流转环节按税法规定缴纳的增值税和消费税,即对增值税出口货物实行零税率,对消费税出口货物免税。

增值税出口货物的零税率,从税法上理解有两层含义:一是对本道环节生产或销售货物的增值部分免征增值税;二是对出口货物前道环节所含的进项税额进行退付。

(一)出口货物退(免)税基本政策

1. 出口免税并退税

出口免税是指对货物、劳务和跨境应税行为在出口销售环节免征增值税,这是把货物、劳务和跨境应税行为出口环节与出口前的销售环节都同样视为一个征税环节;出口退税是指对货物、劳务和跨境应税行为在出口前实际承担的税收负担,按规定的退税率计算予以退还。

2. 出口免税不退税

出口免税的含义同上。出口不退税是指适用这个政策的出口货物、劳务和跨境应税为因在前一道生产、销售环节或进口环节是免税的,因此,出口时该货物、劳务和跨应税行为的价格中本身就不含税,也无须退税。

3. 出口不免税也不退税

出口不免税是指对国家限制或禁止出口的某些货物、劳务和跨境应税行为的出口环节视为内销环节,照常征税;出口不退税是指对这些货物、劳务和跨境应税行为出口不退还出口前其所负担的税款。

(二)出口货物退(免)税的适用范围

对下列出口货物、服务,除特殊规定外,实行免征和退还增值税政策。

1. 出口企业出口货物

出口企业是指依法办理工商登记、税务登记、对外贸易经营者备案登记,自营或委托出口货物的单位或个体工商户,以及依法办理工商登记、税务登记但未办理对外贸易经营者备案登记,委托出口货物的生产企业。

出口货物是指向海关报关后实际离境并销售给境外单位或个人的货物,分为自营出口货物和委托出口货物两类。

生产企业是指具有生产能力(包括加工、修理修配能力)的单位或个体工商户。

2. 出口企业或其他单位视同出口货物

(1)出口企业对外援助、对外承包、境外投资的出口货物。

(2)出口企业经海关报关进入国家批准的出口加工区、保税物流园区、保税港区、综合保税区、珠澳跨境工业区(珠海园区)、中哈霍尔果斯国际边境合作中心(中方配套区域)、保税物流中心(B型)(以下统称特殊区域)并销售给特殊区域内单位或境外单位、个人的货物。

(3)免税品经营企业销售的货物。但国家规定不允许经营和限制出口的货物、卷烟和超出免税品经营企业《企业法人营业执照》规定经营范围的货物除外,具体是指:①中国免税品(集团)有限责任公司向海关报关运入海关监管仓库,专供其经国家批准设立的统一经营、统一组织进货、统一制定零售价格、统一管理的免税店销售的货物。②国家批准的除中国免税品(集团)有限责任公司外的免税品经营企业,向海关报关运入海关监管仓库,专供其所属的首都机场口岸海关隔离区内的免税店销售的货物。③国家批准的除中国免税品(集团)有限责任公司外的免税品经营企业所属的上海虹桥、浦东机场海关隔离区内的免税店销售的货物。

(4)出口企业或其他单位销售给用于国际金融组织或外国政府贷款国际招标建设项目的中标机电产品(以下简称中标机电产品)。上述中标机电产品包括外国企业中标再分包给出口企业或其他单位的机电产品。贷款机构和中标机电产品的具体范围按相关规定执行。

（5）生产企业向海上石油天然气开采企业销售的自产的海洋工程结构物。海洋工程结构物和海上石油天然气开采企业的具体范围按相关规定执行。

（6）出口企业或其他单位销售给国际运输企业用于国际运输工具上的货物。对此类货物，暂仅适用于外轮供应公司、远洋运输供应公司销售给外轮、远洋国轮的货物，以及国内航空供应公司生产销售给国内和国外航空公司国际航班的航空食品。

（7）出口企业或其他单位销售给特殊区域内生产企业生产耗用且不向海关报关而输入特殊区域的水（包括蒸汽）、电力、燃气。

3. 生产企业出口视同自产货物

（1）持续经营以来从未发生骗取出口退税、虚开增值税专用发票或农产品收购发票、接受虚开增值税专用发票（善意取得虚开增值税专用发票除外）行为，且同时符合下列条件的生产企业出口的外购货物，可视同自产货物适用增值税退（免）税政策：①已取得增值税一般纳税人资格。②已持续经营2年及2年以上。③纳税信用等级为A级。④上一年度销售额5亿元以上。⑤外购出口的货物与本企业自产货物同类型或具有相关性。

（2）持续经营以来从未发生骗取出口退税、虚开增值税专用发票或农产品收购发票、接受虚开增值税专用发票（善意取得虚开增值税专用发票除外）行为，但不能同时符合上述第（1）条规定的条件的生产企业，出口的外购货物符合下列条件之一的，可视同自产货物，适用增值税退（免）税政策：①同时符合下列条件的外购货物：与本企业生产的货物名称、性能相同；使用本企业注册商标或境外单位或个人提供给本企业使用的商标；出口给进口本企业自产货物的境外单位或个人。②与本企业所生产的货物属于配套出口，且出口给进口本企业自产货物的境外单位或个人的外购货物，符合下列条件之一的：用于维修本企业出口的自产货物的工具、零部件、配件；不经过本企业加工或组装，出口后能直接与本企业自产货物组合成成套设备的货物。③经集团公司总部所在地的地级以上税务局认定的集团公司，其控股（按照《中华人民共和国公司法》第265条规定的口径执行）的生产企业之间收购的自产货物以及集团公司与其控股的生产企业之间收购的自产货物。④同时符合下列条件的委托加工货物：与本企业生产的货物名称、性能相同，或者是用本企业生产的货物再委托深加工的货物；出口给进口本企业自产货物的境外单位或个人；委托方与受托方必须签订委托加工协议，且主要原材料必须由委托方提供，受托方垫付资金，只收取加工费，开具加工费（含代垫的辅助材料）的增值税专用发票。⑤用于本企业中标项目下的机电产品。⑥用于对外承包工程项目下的货物。⑦用于境外投资的货物。⑧用于对外援助的货物。⑨生产自产货物的外购设备和原材料（农产品除外）。

4. 出口企业对外提供加工、修理修配服务

对外提供加工、修理修配服务是指对进境复出口货物或从事国际运输的运输工具进行的加工、修理修配。

5. 一般纳税人适用增值税零税率政策的应税服务

（1）国际运输服务。

（2）航天运输服务。

（3）向境外单位提供的完全在境外消费的下列服务：研发服务、合同能源管理服务、设计服务、广播影视节目（作品）的制作和发行服务、软件服务、电路设计及测试服务、信息系统服务、业务流程管理服务、离岸服务外包业务、转让技术。

境内的单位和个人销售适用增值税零税率的服务或无形资产的，可以放弃适用增值税零税率,选择免税或按规定缴纳增值税。放弃适用增值税零税率后,36个月内不得再申请适用增值税零税率。

(三)出口货物的退税率

根据《增值税法》的规定,企业产品出口后,税务部门应按照出口商品的进项税额为企业办理退税。由于税收减免及国家经济政策等原因,商品的进项税额往往不等于实际负担的税额,如果按出口商品的进项税额退税,就会产生少征多退的问题,于是就有了计算出口商品应退税款的比率——出口退税率。

1. 退税率的一般规定

除财政部和国家税务总局根据国务院决定而明确的增值税出口退税率(以下简称退税率)外,出口货物的退税率为适用税率。服务和无形资产的退税率为适用税率。现行出口货物的增值税退税率分为13%、10%、9%、6%和零税率。

2. 退税率的特殊规定

(1)外贸企业购进按简易方法征税的出口货物、从小规模纳税人购进的出口货物,退税率分别为按简易计税方法实际执行的征收率、小规模纳税人征收率。上述出口货物取得增值税专用发票的,退税率按照增值税专用发票上的税率和出口货物退税率孰低的原则确定。

(2)出口企业委托加工、修理修配货物,加工、修理修配费用的退税率为出口货物的退税率。

(3)中标机电产品、出口企业向海关报关进入特殊区域销售给特殊区域内生产企业生产耗用的列名原材料、输入特殊区域的水电气,退税率为适用税率。如果国家调整列名原材料的退税率,列名原材料应当自调整之日起按调整后的退税率执行。

3. 兼营适用不同退税率的货物、服务的规定

兼营适用不同退税率的货物、服务,应分开报关、核算并申报退(免)税,未分开报关、核算或划分不清的,从低适用退税率。

(四)出口货物应退税额的计算及申报

出口货物只有在适用既免税又退税的政策时,才会涉及如何计算退税的问题。各类出口企业对出口货物的会计核算办法不同,有对出口货物单独核算的,有对出口和内销的货物统一核算成本的。为了与出口企业的会计核算办法相一致,我国《关于出口货物劳务增值税和消费税政策的通知》规定了两种退税计算办法:第一种办法是"免、抵、退"办法,主要适用于自营和委托出口自产货物的生产企业;第二种办法是"退、免"税办法,目前主要用于收购货物出口的外(工)贸企业。

1. "免、抵、退"税的计算方法

实行"免、抵、退"税管理办法的"免"税是指对生产企业出口的自产货物,在出口时免征本企业生产销售环节增值税;"抵"税是指生产企业出口自产货物所耗用的原材料、零部件、燃料、动力等所含应予退还的进项税额,抵顶内销货物的应纳税额;"退"税是指生产企业出口的自产货物在当月内应抵顶的进项税额大于应纳税额时,对未抵减完的部分予以退税。由于出口货物增值税实行零税率,除出口环节免征增值税即没有销项税额外,还需要将为生产出口产品所购进的项目已经缴纳的税款,即进项税额退还给出口企业等纳税人。因此,出口退税并不是退还"销项税额",而是退还进项税额。如果一个企业完全是出口企业,商品没有内销,则完全采用"免"和"退"的方式,就不存在"抵"税的问题。采用"抵"税的方式其实是为了简化征管手续,即用本来要退还给纳税人的退税额抵减内销货物应按规定缴纳的增值税款。

1)当期应纳税额的计算

当期应纳税额的计算公式为:

$$当期应纳税额 = 当期内销货物的销项税额 - \left(当期进项税额 - 当期免抵退税不得免征和抵扣税额\right) - 上期留抵税额$$

$$当期免抵退税不得免征和抵扣税额 = 当期出口货物离岸价 \times 外汇人民币牌价 \times \left(出口货物适用税率 - 出口货物退税率\right) - 当期免抵退税不得免征和抵扣税额抵减额$$

出口货物离岸价以出口发票计算的离岸价为准。出口发票不能如实反映实际离岸价的,企业必须按照实际离岸价向主管国税机关申报,同时主管税务机关有权依照《税收征收管理法》《增值税法》等有关规定予以核定。

从上述计算公式看,出口退税在"销项税额"方面并非执行真正的零税率,而是一种"超低税率"即征税率(13%、9%)与退税率(各货物不同)之差,即税法规定的出口退税"不得免征和抵扣税额"的计算比率。

从会计制度看,上述"免、抵、退"税的计算原理更加清晰。根据企业会计制度的规定,对于实行"免、抵、退"方法的生产企业,在会计上应当增设如下增值税专栏:"出口抵减内销产品应纳税额"借方专栏;"出口退税"贷方专栏。

另外,以"进项税额转出"贷方专栏核算"当期免抵退税不得免征和抵扣税额",以"其他应收款——应收补贴款"科目核算"当期应退税额"。相关会计处理为:

(1)根据"当期免抵退税不得免征和抵扣税额"核算。

借:主营业务成本
　　贷:应交税费——应交增值税(进项税额转出)

(2)根据"当期免抵税额"核算。

借:应交税费——应交增值税(出口抵减内销产品应纳税额)
　　贷:应交税费——应交增值税(出口退税)

(3)根据"当期应退税额"核算。

借:其他应收款——应收补贴款
　　贷:应交税费——应交增值税(出口退税)

由"当期应退税额"的计算过程可知,退的是期末未抵扣完的留抵进项税额。由此可见,"出口退税"贷方专栏核算的是"当期免抵税额"与"当期应退税额"之和,即税法规定的"当期免抵退税额"(出口销售额×退税率)。

出口货物按实际执行的"超低税率"计算的"销项税额"被计入了"进项税额转出"贷方专栏。将该部分数额与"出口退税"贷方专栏数额相加,即为内销情况下应当缴纳的销项税额。所以,"出口退税"贷方专栏反映的并非真正意义上的退税,而是出口货物相较内销货物相因执行税率的不同而少缴纳的增值税"销项税额"。

当期免抵退税不得免征和抵扣税额的减项，即免抵退税不得免征和抵扣税额抵减额的计算公式为：

$$免抵退税不得免征和抵扣税额抵减额＝当期免税购进原材料价格×\left(出口货物适用税率－出口货物退税率\right)$$

免税购进原材料包括从国内购进免税原材料和进料加工免税进口料件，其中进料加工免税进口料件的价格为组成计税价格。其计算公式为：

$$进料加工免税进口料件的组成计税价格＝货物到岸价＋海关实征关税和消费税$$

如果当期没有免税购进原材料价格，前述公式中的免抵退税不得免征和抵扣税额抵减额以及下面公式中的免抵退税额抵减额就不用计算。

"免抵退税不得免征和抵扣税额抵减额"与"免抵退税额抵减额"是有区别的。"免抵退税不得免征和抵扣税额抵减额"实质是不予抵免的金额，其在实际账务处理中是不存在的，但是作为"免、抵、退"这种管理办法的计算思路，这部分应予以剔除。而通过对计算公式的分析可知，免税购进原材料已相应计算了不得免征和抵扣的税额。所以，需单独计算"免抵退税不得免征和抵扣税额抵减额"作为对其的修正。

2）免抵退税额的计算

免抵退税额的计算公式为：

$$当期免抵退税额＝当期出口货物离岸价×外汇人民币牌价×出口货物退税率－当期免抵退税额抵减额$$

$$当期免抵退税额抵减额＝当期免税购进原材料价格×出口货物退税率$$

上述公式中计算的"免抵退税额"就是名义应退税额或者"免、抵、退"制度下的可抵减进项税额。"免抵退税额抵减额"的实质含义是，免税购进的原材料本身不含进项税额，在计算免抵退税额时，不应退还这部分本不存在的税额，因此需通过计算予以剔除。

3）当期应退税额和免抵税额的计算

（1）当期期末留抵税额≤当期免抵退税额，则：

$$当期应退税额＝当期期末留抵税额$$

$$当期免抵税额＝当期免抵退税额－当期应退税额$$

（2）当期期末留抵税额＞当期免抵退税额，则：

$$当期应退税额＝当期免抵退税额$$

$$当期免抵税额＝0$$

当期期末留抵税额根据当期《增值税纳税申报表》中"期末留抵税额"确定。

这里的"当期期末留抵税额"实际上是名义留抵额。因为最终的实际期末留抵＝名义留抵额－当期实际退税额，而此处的名义留抵额＝－当期应纳税额，当然这要满足"当期应纳税额小于零"这个大前提。明确这一点，才能理解以免抵退税额与当期期末留抵额进行比较的作用，即判断当期名义退税额中实际退税金额及已实际抵减金额，本质是对比"当期名义退税额"与"当期应纳税额的绝对值"，名义留抵额在数额上等于当期应纳税额的绝对值，或者负数（因为当期应纳税额小于零）。

为什么要做这样的比较呢？其实这才是"免、抵、退"管理办法的精髓所在,因为免抵就是通过比较才能确定是否抵减以及抵减多少数额。按照制度设计,名义上的退税额即免抵退税额是与内销产品应纳税额有关的,内销产品应纳税额也可以通过以下公式计算出来:

$$\begin{aligned}\text{内销产品}\\\text{应纳税额}\end{aligned}=\begin{aligned}\text{内销产品当}\\\text{期销项税额}\end{aligned}-\left(\begin{aligned}\text{当期进}\\\text{项税额}\end{aligned}-\begin{aligned}\text{当期免抵}\\\text{退税额}\end{aligned}-\begin{aligned}\text{当期免抵退税不得}\\\text{免征和抵扣税额}\end{aligned}\right)$$

【例2-4】 甲自营出口的生产企业为增值税一般纳税人,出口货物的适用税率为13%,退税税率为10%。2025年8月的有关经营业务为:购进原材料一批,取得的增值税专用发票注明的价款为260万元,并通过税务机关认证。上月末留抵税款2万元,本月内销货物不含税销售额180万元,款项收到存入银行,本月出口货物的销售额折合人民币280万元。要求:计算该企业当期的"免、抵、退"税额。

解:(1)当期"免、抵、退"税不得免征和抵扣税额=280×(13%-10%)=8.40(万元)

(2)当期应纳税额=180×13%-(260×13%-8.4)-2=23.40-25.40-2=-4(万元)

(3)出口货物"免、抵、退"税额=280×10%=28(万元)

(4)当期期末留抵税额4万元≤当期免抵退税额28万元

该企业当期应退税额=当期期末留抵税额=4(万元)

(5)当期免抵税额=当期免抵退税额-当期应退税额=28-4=24(万元)

【例2-5】 乙自营出口的生产企业为增值税一般纳税人,出口货物的适用税率为13%,退税税率为10%。2025年6月有关经营业务为:购进原材料一批,取得的增值税专用发票注明的价款为600万元,外购货物准予抵扣的进项税额78万元通过认证。上期期末留抵税额6万元。本月内销货物不含税销售额180万元,款项收到存入银行。本月出口货物的销售额折合人民币280万元。要求:计算该企业当期的"免、抵、退"税额。

解:(1)当期免抵退税不得免征和抵扣税额=280×(13%-10%)=8.40(万元)

(2)当期应纳税额=180×13%-(78-8.40)-6=23.40-69.60-6=-52.20(万元)

(3)出口货物"免、抵、退"税额=280×10%=28(万元)

(4)当期期末留抵税额52.2万元>当期免抵退税额28万元

该企业当期应退税额=当期免抵退税额=28(万元)

(5)当期免抵税额=当期免抵退税额-当期应退税额=28-28=0(万元)

(6)6月期末留抵结转下期继续抵扣税额=52.20-28=24.20(万元)

2."退、免"税计算方法

外贸企业以及实行外贸企业财务制度的工贸企业收购货物出口,其出口销售环节的增值税免征;其收购货物的成本部分,因外贸企业在支付收购货款的同时也支付了生产经营该类商品的企业已缴纳的增值税款,在货物出口后按收购成本与退税税率计算税退还给外贸企业,征、退税之差计入企业成本。

外贸企业出口货物增值税的计算应依据购进出口货物增值税专用发票上所注明的进项金额和退税税率计算。其计算公式为:

$$\text{应退税额}=\text{外贸收购不含增值税购进金额}\times\text{退税税率}$$

外贸企业委托生产企业加工收回后报关出口的货物,按购进国内原辅材料的增值税专用发票上注明的进项金额,依据原辅材料的退税税率计算原辅材料应退税额。支付的加工费,凭受托方开具货物的退税税率,计算加工费的应退税额。

【例 2-6】 甲进出口公司 2024 年 6 月出口英国平纹布 2 000 米,进货增值税专用发票列明单价 20 元/平方米,计税金额 40 000 元,增值税出口退税率为 13%。要求:计当期应退增值税税额。

解: 应退增值税税额＝2 000×20×13%＝5 200(元)

【例 2-7】 乙进出口公司 2024 年 6 月购进牛仔布委托加工成服装出口,取得牛仔布增值税发票一张,注明计税金额 10 000 元;取得服装加工费计税金额 2 000 元,受托方原材料成本并入加工修理修配费用并开具了增值税专用发票。假设增值税出口退税率为 13%。要求:计算当期应退增值税税额。

解: 应退增值税税额＝(10 000＋2 000)×13%＝1 560(元)

3. 出口货物退(免)税申报

纳税人出口货物适用退(免)税规定的,应当向海关办理出口手续,凭出口报关单等有关凭证,在规定的出口退(免)税申报期内按月向主管税务机关申报办理该项出口货物的退(免)税;境内单位和个人跨境销售服务和无形资产适用退(免)税规定的应当按期向主管税务机关申报办理退(免)税。

纳税人出口货物劳务、发生跨境应税行为,未在规定期限内申报出口退(免)税或者开具《代理出口货物证明》的,在收齐退(免)税凭证及相关电子信息后,即可申报办理出口退(免)税;未在规定期限内收汇或者办理不能收汇手续的,在收汇或者办理不能收汇手续后,即可申报办理退(免)税。

第九节　增值税的税收优惠

一、《增值税法》规定的免征增值税项目

(1) 农业生产者销售的自产农产品,农业机耕、排灌、病虫害防治、植物保护、农牧保险以及相关技术培训业务,家禽、牲畜、水生动物的配种和疾病防治。

(2) 医疗机构提供的医疗服务。

(3) 古旧图书,自然人销售的自己使用过的物品。

(4) 直接用于科学研究、科学试验和教学的进口仪器、设备。

(5) 外国政府、国际组织无偿援助的进口物资和设备。

(6) 由残疾人的组织直接进口供残疾人专用的物品,残疾人个人提供的服务。

(7) 托儿所、幼儿园、养老机构、残疾人服务机构提供的育养服务,婚姻介绍服务,殡葬服务。

(8) 学校提供的学历教育服务,学生勤工俭学提供的服务。

(9) 纪念馆、博物馆、文化馆、文物保护单位管理机构、美术馆、展览馆、书画院、图书馆举办文化活动的门票收入,宗教场所举办文化、宗教活动的门票收入。

二、营改增规定的免征增值税项目

（1）境外的单位或个人向境内的单位或个人销售完全在境外发生的服务。

（2）境外的单位或个人向境内的单位或个人销售完全在境外使用的无形资产。

（3）境外的单位或个人向境内的单位或个人出租完全在境外使用的有形动产。

（4）单位或个体工商户聘用的员工为本单位或雇主提供取得工资的服务。

（5）单位或个体工商户为聘用的员工提供的服务。

（6）满足条件的政府性基金、行政事业性收费：①经国务院、省级人民政府、财政部批准。②省级以上财政部监制的收据。③款项全额上缴财政。

（7）存款利息。

注：非金融企业、企业和个人之间借贷的利息需要缴纳增值税。

（8）保险赔付。

（9）住宅专项维修资金。

（10）资产重组过程中的资产转移。

（11）融资性售后回租中承租人出售资产，产权未转移，不纳税。

（12）会员费收入。

（13）燃油电厂从政府财政专户取得的发电补贴。

（14）执法部门和单位查处的具有拍卖条件、不具备拍卖条件以及属于专营的财物，取得的收入如数上缴财政。

（15）中央财政补贴。

（16）根据国家指令无偿提供的铁路运输服务、航空运输服务等公益服务。

（17）单用途卡、多用途卡充值的预收资金。

（18）个人转让著作权。

（19）个人销售自建自用住房。

（20）纳税人提供的直接或间接国际货物运输代理服务。

（21）保险公司提供的一年期以上的人身保险产品取得的保费收入

三、增值税的起征点

增值税起征点的规定实际上也涉及征税范围的大小问题，即未达到起征点的不列入增值税的征税范围，故在此列明。

增值税起征点的适用范围限于以下两种情况：

（1）其他个人或小规模纳税人的个体工商户。

（2）月销售额或季销售额未超过规定标准的小规模纳税人。

增值税起征点的幅度规定如下：

（1）按期纳税销售货物的，为月销售额5 000～20 000元（含本数）。

（2）按期纳税销售应税服务的，为月销售额5 000～20 000元（含本数）。

（3）按次纳税的，为每次（日）销售额300～500元（含本数）。

上述所称销售额是指《增值税法》所称小规模纳税人的销售额，即小规模纳税人的销售额不包括其应纳税额。

起征点的调整由财政部和国家税务总局规定。省、自治区、直辖市财政厅(局)和国家税务总局应在规定的幅度内,根据实际情况确定本地区适用的起征点,并报财政部、国家税务总局备案。

纳税人销售额未达到国务院财政、税务主管部门规定的增值税起征点的,免征增值税;达到起征点的,依照规定全额计算缴纳增值税。

纳税人兼营增值税优惠项目的,应当单独核算增值税优惠项目的销售额;未单独核算的项目,不得享受税收优惠。

纳税人可以放弃增值税优惠;放弃优惠的,在 36 个月内不得享受该项税收优惠,小规模纳税人除外。

第十节　增值税的征收管理实务

一、纳税义务发生的时间

《增值税法》明确规定了增值税纳税义务的发生时间。纳税义务发生时间是纳税人发生应税行为应当承担纳税义务的起始时间。明确规定纳税义务发生时间的作用在于:①正式确认纳税人已经发生属于税法规定的应税交易,应承担纳税义务。②有利于税务机关实施税务管理,合理规定申报期限和纳税期限,监督纳税人切实履行纳税义务。

发生应税交易的纳税义务发生时间可以分为一般规定和具体规定。

(一) 一般规定

(1) 发生应税交易,纳税义务发生时间为收讫销售款项或者取得销售款项索取凭据的当日;先开具发票的,为开具发票的当日。

(2) 发生视同应税交易,纳税义务发生时间为完成视同应税交易的当日。

(3) 进口货物,纳税义务发生时间为货物报关进口的当日。

增值税扣缴义务发生时间为纳税人增值税纳税义务发生的当日。

(二) 具体规定

纳税人收讫销售款项或者取得索取销售款项凭据的当日,按销售结算方式的不同,具体如下:

(1) 采取直接收款方式销售货物的,不论货物是否发出,均为收到销售款或者取得索取销售款凭据的当日;对于纳税人生产经营活动中采取直接收款方式销售货物,已将货物移送对方并暂估销售收入入账,但既未取得销售款或取得索取销售款凭据未开具销售发票的,其增值税纳税义务发生时间为取得销售款或取得索取销售款凭据的当日;先开具发票的,为开具发票的当日。

(2) 采取托收承付和委托银行收款方式销售货物的,为发出货物并办妥托收手续的当日。

(3) 采取赊销和分期收款方式销售货物的,为书面合同约定的收款日期的当日;无书面合同的或者书面合同没有约定收款日期的,为货物发出的当日。

(4) 采取预收货款方式销售货物的,为货物发出的当日,但销售生产工期超过 12 个月的大型机械设备、船舶、飞机等货物,为收到预收款或者书面合同约定的收款日期的当日。

（5）纳税人提供建筑服务、租赁服务采取预收款方式的,为收到预收款的当日。

（6）委托其他纳税人代销货物的,为收到代销单位的代销清单或者收到全部或者部分货款的当日;未收到代销清单及货款的,为发出代销货物满 180 天的当日。

（7）销售应税服务的,为提供服务同时收讫销售款或者取得索取销售款凭据的当日。

（8）纳税人从事金融商品转让的,为金融商品所有权转移的当日。

（9）纳税人发生视同销售货物行为,为货物移送的当日。

上述销售货物或应税服务纳税义务发生时间的确定,明确了企业在计算应纳税额时,对"当期销项税额"时间的限定,是增值税计税和征收管理中重要的规定。目前,一些企业没有按照上述规定的纳税义务发生时间将实现的销售收入及时入账并计算纳税,而是采取延迟入账或不计销售收入等做法,以拖延纳税或逃避纳税,这些行为都是错误的。企业必须按上述规定的时限及时、准确地记录销售额和计算当期销项税额。

二、计税期限

在明确了增值税纳税义务发生时间后,还需要掌握具体纳税期限,以保证按期缴纳税款。根据《增值税法》的规定,增值税的计税期间分别为 10 日、15 日、1 个月或者 1 个季度。

纳税人的具体计税期间,由主管税务机关根据纳税人应纳税额的大小分别核定。不经常发生应税交易的纳税人,可以按次纳税。

纳税人以 1 个月或者 1 个季度为一个计税期间的,自期满之日起 15 日内申报纳税;以 10 日或者 15 日为一个计税期间的,自次月 1 日起 15 日内申报纳税。

扣缴义务人解缴税款的计税期间和申报纳税期限,依照前述规定执行。

纳税人进口货物,应当自海关填发进口增值税专用缴款书之日起 15 日内缴纳税款。

纳税人出口货物适用退（免）税规定的,应当向海关办理出口手续,凭出口报关单等有关凭证,在规定的出口退（免）税申报期内按月向主管税务机关申报办理该项出口货物的退（免）税。具体办法由国务院财政、税务主管部门制定。

出口货物办理退税后发生退货或者退关的,纳税人应当依法补缴已退的税款。

三、纳税地点

增值税纳税地点是指纳税人申报缴纳增值税税款的具体地点。为了保证纳税人按期申报纳税,根据企业跨地区经营和搞活商品流通的特点及不同情况,《增值税法》具体规定了增值税的纳税地点:

（1）有固定生产经营场所的纳税人,应当向其机构所在地或者居住地主管税务机关申报纳税。总机构和分支机构不在同一县（市）的,应当分别向各自所在地的主管税务机关申报纳税;经省级以上财政、税务主管部门批准,可以由总机构汇总向总机构所在地的主管税务机关申报纳税。

（2）无固定生产经营场所的纳税人,应当向其应税交易发生地主管税务机关申报纳税;未申报纳税的,由其机构所在地或者居住地主管税务机关补征税款。

（3）自然人销售或者租赁不动产,转让自然资源使用权,提供建筑服务,应当向不动产所在地、自然资源所在地、建筑服务发生地主管税务机关申报纳税。

(4) 进口货物的纳税人,应当按照海关规定的地点申报纳税。

(5) 扣缴义务人,应当向其机构所在地或者居住地主管税务机关申报缴纳扣缴的税款;机构所在地或者居住地在境外的,应当向应税交易发生地主管税务机关申报缴纳扣缴的税款。

四、增值税一般纳税人纳税申报办法

根据《税收征收管理法》《增值税法》及《发票管理办法》的有关规定,国家税务总局制定了《增值税一般纳税人纳税申报办法》。

凡增值税一般纳税人均按该办法进行纳税资料申报。

1. 必报资料

必报资料包括《增值税纳税申报表》及其两个附表和《固定资产进项税额抵扣情况表》。

2. 附报资料

(1) 已开具的增值税专用发票和普通发票存根联。

(2) 符合抵扣条件并且在本期申报抵扣的增值税专用发票抵扣联。

(3) 海关进口货物完税凭证的复印件。

(4) 运输发票复印件(如果取得的运输发票数量较多,经县级税务机关批准,可只附报单份票面金额在一定数额以上的运输发票复印件)。

(5) 收购凭证的存根联或报查联。

(6) 收购农产品的普通发票复印件。

(7) 主管税务机关要求报送的其他资料。

经营规模大的纳税人,如上述附报资料很多,报送确有困难的,经县级税务机关批准,由主管税务机关派人到企业审核。

对确实不具备复印条件地区的一般纳税人,经县级税务机关批准,可不报送运输发票的复印件。

对增值税专用发票计算机交叉稽核试点地区的一般纳税人,应严格按规定逐票填写《增值税专用发票使用明细表》;对增值税专用发票计算机交叉稽核试点地区以外的一般纳税人,每月专用发票用票量特别大,金额又较小,逐笔登记确有困难的,经县级税务机关批准,对整本专用发票中每单张票面销售额均在 1 000 元以下的,可按整本专用发票汇总登记《增值税专用发票使用明细表》。

纳税人填写《增值税专用发票使用明细表》后,不再填写增值税专用发票计算机交叉稽核工作所要求填写的《月份专用发票存根联汇总清单》及《月份专用发票抵扣联汇总清单》。

一般纳税人每月普通发票用票量特别大,金额又较小,逐笔登记确有困难的,经县级税务机关批准,对整本普通发票中每单张票面销售额均在 1 000 元以下的,可按整本普通发票汇总登记《增值税普通发票使用明细表》。

一般纳税人应按普通发票填开的顺序逐票填写《增值税普通发票使用明细表》,一张表格不够,可以在另一张表格内填写,直到一本普通发票登记完毕。如果一本普通发票登记完毕,《增值税普通发票使用明细表》有空格的,应将空格部分用线划掉。

一般纳税人要按照《中华人民共和国税收征收管理法实施细则》(以下简称《税收征收管理法实施细则》)第 29 条的规定保管附报资料,即"账簿、记账凭证、报表、完税凭证、发票、出口凭证以及其他有关涉税资料应当保存 10 年;但是,法律、行政法规另有规定的除外"。

第十一节　增值税的税务合规计划

我国的增值税属于普遍征收的一种流转税,征收范围广,征收力度大,影响大。对增值税的税务合规计划,主要从纳税人身份的税务合规计划、计税依据的税务合规计划、税率的税务合规计划、增值税优惠政策的税务合规计划和出口退税的税务合规计划五个方面进行。

一、增值税纳税人身份的税务合规计划

在企业销售额既定的情况下,小规模纳税人应缴纳的增值税税额是确定的。而一般纳税人的应缴纳的增值税税额是不确定的,需要依据销项税额和可抵扣的进项税额而定(销项税额－进项税额),可抵扣的进项税额越大,应缴纳的增值税税额越少;反之,可抵扣的进项税额越小,应缴纳的增值税税额越多,或者说其增值率越高,应缴纳的增值税税额越多。这就需要在小规模纳税人和一般纳税人身份之间做出选择,以实现合理合法节税的目的。

在选择纳税人身份时,需计算企业的增值率,根据增值率确定纳税人身份。其计算公式为:

$$增值率＝(销售额－购进额)÷销售额×100\%$$

当增值率等于某值时,一般纳税人与小规模纳税人应缴纳的增值税税额是相等的,这个值称为"无差别平衡点增值率"。

增值率＝无差别平衡点增值率,一般纳税人和小规模纳税人应缴纳的增值税税额是相等的。

增值率＜无差别平衡点增值率,一般纳税人应缴纳的增值税税额少。

增值率＞无差别平衡点增值率,小规模纳税人应缴纳的增值税税额少。

无差别平衡点增值率分为含税销售额无差别平衡点增值率和不含税销售额无差别平衡点增值率。含税销售额无差别平衡点增值率如表 2-1 所示。

表 2-1　含税销售额无差别平衡点增值率

一般纳税人税率	小规模纳税人征收率	无差别平衡点
13%	3%	25.32%
9%	3%	35.28%
6%	3%	51.46%

在企业从事的行业一般纳税人税率为 13%,小规模纳税人征收率为 3% 的情况下,无差别平衡点增值率为 25.32%,此时:

当企业含增值率＝25.32% 时,小规模纳税人和一般纳税人应缴纳的增值税税额相等。

当企业的含税增值率＞25.32% 时,小规模纳税人应缴纳的增值税税额较少。

当企业的含税增值率<25.32%时,一般纳税人应缴纳的增值税税额较少。

同理,可以此类推。

纳税人可以先计算企业产品的增值率,按适用税率及销售额是否含税查表。若增值率高于无差别平衡点增值率,可以通过企业分立选择成为小规模纳税人;若增值率低于无差别平衡点增值率,可以通过合并成为一般纳税人。

【例2-8】 预计某企业每年含税销售额为600万元,该企业的会计及涉税核算比较健全,符合一般纳税人条件,该行业一般纳税人适用13%的增值税税率,小规模纳税人适用3%的征收率。预计该企业年购进货物350万元(不含税),可取得增值税专用发票。要求:请问该企业是选择成为小规模纳税人还是一般纳税人可以少缴增值税?请给予税务合规计划。

解: 税务合规计划过程:

购进环节价税合计=350×(1+13%)=395.50(万元)

销售价税合计=600(万元)

增值率(含税)=(600-395.50)÷600=34.08%

查含税增值率表,可知增值率34.08%>无差别平衡点25.32%,此时小规模纳税人应缴纳的增值税税额较少,可以节税。验证如下:

若成为一般纳税人,则:

应纳增值税税额=[600÷(1+13%)]×13%-350×13%=23.53(万元)

销售利润=600÷(1+13%)-350=180.97(万元)

若将企业分设成两个企业,各自作为独立核算的企业,假定分设后两企业的年销售额均为300万元(含税),都符合小规模纳税人条件,适用3%的征收率,计算如下:

应纳增值税税额=600÷(1+3%)×3%=17.48(万元)

销售利润=600÷(1+3%)-395.5=187.02(万元)

成为小规模纳税人比做一般纳税人节约增值税6.05万元(23.53-17.48),因此销售利润增加6.05万元。

纳税人身份税务合规计划应注意的问题:

(1)税法对一般纳税人登记是有要求的,要成为一般纳税人,需要登记办理相关手续。

(2)企业财务利益最大化要求。如果企业追求利益最大化,就需要扩大规模,从而限制了成为小规模纳税人的选择。

(3)产品的性质和客户的类型。如果企业的主要销售对象是一般纳税人,需要开增值税专用发票,那么只能成为一般纳税人。

二、增值税计税依据的税务合规计划

(一)销项税额的税务合规计划

1. 销售方式的税务合规计划

随着经济的发展,产品的促销方式越来越多,如以旧换新、折扣销售、还本销售、购买商品赠送礼品销售等。不同的销售方式,往往适用不同的税收政策,其应纳税额和税后利润也各不相同,有必要进行税务合规计划。

【例2-9】 某商场10年庆促销活动,有5种促销方案可供选择。假定每件商品含税销售价为 100 元,其平均商品成本为 60 元,企业所得税税率为 25%,城市维护建设税税率为 7%,教育费附加税率为 3%。

方案 1:购物满 100 元,商场送 8 折商业折扣的优惠(满折)。

方案 2:购物满 100 元,赠折扣券 20 元(不兑现金,下次购物代币)。

方案 3:购物满 100 元,商场另行赠送价值 20 元的礼品。

方案 4:购物满 100 元,商场返还现金"大礼"20 元。(满减)

方案 5:加量不加价,即捆绑式销售,购物满 100 元,送加量 20 元的商品。

要求:请对上述方案进行税务合规计划。

解:方案 1:购物满 100 元,商场送 8 折商业折扣的优惠。

增值税销项税额$=80\div(1+13\%)\times13\%=9.20$(元)

增值税进项税额$=60\div(1+13\%)\times13\%=6.90$(元)

应纳增值税税额$=9.20-6.90=2.30$(元)

应纳城建税及教育费附加税额$=2.30\times(7\%+3\%)=0.23$(元)

企业应纳税所得额$=80\div(1+13\%)-60\div(1+13\%)-0.23=17.47$(元)

应纳企业所得税税额$=17.47\times25\%=4.37$(元)

税负总额$=2.30+0.23+4.37=6.90$(元)

税后利润$=17.47-4.37=13.10$(元)

方案 2:购物满 100 元,赠折扣券 20 元(不兑现金,下次购物代币)。

增值税销项税额$=100\div(1+13\%)\times13\%=11.50$(元)

增值税进项税额$=60\div(1+13\%)\times13\%=6.90$(元)

应纳增值税税额$=11.50-6.90=4.60$(元)

应纳城建税及教育费附加税额$=4.60\times(7\%+3\%)=0.46$(元)

企业应纳税所得额$=100\div(1+13\%)-60\div(1+13\%)-0.46=34.94$(元)

应纳企业所得税税额$=34.94\times25\%=8.74$(元)

税负总额$=4.60+0.46+8.74=13.80$(元)

税后利润$=34.94-8.74=26.2$(元)

当顾客下次用折扣券时,商场就会出现按方案 1 计算的纳税及获利情况,因此与方案 1 相比,方案 2 仅比方案 1 多了流入资金增量部分的时间价值而已,也可以说是"延期"折扣。

方案 3:购物满 100 元,商场另行赠送价值 20 元的礼品。

增值税销项税额$=(100+20)\div(1+13\%)\times13\%=13.81$(元)

增值税进项税额$=(60+12)\div(1+13\%)\times13\%=8.28$(元)

应纳增值税税额$=13.81-8.28=5.53$(元)

应纳城建税及教育费附加税额$=5.53\times(7\%+3\%)=0.55$(元)

企业应纳税所得额$=(100-60+20-12)\div(1+13\%)-0.55=41.93$(元)

应纳企业所得税税额$=41.93\times25\%=10.48$(元)

税负总额$=5.53+0.55+10.48=16.56$(元)

税后利润$=41.93-10.48=31.45$(元)

方案 4:购物满 100 元,商场返还现金 20 元。

商场返还现金的行为也属商业折扣,与方案 1 相比只是定率折扣与定额折扣的区别,相关计算同方案 1,即满减。

方案 5:购物满 100 元,送加量 20 元的商品,即捆绑式销售,加量不加价。

增值税销项税额＝100÷(1＋13％)×13％＝11.50(元)

增值税进项税额＝(60＋12)÷(1＋13％)×13％＝8.28(元)

应纳增值税税额＝11.50－8.28＝3.22(元)

应纳城建税及教育费附加税额＝3.22×(7％＋3％)＝0.32(元)

企业应纳税所得额＝100÷(1＋13％)－(60＋12)÷(1＋13％)－0.32＝24.46(元)

应纳企业所得税税额＝24.46×25％＝6.12(元)

税负总额＝3.22＋0.32＋6.12＝9.66(元)

税后利润＝24.46－6.12＝18.34(元)

上述案例仅计算了不同促销方式可能的税收额和税后利润,未对企业促销的其他目标的实现进行分析。在促销方式设计时,不仅要考虑税负,还应考虑对消费者的吸引力,税负轻重仅是企业关注的一个方面,并不是唯一的决策依据。

2. 结算方式的税务合规计划

销售结算方式多种多样,总体分为现销方式和赊销方式。销售结算方式的税务合规计划就是在税法允许的范围内,尽量采取有利于本企业的结算方式,推迟纳税时间,获得纳税期的递延。例如,在不能及时收到货款的情况下,采用赊销或分期收款结算方式,避免垫付税款。

1)赊销和分期收款方式的税务合规计划

赊销和分期收款结算方式都是以合同约定日期为纳税义务发生时间。因此,企业在产品销售过程中,在应收货款一时无法收回或部分无法收回的情况下,可以选择赊销或分期收款结算方式。

2)委托代销方式销售货物的税务合规计划

我国现行增值税的有关规定,委托其他纳税人代销货物,收讫销售款项或者取得索取销售款项凭据的当日,为收到代销单位的代销清单或者收到全部或者部分货款的当日;未收到代销清单及货款的,为发出代销货物满 180 天的当日。若企业的产品销售对象是商业企业,并且是在商业企业销售后付款并开具代销清单,则应采用委托代销方式结算。这样可以根据实际收到的货款,分期计算销项税额,有效延缓纳税时间或者减少纳税风险。

3. 销售价格的税务合规计划

(1)主动制定一个稍低一点的价格,以获得更大的销量,从而获得更多的收益。纳税人应合理定价,并尽可能将价外收费从销售收入中剔除,以减少计税收入。

(2)利用关联企业之间的转让定价使企业总税负最低。主要方式有:①关联企业各方可以通过压低前期环节销售价格的方式,把增值额累积到最后的销售环节,以实现增值税的递延纳税。与此同时,结合关联各方进项税额的情况,制定合理的关联转让价格,使各方的留抵税额最小化。②利用关联企业所在不同地区所得税税率的差异,通过前后环节销售价格的差异,将利润部分尽可能留在所得税税率低的地区,从而少缴企业所得税。

(二)进项税额的税务合规计划

1. 一般纳税人选择供货方的税务合规计划

一般纳税人如果从一般纳税人采购,虽进价高,却可以抵扣较多的进项税;若从小规模纳税人采购,虽进价低,却不能抵扣或抵扣较少的进项税。该如何选择供货商?这里就存在一个价格折让临界点问题,价格优惠临界点如表2-2所示。

表2-2 价格优惠临界点(含税)

一般纳税人抵扣率	小规模纳税人抵扣率	价格优惠临界点
13%	3%	90.24%
13%	0	87.35%
9%	3%	93.93%
9%	0	90.91%
6%	3%	96.88%
6%	0	93.77%

在采购对象一般纳税人税率为13%,小规模纳税人征收率为3%情况下:

小规模纳税人报价与一般纳税人报价比=90.24%时,从一般纳税人采购与从小规模纳税人采购抵扣效果相同。

小规模纳税人报价与一般纳税人报价比>90.24%时,从一般纳税人采购,企业收益大。

小规模纳税人报价与一般纳税人报价比<90.24%时,从小规模纳税人采购企业收益大。

同理,可以此类推不同临界点下企业的收益。

【例2-10】 某家具厂(增值税一般纳税人税率为13%,城市维护建设税税率为7%,教育费附加费率为3%),准备采购原料。现有甲与乙两个供应商:甲为增值税一般纳税人,可以开具13%的增值税专用发票,含税报价50万元;乙为小规模纳税人,可出具由其主管税务局代开3%的增值税专用发票,报价45万元。要求:请为该家具厂材料采购作出税务合规计划建议。

解:税务合规计划过程:

小规模纳税人报价/一般纳税人报价=45÷50×100%=90%

查价格优惠临界点表,13%对3%价格优惠临界点为90.24%,因为90%<90.24%,所以选择小规模纳税人采购更有利。

计算验证:

采购净成本=不含税购进价-因采购抵减的城市维护建设税和教育费附加

甲处采购净成本=50÷(1+13%)-[50÷(1+13%)×13%×(7%+3%)]
　　　　　　=43.67(万元)

乙处采购净成本=45÷(1+3%)-[45÷(1+3%)×3%×(7%+3%)]=43.56(万元)

2. 充分抵扣进项税额的税务合规计划

通过内部机构的拆分,企业可以充分利用现行增值税抵扣政策,少缴或者免缴增值税。

【例2-11】 2024年某乳品厂乳制品不含税销售额1 000万元,适用增值税税率13%,主要原料鲜奶由自己的牧场提供,其他可抵扣的进项税额仅为50万元。要求:对该乳品厂进行增值税税务合规计划处理

解:税务合规计划措施:

将牧场独立进行工商税务登记,牧场销售鲜奶免税。

乳品厂从牧场进鲜奶,可按收购额 600 万元的 10% 抵扣进项税。

税务合规计划后乳品厂应缴纳增值税税额＝$1\,000×13\%-50-600×10\%=20$(万元)

税务合规计划前乳品厂应缴纳增值税税额＝$1\,000×13\%-50=80$(万元)

经税务合规计划可节约税额 60 万元。

3. 购进固定资产、无形资产、不动产进项税抵扣的税务合规计划

一般纳税人购进固定资产、无形资产、不动产,需要合理规划其用途。兼用于生产和非生产项目的,可以实现进项税额抵扣,从而降低增值税负担。一般纳税人应对其他权益性无形资产单独记账核算,以确保其进项税额的抵扣。

4. 进项税额转出的税务合规计划

(1)一般纳税人在购进货物时,如果不能准确判断该进项税额是否符合不能抵扣的情形,可采用先抵扣后转出的做法,实现增值税递延纳税。

(2)非正常损失进项税额转出的税务合规计划。发生部分非正常损失的库存外购材料,企业可将取得清理收入的部分原材料不转入清理,不确认损失。同时,对应部分的进项税额可不做转出处理。

三、增值税税率的税务合规计划

1. 充分利用低税率法律规定

增值税税率的税务合规计划中,一般纳税人需准确掌握低税率的具体内容和适用范围,在合法合规前提下,力争达到低税率或零税率适用标准,充分享受税收优惠政策。例如,适用 9% 低税率中的农机指农机整机,农机零部件不属于农机范围,则企业在条件允许的情况下,应尽可能销售整机。

2. 正确处理兼营行为

(1)增值税纳税人经营几种不同税率或者征收率的项目,应当分别核算其不同税率或者征收率的销售额;未分别核算的,适用高税率。

(2)增值税纳税人同时经营应税和免税项目。纳税人兼营免税、减税项目的,应当单独核算免税、减税项目的销售额。未单独核算销售额的,不得免税、减税。

3. 通过转变经营模式,将高税率转换为低税率

增值税税率有 13%、9%、6%、0 等多档税率,不同的货物、服务适用的税率有高有低,纳税人可以通过转换经营模式,降低适用税率以达到节税效应。

【例 2-12】 乙公司为一般纳税人,主要从事货物运输服务,此外还将本公司闲置的车辆用于对外经营租赁。假设取得不含税经营租赁业务收入 800 万元,可抵扣的进项税额为 50 万元,其他税费仅考虑城市维护建设税和教育费附加,以下两种经营模式发生的费用都相等。要求:请进行税务合规计划降低增值税。

解:税务合规计划过程:

(1)税务合规计划前:

应纳增值税税额＝$800×13\%-50=54$(万元)

应纳城建税和教育费附加税额＝$54×(7\%+3\%)=5.40$(万元)

合计应纳税额＝$54+5.40=59.40$(万元)。

（2）税务合规计划后：将车辆租出去的同时为车辆配备司机，则由原来的有形动产租赁转变为交通运输服务，适用税率就由 13% 降为 9%。

应纳增值税税额＝800×9%－50＝22（万元）

应纳城建税和教育费附加税额＝22×（7%＋3%）＝2.20（万元）

合计应纳税额＝22＋2.20＝24.20（万元）

税务合规计划后节约增值税 35.20 万元（59.40－24.20）。

4. 正确处理混合销售行为

同一项销售行为既涉及货物又涉及服务，为混合销售。从事货物的生产、批发或者零售的单位和个体工商户的混合销售行为，按照销售货物缴纳增值税；其他单位和个体工商户的混合销售行为，按照销售服务缴纳增值税。上述从事货物的生产、批发或者零售的单位和个体工商户包括以从事货物的生产、批发或者零售为主（指纳税人每年的货物销售额与服务销售额合计数中，货物的销售额超过 50%），并兼营销售服务的单位和个体工商户在内。

【例 2-13】 甲电气公司为一般纳税人，下设两个非独立核算的业务部门：供电器材加工厂，主要生产和销售货物；工程安装队，提供输电设备的安装服务。公司的产品销售收入为 2 800 万元（不含税），同时安装收入为 2 200 万元，购买生产用原材料 1 500 万元，可抵扣的进项税 195 万元。因为该公司货物销售额达到总销售额的 50%，所以应按照销售货物缴纳增值税。要求：请进行税务合规计划降低增值税。

解： 税务合规计划思路：对于混合销售，主要是合理规划货物及服务的比重，选择税负较轻的一种经营模式，以期实现企业利益最大化。

税务合规计划过程：

（1）税务合规计划前：

增值税销项税额＝（2 800＋2 200）×13%＝650（万元）

应纳增值税税额＝650－195＝455（万元）

（2）税务合规计划后第一种方案：

将产品生产和销售货物收入改为 2 200 万元，安装服务收入改为 2 800 万元。公司可以按照工程安装服务适用 6% 的税率缴纳增值税。

增值税销项税额＝（2 800＋2 200）×6%＝300（万元）

应纳增值税税额＝300－195＝105（万元）

节约增值税税额＝455－105＝350（万元）。

（3）税务合规计划后第二种方案：

将工程安装施工队单独注册成一个乙公司，独立核算，自行缴纳税款。工程安装服务收入适用税率为 6%。税务合规计划后纳税情况如下：

甲公司应缴纳增值税税额＝2 800×13%－195＝169（万元）

乙公司应缴纳增值税税额＝2 200×6%＝132（万元）

甲、乙两个公司合计应纳税额＝169＋132＝301（万元）

该方案比税务合规计划前节税 154 万元（455－301）。

四、增值税优惠政策的税务合规计划

根据增值税减免税的有关规定，纳税人可以利用法定的免税规定以及机构的适当分立达到节税的目的。当一个企业既包括农业生产活动,也包括工业生产活动时,就应该将农产品生产部门独立出来,销售农产品免税;加工农产品后出售的企业,其购入的原材料,就可以进行抵扣进项税额,从而降低税负。

【例2-14】 某茶叶公司种植生产茶叶,将初制茶叶进一步加工成精制茶叶,再将精制茶叶对外销售不含税收入500万元,适用13%税率。已知:购进农业生产资料的进项税额13万元;水费、电费和修理用配件等进项税额8万元。公司的增值税税负很高。(暂不考虑地方教育附加)。要求:请据此进行税务合规计划处理。

解: 税务合规计划思路:从公司的客观情况来看,税负高的原因在于公司可抵扣的进项税额比例太低。因此,公司进行税务合规计划的关键在于如何增加进项税额的抵扣。

税务合规计划前:

应纳增值税=销项税额-进项税额=500×13%-(13+8)=44(万元)

税务合规计划后:公司将茶叶种植园和精制茶叶加工厂分开实行独立核算。茶叶种植园销售初制茶叶350万元按规定免增值税;精制茶叶加工厂采购初制茶叶350万元可抵扣9%的进项税额。

应纳增值税=500×13%-(350×9%+8)=25.50(万元)

税务合规计划后比合规计划前节省增值税18.50万元(44-25.50)。

五、增值税出口退税的税务合规计划

(一) 企业经营方式的税务合规计划

目前,生产企业出口货物主要有自营出口(含进料加工)采用"免、抵、退"的税收政策、来料加工采用"不征不退"的税收政策。经营方式不同,企业的税收负担也不同,有必要进行税务合规计划。

【例2-15】 某出口生产企业采用进料加工方式即自营出口的方式为国外A公司加工产品,进口保税料件价值1000万元,加工完成后再销售给A公司,假如该产品征税率为13%,退税率为11%。要求:针对以下三种情况,分别作出经营方式的选择,使企业税收利益最大。

(1) 出口售价为1800万元,消耗国产料进项税10万元。

(2) 出口售价为1200万元,其他条件同上。

(3) 若消耗国产料进项税20万元,其他条件同上。

解: 税务合规计划过程:

(1) 售价1800万元,购进价1000万元,进项税10万元。

免抵退税额=出口货物离岸价×外汇人民币折合率×出口货物退税率-免税购进原材料价格×出口货物退税率=1800×11%-1000×11%=88(万元)

免抵退税不得免征和抵扣税额=当期出口货物离岸价×外汇人民币折合率×(出口货物适用税率-出口货物退税率)-免税购进原材料价格×(出口货物适用税率-出口货物退税率)=1800×(13%-11%)-1000×(13%-11%)=36-20=16(万元)

当期应纳税额=当期内销货物的销项税额-(进项税额-免抵退税不得免征和抵扣税额)=0-(10-16)=6(万元)

结论：自营出口应纳增值税 6 万元。若采用来料加工方式，不征不退，免缴增值税 6 万元。

(2) 售价 1 200 万元，购进价 1 000 万元，进项税 10 万元，出口货物退税率 11%。

免抵退税额＝出口货物离岸价×外汇人民币折合率×出口货物退税率－免税购进原材料价格×出口货物退税率＝1 200×11%－1 000×11%＝22(万元)

免抵退税不得免征和抵扣税额＝当期出口货物离岸价×外汇人民币折合率×(出口货物适用税率－出口货物退税率)－免税购进原材料价格×(出口货物适用税率－出口货物退税率)＝1 200×(13%－11%)－1 000×(13%－11%)＝24－20＝4(万元)

当期期末应纳税额＝当期内销货物销项税额－(进项税额－免抵退税不得免征和抵扣税额)＝0－(10－4)＝－6(万元)

结论：采用进料加工当期应退税 6 万元，比来料加工方式的不征不退方式更优惠，应选用进料加工方式。

(3) 售价 1 800 万元，购进价 1 000 万元，进项税 20 万元，出口货物退税率 11%。

免抵退税额＝出口货物离岸价×外汇人民币折合率×出口货物退税率－免税购进原材料价格×出口货物退税率＝1 800×11%－1 000×11%＝88(万元)

免抵退税不得免征和抵扣税额＝当期出口货物离岸价×外汇人民币折合率×(出口货物适用税率－出口货物退税率)－免税购进原材料价格×(出口货物适用税率－出口货物退税率)＝1 800×(13%－11%)－1 000×(13%－11%)＝16(万元)

当期期末应纳税额＝当期内销货物销项税额－(进项税额－免抵退税不得免征和抵扣税额)＝0－(20－16)＝－4(万元)

结论：采用进料加工方式可获退税 4 万元，比来料加工方式的不征不退方式更优惠，应选用进料加工方式。

税务合规计划总结：

(1) 在退税率小于征税率的情况下，对于利润率较低、出口退税率较高及耗用的国产辅助材料多(进项税额较大)的货物出口，宜采用进料加工方式；对于利润率较高的货物出口，宜采用来料加工方式。

(2) 退税率等于征税率的产品，无论其利润率高低，采用"免、抵、退"的自营出口方式均比采用来料加工等"不征不退"免税方式更优惠，因为采用这两种方式出口货物均不征税，但采用"免、抵、退"方式可以退还全部进项税额，而免税方式则要把该进项税额计入成本。

(二) 产品出口方式的税务合规计划

对于有出口经营权的企业来说，出口方式有两种：一种是自营出口；另一种是通过外贸企业代理出口。采用这两种方式出口货物都可以获得免税并退税，但获得退税的数额却不尽相同。

【例 2-16】 某企业采购国内原料生产的产品全部出口，假如年自营出口产品的价格折合人民币为 100 万元，当年可抵扣的进项税额为 10 万元，增值税税率为 13%，无上期留抵税额。

要求：

(1) 当出口退税率为 13% 时，是自营出口还是委托出口？

(2) 当出口退税率为 11% 时，该如何选择出口方式才能使企业税收利益最大？

解：税务合规计划过程：

第一种情况：当退税率＝增值税税率＝13％时。

（1）企业自营出口：

免抵退税额＝出口货物离岸价×外汇人民币牌价×出口货物退税率－免抵退税额抵减额＝100×13％－0＝13（万元）

当期应纳税额＝当期内销货物的销项税额－（进项税额－免抵退税不得免征和抵扣税额）＝0－（10－0）＝－10（万元）＜0

因此，该企业的应收出口退税为10万元。

（2）该企业通过其关联外贸企业出口：

企业将产品按含税价100万元的自营产品卖给外贸企业，外贸企业再以同样的价格出口。

企业应纳增值税＝100÷（1＋13％）×13％－10＝11.50－10＝1.50（万元）

外贸企业应收退税额＝100÷（1＋13％）×13％＝11.50（万元）

两企业合计获得退税10万元（11.50－1.50）。

由上面计算可知，在退税率＝增值税税率时，自营出口与委托出口的税收收益相等。

第二种情况：当该企业的增值税税率为13％，出口退税率为11％时。

（1）企业自营出口：

免抵退税额＝出口货物离岸价×外汇人民币牌价×出口货物退税率－免抵退税额抵减额＝100×11％－0＝11（万元）

免抵退税不得免征抵扣税额＝当期出口货物离岸价×外汇人民币牌价×（出口货物征税率－出口货物退税率）－免抵退税不得免征和抵扣税额抵减额＝100×（13％－11％）－0＝2（万元）

当期应纳税额＝当期内销货物的销项税额－（进项税额－免抵退税不得免征和抵扣税额）＝0－（10－2）＝－8（万元）＜0

因此，该企业的应收出口退税为8万元。

（2）该企业通过关联的外贸企业出口：

该企业将产品以同样的含税价格100万元卖给外贸企业，外贸企业再以同样的价格出口。应纳税额的计算如下：

该企业应纳增值税＝100÷（1＋13％）×13％－10＝1.50（万元）

外贸企业应收出口退税额＝100÷（1＋13％）×11％＝9.73（万元）

两企业合计获得退税8.23万元（9.73－1.50）。

由上面计算可知，在退税率＜增值税税率时，委托出口的税收收益较多。

税务合规计划总结：

在退税率＝增值税税率时，企业选择自营出口与委托外贸企业代理出口的税负相等；

在退税率＜增值税税率时，自营出口的出口退税数额小于委托关联的外贸企业代理出口应获得的出口退税数额，选择关联的外贸企业出口有利于减轻增值税税负。

思考与练习题

1. 如何理解增值额？增值额与销售额之间存在什么关系？

2. 增值税视同应税交易包括哪些?

3. 增值税一般纳税人和小规模纳税人如何划分?

4. 增值税应税销售额的确认标准是什么?

5. 增值税的法定扣税凭证有哪些? 不得抵扣的进项税额有哪些?

6. 增值税一般纳税人的应纳税税额怎样计算?

7. 增值税纳税义务发生时间和纳税地点是如何规定的?

8. 如何进行增值税的税务合规计划?

巩固训练题　　　　　　　思政园地

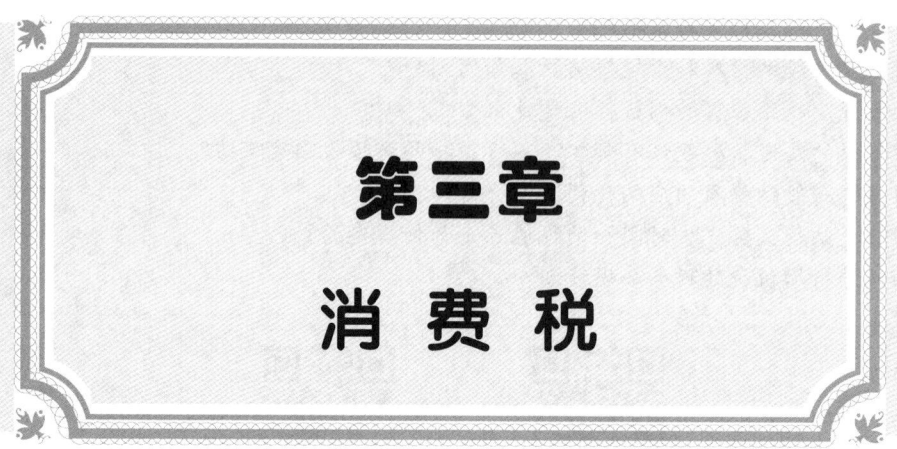

第三章
消费税

第一节　消费税的基本概念

一、消费税的含义

消费税是指对特定消费品和消费行为按消费流转额征收的一种间接税。我国的消费税主要以特定的消费品为课税对象,税收随价格转嫁给消费者负担,消费者是实际的负税人。消费税的征收具有较强的选择性,是国家贯彻消费政策、引导消费结构从而引导产业结构的重要手段,因而在保证国家财政收入,体现国家经济政策等方面都有着十分重要的意义。

现行消费税法的基本规范是经 2008 年 11 月 5 日国务院第 34 次常务会议修订通过并于 2008 年 11 月 10 日颁布,自 2009 年 1 月 1 日起施行的《中华人民共和国消费税暂行条例》(以下简称《消费税暂行条例》),以及 2008 年 12 月 15 日财政部、国家税务总局第 51 号令颁布的《中华人民共和国消费税暂行条例实施细则》(以下简称《消费税暂行条例实施细则》)。我国现行消费税是在对货物普遍征收增值税的基础上,选择少数消费品进行再征收、再调节的税种。它属于特别消费税、间接消费税。

二、消费税的特点

我国现行消费税具有以下特点。

1. 征收范围具有选择性

我国消费税在征收范围上根据产业政策和消费政策仅选择部分消费品征税,目前我国消费税税目有 15 个。

2. 征税环节具有单一性

消费税原则上是在生产销售、委托加工、进口、批发或零售的某一环节一次征收(卷烟和高档汽车除外),而不是在消费品生产、流通或消费的多个环节多次征收,即通常所说的一次课征制。

3. 税收调节具有特殊性

消费税属于国家运用税收杠杆对某些消费品或消费行为进行特殊调节的税种。这一特殊性表现在两个方面:一方面,不同的征税项目税负差异较大,对需要限制或控制消费的消费品规定较高的税率,体现特殊的调节目的;另一方面,消费税往往同有关税种配合实行加重或双重调节,形成一种特殊的对消费品双层次调节的税收调节体系。

4. 征收方法具有灵活性

既采用对消费品制定单位税额,以消费品的数量实行从量定额的征收方法,也采用对消费品制定比例税率,以消费品的价格实行从价定率的计税方法。

5. 税负具有转嫁性

凡列入消费税征税范围的消费品,一般都是高价高税产品,无论在哪个环节征收,其所含消费税税款最终都要转嫁到消费者身上,由消费者负担。消费税转嫁性的特征,较其他商品课税形式更加明显。

第二节 消费税的纳税人与征税范围

一、纳税义务人

在中华人民共和国境内生产、委托加工和进口《消费税暂行条例》规定的消费品的单位和个人,以及国务院确定的《中华人民共和国销售消费税暂行条例》规定的消费品的其他单位和个人,为消费税的纳税人,应当依照《消费税暂行条例》缴纳消费税。

单位是指企业、行政单位、事业单位、军事单位、社会团体及其他单位。

个人是指个体工商户及其他个人。

在中华人民共和国境内是指生产、委托加工和进口属于应当缴纳消费税的消费品的起运地或者所在地在境内。

二、征税范围

(一)生产应税消费品

生产应税消费品销售是消费税征收的主要环节,因消费税具有单一环节征税的特点,在生产销售环节征税以后,货物在流通环节无论流转多少次,不用再缴纳消费税。生产应税消费品除直接对外销售应征收消费税外,纳税人将生产的应税消费品换取生产资料或消费资料、投资入股、偿还债务,以及用于继续生产应税消费品以外的其他方面都应缴纳消费税。

(二)委托加工应税消费品

委托加工应税消费品是指委托方提供原料和主要材料,受托方只收取加工费和代垫部分辅助材料加工的应税消费品。由受托方提供原材料或其他情形的,一律不能视同加工应税消费品。委托加工的应税消费品收回后,再继续用于生产应税消费品销售的,其加工环节缴纳的消费税款可以扣除。

(三)进口应税消费品

单位和个人进口货物属于消费税征税范围的,在进口环节也要缴纳消费税。为了减少征税成本,进口环节缴纳的消费税由海关代征。

(四)零售应税消费品

1)金银铂钻

零售环节征收消费税的金银首饰范围包括金、银和金基、银基合金首饰,以及金、银和金基、银基合金的镶嵌着饰;钻石及钻石饰品;铂金首饰。

2)超豪华小汽车

对超豪华小汽车,在生产(进口)环节按现行税率征收消费税基础上,在零售环节加征消费税。

(五)批发应税消费品

1)卷烟

卷烟消费税在生产和批发两个环节征收后,批发企业在计算纳税时不得扣除已含的生产环节消费税税款。

纳税人兼营卷烟批发和零售业务的,应当分别核算批发和零售环节的销售额、销售数量;未分别核算批发和零售环节销售额、销售数量的,按照全部销售额、销售数量计征批发环节消费税。

2)电子烟

纳税人批发电子烟的,按照批发电子烟的销售额计算纳税。

第三节　消费税的税目与税率

一、消费税的税目

消费税的征收范围比较狭窄,同时也会根据经济发展、环境保护等国家大政方针进行修订,依据《消费税暂行条例》及相关法规的规定,目前消费税税目包括烟、酒、高档化妆品等15种商品,部分税目还进一步划分了若干子目。

（一）烟

凡是以烟叶为原料加工生产的产品,不论使用何种辅料,均属于本税目的征收范围,包括卷烟(进口卷烟、白包卷烟、手工卷烟和未经国务院批准纳入计划的企业及个人生产的卷烟)、雪茄烟、烟丝和电子烟。

（二）酒

酒是指酒精度在1度以上的各种酒类饮料,包括白酒、黄酒、啤酒和其他酒。

关于酒的征收范围的确定:①外购酒精生产的白酒,应按酒精所用原料确定白酒的适用税率。凡酒精所用原料无法确定的,一律按照粮食白酒的税率征税。②外购两种以上酒精生产的白酒,一律从高适用税率征税。③以外购白酒加浆降度或外购散酒装瓶出售,以及外购白酒以曲香、香精进行调香、调味生产的白酒,按照外购白酒所用原料确定适用税率。凡白酒所用原料无法确定的,一律按照粮食白酒的税率征税。④以外购的不同品种白酒勾兑的白酒,一律按照粮食白酒的税率征税。⑤对用粮食和薯类、糠麸等多种原料混合生产的白酒,以粮食白酒为酒基的配置酒、泡制酒,以白酒或酒精为酒基,凡酒基所用原料无法确定的配置酒、泡制酒,一律按照粮食白酒的税率征税。⑥对用薯类和粮食以外的其他原料混合生产的白酒,一律按照薯类白酒的税率征税。对饮食业、商业、娱乐业举办的啤酒屋(啤酒坊)利用啤酒生产设备生产的啤酒,应当征收消费税。

（三）高档化妆品

自2016年10月1日起,本税目包括高档美容、修饰类化妆品、高档护肤类化妆品和成套化妆品。高档美容、修饰类化妆品和高档护肤类化妆品是指生产(进口)环节销售(完税)价格(不含增值税)在10元/毫升(克)或15元/片(张)及以上的美容、修饰类化妆品和护肤类化妆品。高档护肤类化妆品征收范围另行制定。

（四）贵重首饰及珠宝玉石

贵重首饰及珠宝玉石包括以金、银、白金、宝石、珍珠、钻石、翡翠、珊瑚、玛瑙等高贵稀有物质以及其他金属、人造宝石等制作的各种纯金银首饰及镶嵌首饰和经采掘打磨、加工的各种珠宝玉石。对出国人员免税商店销售的金银首饰征收消费税。

（五）鞭炮、焰火

本税目包括各种鞭炮、焰火。体育上用的发令纸、鞭炮药引线,不按本税目征收。

（六）成品油

本税目包括汽油、柴油、石脑油、溶剂油、航空煤油、润滑油和燃料油7个子目。

1. 汽油

汽油是指用原油或其他原料加工生产的辛烷值不小于66的可用作汽油发动机燃料的各种轻质油。从2014年12月1日起,取消车用含铅汽油消费税,汽油税目不再划分二级子目,统一按照无铅汽油税率征收消费税。以汽油、汽油组分调和生产的甲醇汽油、乙醇汽油也属于本税目征收范围。

2. 柴油

柴油是指用原油或其他原料加工生产的倾点或凝点在-50至30的可用作柴油发动机燃料的各种轻质油和以柴油组分为主、经调和精制可用作柴油发动机燃料的非标油。以柴油、柴油组分调和生产的生物柴油也属于本税目征收范围。经国务院批准,从 2009 年 1 月 1 日起,对同时符合下列条件的纯生物柴油免征消费税:

(1) 生产原料中废弃的动物油和植物油用量所占比重不低于 70%。

(2) 生产的纯生物柴油符合国家《柴油机燃料调合生物柴油(BD100)》标准。

3. 石脑油

石脑油又叫化工轻油,是以原油或其他原料加工生产的用于化工原料的轻质油。石脑油的征收范围包括除汽油、柴油、航空煤油、溶剂油以外的各种轻质油。非标汽油、重整生成油、拔头油、戊烷原料油、轻裂解料(减压柴油 VGO 和常压柴油 AGO)、重裂解料、加氢裂化尾油、芳烃抽余油均属轻质油,属于石脑油征收范围。

4. 溶剂油

溶剂油是用原油或其他原料加工生产的用于涂料、油漆、食用油、印刷油墨、皮革、农药、橡胶、化妆品生产和机械清洗、胶粘行业的轻质油。橡胶填充油、溶剂油原料,属于溶剂油征收范围。

5. 航空煤油

航空煤油也称喷气燃料,是用原油或其他原料加工生产的用作喷气发动机和喷气推进系统燃料的各种轻质油。

6. 润滑油

润滑油是用原油或其他原料加工生产的用于内燃机、机械加工过程的润滑产品。润滑油分为矿物性润滑油、植物性润滑油、动物性润滑油和化工原料合成润滑油。

润滑油的征收范围包括矿物性润滑油、植物性润滑油、动物性润滑油和化工原料合成润滑油。以植物性、动物性和矿物性基础油(或矿物性润滑油)混合掺配而成的"混合性"润滑油,不论矿物性基础油(或矿物性润滑油)所占比例高低,均属润滑油的征收范围。另外,用原油或其他原料加工生产的用于内燃机、机械加工过程的润滑产品均属于润滑油征税范围。润滑脂是润滑产品,生产、加工润滑脂应当征收消费税。变压器油、导热类油等绝缘油类产品不属于润滑油,不征收消费税。

7. 燃料油

燃料油也称重油、渣油,是用原油或其他原料加工生产,主要用作电厂发电、锅炉用燃料、加热炉燃料、冶金和其他工业炉燃料。蜡油、船用重油、常压重油、减压重油、180CTS 燃料油、7 号燃料油、糠醛油、工业燃料、4~6 号燃料油等油品的主要用途是作为燃料燃烧,属于燃料油征收范围。

(七) 小汽车

汽车是指由动力驱动,具有 4 个或 4 个以上车轮的非轨道承载的车辆。

本税目征收范围包括含驾驶员座位在内最多不超过 9 个座位(含)的,在设计和技术特性上用于载运乘客和货物的各类乘用车和含驾驶员座位在内的座位数在 10~23 座(含 23 座)的在设计和技术特性上用于载运乘客和货物的各类中轻型商用客车。

用排气量小于 1.5 升(含)的乘用车底盘(车架)改装、改制的车辆属于乘用车征收范围。用排气量大于 1.5 升的乘用车底盘(车架)或用中轻型商用客车底盘(车架)改装、改制的车辆属于中轻型商用客车征税范围。

含驾驶员人数(额定载客)为区间值的(如 8~10 人;17~26 人)小汽车,按其区间值下限人数确定征税范围。

电动汽车不属于本税目征收范围。车身长度大于 7 米(含),并且座位在 10～23 座(含)以下的商用客车,不属于中轻型商用客车征税范围,不征收消费税。沙滩车、雪地车、卡丁车、高尔夫车不属于消费税征税范围,不征消费税。

(八) 摩托车

本税目包括轻便摩托车和摩托车两种。对最大设计车速不超过 50 千米/小时,发动机气缸总工作容量不超过 50 毫升的三轮摩托车,不征收消费税。

(九) 高尔夫球及球具

高尔夫球及球具是指从事高尔夫球运动所需的各种专用装备,包括高尔夫球、高尔夫球杆及高尔夫球包(袋)等。

高尔夫球是指重量不超过 45.93 克、直径不超过 42.67 毫米的高尔夫球运动比赛、练习用球;高尔夫球杆是指被设计用来打高尔夫球的工具,由杆头、杆身和握把三部分组成;高尔夫球包(袋)是指专用于盛装高尔夫球及球杆的包(袋)。

本税目征收范围包括高尔夫球、高尔夫球杆、高尔夫球包(袋)。高尔夫球杆的杆头、杆身和握把属于本税目的征税范围。

(十) 高档手表

高档手表是指销售价格(不含增值税)每只在 10 000 元(含)以上的各类手表。本税目征收范围包括符合以上标准的各类手表。

(十一) 游艇

游艇是指长度大于 8 米小于 90 米,船体由玻璃钢、钢、铝合金、塑料等多种材料制作,可以在水上移动的水上浮载体。按照动力划分,游艇分为无动力艇、帆艇和机动艇。

本税目征收范围包括艇身长度大于 8 米(含)小于 90 米(含),内置发动机,可以在水上移动,一般为私人或团体购置,主要用于水上运动和休闲娱乐等非牟利活动的各类机动艇。

(十二) 木制一次性筷子

木制一次性筷子又称卫生筷子,是指以木材为原料经过锯断、浸泡、旋切、刨切、烘干、筛选、打磨、倒角、包装等环节加工而成的各类供一次性使用的筷子。本税目征收范围包括各种规格的木制一次性筷子。未经打磨、倒角的木制一次性筷子属于本税目征税范围。

(十三) 实木地板

实木地板是指以木材为原料,经锯割、干燥、刨光、截断、开榫、涂漆等工序加工而成的块状或条状的地面装饰材料。实木地板按生产工艺不同,可分为独板(块)实木地板、实木指接地板和实木复合地板三类;按表面处理状态不同,可分为未涂饰地板(白坯板、素板)和漆饰地板两类。

本税目征收范围包括各类规格的实木地板、实木指接地板、实木复合地板及用于装饰墙壁、天棚的侧端面为榫、槽的实木装饰板。未经涂饰的素板也属于本税目征税范围。

(十四) 电池

电池是一种将化学能、光能等直接转换为电能的装置,一般由电极、电解质、容器、极端,通常还有隔离层组成的基本功能单元,以及用一个或多个基本功能单元装配成的电池组。本税目征收范围包括原电池、蓄电池、燃料电池、太阳能电池和其他电池。

自 2015 年 2 月 1 日起,对电池(铅蓄电池除外)征收消费税;对无汞原电池、金属氢化物镍蓄电池(又称氢镍蓄电池或镍氢蓄电池)、锂原电池、锂离子蓄电池、太阳能电池、燃料电池和全钒液流电池免征消费税。2015 年 12 月 31 日前对铅蓄电池缓征消费税;自 2016 年 1 月 1 日起,对铅蓄电池按 4% 税率征收消费税。

(十五)涂料

涂料是指涂于物体表面能形成具有保护、装饰或特殊性能的固态涂膜的一类液体或固体材料的总称。自 2015 年 2 月 1 日起,对涂料征收消费税,施工状态下挥发性有机物(volatile organic compounds,VOC)含量低于 420 克/升(含)的涂料免征消费税。

二、消费税的税率

消费税采用比例税率和定额税率形式,以适应不同的应税消费品实际情况。消费税根据不同的税目或子目确定相应的税率或单位税额。例如,烟丝税率为 30%,摩托车税率为 3% 等;黄酒、啤酒、成品油等分别按单位重量或单位体积确定单位税额。卷烟和白酒采用比例税率和定额税率双重征收形式。消费税税目税率(税额)如表 3-1 所示。

表 3-1　消费税税目税率(税额)

税目	税率(税额)
一、烟	
1. 卷烟	
(1) 甲类卷烟(生产或进口环节)	56% 加 0.003 元/支
(2) 乙类卷烟(生产或进口环节)	36% 加 0.003 元/支
(3) 批发环节	11% 加 0.005 元/支
2. 雪茄烟	36%
3. 烟丝	30%
4. 电子烟	
生产(进口)环节	36%
批发环节	11%
二、酒	
1. 白酒	20% 加 0.5 元/500 克(或者 500 毫升)
2. 黄酒	240 元/吨
3. 啤酒	
(1) 甲类啤酒	250 元/吨
(2) 乙类啤酒	220 元/吨
4. 其他酒	10%
三、高档化妆品	15%
四、贵重首饰及珠宝玉石	
1. 金银首饰、铂金首饰和钻石及钻石饰品(零售环节)	5%
2. 其他贵重首饰和珠宝玉石	10%

(续表)

税目	税率（税额）
五、鞭炮、焰火	15％
六、成品油	
1. 汽油	1.52 元/升
2. 柴油	1.2 元/升
3. 航空煤油	1.2 元/升
4. 石脑油	1.52 元/升
5. 溶剂油	1.52 元/升
6. 润滑油	1.52 元/升
7. 燃料油	1.2 元/升
七、小汽车	
1. 乘用车	
(1) 气缸容量（排气量，下同）在 1.0 升（含 1.0 升）以下的	1％
(2) 气缸容量在 1.0 升以上至 1.5 升（含 1.5 升）的	3％
(3) 气缸容量在 1.5 升以上至 2.0 升（含 2.0 升）的	5％
(4) 气缸容量在 2.0 升以上至 2.5 升（含 2.5 升）的	9％
(5) 气缸容量在 2.5 升以上至 3.0 升（含 3.0 升）的	12％
(6) 气缸容量在 3.0 升以上至 4.0 升（含 4.0 升）的	25％
(7) 气缸容量在 4.0 升以上的	40％
2. 中轻型商用客车	5％
3. 超豪华小汽车（零售环节）	10％
八、摩托车	
1. 气缸容量（排气量，下同）在 250 毫升（含 250 毫升）以下的	3％
2. 气缸容量在 250 毫升以上的	10％
九、高尔夫球及球具	10％
十、高档手表	20％
十一、游艇	10％
十二、木制一次性筷子	5％
十三、实木地板	5％
十四、电池	4％
十五、涂料	4％

第四节　消费税的计税依据

按照现行《消费税法》的基本规定，消费税应纳税额的计算主要分为从价定率计征、从量定额计征、从价定率和从量定额复合计征三种方法。

一、从价定率计征

在从价定率计算方法下,应纳税额等于应税消费品的销售额乘以适用税率,应纳税额的多少取决于应税消费品的销售额和适用税率两个因素。

(一)销售额的确定

销售额为纳税人销售应税消费品向购买方收取的全部价款和价外费用。销售是指有偿转让应税消费品的所有权;有偿是指从购买方取得货币、货物或者其他经济利益;价外费用是指价格外向购买方收取的手续费、补贴、基金、集资费、返还利润、奖励费、违约金、滞纳金、延期付款利息、赔偿金、代收款项、代垫款项、包装费、包装物租金、储备费、优质费、运输装卸费以及其他各种性质的价外收费。但下列项目不包括在内:

(1)同时符合以下条件的代垫运输费用:①承运部门的运输费用发票开具给购买方的。②纳税人将该项发票转交给购买方的。

(2)同时符合以下条件代为收取的政府性基金或者行政事业性收费:①由国务院或者财政部批准设立的政府性基金,由国务院或者省级人民政府及其财政、价格主管部门批准设立的行政事业性收费。②收取时开具省级以上财政部门印制的财政票据。③所收款项全额上缴财政。

其他价外费用,无论是否属于纳税人的收入,均应并入销售额计算征税。

实行从价定率方法计算应纳税额的应税消费品连同包装物销售的,无论包装物是否单独计价,也不论在会计上如何核算,均应并入应税消费品的销售额中征收消费税。如果包装物不作价随同产品销售,而是收取押金,则此项押金不应并入应税消费品的销售额中征税。但对因逾期未收回的包装物不再退还的或者已收取的时间超过 12 个月的押金,应并入应税消费品的销售额,按照应税消费品的适用税率缴纳消费税。

对既作价随同应税消费品销售,又另外收取押金的包装物的押金,凡纳税人在规定期限内没有退还的,均应并入应税消费品的销售额,按照应税消费品的适用税率缴纳消费税。

纳税人销售的应税消费品,以外汇结算销售额的,其销售额的人民币折合率可以选择结算的当日或者当月 1 日的国家外汇牌价(原则上为中间价)。纳税人应在事先确定采取何种折合率,确定后 1 年内不得变更。

(二)含增值税销售额的换算

应税消费品在缴纳消费税的同时,与一般货物一样,还应缴纳增值税。按照《消费税暂行条例实施细则》的规定,应税消费品的销售额不包括应向购货方收取的增值税税款。如果纳税人应税消费品的销售额中未扣除增值税税款或者因不得开具增值税专用发票而发生价款和增值税税款合并收取的,在计算消费税时,应将含增值税的销售额换算为不含增值税税款的销售额。其换算公式为:

$$应税消费品的销售额＝含增值税的销售额÷(1＋增值税税率或征收率)$$

在使用换算公式时,应根据纳税人的具体情况分别适用增值税税率或征收率。如果消费税的纳税人是增值税一般纳税人,应适用 13％的增值税税率;如果消费税的纳税人是增值税小规模纳税人,应适用 3％的征收率。

二、从量定额计征

在从量定额计算方法下,应纳税额等于应税消费品的销售数量乘以单位税额,应纳税额的多少取决于应税消费品的销售数量和单位税额两个因素。

(一)销售数量的确定

销售数量是指纳税人生产、加工和进口应税消费品的数量。具体规定为:

(1)销售应税消费品的,为应税消费品的销售数量。

(2)自产自用应税消费品的,为应税消费品的移送使用数量。

(3)委托加工应税消费品的,为纳税人收回的应税消费品数量。

(4)进口的应税消费品,为海关核定的应税消费品进口征税数量。

(二)计量单位的换算标准

《消费税暂行条例》规定,黄酒、啤酒以吨为税额单位;汽油、柴油以升为税额单位。但是,考虑到在实际销售过程中,一些纳税人会把吨或升这两个计量单位混用,故规范了不同产品的计量单位,以准确计算应纳税额。吨与升换算标准如表3-2所示。

表3-2 吨与升换算标准

序号	名称	计量单位的换算标准
1	黄酒	1吨＝962升
2	啤酒	1吨＝988升
3	汽油	1吨＝1 388升
4	柴油	1吨＝1 176升
5	航空煤油	1吨＝1 246升
6	石脑油	1吨＝1 385升
7	溶剂油	1吨＝1 282升
8	润滑油	1吨＝1 126升
9	燃料油	1吨＝1 015升

三、从价定率和从量定额复合计征

现行消费税的征税范围中,只有卷烟、白酒采用复合计征方法。应纳税额等于应税销售数量乘以定额税率再加上应税销售额乘以比例税率。

生产销售卷烟、白酒从量定额计税依据为实际销售数量。进口、委托加工、自产自用卷烟、白酒从量定额计税依据分别为海关核定的进口征税数量、委托方收回数量、移送使用数量。

四、计税依据的特殊规定

纳税人通过自设非独立核算门市部销售的自产应税消费品,应当按照门市部对外销售额或者销售数量征收消费税。

纳税人用于换取生产资料和消费资料、投资入股和抵偿债务等方面的应税消费品,应当以纳税人同类应税消费品的最高销售价格作为计税依据计算消费税。

1. 酒类关联企业间关联交易消费税问题处理

根据《税收征收管理法实施细则》第55条的规定，纳税人与关联企业之间的购销业务，不按照独立企业之间的业务往来作价的，税务机关可以按照下列方法调整其计税收入额或者所得额，核定其应纳税额：①按照独立企业之间进行的相同或者类似业务活动的价格。②按照再销售给无关联关系的第三者的价格所取得的收入和利润水平。③按照成本加合理的费用和利润。④按照其他合理的方法。

对已检查出的酒类生产企业在本次检查年度内发生的利用关联企业关联交易行为规避消费税问题，各省、自治区、直辖市、计划单列市国家税务总局可根据本地区被查酒类生产企业与其关联企业间不同的核算方式，选择以上处理方法调整其酒类产品消费税计税收入额，核定应纳税额，补缴消费税。

白酒生产企业向商业销售单位收取的"品牌使用费"是随着应税白酒的销售而向购货方收取的，属于应税白酒销售价款的组成部分，因此不论企业采取何种方式或以何种名义收取价款，均应并入白酒的销售额中缴纳消费税。

2. 兼营不同税率应税消费品的税务处理

纳税人生产销售应税消费品，如果不是单一经营某一税率的产品，而是经营多种不同税率的产品，这就是兼营行为。由于《消费税暂行条例》税目税率表列举的各种应税消费品的税率高低不同，纳税人在兼营不同税率应税消费品时，税法就要针对其不同的核算方式分别规定税务处理办法，以加强税收管理，避免因核算方式不同而出现税款流失的现象。

纳税人兼营不同税率的应税消费品，应当分别核算不同税率应税消费品的销售额、销售数量。未分别核算销售额、销售数量，或者将不同税率的应税消费品组成成套消费品销售的，从高适用税率。

第五节　消费税应纳税额的计算

一、生产销售环节应纳消费税的计算

纳税人在生产销售环节应缴纳的消费税包括直接对外销售应税消费品应缴纳的消费税和自产自用应税消费品应缴纳的消费税。

（一）直接对外销售应纳消费税的计算

直接对外销售应税消费品可能涉及三种计算方法。

1. 从价定率计征

在从价定率计征方法下，应纳消费税额等于销售额乘以适用税率。基本计算公式为：

$$消费税应纳税额＝应税消费品的销售额×消费税比例税率$$

【例3-1】 甲化妆品生产企业为增值税一般纳税人，2025年5月10日向乙洗化销售公司销售高档化妆品一批，开具增值税专用发票，取得不含增值税销售额60万元；5月30日向丙单位销售高档化妆品一批，开具普通发票，取得含增值税销售额5.085万元。要求：计算该化

妆品生产企业上述业务消费税应纳税额。（高档化妆品适用消费税税率15％）

解： 高档化妆品的应税销售额＝60＋5.085÷（1＋13％）＝64.5（万元）

应缴纳的消费税税额＝64.5×15％＝9.675（万元）

2. 从量定额计征

在从量定额计征方法下，应纳税额等于应税消费品的销售数量乘以单位税额。基本计算公式为：

$$消费税应纳税额＝应税消费品的销售数量×消费税定额税率$$

【例3-2】 甲啤酒厂2025年6月销售乙类啤酒2 000吨，每吨出厂价格2 800元。

要求： 计算该啤酒厂6月应纳消费税税额。（乙类啤酒适用定额税率220元/吨）

解： 应纳税额＝销售数量×定额税率＝2 000×220＝440 000（元）

3. 从价定率和从量定额复合计征

现行消费税的征税范围中，只有卷烟、白酒采用复合计征方法。基本计算公式为：

$$消费税应纳税额＝应税消费品的销售数量×消费税定额税率＋应税消费品的销售额×消费税比例税率$$

（二）自产自用应纳消费税的计算

自产自用是指纳税人生产应税消费品后，不是用于直接对外销售，而是用于自己连续生产应税消费品或其他方面。这种自产自用应税消费品形式，在实际经济活动中是很常见的，但在是否纳税或如何纳税上也是最容易出现问题的。例如，有的企业把自己生产的应税消费品，以福利或奖励等形式发给本厂职工，认为不是对外销售，不必计入销售额，无须纳税。这样就出现了漏缴税款的现象。因此，纳税人有必要认真理解税法对自产自用应税消费品的有关规定。

1. 用于连续生产应税消费品

纳税人自产自用的应税消费品用于连续生产应税消费品的，不纳税。"纳税人自产自用的应税消费品用于连续生产应税消费品的"是指作为生产最终应税消费品的直接材料，并构成最终产品实体的应税消费品。例如，卷烟厂生产出烟丝，烟丝已是应税消费品，卷烟厂再用生产出的烟丝连续生产卷烟，这样用于连续生产卷烟的烟丝就不缴纳消费税，只对生产的卷烟征收消费税。当然，生产出的烟丝如果是直接销售的，则烟丝还是要缴纳消费税的。税法规定，对自产自用的应税消费品，用于连续生产应税消费品的，不征税。这一规定体现了税负不重征且计税简便的原则。

2. 用于其他方面的应税消费品

纳税人自产自用的应税消费品，除用于连续生产应税消费品外，凡用于其他方面的，于移送使用时纳税。"用于其他方面的"是指纳税人用于生产非应税消费品、在建工程、管理部门、非生产机构、提供劳务，以及用于馈赠、赞助、集资、广告、样品、职工福利、奖励等方面。"用于生产非应税消费品"是指把自产的应税消费品用于生产《消费税暂行条例》税目税率表所列14类产品以外的产品。总之，企业自产的应税消费品虽然没有用于销售或连续生产应税消费品，但只要是用于税法所规定的范围的都要视同销售，依法缴纳消费税。

3. 组成计税价格及税额的计算

纳税人自产自用的应税消费品，凡用于其他方面，应当纳税的，按照纳税人生产的同类消费品的销售价格计算纳税。同类消费品的销售价格是指纳税人当月销售的同类消费品的销售价格,如果当月同类消费品各期销售价格高低不同,应按销售数量加权平均计算。但销售的应税消费品有下列情况之一的,不得列入加权平均计算:

(1) 销售价格明显偏低又无正当理由的;

(2) 无销售价格的。

如果当月无销售或者当月未完结,应按照同类消费品上月或者最近月份的销售价格计算纳税。没有同类消费品销售价格的,按照组成计税价格计算纳税。组成计税价格计算公式为:

实行从价定率方法计算纳税的组成计税价格计算公式:

$$组成计税价格=(成本+利润)÷(1-消费税比例税率)$$
$$消费税应纳税额=组成计税价格×消费税比例税率$$

实行复合计税方法计算纳税的组成计税价格计算公式:

$$组成计税价格=(成本+利润+自产自用数量×定额税率)÷(1-消费税比例税率)$$
$$消费税应纳税额=组成计税价格×消费税比例税率+自产自用数量×消费税定额税率$$

上述公式中的"成本"是指应税消费品的产品生产成本。"利润"是指根据应税消费品的全国平均成本利润率计算的利润。应税消费品全国平均成本利润率由国家税务总局确定。

4. 应税消费品全国平均成本利润率

应税消费品全国平均成本利润率由国家税务总局确定,应税消费品全国平均成本利润率如表 3-3 所示。

表 3-3 应税消费品全国平均成本利润率

货物名称	利润率	货物名称	利润率
1. 甲类卷烟	10%	11. 贵重首饰及珠宝宝石	6%
2. 乙类卷烟	5%	12. 涂料	7%
3. 雪茄烟	5%	13. 摩托车	6%
4. 烟丝	5%	14. 高尔夫球及球具	10%
5. 粮食白酒	10%	15. 高档手表	20%
6. 薯类白酒	5%	16. 游艇	10%
7. 其他酒	5%	17. 木制一次性筷子、实木地板	5%
8. 电子烟	10%	18. 电池	4%
9. 高档化妆品	5%	19. 乘用车	8%
10. 鞭炮、焰火	5%	20. 中轻型商务客车	5%

【例 3-3】 2024 年 6 月 20 日,甲化妆品公司将一批自产的高档化妆品用作职工福利,化妆品的成本为 60 000 元,该化妆品无同类产品市场销售价格,但已知其成本利润率为 5%,消费税税率为 15%。要求:计算该批化妆品应缴纳的消费税税额。

解: 组成计税价格=成本×(1+成本利润率)÷(1-消费税比例税率)

$$=60\,000×(1+5\%)÷(1-15\%)=74\,117.65(元)$$

应纳税额=74 117.65×15%=11 117.65(元)

二、委托加工环节应税消费品应纳税额的计算

企业、单位或个人由于设备、技术、人力等方面的局限或其他方面的原因,常常要委托其他单位代为加工应税消费品,然后,将加工好的应税消费品收回,直接销售或自己使用。这是生产应税消费品的另一种形式,也需要纳入征收消费税的范围。例如,某企业将购来的小客车底盘和零部件提供给某汽车改装厂,加工组装成小客车供自己使用,则加工、组装成的小客车就需要缴纳消费税。按照规定,委托加工的应税消费品,由受托方在向委托方交货时代收代缴税款。

(一)委托加工应税消费品的确定

委托加工的应税消费品是指由委托方提供原料和主要材料,受托方只收取加工费和代垫部分辅助材料加工的应税消费品。对于由受托方提供原材料生产的应税消费品,或者受托方先将原材料卖给委托方,然后再接受加工的应税消费品,以及由受托方以委托方名义购进原材料生产的应税消费品,不论纳税人在财务上是否做销售处理,都不得作为委托加工应税消费品,而应当按照销售自制应税消费品缴纳消费税。

(二)代收代缴税款的规定

对于确实属于委托方提供原料和主要材料,受托方只收取加工费和代垫部分辅助材料加工的应税消费品,税法规定由受托方在向委托方交货时代收代缴消费税。这样,受托方就是法定的代扣代缴义务人。如果受托方对委托加工的应税消费品没有代收代缴或少代扣代缴消费税,应按照《税收征收管理法》的规定,承担代收代缴的法律责任。因此,受托方必须严格履行代收代缴义务,正确计算和按时代缴税款。委托个人加工的应税消费品,由委托方收回后缴纳消费税。

对于受托方没有按规定代收代缴税款的,并不能因此免除委托方补缴税款的责任。在对委托方进行税务检查时,如果发现其委托加工的应税消费品受托方没有代收代缴税款,委托方要补缴税款(对受托方不再重复补税,但要按《税收征收管理法》的规定,处以应代收代缴税款的一半以上3倍以下的罚款)。对委托方补征税款的计税依据是:在检查时,收回的应税消费品已经直接销售的,按销售额计税;收回的应税消费品尚未销售或不能直接销售的(如收回后用于连续生产等),按组成计税价格计税。组成计税价格的计算公式与下列"(三)组成计税价格及应纳税额的计算"中组成计税价格公式相同。

委托加工的应税消费品,受托方在交货时已代收代缴消费税,委托方收回后直接销售的,不再征收消费税。

(三)组成计税价格及应纳税额的计算

委托加工的应税消费品,按照受托方的同类消费品的销售价格计算纳税,同类消费品的销售价格是指受托方(代收代缴义务人)当月销售的同类消费品的销售价格,如果当月同类消费品各期销售价格高低不同,应按销售数量加权平均计算。但销售的应税消费品有下列情况之一的,不得列入加权平均计算:

(1)销售价格明显偏低又无正当理由的;

(2)无销售价格的。

如果当月无销售或者当月未完结,应按照同类消费品上月或最近月份的销售价格计算纳税。没有同类消费品销售价格的,按照组成计税价格计算纳税。组成计税价格的计算公式为:

实行从价定率计征消费税的组成计税价格计算公式：

$$组成计税价格＝（材料成本＋加工费）÷（1－消费税比例税率）$$

实行复合计征消费税的组成计税价格计算公式：

$$组成计税价格＝（材料成本＋加工费＋委托加工数量×定额税率）÷（1－消费税比例税率）$$

上述组成计税价格公式中有两个重要的专用名词需要解释。

（1）材料成本。按照《消费税暂行条例实施细则》第18条的解释，"材料成本"是指委托方所提供加工材料的实际成本。委托加工应税消费品的纳税人，必须在委托加工合同上如实注明（或者以其他方式提供）材料成本，凡未提供材料成本的，受托方主管税务机关有权核定其材料成本。从这一条规定可以看出，税法对委托方提供原料和主要材料，并以明确的方式如实提供材料成本的要求是很严格的。其目的就是防止假冒委托加工应税消费品，以及通过少报材料成本逃避纳税的现象发生。

（2）加工费。《消费税暂行条例实施细则》规定，"加工费"是指受托方加工应税消费品向委托方所收取的全部费用（包括代垫辅助材料的实际成本，不包括增值税税金）。这是税法对受托方的要求。受托方必须如实提供向委托方收取的全部费用，这样才能既保证组成计税价格及代收代缴消费税准确地计算出来，也使受托方按加工费得以正确计算其应纳增值税。

【例3-4】 甲花炮厂2025年7月受托为乙单位加工一批鞭炮，委托单位提供的原材料金额为31万元，收取委托单位不含增值税的加工费3万元，该花炮厂当地无加工鞭炮的同类产品市场价格。要求：计算鞭炮企业应代收代缴的消费税。（鞭炮的消费税适用税率为15％）

解： 组成计税价格＝（31＋3）÷（1－15％）＝40（万元）

应代收代缴消费税税额＝40×15％＝6（万元）

三、进口环节应纳消费税的计算

进口的应税消费品，于报关进口时缴纳消费税；进口的应税消费品的消费税由海关代征；进口的应税消费品，由进口人或者其代理人向报关地海关申报纳税；纳税人进口应税消费品，按照关税征收管理的相关规定，应当自海关填发海关进口消费税专用缴款书之日起15日内缴纳税款。

1993年12月，国家税务总局、海关总署联合颁布的《关于进口货物征收增值税、消费税有关问题的通知》规定，进口应税消费品的收货人或办理报关手续的单位和个人，为进口应税消费品消费税的纳税义务人。进口应税消费品消费税的税目、税率（税额），依照该通知所附的《消费税税目、税率（税额）表》执行。

纳税人进口应税消费品，按照组成计税价格和规定的税率计算应纳税额。其计算方法如下。

1. 实行从价定率计征消费税的应纳税额的计算公式

$$组成计税价格＝（关税完税价格＋关税）÷（1－消费税比例税率）$$
$$消费税应纳税额＝组成计税价格×消费税比例税率$$

公式中的"关税完税价格"是指海关核定的关税计税价格。

【例 3-5】 2024 年 5 月,某商贸公司进口一批应税消费品,已知该批应税消费品的关税完税价格为 60 万元,按规定应缴纳关税 12 万元,假定进口的应税消费品的消费税税率为 10%。
要求:计算该批消费品进口环节应缴纳的消费税税额。

解:组成计税价格=(60+12)÷(1-10%)=80(万元)

应纳消费税税额=80×10%=8(万元)

2. 实行从量定额计征消费税的应纳税额的计算公式

$$消费税应纳税额=应税消费品进口数量×消费税定额税率$$

3. 实行从价定率和从量定额复合计征消费税的应纳税额的计算公式

$$组成计税价格=\left(关税完税价格+关税+进口数量×消费税定额税率\right)÷\left(1-消费税比例税率\right)$$

$$消费税应纳税额=组成计税价格×消费税比例税率+应税消费品进口数量×消费税定额税率$$

进口环节消费税除国务院另有规定外,一律不得给予减税、免税。

四、已纳消费税扣除的计算

为了避免重复征税,现行《消费税法》规定,将外购应税消费品和委托加工收回的应税消费品继续生产应税消费品销售的,可以将外购应税消费品和委托加工收回应税消费品已缴纳的消费税给予扣除。

(一) 外购应税消费品已纳税款的扣除

由于某些应税消费品是用外购已缴纳消费税的应税消费品连续生产出来的,在对这些应税消费品计算征税时,税法规定应按当期生产领用数量计算准予扣除外购的应税消费品已纳的消费税税款。扣除范围包括:

(1) 外购已税烟丝生产的卷烟。

(2) 外购已税高档化妆品生产的化妆品。

(3) 外购已税珠宝玉石生产的贵重首饰及珠宝玉石。

(4) 外购已税鞭炮、焰火生产的鞭炮焰火。

(5) 外购已税杆头、杆身和握把为原料生产的高尔夫球杆。

(6) 外购已税木制一次性筷子为原料生产的木制一次性筷子。

(7) 外购已税实木地板为原料生产的实木地板。

(8) 外购已税汽油、柴油、石脑油、燃料油、润滑油为原料生产的应税成品油。

上述当期准予扣除外购应税消费品已纳消费税税款的计算公式为:

$$当期准予扣除的外购应税消费品已纳税款=当期准予扣除的外购应税消费品买价×外购应税消费品适用税率$$

$$当期准予扣除的外购应税消费品买价=期初库存的外购应税消费品买价+当期购进的应税消费品买价-期末库存的外购应税消费品买价$$

【例 3-6】 某卷烟厂月初库存外购应税烟丝金额 50 万元,当月又外购应税烟丝金额 500 万元(不含增值税),月末库存烟丝金额 10 万元,其余被当月生产卷烟领用。要求:计算卷

烟厂当月准许扣除的外购烟丝已缴纳的消费税税额。（烟丝适用的消费税税率为30％）

解： 当期准许扣除的外购烟丝买价＝50＋500－10＝540（万元）

当月准许扣除的外购烟丝已缴纳的消费税税额＝540×30％＝162（万元）

外购已税消费品的买价是指购货发票上注明的销售额（不包括增值税税款）。

需要说明的是,纳税人用外购的已税珠宝玉石生产的改在零售环节征收消费税的金银首饰（镶嵌首饰）,在计税时一律不得扣除外购珠宝玉石的已纳税款。

对于自己不生产应税消费品,而只是购进后再销售应税消费品的工业企业,其销售的化妆品、鞭炮焰火和珠宝玉石,凡不能构成最终消费品直接进入消费品市场,而需进一步生产加工的,应当征收消费税,同时允许扣除上述外购应税消费品的已纳税款。

允许扣除已纳税款的应税消费品只限于从工业企业购进的应税消费品和进口环节已缴纳消费税的应税消费品,对从境内商业企业购进应税消费品的已纳税款一律不得扣除。

（二）委托加工收回的应税消费品已纳税款的扣除

委托加工的应税消费品已由受托方代收代缴消费税,因此,委托方收回货物后用于连续生产应税消费品的,其已纳税款准予按照规定从连续生产的应税消费品应纳消费税税额中抵扣。按照国家税务总局的规定,从1995年6月1日起,下列连续生产的应税消费品准予从应纳消费税税额中按当期生产领用数量计算扣除委托加工收回的应税消费品已纳消费税税款：

（1）以委托加工收回的已税烟丝为原料生产的卷烟。

（2）以委托加工收回的已税高档化妆品为原料生产的化妆品。

（3）以委托加工收回的已税珠宝玉石为原料生产的贵重首饰及珠宝玉石。

（4）以委托加工收回的已税鞭炮、焰火为原料生产的鞭炮、焰火。

（5）以委托加工收回的已税杆头、杆身和握把为原料生产的高尔夫球杆。

（6）以委托加工收回的已税木制一次性筷子为原料生产的木制一次性筷子。

（7）以委托加工收回的已税实木地板为原料生产的实木地板。

（8）以委托加工收回的已税汽油、柴油、石脑油、燃料油、润滑油为原料生产的应税成品油。

上述当期准予扣除委托加工收回应税消费品已纳消费税税款的计算公式为：

$$\begin{matrix}当期准予扣除的委托加工\\应税消费品已纳税款\end{matrix}=\begin{matrix}期初库存的委托加工\\应税消费品已纳税款\end{matrix}+\begin{matrix}当期收回的委托加工\\应税消费品已纳税款\end{matrix}-\begin{matrix}期末库存的委托加工\\应税消费品已纳税款\end{matrix}$$

五、消费税出口退税的计算

对纳税人出口的应税消费品免征消费税；国务院另有规定的除外。

（一）出口免税并退税

有出口经营权的外贸企业购进应税消费品直接出口,以及外贸企业受其他外贸企业委托代理出口应税消费品,适用出口免税并退税政策。外贸企业只有受其他外贸企业委托,代理出口应税消费品才可办理退税,外贸企业受其他企业（主要是非生产性的商贸企业）委托,代理出口应税消费品是不予退（免）税的。

属于从价定率计征消费税的,为已征且未在内销应税消费品应纳税额中抵扣的购进出口货物金额；属于从量定额计征消费税的,为已征且未在内销应税消费品应纳税额中抵扣的购进

出口货物数量;属于复合计征消费税的,按从价定率和从量定额的计税依据分别确定。消费税应退税额的计算公式为:

$$消费税应退税额=从价定率计征消费税的退税计税依据×消费税比例税率$$
$$+从量定额计征消费税的退税计税依据×消费税定额税率$$

出口货物的消费税应退税额的计税依据,按购进出口货物的消费税专用缴款书和海关进口消费税专用缴款书确定。

(二)出口免税但不退税

有出口经营权的生产性企业自营出口或生产企业委托外贸企业代理出口自产应税消费品,依据其实际出口数量免征消费税,不予办理退还消费税。免征消费税是指对生产性企业按其实际出口数量免征生产环节的消费税。不予办理退还消费税的原因是,已免征生产环节的消费税,该应税消费品出口时,已不含有消费税。

(三)出口不免税也不退税

除生产企业、外贸企业外的其他企业,具体是指一般商贸企业,这类企业委托外贸企业代理出口应税消费品一律不予退(免)税。

第六节　消费税的征收管理实务

一、纳税义务发生时间

纳税人生产的应税消费品于销售时纳税,进口消费品应当于应税消费品报关进口环节纳税,但金银首饰、钻石及钻石饰品在零售环节纳税。消费税纳税义务发生的时间,以货款结算方式或行为发生时间分别确定。

(1)纳税人销售的应税消费品,其纳税义务的发生时间为:①采取赊销和分期收款结算方式的,为书面合同约定的收款日期的当日,书面合同没有约定收款日期或者无书面合同的,为发出应税消费品的当日。②采取预收货款结算方式的,为发出应税消费品的当日。③采取托收承付和委托银行收款方式的,为发出应税消费品并办妥托收手续的当日。④采取其他结算方式的,为收讫销售款或者取得索取销售款凭据的当日。

(2)纳税人自产自用应税消费品的,纳税义务的发生时间为移送使用的当日。

(3)纳税人委托加工应税消费品的,纳税义务的发生时间为纳税人提货的当日。

(4)纳税人进口应税消费品的,纳税义务的发生时间为报关进口的当日。

二、纳税期限

按照《消费税暂行条例》的规定,消费税的纳税期限分别为1日、3日、5日、10日、15日、1个月或者1个季度。纳税人的具体纳税期限,由主管税务机关根据纳税人应纳税额的大小分别核定;不能按照固定期限纳税的,可以按次纳税。

纳税人以1个月或者1个季度为一期纳税的,自期满之日起15日内申报纳税;以1日、3日、5日、10日或者15日为一期纳税的,自期满之日起5日内预缴税款,于次月1日起15日内申报纳税并结清上月应纳税款。

纳税人进口应税消费品,应当自海关填发海关进口消费税专用缴款书之日起15日内缴纳税款。如果纳税人不能按照规定的纳税期限依法纳税,将按照《税收征收管理法》的有关规定处理。

三、纳税地点

纳税人销售的应税消费品以及自产自用的应税消费品,除国务院财政、税务主管部门另有规定外,应当向纳税人机构所在地或者居住地的主管税务机关申报纳税。

委托加工的应税消费品,除受托方为个人外,由受托方向机构所在地或者居住地的主管税务机关解缴消费税税款。

进口的应税消费品,由进口人或者其代理人向报关地海关申报纳税。

纳税人到外县(市)销售或者委托外县(市)代销自产应税消费品的,于应税消费品销售后,向机构所在地或者居住地主管税务机关申报纳税。

纳税人的总机构与分支机构不在同一县(市)的,应当分别向各自机构所在地的主管税务机关申报纳税;经财政部、国家税务总局或者其授权的财政、税务机关批准,可以由总机构汇总向总机构所在地的主管税务机关申报纳税。

纳税人销售的应税消费品,如因质量等原因由购买者退回时,经所在地主管税务机关审核批准后,可退还已征收的消费税税款。但不能自行直接抵减应纳税款。

四、纳税申报

消费税纳税人应按有关规定及时办理纳税申报,并应如实填写《消费税纳税申报表》。

第七节　消费税的税务合规计划

一、消费税纳税人的税务合规计划

(一)避免成为消费税纳税人

根据《消费税暂行条例》的规定,我国目前对消费税的征收范围仅局限于烟、酒、高档化妆品等15种商品。

(二)利用"连续生产不纳税"的规定降低消费税

纳税人将自产的应税消费品继续加工成新的应税消费品时,不缴纳消费税。例如,卷烟厂生产的用于连续生产卷烟的烟丝,不需要缴纳消费税;若生产出的烟丝直接用于销售,则烟丝就需缴纳消费税。

若两个或两个以上的纳税人承担某项最终消费品的不同生产环节,则可以通过企业合并递延纳税时间,从而降低消费税税负。税务合规计划主要从以下两个方面来实现:

(1)合并上游,会使原来企业间的购销关系转变为企业内部车间之间的原料领用关系,此时就不再缴纳消费税。

(2)如果后一环节的消费税税率比前一环节的低,则可以直接减轻企业的消费税税负,如白酒加工成药酒。

【例 3-7】 甲药酒厂从乙白酒厂购进白酒 500 万千克作原料,价款 4 000 万元,白酒消费税税率为 20%,定额税率为 0.5 元/500 克。预计甲药酒厂销售药酒收入 6 000 万元,以上价款均不含增值税,药酒的消费税税率为 10%。要求:请对其进行消费税税务合规计划处理(仅考虑消费税)。

解: 税务合规计划前:

甲药酒厂消费税税额=6 000×10%=600(万元)

乙白酒厂消费税税额=4 000×20%+500×2×0.5=1 300(万元)

合计缴纳消费税税额=600+1 300=1 900(万元)

税务合规计划后:甲药酒厂兼并乙白酒厂,白酒厂成为甲的生产车间,取得白酒变成企业内部车间之间的原料领用,无须缴纳消费税。

甲药酒厂应缴纳消费税税额=6 000×10%=600(万元)

税务合规计划结论:合规计划后少缴消费税税额 1 300 万元(1 900-600)。

税务合规计划提示:企业合并(兼并),不能只考虑消费税的多少,还应考虑自身有无兼并能力、对企业未来发展的影响、被兼并企业是否存在严重的遗留问题等很多因素。

【例 3-8】 承[例 3-7],乙白酒厂因无法继续经营准备申请破产。此时,乙白酒厂欠甲药酒厂货款 5 000 万元。经评估,乙白酒厂的资产恰好是 5 000 万元。甲药酒厂决定对乙白酒厂进行收购。要求:请从税务合规计划的角度分析此次收购对甲药酒厂的影响。

解: 第一,这次收购支出费用较小。由于乙白酒厂的资产和负债均为 5 000 万元,净资产为 0,该并购行为属于以承担被兼并企业的全部债务方式实现的吸收合并,可以不计算资产转让所得,不用缴纳所得税。

第二,合并可以递延部分税款。合并前,乙白酒厂向甲药酒厂销售白酒时需要缴纳消费税与增值税,而合并后,这笔税款递延至药酒销售时才缴纳,从而获得递延纳税收益。

第三,合并可以降低消费税适用税率。合并前的消费税税率为 20%,企业间的销售额在合并后适用了较低的税率 10%,从而减轻税负。

(三)利用外购已税消费品可以扣除的规定进行税务合规计划

当纳税人用外购已税消费品连续生产消费税应税消费品时,允许纳税人按当期生产领用数量从应纳消费税中扣除外购应税消费品已纳消费税税款。需注意的是,允许抵扣已纳税款的应税消费品,只限于从工业企业购进的应税消费品。外购已税消费品扣除范围如表 3-4 所示。

表 3-4 外购已税消费品扣除范围

序号	外购已税商品	连续生产应税商品
1	烟丝	卷烟
2	高档化妆品	高档化妆品
3	杆头、杆身和握把	高尔夫球棒
4	木制一次性筷子	木制一次性筷子

（续表）

序号	外购已税商品	连续生产应税商品
5	实木地板	实木地板
6	珠宝玉石	贵重首饰与珠宝玉石
7	鞭炮、焰火	鞭炮、焰火
8	石脑油	应税成品油
9	润滑油	润滑油
10	摩托车	摩托车

二、消费税计税依据的税务合规计划

（一）应税消费品销售的税务合规计划

1. 设立独立销售公司降低出厂价的税务合规计划

企业可以设立独立核算的销售公司，先以较低但不违反公平交易的价格将应税消费品卖给该公司，消费税以此较低的销售额计征，从而减少应纳消费税税额；然后销售公司再以较高的价格对外售出，在此环节只缴纳增值税，不缴纳消费税。这种转让定价法可降低计税依据，使集团整体消费税税负下降，增值税税负则保持不变。

2. 降低出厂价，将市场营销费转嫁给经销商

一方面，将应税消费品以较低的价格卖给经销商，让利给经销商；另一方面，将自身的市场营销及广告费让经销商承担。这种费用的转嫁方式，降低了应税消费品的出厂价，从而降低消费税，直接转嫁了增值税。

3. 以应税消费品换取物资、抵债、入股等的税务合规计划

税法规定，纳税人用自产应纳消费税的消费品换取物品、投资入股、抵偿债务等，视同销售，应按同类应税消费品最高售价计算消费税。因此，纳税人可以采用先销售，再以货币买货、入股、抵债的方式，避免按照同类应税消费品的最高价作为计税依据，可降低税基，节省消费税。

4. 兼营和成套销售（或者装配）的税务合规计划

税法规定，纳税人兼营不同税率应税消费品，应分开核算不同税率应税消费品的销售额、销售数量，未分别核算或将不同税率的应税消费品组成成套消费品销售的，从高适用税率。所以，兼营不同税率的应税消费品，应分别核算。不同税率的消费品组成套装销售的，应采用先销售、再包装的方法，可降低计税依据，节省消费税。当然，如果成套销售消费品所带来的收益远远大于因此而增加的消费税及其他成本，则也可以采用套装销售方式。

5. 自产自用应税消费品的税务合规计划

厂家用自产的消费品继续加工应税消费品不纳税。

凡用于其他方面（如生产非应税消费品和在建工程、管理部门、非生产机构、提供劳务、馈赠、样品、职工福利、奖励等方面）的应税消费品，于移送使用时缴纳消费税。按照纳税人同类消费品的售价计税；没有同类消费品售价的，按照组成计税价格纳税。由于生产成本由企业掌握，纳税人可采用降低生产成本的方法进行税务合规计划。组成计税价格的计算公式为：

$$组成计税价格＝成本×(1＋成本利润率)÷(1－消费税税率)$$

(二)选择合理加工方式的税务合规计划

1. 自营或委托加工的选择

应税消费品生产有自营和委托加工两种方式。纳税人通过委托加工方式生产应税消费品,往往会节约一定数量的消费税,并且在受托方与委托方存在关联关系的情况下,受托方收取的委托加工费可能会更低,使得代扣代缴消费税的组成计税价格也会降低,纳税人获取的税收利益会更大。需注意的是,加工费最高限额＝预计销售额×(1－消费税税率)－材料成本,当委托加工费＜加工费最高限额时,企业采用委托加工方式生产应税消费品的税负就会减轻,反之税负就会加重。

【例3-9】　某化妆品公司将原材料210万元委托给A厂加工成应税化妆品。合同约定加工费90万元,收回后按420万元直接对外销售,消费税税率为30％,受托方无同类商品的销售价格,合同约定按组成计税价格进行代扣代缴消费税。要求:请对消费税进行税务合规计划处理。

解: 加工费最高限额＝420×(1－30％)－210＝84(万元)

委托加工费90万元＞可接受加工费最高限额84万元。故采用自营加工方式生产化妆品比较有利。

自营加工可节约消费税税额＝(210＋90)÷(1－30％)×30％－420×30％＝2.57(万元)

2. 采取委托加工＋收回平销＋流通加价方式进行税务合规计划

委托方将收回的消费品以不高于受托方的计税价格出售的,不缴纳消费税。纳税人可根据规定,采取与受托方联营的方式改变受托与委托关系,节省消费税。

【例3-10】　甲化妆品公司为增值税一般纳税人。生产的A品牌高档化妆品,消费税税率为15％,其材料成本300万元,人工成本100万元,其他因素暂不考虑,A产品出厂不含增值税价800万元。要求:通过委托加工降低消费税负担,请帮助该企业作出税务合规计划。

解: 方案1:自己加工出售,应纳消费税税额＝800×15％＝120(万元)。

方案2:

(1) 委托B厂加工,组成计税价格＝(300＋100)÷(1－15％)＝470.59(万元),B厂代收代缴消费税税额＝470.59×15％＝70.59(万元)。

(2) 甲公司收回后直接按470.59万元的价格卖给自己的控股商贸N公司,免缴消费税。

(3) N公司加价按800万元价格出售,免缴消费税。

方案2比方案1少缴消费税49.41万元(120－70.59)。

3. 延期纳税的税务合规计划

纳税人可以充分利用消费税纳税义务发生时间和纳税期限的有关规定,合理延迟纳税义务发生时间,充分利用资金的时间价值。

(1) 赊销分期收款签订分期收款销售合同可延期纳税。

(2) 选择纳税期限,使纳税时间推迟。

(3) 纳税人还可以通过纳税申报缴库期限的规定和纳税申报遇到节假日顺延的规定,尽量推迟税款申报。

三、消费税税率的税务合规计划

消费税比例税率从 1% 至 56%，差距较大，消费税定额税率因计税单位的不同从 1.2 元/升至 1.52 元/升，220 元/吨至 250 元/吨不等。消费税税率对于同一应税消费品来说，当条件不同时，税率也存在不一致的情况。所以，税率的税务合规计划存在一定空间。

1. 白酒税率的税务合规计划

白酒采用从价 20% 定率和从量定额 0.5 元/500 克（或 500 毫升）复合计征消费税。外购或委托加工已税酒生产的白酒，其已纳消费税不能抵扣，而且生产环节越多，税收负担增加的幅度越大。所以，应适当进行税务合规计划。

【例 3-11】 长虹酒厂每年销售散装白酒 8 万斤，不含增值税销售收入 32 万元，该散装白酒也可以委托某药厂加工成药酒后销售，加工成药酒后的售价为 52 万元。要求：请进行合规计划，以减少消费税税额。

解：税务合规计划思路：白酒生产厂应当注意减少流转环节，尽可能兼并上游企业，减少消费税增加的采购成本。同时，企业可将适用高税率的产品，自行加工或委托加工成适用低税率但附加值更高的产品。这样既降低了税负，也增加了企业的利润。

税务合规计划过程：

直接销售白酒：应纳消费税税额 $= 32 \times 20\% + 8 \times 0.5 = 10.4$（万元）

加工成药酒后销售（药酒税率为 10%）：应纳消费税税额 $= 52 \times 10\% = 5.2$（万元）

加工成药酒后销售节税额 $= 10.4 - 5.2 = 5.2$（万元）

2. 啤酒税率的税务合规计划

啤酒定价不同，适用税率也不同。当啤酒定价介于两档税率边缘时，税后利润就不一致。价格选择可通过无差别价格临界点制定合理的价格，适用较低的税率，达到减轻税负的目的。

假定城建税、教育费附加及地方教育附加的税率和征收率分别为 7%、3% 和 2%，无差别价格临界点计算过程如下：

设临界点价格为 a，销售数量为 b（由于价格 $>3\,000$ 元，适用 250 元/吨税率），则：

应纳增值税 $= a \times b \times 13\% -$ 进项税额

应纳消费税 $= 250 \times b$

应纳城建税及教育费附加 $= [250 \times b + (a \times b \times 13\% -$ 进项税额$)] \times (7\% + 3\% + 2\%)$

应纳所得税 $= \{a \times b - 成本 - 250 \times b - [250 \times b + (a \times b \times 13\% -$ 进项税额$)] \times (7\% + 3\% + 2\%)\} \times$ 所得税税率

（1）临界点的价格为 a 时的税后利润 $= \{a \times b - 成本 - 250 \times b - [250 \times b + (a \times b \times 13\% -$ 进项税额$)] \times (7\% + 3\% + 2\%)\} \times (1 -$ 所得税税率$)$

（2）每吨价格等于 2 999.99 元时的税后利润 $= [2\,999.99 \times b - 成本 - 220 \times b - (220 \times b + 2\,999.99 \times b \times 13\% -$ 进项税额$) \times (7\% + 3\% + 2\%)] \times (1 -$ 所得税税率$)$

当（1）＝（2）时，解方程可得 $a = 3\,034.12$（元）。

由此计算出价格禁区：2 999.99 元＜啤酒每吨定价＜3 034.12 元

在城建税 7%、教育费附加 3%、地方教育附加 2% 的情况下：

当啤酒每吨定价＝3 034.12元或2 999.99元时,二者税后利润相等;

当啤酒每吨定价＜3 000元时,价格越高,税后利润越大;

当2 999.99元＜啤酒每吨定价＜3 034.12元时,税后利润最小;

当啤酒每吨定价＞3 034.12元时,价格越高,税后利润越大。

【例3-12】　市区某啤酒厂生产美味牌啤酒,出厂价3 000元/吨。该啤酒生产工艺改进后,喝起来口感更好。要求:请为该厂进行价格的税务合规计划处理。

解: 若定价＞3 034.12元/吨,则可以获得较多的税后利润。定价不能在税收陷阱区(2 999.99元/吨＜定价＜3 034.12元/吨)。

验证:若按3 000元/吨定价,要缴纳250元/吨消费税,税后利润2 750元(3 000－250);

若定价2 990元/吨,要缴纳220元/吨消费税,税后利润2 770元(2 990－220),由于价格优势,还可以提高市场竞争力。

对于这一类具有差别税率的产品,在产品定价处于两级税率边缘时,应参考无差别临界点的价格来定价,避开税收陷阱区,可使企业少缴消费税,税后利润达到最大化。

3. 卷烟税率的税务合规计划

卷烟从量税150元/标准箱。

从价税率:调拨价≥70元/条的,适用56％;调拨价＜70元/条的,适用36％。

批发环节加征从价税率11％,从量税0.005元/支。

从以上规定可以看出,调拨价格70元为临界点,在临界点附近,收入增加的金额将小于税收增加的金额,得不偿失,是提价的不可行区域,这就是税收陷阱区。具体的提价不可行区域范围计算如下:

假设某卷烟厂进项税额为P,增值税税率为13％,城建税税率为7％,教育费附加税率为3％,地方教育附加税率为2％。

(1) 当每标准条调拨价为69.99元时,适用36％消费税税率。

每标准条应纳:

消费税及附加＝$(1\div 250\times 150+69.99\times 36\%)\times(1+7\%+3\%+2\%)$

增值税的附加＝$(69.99\times 13\%-P)\times(7\%+3\%+2\%)$

(2) 假设提价为N元/标准条时,$N\geq 70$元,则税率为56％。

每标准条应纳:

消费税及附加＝(2)－(1)＝$(1\div 250\times 150+N\times 56\%)\times(1+7\%+3\%+2\%)$

增值税的附加＝(2)－(1)＝$(N\times 13\%-P)\times(7\%+3\%+2\%)$

当提价所增收入＜消费税及附加的增量＋增值税附加的增量,则不可行,即:

$N-69.99<(N\times 56\%-69.99\times 36\%)\times(1+7\%+3\%+2\%)+(N\times 13\%-69.99\times 13\%)\times(7\%+3\%+2\%)$

解不等式,得:$70\leq N<113.88$,此为提价不可行区域。

由上可知,城建税税率为7％时价格禁区为$70\leq N<113.88$,提价得不偿失。同理,城建税税率为5％时价格禁区为$70\leq N<111.49$,每标准条调拨价格提价的不可行区域如表3-5所示。

表 3-5　每标准条调拨价格提价的不可行区域

序号	城建税税率	教育费附加税率	地方教育费附加税率	每标准条调拨价格提价的不可行区域(元)
1	7%	3%	2%	70~113.88
2	5%	3%	2%	70~111.49

卷烟定价时,应尽可能在纳税禁区之外,要么低于该禁区,实现薄利多销;要么高于纳税禁区,售价越高,获得利益越大。

【例 3-13】　市区某卷烟厂为增值税一般纳税人,当月生产销售卷烟 4 000 标准条,每条调拨价格为 75 元(不含增值税)。则当月应纳消费税及附加为(4 000÷250×150+75×4 000×56%)×(1+7%+3%+2%)=190 848(元)。要求:试分析如何减轻企业的消费税税负。

解: 税务合规计划思路:卷烟每标准条调拨价格为 70 元及以上,适用 56% 的消费税比例税率,调拨价格在 70 元以下,适用 36% 的消费税比例税率。调拨价格 70 元为临界点,定价 75 元正处于纳税禁区($70 \leqslant N < 113.88$)内,此时得不偿失。要么降价,要么提价,才能实现利益最大化,故定价应避开此纳税禁区。

税务合规计划过程:

若该卷烟厂将每标准条调拨价格降为 68 元,则

当月应纳消费税、城建税及教育费附加=(4 000÷250×150+68×4 000×36%)×(1+7%+3%+2%)=112 358.4(元)

税务合规计划后收入减少=(75-68)×4 000=28 000(元)

消费税及附加减少=190 848-112 358.4=78 489.6(元)

经济利益净增加=78 489.6-28 000=50 489.6(元)

如果再考虑增值税应纳的城建税及教育费附加,经济利益将增加更多。

4. 小汽车、摩托车税率的税务合规计划

国家鼓励企业生产销售达到低污染排放值和新能源的小汽车、摩托车。生产应税小汽车、摩托车的企业,应大力进行技术研究开发,将本企业的应税小汽车、摩托车气缸排气量降低到可能的范围内,从而能够适用较低的消费税税率。

四、消费税优惠政策的税务合规计划

目前涉及减免消费税的政策主要有 14 个税目,如果企业具备相应的条件和能力,可以在投资时就选择这 14 个税目有优惠政策的产品进行投资,可以达到减轻消费税税收负担的目的。

思考与练习题

1. 消费税的征税范围有哪些?消费税纳税环节有哪些?

2. 消费税的计税方法有哪几种?它们分别适用于哪些消费品?

3. 消费税的销售额与增值税的销售额有哪些方面不一致?

4. 卷烟消费税的计税价格如何核定?

5. 自产自用应税消费品的应纳税额如何计算?

6. 进口卷烟的应纳消费税税额如何计算?

巩固训练题

思政园地

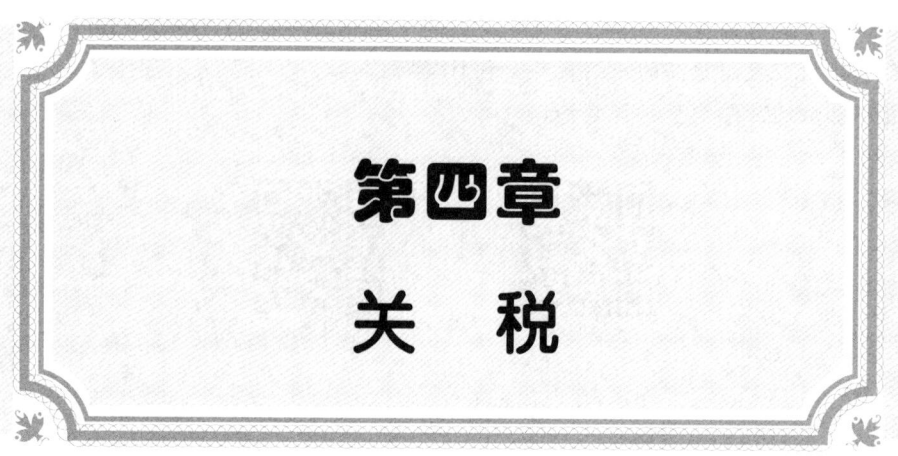

第四章 关　税

知识目标

理解关税的含义;理解和掌握关税的纳税义务人、征税范围和税率等税收要素;熟练掌握关税应纳税额的计算;掌握关税的税收优惠及征收管理。

技能目标

能够熟练运用关税的相关法律规定解决实际工作中的涉税问题;能够熟练进行关税应纳税额的计算和纳税申报。

思政目标

明确关税在调节经济、保护民族企业、防止国外经济侵袭、争取关税互惠、促进对外贸易发展、增加国家财政收入等方面的重要意义;培养爱国情怀,提高诚信纳税意识。

第一节　关税的基本概念

一、征税对象

关税是海关依法对准许进出口的货物、进境物品征收的一种税。"境"指关境,又称"海关境域"或"关税领域",是《中华人民共和国关税法》(以下简称《关税法》)全面实施的领域。在通常情况下,一国关境与国境是一致的,包括国家全部的领土、领海、领空。但当某一国家在国境内设立了自由港、自由贸易区等,这些区域就进出口关税而言处在关境之外,这时,该国家的关境小于国境,如根据《中华人民共和国香港特别行政区基本法》和《中华人民共和国澳门特别行政区基本法》,香港和澳门保持自由港地位,为我国单独的关税地区,即单独关境区。单独关境区是不完全适用该国关税法律、法规或实施单独海关管理制度的区域。关税的征税对象是准许进出境的货物和物品。货物是指贸易性商品;物品是指入境旅客随身携带的行李物品、个人邮递物品、各种运输工具上的服务人员携带进口的自用物品、馈赠物品以及其他方式进境的个人物品。

二、纳税义务人

进口货物的收货人、出口货物的发货人、进境物品的携带人或者收件人,是关税的纳税人。从事跨境电子商务零售进口的电子商务平台经营者、物流企业和报关企业,以及法律、行政法规规定负有代扣代缴、代收代缴关税税款义务的单位和个人,是关税的扣缴义务人。中华人民共和国准许进出口的货物、进境物品,由海关依照《关税法》和有关法律、行政法规的规定征收关税。

第二节 进出口税则

一、进出口税则概况

进出口税则是一国政府根据国家关税政策和经济政策,通过一定的立法程序制定、公布、实施的进出口货物和物品应税的关税税率表。进出口税则以税率表为主体,通常还包括实施税则的法令、使用税则的有关说明和附录等。

税率表作为税则主体,包括税则商品分类目录和税率栏两大部分。税则商品分类目录是把种类繁多的商品加以综合,按照其不同特点分门别类地简化成数量有限的商品目,分别编号按序排列,称为税则号列,并逐号列出该号中应列入的商品名称。商品分类的原则即归类规则,包括归类总规则和各类、章、目的具体注释。税率栏是按商品分类目录逐项定出的税率栏目。我国现行进口税则为四栏税率,出口税则为一栏税率。

二、税则归类

税则归类,就是按照税则的规定,将每项具体进出口商品按其特性在税则中找出其最适合的某一个税号,即"对号入座",以便确定其适用的税率,计算关税税负。税则归类错误会导致关税的多征或少征,影响关税作用的发挥。因此,税则归类关系到关税政策的正确贯彻。

我国海关总署制定有《中华人民共和国进境物品归类表》(以下简称《归类表》)和《中华人民共和国进境物品完税价格表》(以下简称《完税价格表》)。进境物品依次遵循以下原则归类:

(1)《归类表》已列明的物品,归入其列明类别。

(2)《归类表》未列明的物品,按其主要功能(或用途)归入相应类别。

(3)不能按照上述原则归入相应类别的物品,归入"其他物品"类别。

（4）纳税义务人对进境物品的归类、完税价格的确定持有异议的，可以依法提请行政复议。

三、进口关税税率

我国加入世界贸易组织（WTO）后，为履行关税减让谈判中承诺的有关义务，并享有世界贸易组织成员应有的权利，自2002年1月1日起，我国进口税则设置最惠国税率、协定税率、特惠税率、普通税率等。

1. 最惠国税率

原产于与我国共同适用最惠国待遇条款的世界贸易组织成员方或地区的进口货物，或原产于与我国签订含有相互给予最惠国待遇条款的双边贸易协定的国家或者地区的进口货物，以及原产于我国境内的进口货物，适用最惠国税率。

2. 协定税率

原产于与我国签订含有关税优惠条款的区域性贸易协定的国家或者地区的进口货物，适用协定税率。

3. 特惠税率

原产于与我国签订含有特殊优惠关税协定的国家或地区的进口货物，适用特惠税率。

4. 普通税率

原产于适用上述三种税率所列以外国家或者地区的进口货物，以及原产地不明的进口货物，适用普通税率。

四、出口关税税率

我国出口税则为一栏税率，即出口税率。国家仅对少数资源性产品及易于竞相杀价、盲目进口、需要规范出口秩序的半制成品征收出口关税。

五、特别关税

特别关税包括报复性关税、反倾销税与反补贴税、保障性关税。征收特别关税的货物、适用国别、税率、期限和征收办法，由国务院关税税则委员会决定，海关总署负责实施。

第三节 完税价格与应纳税额的计算

一、原产地规定

确定进境货物原产国的主要原因之一是便于正确适用进口税则各栏税率，对产自不同国家或地区的进口货物适用不同的关税税率。我国原产地规定基本上采用了"全部产地生产标准""实质性加工标准"两种国际上通用的原产地标准。

（一）全部产地生产标准

全部产地生产标准是指进口货物"完全在一个国家内生产或制造"，生产或制造国即为该货物的原产国。完全在一国生产或制造的进口货物包括：

（1）在该国领土或领海内开采的矿产品。

（2）在该国领土上收获或采集的植物产品。

（3）在该国领土上出生或由该国饲养的活动物及从其所得产品。

（4）在该国领土上狩猎或捕捞所得的产品。

（5）在该国船只上卸下的海洋捕捞物，以及由该国船只在海上取得的其他产品。

（6）在该国加工船加工上述第5项所列物品所得的产品。

（7）在该国收集的只适用于作再加工制造的废碎料和废旧物品。

（8）在该国完全使用上述第1～7项所列产品加工成的制成品。

（二）实质性加工标准

实质性加工标准是适用于确定有两个或两个以上国家参与生产的产品的原产国的标准。其基本含义是，经过几个国家加工、制造的进口货物，以最后一个对货物进行经济上可以视为实质性加工的国家作为有关货物的原产国。实质性加工是指产品加工后，在进出口税则中四位数税号一级的税则归类已经有了改变，或者加工增值部分所占新产品总值的比例已超过30％及以上的。

（三）其他标准

对机器、仪器、器材或车辆所用零件、部件、配件及工具，如与主件同时进口且数量合理的，其原产地按主件的原产地确定；分别进口的，则按各自的原产地确定。

二、关税完税价格

关税完税价格是海关根据有关规定对进出口货物进行审定或估定后通过估价确定的价格，它是海关征收关税的依据。简单来说，关税完税价格就像是一个基准，基于这个价格，海关才能准确计算出需要征收的关税金额。

（一）一般进口货物的完税价格

1. 以成交价格为基础的完税价格

进口货物的关税完税价格以成交价格以及该货物运抵我国境内输入地点起卸前的运输及其相关费用、保险费为基础确定。进口货物的成交价格是指卖方向我国境内销售该货物时，买方为进口该货物向卖方实付、应付的价款总额，包括直接支付的价款和间接支付的价款。

2. 对实付或应付价格进行调整的有关规定

实付或应付价格是指买方为购买进口货物直接或间接支付的总额，即作为卖方销售进口货物的条件，由买方向卖方或为履行卖方义务向第三方已经支付或将要支付的全部款项。如下列费用或者价值未包括在进口货物的实付或者应付价格中，应当计入完税价格：

（1）由买方负担的除购货佣金以外的佣金和经纪费。购货佣金是指买方为购买进口货物向自己的采购代理人支付的劳务费用。经纪费是指买方为购买进口货物向代表买卖双方利益的经纪人支付的劳务费用。

（2）由买方负担的与该货物视为一体的容器费用。

（3）由买方负担的包装材料和包装劳务费用。

（4）与该货物的生产和向中华人民共和国境内销售有关的，由买方以免费或者低于成本的方式提供并可以按适当比例分摊的料件、工具、模具、消耗材料及类似货物的价款，以及在境外开发、设计等相关服务的费用。

（5）与该货物有关并作为卖方向我国销售该货物的一项条件，应当由买方直接或间接支付的特许权使用费。特许权使用费是指买方为获得与进口货物相关的，受著作权保护的作品、专利、商标、专有技术和其他权利的使用许可而支付的费用。但是，在估定完税价格时，进口货物在境内的复制权费不得计入该货物的实付或应付价格之中。

（6）卖方直接或间接从买方对该货物进口后转售、处置或使用所得中获得的收益。

上述费用或价值，应当由进口货物的收货人向海关提供客观量化的数据资料。如果没有客观量化的数据资料，完税价格由海关按《完税价格办法》规定的方法进行估定。

下列费用，如能与该货物实付或者应付价格区分，不得计入完税价格：

（1）厂房、机械、设备等货物进口后的基建、安装、装配、维修和技术服务的费用。

（2）货物运抵境内输入地点之后的运输费用、保险费和其他相关费用。

（3）进口关税及其他国内税收。

3. 对买卖双方之间有特殊关系的规定

买卖双方之间有特殊关系的，经海关审定其特殊关系未对成交价格产生影响，或进口货物的收货人能证明其成交价格与同时或大约同时发生的下列任何一款价格相近，该成交价格海关应当接受：

（1）向境内无特殊关系的买方出售的相同或类似货物的成交价格。

（2）按照倒扣价格估价方法所确定的相同或类似货物的完税价格。

（3）按照计算价格估价方法所确定的相同或类似货物的完税价格。

海关在使用上述价格做比较时，应当考虑商业水平和进口数量的不同，以及实付或者应付价格的调整规定所列各项目和交易中买卖双方有无特殊关系造成的费用差异。

有下列情形之一的，应当认为买卖双方存在特殊关系：买卖双方为同一家族成员；买卖双方互为商业上的高级职员或董事；一方直接或间接地受另一方控制；买卖双方都直接或间接地受第三方控制；买卖双方共同直接或间接地控制第三方；一方直接或间接地拥有、控制或持有对方5%以上（含5%）公开发行的有表决权的股票或股份；一方是另一方的雇员、高级职员或董事；买卖双方是同一合伙的成员。买卖双方在经营上相互有联系，一方是另一方的独家代理、独家经销或独家受让人，如果有上述关系的，也应当视为存在特殊关系。

4. 进口货物海关估价方法

进口货物的价格不符合成交价格条件或者成交价格不能确定的，海关应当依次以相同货物成交价格估价方法、类似货物成交价格估价方法、倒扣价格估价方法、计算价格估价方法及其他合理估价方法确定的价格为基础，估定完税价格。如果进口货物的收货人提出要求并提供相关资料，经海关同意，可以选择倒扣价格方法和计算价格方法的适用次序。

1）相同货物成交价格估价方法

相同货物成交价格估价方法是指海关以与进口货物同时或者大约同时向中华人民共和国境内销售的相同货物的成交价格为基础，审查确定进口货物的完税价格的估价方法。相同货物是指与进口货物在同一国家或地区生产的，在物理性质、质量和信誉等所有方面都相同的货物，但允许表面微小差异存在。大约同时是指海关接受货物申报之日的大约同时，最长不应当超过前后45日。

2）类似货物成交价格估价方法

类似货物成交价格估价方法是指海关以与进口货物同时或者大约同时向中华人民共和国

境内销售的类似货物的成交价格为基础,审查确定进口货物的完税价格的估价方法。类似货物是指与进口货物在同一国家或地区生产的,虽然不是在所有方面都相同,但是具有相似的特征、相似的组成材料、同样的功能,并且在商业中可以互换的货物。选择类似货物时,应主要考虑货物的品质、信誉和现有商标。

3) 倒扣价格估价方法

倒扣价格估价方法即以被估的进口货物、相同或类似进口货物在境内销售的价格为基础估定完税价格的估价方法。按该价格销售的货物应当同时符合五个条件:在被估货物进口时或大约同时销售;按照进口时的状态销售;在境内第一环节销售;合计的货物销售总量最大;向境内无特殊关系方的销售。以该方法估定完税价格时,下列各项应当扣除:

(1) 该货物的同等级或同种类货物,在境内销售时的利润和一般费用及通常支付的佣金。

(2) 货物运抵境内输入地点之后的运费、保险费、装卸费及其他相关费用。

(3) 进口关税、进口环节税和其他与进口或销售上述货物有关的国内税。

4) 计算价格估价方法

计算价格估价方法是指按下列各项的总和计算出的价格估定完税价格的估价方法:

(1) 生产该货物所使用的原材料价值和进行装配或其他加工的费用。

(2) 与向境内出口销售同等级或同种类货物的利润、一般费用相符的利润和一般费用。

(3) 货物运抵境内输入地点起卸前的运输及相关费用、保险费。

5) 其他合理估价方法

使用其他合理方法时,应当根据《完税价格办法》限定的估价原则,以在境内获得的数据资料为基础估定完税价格。但不得使用以下价格:

(1) 境内生产的货物在境内的销售价格。

(2) 可供选择的价格中较高的价格。

(3) 货物在出口地市场的销售价格。

(4) 以计算价格方法规定的有关各项之外的价值或费用计算的相同或类似货物的价格。

(5) 出口到第三国或地区的货物的销售价格。

(6) 最低限价或武断、虚构的价格。

(二)特殊进口货物的完税价格

1. 运往境外修理的货物

运往境外修理的机械器具、运输工具或其他货物,出境时已向海关报明,并在海关规定的期限内复运进境的,应当以海关审定的境外修理费和料件费为完税价格。

2. 运往境外加工的货物

运往境外加工的货物,出境时已向海关报明,并在海关规定期限内复运进境的,应当以海关审定的境外加工费和料件费,以及该货物复运进境的运输及其相关费用、保险费估定完税价格。

3. 暂时进境货物

对于经海关批准的暂时进境的货物,应当按照一般进口货物估价办法的规定,估定完税价格。

4. 以租赁方式进口货物

以租赁方式进口的货物中,以租金方式对外支付的租赁货物,在租赁期间以海关审定的租金作为完税价格;留购的租赁货物,以海关审定的留购价格作为完税价格;承租人申请一次性缴纳税款的,经海关同意,按照一般进口货物估价办法的规定估定完税价格。

5. 留购的进口货样等

对于境内留购的进口货样、展览品和广告陈列品,以海关审定的留购价格作为完税价格。

6. 予以补税的减免税货物

减税或免税进口的货物需予以补税时,应当以海关审定的该货物原进口时的价格扣除折旧部分价值作为完税价格。其计算公式为:

$$\text{完税价格} = \text{海关审定的该货物原进口时的价格} \times \left[1 - \frac{\text{申请补税时实际已使用的时间(月)}}{\text{监管年限} \times 12} \right]$$

7. 以其他方式进口的货物

以易货贸易、寄售、捐赠、赠送等其他方式进口的货物,应当按照一般进口货物估价办法的规定,估定完税价格。

(三) 出口货物的完税价格

1. 以成交价格为基础的完税价格

出口货物的完税价格,由海关以该货物向境外销售的成交价格为基础审查确定,并应包括货物运至我国境内输出地点装载前的运输及其相关费用、保险费,但其中包含的出口关税税额应当扣除。

出口货物的成交价格是指该货物出口销售到我国境外时买方向卖方实付或应付的价格。出口货物的成交价格中含有支付给境外的佣金的,如果单独列明,应当扣除。

2. 出口货物海关估价方法

出口货物的成交价格不能确定时,完税价格由海关依次使用下列方法估定:

(1) 同时或大约同时向同一国家或地区出口的相同货物的成交价格。

(2) 同时或大约同时向同一国家或地区出口的类似货物的成交价格。

(3) 根据境内生产相同或类似货物的成本、利润和一般费用,境内发生的运输及其相关费用、保险费计算所得的价格。

(4) 按照合理方法估定的价格。

三、应纳税额的计算

1. 从价税应纳税额的计算

从价税应纳税额的计算公式为:

$$\text{关税税额} = \text{应税进(出)口货物数量} \times \text{单位完税价格} \times \text{税率}$$

2. 从量税应纳税额的计算

从量税应纳税额的计算公式为:

$$\text{关税税额} = \text{应税进(出)口货物数量} \times \text{单位货物税额}$$

3. 复合税应纳税额的计算

我国目前实行的复合税都是先计征从量税,再计征从价税。复合税应纳税额的计算公式为:

$$
\begin{aligned}
\text{关税税额} &= \text{应税进(出)口货物数量} \times \text{单位货物税额} \\
&\quad + \text{应税进(出)口货物数量} \times \text{单位完税价格} \times \text{税率}
\end{aligned}
$$

4. 滑准税应纳税额的计算

滑准税应纳税额的计算公式为:

$$\text{关税税额} = \text{应税进(出)口货物数量} \times \text{单位完税价格} \times \text{滑准税税率}$$

现行税则《进(出)口商品从量税、复合税、滑准税税目税率表》后注明了滑准税税率的计算公式,该公式是一个与应税进(出)口货物完税价格相关的取整函数。

【例4-1】 某商场于2025年8月进口一批高档化妆品,国外买价145万元,货物运抵我国入关前发生的运输费、保险费和其他费用分别为15万元、7万元和3万元。货物报关后,该商场按规定缴纳了进口环节的增值税和消费税并取得了海关开具的缴款书。从海关将化妆品运往商场所在地发生运输费用6万元,取得增值税专用发票并认证。该批化妆品当月在国内全部销售,取得不含税销售额600万元(假定高档化妆品进口关税税率为20%、增值税税率为13%、消费税税率为15%)。要求:计算该批化妆品进口环节应缴纳的关税、增值税、消费税和国内销售环节应缴纳的增值税。

解:(1)关税的组成计税价格=145+15+7+3=170(万元)

(2)应缴纳进口关税=170×20%=34(万元)

(3)进口环节应纳增值税的组成计税价格=(170+34)÷(1-15%)=240(万元)

(4)进口环节应缴纳增值税=240×13%=31.20(万元)

(5)进口环节应缴纳消费税=240×15%=36(万元)

(6)国内销售环节应缴纳增值税=600×13%-6×9%-31.20=78-0.54-31.20
=46.26(万元)

第四节 关税的税收优惠政策

关税的税收优惠政策主要包括免征关税、减征关税以及其他优惠政策。

一、免征关税

下列进出口货物、进境物品,免征关税:

(1)国务院规定的免征额度内的一票货物。

(2)无商业价值的广告品和货样。

(3)进出境运输工具装载的途中必需的燃料、物料和饮食用品。

(4)在海关放行前损毁或者灭失的货物、进境物品。

(5)外国政府、国际组织无偿赠送的物资。

（6）中华人民共和国缔结或者共同参加的国际条约、协定规定免征关税的货物、进境物品。

（7）依照有关法律规定免征关税的其他货物、进境物品。

二、减征关税

下列进出口货物、进境物品，减征关税：

（1）在海关放行前遭受损坏的货物、进境物品。

（2）中华人民共和国缔结或者共同参加的国际条约、协定规定减征关税的货物、进境物品。

（3）依照有关法律规定减征关税的其他货物、进境物品。

前述第 1 项减征关税，应当根据海关认定的受损程度办理。

三、其他优惠政策

（1）根据维护国家利益、促进对外交往、经济社会发展、科技创新需要或者由于突发事件等原因，国务院可以制定关税专项优惠政策，报全国人民代表大会常务委员会备案。

（2）减免税货物应当依法办理手续。需由海关监管使用的减免税货物应当接受海关监管，在监管年限内转让、移作他用或者进行其他处置，按照国家有关规定需要补税的，应当补缴关税。

（3）保税货物复运出境的，免征关税；不复运出境转为内销的，按照规定征收关税。加工贸易保税进口料件或者其制成品内销的，除按照规定征收关税外，还应当征收缓税利息。

（4）暂时进境或者暂时出境的下列货物、物品，可以依法暂不缴纳关税，但该货物、物品应当自进境或者出境之日起 6 个月内复运出境或者复运进境；需要延长复运出境或者复运进境期限的，应当根据海关总署的规定向海关办理延期手续：①在展览会、交易会、会议以及类似活动中展示或者使用的货物、物品。②文化、体育交流活动中使用的表演、比赛用品。③进行新闻报道或者摄制电影、电视节目使用的仪器、设备及用品。④开展科研、教学、医疗卫生活动使用的仪器、设备及用品。⑤在上述第 1 项至第 4 项所列活动中使用的交通工具及特种车辆。⑥货样。⑦供安装、调试、检测设备时使用的仪器、工具。⑧盛装货物的包装材料。⑨其他用于非商业目的的货物、物品。

以上《关税法》第 37 条所列货物、物品在规定期限内未复运出境或者未复运进境的，应当依法缴纳关税。

（5）《关税法》第 38 条规定以外的其他暂时进境货物、物品，应当根据该货物、物品的计税价格和其在境内滞留时间与折旧的比例来计算缴纳进口关税；该货物、物品在规定期限届满后未复运出境的，应当补足依法应缴纳的关税。

《关税法》第 37 条规定以外的其他暂时出境货物，在规定期限届满后未复运进境的，应依法缴纳关税。

（6）因品质、规格原因或者不可抗力，出口货物自出口之日起 1 年内原状复运进境的，不征收进口关税。因品质、规格原因或者不可抗力，进口货物自进口之日起 1 年内原状复运出境的，不征收出口关税。

（7）因残损、短少、品质不良或者规格不符原因，进出口货物的发货人、承运人或者保险公司免费补偿或者更换的相同货物,进出口时不征收关税。被免费更换的原进口货物不退运出境或者原出口货物不退运进境的,海关应当对原进出口货物重新按照规定征收关税。

纳税人应当在原进出口合同约定的请求赔偿期限内且不超过原进出口放行之日起 3 年内,向海关申报办理免费补偿或者更换货物的进出口手续。

第五节 关税的征收管理实务

一、关税的缴纳

进出口货物的纳税人、扣缴义务人应当自完成申报之日起 15 日内缴纳税款;符合海关规定条件并提供担保的,可以于次月第五个工作日结束前汇总缴纳税款。因不可抗力或者国家税收政策调整,不能按期缴纳的,经向海关申请并提供担保,可以延期缴纳,但最长不得超过6 个月。

纳税人、扣缴义务人未在前述规定的纳税期限内缴纳税款的,自规定的期限届满之日起,按日加收滞纳税款万分之五的滞纳金。

税款尚未缴纳,纳税人、扣缴义务人依照有关法律、行政法规的规定申请提供担保要求放行货物的,海关应当依法办理担保手续。

二、关税的强制执行

(1)纳税人、扣缴义务人未按照规定的期限缴纳或者解缴税款的,由海关责令其限期缴纳;逾期仍未缴纳且无正当理由的,经直属海关关长或者其授权的隶属海关关长批准,海关可以实施下列强制执行措施:①书面通知银行业金融机构划拨纳税人、扣缴义务人金额相当于应纳税款的存款、汇款。②查封、扣押纳税人、扣缴义务人价值相当于应纳税款的货物或者其他财产,依法拍卖或者变卖所查封、扣押的货物或者其他财产,以拍卖或者变卖所得抵缴税款,剩余部分退还纳税人、扣缴义务人。

海关实施强制执行时,对未缴纳的滞纳金同时强制执行。

(2)进出口货物的纳税人在规定的纳税期限内有转移、藏匿其应税货物以及其他财产的明显迹象,或者存在其他可能导致无法缴纳税款风险的,海关可以责令其提供担保;纳税人不提供担保的,经直属海关关长或者其授权的隶属海关关长批准,海关可以实施下列强制措施:①书面通知银行业金融机构冻结纳税人金额相当于应纳税款的存款、汇款。②查封、扣押纳税人价值相当于应纳税款的货物或者其他财产。

纳税人在规定的纳税期限内缴纳税款的,海关应当立即解除强制措施。

三、关税退还

关税退还是指关税纳税义务人按海关核定的税额缴纳关税后,因某种原因的出现,海关将实际征收多于应当征收的税额(称为溢征关税)退还给原纳税义务人的一种行政行为。有下列情形之一的,纳税人自缴纳税款之日起 1 年内,可以向海关申请退还关税:

（1）已征进口关税的货物，因品质、规格原因或者不可抗力，1 年内原状复运出境。

（2）已征出口关税的货物，因品质、规格原因或者不可抗力，1 年内原状复运进境，并已重新缴纳因出口而退还的国内环节有关税收。

（3）已征出口关税的货物，因故未装运出口，申报退关。

申请退还关税应当以书面形式提出，并提供原缴款凭证及相关资料。海关应当自受理申请之日起 30 日内查实并通知纳税人办理退还手续。纳税人应当自收到通知之日起 3 个月内办理退还手续。

按照其他有关法律、行政法规规定应当退还关税的，海关应当依法予以退还。

四、关税补征和追征

关税补征和追征是指海关在关税纳税义务人按海关核定的税额缴纳关税后，发现实际征收税额少于应当征收的税额（称为短征关税）时，责令纳税义务人补缴所差税款的一种行政行为。由于纳税人违反海关规定而造成短征关税的，称为追征；非因纳税人违反海关规定而造成短征关税的，称为补征。区分关税追征和补征的目的是区别不同情况适用不同的征收时效，超过时效规定的期限，海关就丧失了追补关税的权力。根据《关税法》的规定，进出境货物和物品放行后，海关发现少征或者漏征税款，应当自缴纳税款或者货物、物品放行之日起 1 年内，向纳税义务人补征；因纳税义务人违反规定而造成的少征或漏征的税款，自纳税义务人应缴纳税款之日起 3 年以内可以追征，并从缴纳税款之日起按日加收少征或者漏征税款万分之五的滞纳金。

五、法律责任

（1）有下列情形之一的，由海关给予警告；情节严重的，处 3 万元以下的罚款：①未履行纳税义务的纳税人有合并、分立情形，在合并、分立前，未向海关报告。②纳税人在减免税货物、保税货物监管期间，有合并、分立或者其他资产重组情形，未向海关报告。③纳税人未履行纳税义务或者在减免税货物、保税货物监管期间，有解散、破产或者其他依法终止经营情形，未在清算前向海关报告。

（2）纳税人欠缴应纳税款，采取转移或者藏匿财产等手段，妨碍海关依法追征欠缴的税款的，除由海关追征欠缴的税款、滞纳金外，处欠缴税款 50% 以上 5 倍以下的罚款。

（3）扣缴义务人应扣未扣、应收未收税款的，由海关向纳税人追征税款，对扣缴义务人处应扣未扣、应收未收税款 50% 以上 3 倍以下的罚款。

（4）纳税人、扣缴义务人、担保人对海关确定纳税人、商品归类、货物原产地、纳税地点、计征方式、计税价格、适用税率或者汇率，决定减征或者免征税款，确认应纳税额、补缴税款、退还税款以及加收滞纳金等征税事项有异议的，应当依法先向上一级海关申请行政复议；对行政复议决定不服的，可以依法向人民法院提起行政诉讼。

当事人对海关作出的上述规定以外的行政行为不服的，可以依法申请行政复议，也可以依法向人民法院提起行政诉讼。

（5）违反《关税法》规定，滥用职权、玩忽职守、徇私舞弊或者泄露、非法向他人提供在履行职责中知悉的商业秘密、个人隐私、个人信息的，依法给予处分。

（6）违反《关税法》规定，构成犯罪的，依法追究刑事责任。

第六节 关税的税务合规计划

一、利用实质性加工标准进行税务合规计划

【例4-2】 某汽车生产企业在 A、B、C 三个国家设有零部件生产企业,其中,A 国子公司生产汽车仪表,B 国子公司生产汽车轴承和发动机,C 国子公司生产阀门、轮胎和玻璃。那么,汽车的总装配厂的选择将成为关税的税务合规计划的重点。要求:请进行税务合规计划处理。

解: 税务合规计划操作:

(1)先了解这些国家是否与中国签有关税互惠协议,然后认真比较在与中国签订关税互惠协定的国家中哪一个更优惠、哪一个在经济成本上更有利,从而做出选择。

(2)综合考虑其他因素,如该国家是否实行外汇管制,政治经济形势是否稳定。

(3)要使总厂的加工增值部分在技术和价值含量上达到 30% 的标准,可以通过转让定价的方法,降低其他国家零部件生产价格,从而加大总厂增值部分占全部新产品的比重,达到或者超过 30%,成为实质性加工。这样,产品仍可享受税率的优惠。

当普通税率和优惠税率的区别不再存在时,选择产品的实质性加工地点,关税的因素就不再存在。这时,只有两个因素可供考虑,即成本和风险。

二、利用完税价格进行税务合规计划

1. 进口货物完税价格的税务合规计划

我国对进口货物的海关估价主要有两种情况:一是海关审查可确定的完税价格;二是成交价格经海关审查未能确定的。下面分别就这两种情况进行税务合规计划。

1)利用审定成交价格法进行税务合规计划

审定成交价格法是指进口商向海关申报的进口货物价格,海关审定认为符合成交价格的要求和有关规定,就可以此为计算完税价格的依据,然后由海关对货价费用和运输费、保险费、杂费等各项费用进行必要的调整,即可确定其完税价格的方法。要想达到税务合规计划的目的,需选择同类产品中,成交价格比较低,运输、杂项费用相对少的货物进口,方能降低完税价格。

【例4-3】 A 家具公司于 2025 年 7 月进口一批木材,数量为 100 万立方米,可以选择从两个国家进口这批木材。如果从美国进口,该批木材价格为 30 美元/万立方米,运费为 150 美元。若从日本进口,该批木材价格为 31 美元/万立方米,运费仅为 30 美元。其他费用两者几乎相等。要求:若只考虑关税,请进行税务合理计划处理。

解: 税务合规计划思路:通过比较美国和日本两国木材的关税完税价格,找到价格较低的进口。

税务合规计划操作:

美国的完税价格 $= 30 \times 100 + 150 +$ 其他费用 $= 3\,150 +$ 其他费用

日本的完税价格 $= 31 \times 100 + 30 +$ 其他费用 $= 3\,130 +$ 其他费用

税务合规计划结果:由于其他费用几乎相等,从日本进口木材的完税价格要比从美国进

口木材的完税价格低,所以应选择从日本进口。

2)利用海关的估定完税价格进行税务合规计划

税法规定,按审定成交价格法经海关审查未能确定的,海关主要按以下方法依次估定完税价格:①相同货物的成交价格估价法。②类似货物的成交价估价法。③倒扣价格估价法。④计算价格估价法。⑤合理估价方法。

【例 4-4】 A 公司从日本某公司进口新研发的机床 10 台,该机床投入了大量科研费用,所以售价较高,每台售价为 200 万美元,但类似产品的市场价格仅为 120 万美元。该产品进口关税税率为 20%。要求:请进行税务合规计划处理。

解: 税务合规计划操作:A 公司向海关申报进口机床的成交价格为 200 万美元/台。因为此产品为新型产品,无法依据审定成交价格法确定成交价格及完税价格,所以只能以该产品的同一出口国或地区购进的类似货物的成交价格作为确定被估进口货物完税价格的依据,即按类似货物成交价格法确认成交价格。这样,该项进口商品的海关估价为每台 120 万美元。

税务合规计划结果:通过税务合规计划每台机床将有 80 万美元的支出不需要缴纳关税。

该笔业务可节约的关税支出＝10×80×20%＝160(万元)

2. 出口货物完税价格的税务合规计划

出口货物的离岸价格,应以该项货物运离国境前的最后一个口岸的离岸价格为实际离岸价格,因此可以采取尽可能降低实际离岸价格的方法:

(1)如果该货物从内地起运,则从内地口岸至国境口岸所支付的国内段运输费用应予扣除。

(2)出口货物的成交价格如果是货价加运费,或者是国外口岸的到岸价格,则应先扣除运费、保险费后,再按规定公式计算完税价格。当运费成本在价格中所占比重较大时,这一点就显得更为重要。

(3)如果在成交价格外还支付了国外的与此项业务有关的佣金,则应在纳税申报表上单独列明,此佣金可予以扣除;未单独列明的,不予扣除。

三、避免反倾销的税务合规计划

出口企业可能遭遇进口国竞争者的倾销起诉,一旦倾销成立,高税率的反倾销税将使其已取得的市场份额丧失殆尽。因此,我国企业在对外贸易时,必须全面了解贸易伙伴国的关税政策,提防出口产品受到倾销指控。避免反倾销的税务合规计划,主要从以下几个方面进行说明。

1. 及时作出价格承诺,避免反倾销税裁决

受到反倾销调查后,及时调整价格来避免反倾销制裁。

2. 采取必要手段避免被裁定为倾销行为

(1)调整产品利润预测,改进企业财务会计核算,以符合国际规范和商业惯例。

(2)联合国外进口商,推动反贸易保护活动。

3. 努力减少被控诉的可能

(1)提高产品附加值,取消片面的低价策略。

(2)组建出口企业协会,加强内部协调和管理,一旦出现反倾销调查,集中力量应对。

(3)分散出口市场,降低受控风险。

4. 避免被裁定为损害进口国产业

（1）全面搜集有关资料信息情报，有效获取进口国市场的商情动态，查证控诉方并未受到损失，以便在应诉中占据有利的地位。

（2）在出口地设厂，筹建跨国公司。

（3）以便利的销售条件、优质的产品、高水平的服务质量和良好的运输条件占领市场，降低替代率，从而增强外方消费品市场对我方产品的依赖性，获取稳定的客户群。

四、利用保税制度进行税务合规计划

保税制度是指海关对进口复出口的货物暂时免征关税的海关监管机制。保税制度的基本条件即进口货物最终将复出口，应该从进口和出口环节进行税务合规计划。在货物进口和出口时，企业都必须向海关报关，在其所填写的报关申报表中都需填写单位产品耗费几个单位的原料（单耗计量单位），通常有以下几种形式：一是度量衡单位/度量单位，如千克/平方米，吨/立方米；二是度量衡单位/自然单位，如吨/块，米/套；三是自然单位/自然单位，如件/套，次/件。度量衡单位容易测量，但自然单位要具体化则很困难，所以税务合规计划者可以利用第三种度量单位进行关税税务合规计划。

【例 4-5】 新华家具公司从日本进口木材 8 000 块，200 元/块，向当地海关申请保税，其报关申报表上单耗计量单位为 100 块/套，即做成一套家具需要耗用 100 块木材。进口木材适用海关关税税率为 30%。要求：请进行税务合规计划处理。

解： 税务合规计划操作：由于近期改进技术，目前一套家具只需耗用 80 块木材。海关对一套家具到底需要多少木材，在进口查验时难以测量。通过以前的交往，海关认定该企业信誉良好，给予批准保税。数月后，企业如期复运出口，完成了保税过程。

免税进口木材块数 = 8 000 - 8 000 ÷ 100 × 80 = 1 600（块）

免税的关税税额 = 1 600 × 200 × 30% = 96 000（元）

税务合规计划结果：经过税务合规计划可以节约关税款支出 96 000 元。

复习思考题

1. 进口关税的税率有哪几种？其适用对象是什么？
2. 我国进口货物原产地规定采用了哪些标准？
3. 一般进口货物的完税价格如何确定？
4. 进口货物海关估价方法有哪几种？
5. 关税法定减免税有哪些政策？
6. 关税补征与追征的规定有哪些？

巩固训练题

思政园地

第五章
土地增值税

知识目标

理解土地增值税的含义;理解和掌握土地增值税的纳税义务人、征税范围和税率等税收要素;熟练掌握土地增值税应纳税额的计算;掌握土地增值税的税务合规计划;掌握土地增值税的税收优惠及征收管理。

技能目标

能够熟练运用土地增值税的相关法律规定解决实际工作中的涉税问题;能够熟练进行土地增值税应纳税额的计算和纳税申报;能够对土地增值税进行合理的税务合规计划。

思政目标

了解房地产、土地增值税和地方财政的关系,掌握当前国内宏观经济动向;结合典型案例,培养诚信纳税意识,理解土地增值税的重要作用。

第一节　土地增值税的基本概念

土地增值税是非常重要的税种,对企业经营发展、整体收益具有直接影响。房地产开发企业需要充分掌握土地增值税相关理论知识,结合企业在市场中的实际发展情况,加强土地增值税管理,积极开展土地增值税税务合规计划工作,降低企业的纳税压力,提高企业综合经济效益。

土地增值税是以累进的方式计税,根据增值幅度不同,房地产土地增值税的税率在 30% 至 60% 之间。而土地增值税的征收,一定意义上可以遏制国内房地产市场土地的流转与炒作,降低房地产市场的风险。

一、土地增值税的含义

土地增值税是指对有偿转让国有土地使用权、地上的建筑物及其附着物(以下简称转让房地产)产权,取得增值收入的单位和个人征收的一种税。

不论是单列税种,还是未单列税种,也不论其冠以何种名称,依据征税的税基不同,土地征税大致可以分为两大类:一类是财产性质的土地税,以土地的数量或价值为税基,实行从量计税,或采取从价计税,如我国封建社会时期的田赋、地亩税或地价税等。这种土地税的历史悠久,属于原始的直接税或财产税。另一类是收益性质的土地税,它实质上是对土地收益或地租的征税。

二、土地增值税的纳税义务人

土地增值税的纳税义务人为转让房地产并取得收入的单位和个人。单位包括各类企业、事业单位、国家机关和社会团体及其他组织。个人包括个体经营者。

概括而言,《中华人民共和国土地增值税暂行条例》(以下简称《土地增值税暂行条例》)对纳税人的规定主要有以下四个特点:

(1) 不论法人与自然人,即不论是企业、事业单位、国家机关、社会团体及其他组织,还是个人,只要有偿转让房地产,都是土地增值税的纳税人。

(2) 不论经济性质,即不论是全民所有制企业、集体企业、私营企业、个体经营者,还是联营企业、合资企业、合作企业、外商独资企业等,只要有偿转让房地产,都是土地增值税的纳税人。

(3) 不论内资与外资企业、中国公民与外籍个人,即不论是内资企业还是外商投资企业、外国驻华机构,也不论是内地公民、港澳台同胞、海外华侨,还是外国公民,只要有偿转让房地产,都是土地增值税的纳税人。

(4) 不论行业与部门,即不论是工业、农业、商业、学校、医院、机关等,只要有偿转让房地产,都是土地增值税的纳税人。

三、土地增值税的征税范围

(一)转让国有土地使用权

国有土地是指按国家法律规定属于国家所有的土地。城市的土地属于国家所有,农村和市郊的土地除由法律规定属于国家所有的以外,属于集体所有。《中华人民共和国土地管理法》规定,农村集体所有的土地不得自行转让,只有根据有关规定由国家征用后变为国家所有时,才能进行转让。土地增值税对转让国家土地使用权征税,集体土地的自行转让是违法行为,只有经有关部门处理、补办土地征用或出让手续变为国家所有之后,才纳入土地增值税的征税范围。另外,土地增值税的征税范围不包括国有土地使用权出让所取得的收入。国家以土地所有者身份将土地使用权在一定年限内转让给土地使用者而向受让者收取的出让金收入,是国家收取的土地租金,其目的是实行国有土地的有偿使用制度,合理开发、利用、经营土地,故不征收土地增值税。土地使用者取得土地使用权后,将国有土地的使用权再转让的行为,称为国有土地使用权转让,应缴纳土地增值税。

(二)地上的建筑物及其附着物连同土地使用权一并转让

地上的建筑物是指建于地上的一切建筑物,包括地上地下的各种附属设施。附着物是指附着于土地上的不能移动,一经移动即遭损坏的物品。

四、土地增值税的税率

土地增值税实行四级超率累进税率:

(1)增值额未超过扣除项目金额50%的部分,税率为30%。

(2)增值额超过扣除项目金额50%未超过100%的部分,税率为40%。

(3)增值额超过扣除项目金额100%未超过200%的部分,税率为50%。

(4)增值额超过扣除项目金额200%的部分,税率为60%。

上述所列四级超率累进税率,每级"增值额未超过扣除项目金额"的比例,均包括本比例数。土地增值税四级超率累进税率如表5-1所示。

表5-1 土地增值税四级超率累进税率

级数	增值额与扣除项目金额的比率	税率	速算扣除系数
1	不超过50%的部分	30%	0%
2	超过50%~100%的部分	40%	5%
3	超过100%~200%的部分	50%	15%
4	超过200%的部分	60%	35%

第二节 土地增值税应纳税额的计算

一、应税收入的确定

根据《土地增值税暂行条例》及其实施细则的规定,纳税人转让房地产取得的应税收入,应包括转让房地产的全部价款及有关的经济收益。从收入的形式来看,包括货币收入、实物收入和其他收入。

1. 货币收入

货币收入是指纳税人转让房地产而取得的现金、银行存款、支票、银行本票、汇票等各种信用票据和国库券、金融债券、企业债券、股票等有价证券。这些类型的收入实质都是转让方因转让土地使用权、房屋产权而向取得方收取的价款。货币收入一般比较容易确定。

2. 实物收入

实物收入是指纳税人转让房地产而取得的各种实物形态的收入,如钢材、水泥等建材,房屋、土地等不动产等。实物收入的价值不太容易确定,一般要对这些实物形态的财产进行估价,按取得收入时的市场价格折算成货币收入。

3. 其他收入

其他收入是指纳税人转让房地产而取得的无形资产收入或具有财产价值的权利,如专利权、商标权、著作权、专有技术使用权、土地使用权、商誉权等。这种类型的收入比较少见,其价值需要进行专门的评估。

二、扣除项目的确定

税法准予纳税人从转让收入额中减除的扣除项目包括以下几项。

1. 取得土地使用权所支付的金额

取得土地使用权所支付的金额包括纳税人为取得土地使用权所支付的土地价款及按国家统一规定缴纳的有关费用。如果纳税人是以协议、招标拍卖等出让方式取得土地使用权的,土地价款为纳税人所支付的土地出让金;如果是以行政划拨方式取得土地使用权的,土地价款为按规定补缴的土地出让金;如果以转让方式取得土地使用权,地价款为向原土地使用权拥有人实际支付的地价款。缴纳的有关费用是指纳税人在取得土地使用权过程中为取得有关手续,按国家统一规定缴纳的有关登记、过户手续费。

2. 房地产开发成本

房地产开发成本是指纳税人房地产开发项目实际发生的成本,包括土地征用及拆迁补偿费、前期工程费、建筑安装工程费、基础设施费、公共配套设施费、开发间接费用等。

3. 房地产开发费用

房地产开发费用是指与房地产开发项目有关的销售费用、管理费用和财务费用。根据会计制度的规定,与房地产有关的费用直接计入当年损益,不按房地产项目进行归集和分摊。为了方便操作,对财务费用中数额较大的利息支出,按照下列标准扣除:

(1)财务费用中的利息支出,凡能够按转让房地产项目计算分摊并提供金融机构证明的,允许据实扣除,但最高不能超过按商业银行同类同期贷款利率计算的金额。利息支出以外的其他房地产开发费用,按上述第1项和第2项扣除项目金额之和的5%以内计算扣除。其计算公式为:

$$\dfrac{房地产}{开发费用} = \dfrac{分摊的}{利息支出} + \left(\dfrac{取得土地使用权}{所支付的金额} + \dfrac{房地产开}{发成本} \right) \times 5\%$$

(2)凡不能按转让房地产项目计算分摊利息支出或者不能提供金融机构证明的,房地产开发费用按前述第1项和第2项扣除项目金额之和的10%以内计算扣除。其计算公式为:

$$房地产开发费用 = (取得土地使用权所支付的金额 + 房地产开发成本) \times 10\%$$

4. 旧房及建筑物的评估价格

旧房及建筑物的评估价格是指在转让已使用的房屋及建筑物时,由政府批准设立的房地产评估机构评定的重置成本乘以成新度折扣率后的价格。评估价格需经当地税务机关确认。评估价格计算公式为:

$$评估价格 = 重置成本 \times 成新度折扣率$$

转让旧房的,应按房屋及建筑物的评估价格、取得土地使用权所支付的土地价款和按国家统一规定缴纳的有关费用及在转让环节缴纳的税金作为扣除项目金额计征土地增值税。对取得土地使用权时未支付地价款或不能提供已支付的地价款凭据的,不允许扣除取得土地使用权所支付的金额。

5. 与转让房地产有关的税金

与转让房地产有关的税金是指在转让房地产时缴纳的城市维护建设税、印花税及教育费附加。

6. 财政部规定的其他扣除项目

财政部规定的其他扣除项目是指除上述 5 项之外的其他准予扣除项目。财政部在《中华人民共和国土地增值税暂行条例实施细则》中规定,对从事房地产开发的纳税人,可按取得土地使用权支付的金额和房地产开发成本之和,加计 20% 的扣除。此项规定只适用从事房地产开发的纳税人,除此之外的其他纳税人不适用。这项规定的目的是抑制超买超卖房地产投机行为,保护正常房地产开发投资者的积极性。

【例 5-1】 某栋房屋已使用 11 年,建造时的造价为 1 100 万元,按转让时的建材及人工费用计算,同样的新房需花费 4 000 万元,假定该房有七成新。要求:请确定房屋的评估价格。

解: 该房屋的评估价格 = 4 000 × 70% = 2 800(万元)

三、增值额的确定

土地增值税纳税人转让房地产所取得的收入减除规定的扣除项目金额后的余额,为增值额。

增值额是土地增值税的本质所在。由于土地增值税是根据增值额与扣除项目金额的比率大小,适用累进税率计算征收的,增值额与扣除项目金额的比率越大,适用税率越高,缴纳的税款越多。因此,准确核算增值额是很重要的。当然,准确核算增值额,还需要有准确的房地产转让收入额和扣除项目的金额。在实际房地产交易活动中,有些纳税人不能准确提供房地产转让价格或扣除项目金额,致使增值额不准确,直接影响应纳税额的计算和缴纳。因此,纳税人有下列情形之一的,按照房地产评估价格计算征收:

(1) 隐瞒、虚报房地产成交价格的。

(2) 提供扣除项目金额不实的。

(3) 转让房地产的成交价格低于房地产评估价格,又无正当理由的。

这里所说的"房地产评估价格"是指由政府批准设立的房地产评估机构根据相同地段、同类房地产进行综合评定的价格。"隐瞒、虚报房地产成交价格"是指纳税人不报或有意低报转让土地使用权、地上建筑物及其附着物价款的行为。"提供扣除项目金额不实的"是指纳税人在纳税申报时不据实提供扣除项目金额的行为。"转让房地产的成交价格低于房地产评估价格,又无正当理由的"是指纳税人申报的转让房地产的实际成交价低于房地产评估机构评定的交易价,纳税人又不能提供凭据或无正当理由的行为。

隐瞒、虚报房地产成交价格的,应由评估机构参照同类房地产的市场交易价格进行评估。税务机关根据评估价格确定转让房地产的收入。

提供扣除项目金额不实的,应由评估机构按照房屋重置成本价乘以成新度折扣率计算的房屋成本价和取得土地使用权时的基准地价进行评估。税务机关根据评估价格确定扣除项目金额。

转让房地产的成交价格低于房地产评估价格，又无正当理由的，由税务机关参照房地产评估价格确定转让房地产的收入。

四、土地增值税应纳税额的计算

土地增值税以转让房地产的增值额为税基，依据超率累进税率，计算应纳税额，其计算原理与超额累进税率基本相同。计算的基本原理和方法是：首先，以出售房地产的总收入减除扣除项目金额，求得增值额；其次，将增值额同扣除项目相比，其比值即为土地增值率；最后，根据土地增值率的高低确定适用税率，用增值额和适用税率相乘，求得应纳税额。

转让土地使用权和出售新建房及配套设施的情况在征管实践中较为普遍，可根据上述计税原理，分以下四步计算应纳税额。

第一，确定扣除项目的金额。

第二，计算转让房地产的土地增值额。其计算公式为：

$$土地增值额＝出售房地产的收入总额－扣除项目金额$$

第三，计算增值率。

土地增值率是土地增值额与扣除项目金额之比。其计算公式为：

$$增值率＝\frac{转让房地产的总收入－扣除项目金额}{扣除项目金额}×100\%$$

第四，计算应纳税额。

计算出土地增值率，根据土地增值税四级超率累进税率表，可确定相应的税率和速算扣除系数，通过下列公式就可计算出应纳土地增值税税额：

$$应纳土地增值税税额＝增值额×适用税率－扣除项目金额×速算扣除系数$$

【例 5-2】 甲生产企业 2025 年转让一栋办公楼，取得转让收入 600 万元，缴纳相关税费共计 40 万元。经评估，如果按照现行市价，其建造成本为 900 万元，另外该办公楼为五成新。

要求：请计算该企业转让办公楼应缴纳的土地增值税税额。

解：该办公楼的评估价＝900×50％＝450（万元）

扣除项目金额＝450＋40＝490（万元）

增值额＝600－490＝110（万元）

增值率＝110÷490×100％＝22.45％＜50％，适用 30％的税率。

应纳土地增值税税额＝110×30％＝33（万元）

【例 5-3】 2025 年跃进房地产开发公司销售新建商品房一幢，取得销售收入 1 400 万元，已知该公司支付的与商品房相关的土地使用权费及开发成本合计为 480 万元；该公司没有按房地产项目计算分摊银行借款利息；该商品房所在地的省政府规定计征土地增值税时房地产开发费用扣除比例为 10％；销售商品房缴纳的有关税金 77 万元。

要求：计算该公司销售该商品房应缴纳的土地增值税税额。

解： 扣除金额＝480＋480×10％＋77＋480×20％＝701（万元）

土地增值额＝1 400－701＝699（万元）

增值率＝699÷701×100％＝99.7％，适用税率为第二档，税率为40％、速算扣除系数

为5％。

应纳土地增值税税额＝699×40％－701×5％＝244.55（万元）

第三节 土地增值税的征收管理实务

一、纳税义务发生时间

以一次缴割、付清价款方式转让房地产的，在办理过户、登记手续前数日内一次性缴纳全部税额。

以分期收款方式转让的，先计算应纳税总额，然后根据合同约定的收款日期和约定款比例确定应纳税额。

项目全部竣工结算前转让房地产的，分两种情况：

（1）纳税人进行小区开发建设的，其中一部分房地产项目因先行开发已转让出去，但小区内部分配套设施在转让后才建成。在这种情况下，税务机关可以对先行转让的项目在取得时预征土地增值税。

（2）纳税人以预售方式转让房地产的，对在办理结算和转交手续前就取得的收入，税务机关可以预征土地增值税，具体办法由各省、自治区、直辖市税务机关根据当地情况制定。

凡采用预征方法征收土地增值税的，在该项目全部竣工办理清算时，需要对土地增值税进行清算，根据应征税额和已征税额进行结算，多退少补。凡当地税务机关规定不预征土地增值税的，也应在取得收入时，先到税务机关登记或备案。

二、纳税期限

纳税人应自转让房地产合同签订之日起7日内，向房地产所在地的主管税务机关办理纳税申报，如实填写《财产和行为纳税申报表》，同时向税务机关提交相关资料。

房地产开发企业应向税务机关提交以下资料：

（1）房屋及建筑物产权、土地使用权证书。

（2）土地使用权转让、房产买卖合同。

（3）房地产评估报告。

（4）其他与转让房地产有关的资料。

非房地产开发公司还需要提供与转让房地产有关的税金完税凭证。纳税人发生下列行为的，还应从签订房地产转让合同之日起7日内，到房地产所在地主管税务机关备案：

（1）因国家建设需要依法征用、收回的房地产，纳税人因此而得到经济补偿。

（2）因城市实施规划、国家建设需要而搬迁，由纳税人自行转让其房地产的。

（3）转让原自用住房的。

三、纳税地点

土地增值税的纳税人应向房地产所在地主管税务机关办理纳税申报,并在税务机关核定的期限内缴纳土地增值税。纳税人转让的房地产坐落在两个或两个以上地区的,应按房地产所在地分别申报纳税,具体有以下两种情况:

(1) 纳税人是法人的,当转让的房地产坐落地与其机构所在地或经营所在地一致时,在办理税务登记的原管辖税务机关申报纳税;如果转让的房地产坐落地与其机构所在地或经营所在地不一致,则在房地产坐落地所管辖的税务机关申报纳税。

(2) 纳税人是自然人的,当转让的房地产坐落地与其居住所在地一致时,在住所所在地税务机关申报纳税;当转让的房地产坐落地与其居住所在地不一致时,在办理过户手续所在地税务机关申报纳税。

第四节 土地增值税的税务合规计划

对于房地产开发项目,增值额小,则计税依据少,适用税率低,土地增值税税负也相应较轻。因此,土地增值税税务合规计划的基本思路是根据土地增值税的税率特点及有关优惠政策,合理合法地控制增值额,从而适用较低税率或享受免税待遇。

一、改变开发方式进行税务合规计划

1. 合作建房

税法规定,对于一方出地,一方出资金,双方合作建房,建成后按比例分房自用的,暂免征收土地增值税;建成后转让的,应征收土地增值税。假如 W 房地产开发公司在某市繁华地段拥有一块土地,拟与 A 实业公司协商合作建造办公大楼,资金由 A 实业公司提供,建成后按比例分房。对 A 实业公司来说,分得的办公楼不含土地增值税,降低购置成本。对 W 房地产开发公司而言,作为办公自用房,不用缴纳土地增值税,可节约大量税负,降低房地产开发成本,增强其在市场上的竞争力。这样就实现了出资方和房地产开发企业的双赢。

2. 代建房

房地产开发企业代客户进行房地产开发,开发完成后向客户收取代建收入的行为属于代建房。对房地产开发企业而言,代建房虽取得了一定收入,但没有发生房地产权属的转移,其收入属于劳务收入性质,不属于土地增值税的征税范围。房地产开发企业在开发之初就能确定最终用户,采用代建方式进行定向开发,从而避免开发后销售缴纳土地增值税。

二、控制增值"分水岭"

房地产售价的变化直接影响房地产收入的增减,在确定房地产销售价格时,需考虑价格提高带来的收益与不能享受优惠政策而增加税负两者间的关系。《土地增值税暂行条例》第 8 条规定,纳税人建造普通标准住宅出售,增值额没有超过扣除项目金额 20% 的,免予征收土地增值税。

那么,进行土地增值税税务合规计划的关键就是适当减少销售收入或增加可扣除项目金额,使普通住宅的增值率控制在20%以内。这样既可以免缴土地增值税,又可以通过降低房价、改善房屋的配套设施或提高房屋质量等,助力企业在激烈的销售竞争中占据优势。

【例5-4】 某房地产开发有限公司2024年开发一个商品房工程,目前该工程已经完工,预计按照市价销售额为30 000万元,发生的各项费用包括:土地使用权支出6 000万元,房地产开发成本13 000万元,其他扣除额4 800万元。要求:就该公司的经营情况作出税务合规计划。

解: 税务合规计划思路:由于土地增值税实行超率累进税率,通过降低售价、增加配套支出等方式合理控制增值率,适用较低税率,可以有效达到降低税负或者节税的目的。本例中增值率在20%附近,可以通过控制增值率,享受免征土地增值税政策。

税务合规计划过程:

税务合规计划前:

准予扣除项目金额=6 000+13 000+4 800=23 800(万元)

增值率=(30 000—23 800)÷23 800=26%

增值率>20%,则应缴纳土地增值税为6 200×30%=1 860(万元)

方案一:若房地产公司在售价不变的情况下,通过增加支出,增添房屋的配套设施,使得增值率降到20%及以下,则可以免征土地增值税。

假设增加的配套支出为 x 万元,则:

(30 000—23 800—x)÷(23 800+x)=20%

解得:x=1 200。

再增加1 200万元费用开支,增值率成为20%,就可免缴土地增值税。增加配套支出1 200万元,相比于1 860万元的土地增值税,节约660万元。

方案二:若可扣除项目支出不变(23 800万元),降低售价,从而降低收入,控制增值率不超过20%。在可扣除项目支出不变的情况下,要控制增值额,使增值率为20%,则:

增值额=23 800×20%=4 760(万元)

销售价应定为23 800+4 760=28 560(万元),此时增值率为20%,可免税。

销售收入减少额=30 000—28 560=1 440(万元)

降价1 440万元,照样可以使增值率降为20%,从而免缴土地增值税。相比于缴纳1 860万元的土地增值税,采用低价促销的方式,销售及资金回笼更快,同时可以节约支出420万元(1 860—1 440)。

税务合规计划结论:通过以上方案的比较可以看出,控制好增值额和增值率能够切实降低企业税负,方案一和方案二就是很好的证明。企业在确定房价时应仔细测算利润率、增值率,结合市场的承受能力,明确升多少或降多少才能使企业的利润最大化。

同理,对于既建造普通标准住宅又进行其他房地产开发的土地增值税纳税人,应分别核算增值额;不分别核算增值额或不能准确核算增值额的,其建造的普通标准住宅不享受免税优惠。

三、增加营运环节,降低增值率

通过控制和降低房地产的增值率来减轻税负的方法,局限性在于往往要求企业制定稍低的价格。土地增值税适用超率累进税率,增值率越高,适用税率也越高,通过增加运营环节,降低增值率和适用税率是减轻土地增值税税负的有效途径。

比如,房地产开发企业将自身的销售部门分离出来,设立独立核算的房地产销售子公司,先将房地产销售给子公司,子公司再将该房地产对外销售。在向子公司销售房地产时,可以将增值率控制在20%以内,这样该环节就可以免征土地增值税,而只就对外销售征收土地增值税。

【**例5-5**】 甲房地产开发企业开发一批商品房,计划销售收入总额为5 000万元(不含增值税),按税法规定计算的可扣除项目金额为4 000万元。要求:对该项业务作出税务合规计划。

税务合规计划思路:根据土地增值税征税的特点,通过增加运营环节,如房地产开发企业将自身的销售部门分离出来,设立独立核算的房地产销售子公司,先将房地产销售给子公司,子公司再将其对外销售。通过合理控制中间环节的增值率,可以降低适用增值率和适用税率。

税务合规计划过程:

税务合规计划前:

增值率=(5 000-4 000)÷4 000=25%>20%,不能享受土地增值税的免征政策。

应纳土地增值税=1 000×30%=300(万元)

税务合规计划后:设置独立的销售子公司,让增值率不超过20%,就可免缴土地增值税。

若售价定为4 800万元[4 000×(1+20%)],增值率为20%[(4 800-4 000)÷4 000],按4 800万元的价格把房产卖给独立的销售子公司,这样增值率不超过20%,就可免缴土地增值税。

销售子公司如果按照5 500万元进行销售,增值率为14.58%[(5 500-4 800)÷4 800]<20%,同样可以免征土地增值税。

税务合规计划结论:在进行土地增值税税务合规计划时,合理控制增值额和增值率是关键。可通过增加营运环节降低各环节增值率,同时需结合企业管理要求、经营特点,制定贴合实际的税务合规方案。

复习思考题

1. 土地增值税的税率有什么特点?具体规定如何?
2. 土地增值税的计税依据是如何确定的?
3. 计算土地增值税税额时哪些项目是准予扣除的?
4. 房地产开发企业怎样计算应纳土地增值税税额?

巩固训练题

思政园地

第六章
企业所得税

**知识目标**

熟练掌握企业所得税的纳税义务人、征税范围和税率等税收要素;理解和掌握企业所得税的税收优惠政策;熟练掌握企业所得税应纳税所得额的计算;熟练掌握企业所得税应纳税额的计算;掌握企业所得税的税务合规计划;掌握企业所得税的征收管理。

技能目标

能够熟练运用企业所得税相关法律规定解决实际工作中的企业所得税问题;能够熟练进行企业所得税应纳税额的计算和纳税申报;能够对企业所得税进行合理的税务合规计划。

思政目标

通过企业所得税应纳税额的计算及纳税申报,培养一丝不苟的职业精神;通过典型案例的学习及掌握,培养诚信纳税、纳税光荣的意识;通过研发费用加计扣除的学习,激发创新意识;通过企业所得税的学习,明确企业所得税调整产业结构对于促进企业改善经营管理的重要意义;通过企业所得税配套优惠政策的学习,明确企业所得税在助力中国高新技术等企业、促进乡村振兴等方面的积极意义。

第一节 企业所得税的基本概念

一、企业所得税的纳税义务人

企业所得税的纳税义务人是指在中国境内的企业和其他取得收入的组织(以下统称企业)。企业既包括依照中国法律、行政法规在中国境内成立的企业、事业单位、社会团体以及其他取得收入的组织,也包括依照外国(地区)法律成立的企业和其他取得收入的组织,不包括个人独资企业和合伙企业。企业分为居民企业和非居民企业。

(一)居民企业

居民企业是指依法在中国境内成立,或者依照外国(地区)法律成立但实际管理机构在中国境内的企业。其中实际管理机构是指对企业的生产经营、人员、财务、财产等实施实质性全面管理和控制的机构。

(二)非居民企业

非居民企业是指依照外国(地区)法律成立且实际管理机构不在中国境内,但在中国境内设立机构、场所的,或者在中国境内未设立机构、场所,但有来源于中国境内所得的企业。

上述机构、场所是指在中国境内从事生产经营活动的机构、场所,包括:

(1)管理机构、营业机构、办事机构。

(2)工厂、农场、开采自然资源的场所。

(3)提供劳务的场所。

(4)从事建筑、安装、装配、修理、勘探等工程作业的场所。

(5)其他从事生产经营活动的机构、场所。

二、企业所得税的征税对象

企业所得税的征税对象是指企业的生产经营所得、其他所得和清算所得。

(一)居民企业的征税对象

居民企业的征税对象为来源于中国境内、境外的所得。所得包括销售货物所得、提供劳务所得、转让财产所得、股息红利等权益性投资所得、利息所得、租金所得、特许权使用费所得、接受捐赠所得和其他所得。

(二)非居民企业的征税对象

非居民企业在中国境内设立机构、场所的,应当就其所设机构、场所取得的来源于中国境内的所得,以及发生在中国境外,但与其所设机构、场所有实际联系的所得,缴纳企业所得税。

非居民企业的征税对象为在中国境内未设立机构、场所的,或者虽设立机构、场所,但取得的所得与其所设机构、场所没有实际联系的,应当就其来源于中国境内的所得缴纳企业所得税。

上述所称实际联系是指非居民企业在中国境内设立的机构、场所拥有据以取得所得的股权、债权,以及拥有、管理、控制据以取得所得的财产等。

（三）所得来源地的确定

（1）销售货物所得，按照交易活动发生地确定。

（2）提供劳务所得，按照劳务发生地确定。

（3）转让财产所得：不动产转让所得，按照不动产所在地确定；动产转让所得，按照转让动产的企业或者机构、场所所在地确定。

（4）股息、红利等权益性投资所得，按照分配所得的企业所在地确定。

（5）利息所得、租金所得、特许权使用费所得，按照负担、支付所得的企业或者机构、场所所在地确定，或者按照负担、支付所得的个人的住所地确定。

（6）其他所得，由国务院财政、税务主管部门确定。

三、企业所得税适用税率

（一）基本税率

企业所得税的基本税率为 25%，适用于居民企业和在中国境内设有机构、场所且所得与机构、场所有关联的非居民企业。

（二）低税率

企业所得税的低税率为 20%，适用于在中国境内未设立机构、场所的，或者虽设立机构、场所但取得的所得与其所设机构、场所没有实际联系的非居民企业。但实际征税时适用 10% 的税率。

（三）优惠税率

符合条件的小型微利企业，减按 20% 的税率征收企业所得税；国家需要重点扶持的高新技术企业，减按 15% 的税率征收企业所得税。对经认定的技术先进型服务企业，减按 15% 的税率征收企业所得税。自 2018 年 1 月 1 日起，对经认定的技术先进型服务企业（服务贸易类），减按 15% 的税率征收企业所得税。

第二节　应纳税所得额的计算

应纳税所得额是企业所得税的计税依据，按照《中华人民共和国企业所得税法》（以下简称《企业所得税法》）的规定，应纳税所得额为企业每一纳税年度的收入总额，减除不征税收入、免税收入、各项扣除以及允许弥补的以前年度亏损后的余额。基本公式为：

应纳税所得额＝收入总额－不征税收入－免税收入－各项扣除－以前年度亏损

一、收入总额

企业的收入总额包括以货币形式和非货币形式从各种来源取得的收入。企业取得收入的货币形式，包括现金、存款、应收账款、应收票据、准备持有至到期的债券投资以及债务的豁免等。纳税人以非货币形式取得的收入，包括固定资产、生物资产、无形资产、股权投资、存货、不准备持有至到期的债券投资、劳务以及有关权益等。这些非货币资产应当按照公允价值确定收入额，公允价值是指按照市场价格确定的价值。

（一）一般收入的确认

1. 销售货物收入

销售货物收入是指企业销售商品、产品、原材料、包装物、低值易耗品以及其他存货取得的收入。

2. 提供劳务收入

提供劳务收入是指企业从事建筑安装、修理修配、交通运输、仓储租赁、金融保险、邮电通信、咨询经纪、文化体育、科学研究、技术服务、教育培训、餐饮住宿、中介代理、卫生保健、社区服务、旅游、娱乐、加工以及其他劳务服务活动取得的收入。

3. 转让财产收入

转让财产收入是指企业转让固定资产、生物资产、无形资产、股权、债权等财产取得的收入。

4. 股息、红利等权益性投资收益

股息、红利等权益性投资收益是指企业因权益性投资从被投资方取得的收入。股息、红利等权益性投资收益，除国务院财政、税务主管部门另有规定外，按照被投资方作出利润分配决定的日期确认收入的实现。企业将股本溢价所形成的资本公积转为股本的，不作为投资方企业的股息、红利收入，投资方也不得增加该项长期投资的计税基础。

5. 利息收入

利息收入是指企业将资金提供给他人使用但不构成权益性投资，或者因他人占用本企业资金取得的收入，包括存款利息、贷款利息、债券利息、欠款利息等收入。利息收入按照合同约定的债务人应付利息的日期确认收入的实现。

6. 租金收入

租金收入是指企业提供固定资产、包装物或者其他有形资产的使用权取得的收入。租金收入按照合同约定的承租人应付租金的日期确认收入的实现。如果交易合同或协议约定租赁期限跨年度且租金提前一次性支付，出租人可对上述已确认的收入在租赁期内分期均匀计入相关年度收入。

7. 特许权使用费收入

特许权使用费收入是指企业提供专利权、非专利技术、商标权、著作权以及其他特许权的使用权取得的收入。特许权使用费收入按照合同约定的特许权使用人应付特许权使用费的日期确认收入的实现。

8. 接受捐赠收入

接受捐赠收入是指企业接受的来自其他企业、组织或者个人无偿赠予的货币性资产、非货币性资产。接受捐赠收入按照实际收到捐赠资产的日期确认收入的实现。

9. 其他收入

其他收入是指企业取得的除以上收入外的收入，包括企业资产溢余收入、逾期未退包装物押金收入、确实无法偿付的应付款项、已作坏账损失处理后又收回的应收款项、债务重组收入、补贴收入、违约金收入、汇兑收益等。

（二）特殊收入的确认

以分期收款方式销售货物的，按照合同约定的收款日期确认收入的实现。

企业受托加工制造大型机械设备、船舶、飞机，以及从事建筑、安装、装配工程业务或者提供其他劳务等,持续时间超过12个月的,按照纳税年度内完工进度或者完成的工作量确认收入的实现。

采取产品分成方式取得收入的,按照企业分得产品的日期确认收入的实现,其收入额按照产品的公允价值确定。

企业发生非货币性资产交换,以及将货物、财产、劳务用于捐赠、偿债、赞助、集资、广告、样品、职工福利或者利润分配等用途的,应当视同应税交易,但国务院财政、税务主管部门另有规定的除外。

(三) 处置资产收入的确认

1. 不视同销售确定收入

企业发生下列情形的处置资产,除将资产转移至境外以外,由于资产所有权属在形式和实质上均不发生改变,可作为内部处置资产,不视同销售确认收入,相关资产的计税基础延续计算:①将资产用于生产、制造、加工另一产品。②改变资产形状、结构或性能。③改变资产用途(如自建商品房转为自用或经营)。④将资产在总机构及其分支机构之间转移。⑤上述两种或两种以上情形的混合。⑥其他不改变资产所有权属的用途。

2. 视同销售确定收入

企业将资产移送他人的下列情形,因资产所有权属已发生改变而不属于内部处置资产,应按规定视同销售确定收入:①用于市场推广或销售。②用于交际应酬。③用于职工奖励或福利。④用于股息分配。⑤用于对外捐赠。⑥其他改变资产所有权属的用途。

(四) 相关收入实现的确认

(1) 企业销售商品同时满足下列条件的,应确认收入的实现:①商品销售合同已经签订,企业已将商品所有权相关的主要风险和报酬转移给购货方。②企业对已售出的商品既没有保留通常与所有权相联系的继续管理权,也没有实施有效控制。③收入的金额能够可靠地计量。④已发生或将发生的销售方的成本能够可靠地核算。

符合上述收入确认条件,采取下列商品销售方式,应按以下规定确认收入实现时间:①销售商品采用托收承付方式的,在办妥托收手续时确认收入。②销售商品采取预收款方式的,在发出商品时确认收入。③销售商品需要安装和检验的,在购买方接收商品以及安装和检验完毕时确认收入。如果安装程序比较简单,可在发出商品时确认收入。④销售商品采用支付手续费方式委托代销,在收到代销清单时确认收入。

(2) 采用售后回购方式销售商品的,销售的商品按售价确认收入,回购的商品作为购进商品处理。有证据表明不符合销售收入确认条件的,如以销售商品方式进行融资,收到的款项应确认为负债,回购价格大于原售价的,差额应在回购期间确认为利息费用。

(3) 企业为促进商品销售而在商品价格上给予的价格扣除属于商业折扣,商品销售涉及商业折扣的,应当按照扣除商业折扣后的金额确定销售商品收入金额。

(4) 债权人为鼓励债务人在规定的期限内付款而向债务人提供的债务扣除属于现金折扣,销售商品涉及现金折扣的,应当按扣除现金折扣前的金额确定销售商品收入金额,现金折扣在实际发生时作为财务费用扣除。

(5) 企业因售出商品的质量不合格等原因而在售价上给的减让属于销售折让;企业因售出商品质量、品种不符合要求等原因而发生的退货属于销售退回。企业已经确认销售收入的售出商品发生销售折让和销售退回,应当在发生当期冲减当期销售商品收入。

（6）企业以买一赠一等方式组合销售本企业商品的，不属于捐赠，应将总的销售金额按各项商品的公允价值的比例来分摊确认各项的销售收入。

（7）销售商品以旧换新的，销售商品应当按照销售商品收入确认条件确认收入，回收的商品作为购进商品处理。

（8）企业在各个纳税期末，提供劳务交易的结果能够可靠估计的，应采用完工进度（完工百分比）法确认提供劳务收入。①提供劳务交易的结果能够可靠估计，是指同时满足下列条件：收入的金额能够可靠地计量；交易的完工进度能够可靠地确定；交易中已发生和将发生的成本能够可靠地核算。②企业提供劳务完工进度的确定，可选用下列方法：已完成工作量的测量；已提供劳务占劳务总量的比例；发生成本占总成本的比例。③企业应按照从接受劳务方已收或应收的合同或协议价款确定劳务收入总额，根据纳税期末提供劳务收入总额乘以完工进度扣除以前纳税年度累计已确认提供劳务收入后的金额，确认为当期劳务收入；同时，按照提供劳务估计总成本乘以完工进度扣除以前纳税期间累计已确认劳务成本后的金额，结转为当期劳务成本。

二、不征税收入和免税收入

（一）不征税收入

1. 财政拨款

财政拨款是指各级人民政府对纳入预算管理的事业单位、社会团体等组织拨付的财政资金。但国务院财政、税务主管部门另有规定的除外。

2. 依法收取并纳入财政管理的行政事业性收费、政府性基金

依法收取并纳入财政管理的行政事业性收费、政府性基金是指依照法律法规等有关规定，按照国务院规定程序批准，在实施社会公共管理以及在向公民、法人或者其他组织提供特定公共服务过程中，向特定对象收取并纳入财政管理的费用。政府性基金是指企业依照法律、行政法规等有关规定，代政府收取的具有专项用途的财政资金。具体规定如下：

（1）企业按照规定缴纳的，由国务院或财政部批准设立的政府性基金以及由国务院和省、自治区、直辖市人民政府及其财政、价格主管部门批准设立的行政事业性收费，准予在计算应纳税所得额时扣除。

企业缴纳的不符合上述审批管理权限设立的基金、收费，不得在计算应纳税所得额时扣除。

（2）企业收取的各种基金、收费，应计入企业当年收入总额。

（3）对企业依照法律法规及国务院有关规定收取并上缴财政的政府性基金和行政事业性收费，准予作为不征税收入，于上缴财政的当年在计算应纳税所得额时从收入总额中减除；未上缴财政的部分，不得从收入总额中减除。

3. 国务院规定的其他不征税收入

国务院规定的其他不征税收入是指企业取得的，由国务院财政、税务主管部门规定专项用途并经国务院批准的财政性资金。

财政性资金是指企业取得的来源于政府及有关部门的财政补助、补贴、贷款贴息以及其他各类财政专项资金，包括直接减免的增值税和即征即退、先征后退、先征后返的各种税收，但不包括企业按规定取得的出口退税款。

（1）企业取得的各类财政性资金，除属于国家投资和资金使用后要求归还本金的以外，均应计入企业当年收入总额。国家投资是指国家以投资者身份投入企业，并按有关规定相应增加企业实收资本（股本）的直接投资。

（2）对企业取得的由国务院财政、税务主管部门规定专项用途并经国务院批准的财政性资金，准予作为不征税收入，在计算应纳税所得额时从收入总额中减除。

（3）纳入预算管理的事业单位、社会团体等组织按照核定的预算和经费报领关系收到的由财政部门或上级单位拨入的财政补助收入，准予作为不征税收入，在计算应纳税所得额时从收入总额中减除，但国务院财政、税务主管部门另有规定的除外。

值得注意的是：企业的不征税收入用于支出所形成的费用，不得在计算应纳税所得额时扣除；企业的不征税收入用于支出所形成的资产，其计算的折旧、摊销不得在计算应纳税所得额时扣除。

（二）免税收入

企业所得税免税收入包括：

（1）国债利息、地方政府债券利息收入。

（2）符合条件的居民企业之间的股息、红利等权益性收益。该收益是指居民企业直接投资于其他居民企业取得的投资收益。

（3）在中国境内设立机构、场所的非居民企业从居民企业取得与该机构、场所有实际联系的股息、红利等权益性投资收益。该收益都不包括连续持有居民企业公开发行并上市流通的股票不足 12 个月取得的投资收益。

（4）符合条件的非营利组织的收入。符合条件的非营利组织是指同时满足下列条件的组织：依法履行非营利组织登记手续；从事公益性或者非营利性活动；取得的收入除用于与该组织有关的、合理的支出外，全部用于登记核定或者章程规定的公益性或者非营利性事业；财产及其孳生息不用于分配；按照登记核定或者章程规定，该组织注销后的剩余财产用于公益性或者非营利性目的，或者由登记管理机关转赠给与该组织性质、宗旨相同的组织，并向社会公告；投入人对投入该组织的财产不保留或者享有任何财产权利；工作人员工资福利开支控制在规定的比例内，不变相分配该组织的财产；对取得的应税收入及其有关的成本、费用、损失与免税收入及其有关的成本、费用、损失分别核算。

非营利组织下列收入为免税收入：①接受其他单位或者个人捐赠收入。②除《企业所得税法》第 7 条规定的财政拨款以外的其他政府补助收入，但不包括因政府购买服务取得的收入。③按照省级以上民政、财政部门规定收取的会费。④不征税收入和免税收入孳生的银行存款利息收入。⑤财政部、国家税务总局规定的其他收入。

三、扣除原则、范围、项目和标准

（一）税前扣除项目的原则

1. 权责发生制原则

权责发生制原则是指企业发生的费用应在发生的所属期扣除，而不是在实际支付时确认扣除。

2. 配比原则

配比原则是指企业发生的费用应当与收入配比扣除。除特殊规定外，企业发生的费用不得提前或滞后申报扣除。

3. 合理性原则

合理性原则是指符合生产经营活动常规,应当计入当期损益或者有关资产成本的必要和正常的支出。

4. 相关性原则

相关性原则是指企业可扣除的费用从性质和根源上必须与取得应税收入直接相关。

5. 确定性原则

确定性原则是指企业可扣除的费用不论何时支付,其金额必须是确定的。

6. 区分收益性支出和资本性支出进行扣除原则

收益性支出在发生当期直接扣除,资本性支出应当分期扣除或者计入有关资产成本,不得在发生当期直接扣除。

(二)扣除项目的范围

《企业所得税法》第 8 条规定,企业实际发生的与取得收入有关的、合理的支出,包括成本、费用、税金、损失和其他支出,准予在计算应纳税所得额时扣除。在实务中,计算应纳税所得额时还应注意以下三方面内容:①企业发生的支出应当区分收益性支出和资本性支出。②企业的不征税收入用于支出所形成的费用或者财产,不得扣除或者计算对应的折旧、摊销扣除。③除《企业所得税法》和《中华人民共和国企业所得税法实施条例》(以下简称《企业所得税法实施条例》)另有规定外,企业实际发生的成本、费用、税金、损失和其他支出,不得重复扣除。

1. 成本

成本是指企业在生产经营活动中发生的销售成本、业务支出以及其他耗费,即企业销售商品(产品、材料、下脚料、废料、废旧物资等)、提供劳务、转让固定资产、无形资产(包括技术转让)的成本。

2. 费用

费用是指企业在生产经营活动中发生的销售费用、管理费用和财务费用,已经计入成本的有关费用除外。

3. 税金

税金是指企业发生的除企业所得税和允许抵扣的增值税以外的各项税金及其附加,即企业按规定缴纳的消费税、城市维护建设税、关税、资源税、土地增值税、房产税、车船税、城镇土地使用税、印花税、契税、教育费附加、地方教育附加等税金及附加。已纳税金准予税前扣除,扣除的方式有两种:一是在发生当期扣除;二是在发生当期计入相关资产的成本,在以后各期分摊扣除。

4. 损失

损失是指企业在生产经营活动中发生的固定资产和存货的盘亏、毁损、报废损失,转让财产损失,呆账损失,坏账损失,自然灾害等不可抗力因素造成的损失以及其他损失。企业发生的损失减除责任人赔偿和保险赔款后的余额,依照国务院财政、税务主管部门的规定扣除。企业已经作为损失处理的资产,在以后纳税年度又全部收回或者部分收回时,应当计入当期收入。

5. 其他支出

其他支出是指除成本、费用、税金、损失外,企业在生产经营活动中发生的与生产经营活动有关的、合理的支出。

（三）扣除项目及其标准

在计算应纳税所得额时，下列项目可按照实际发生额或规定的标准扣除。

1. 工资、薪金支出

企业发生的合理的工资薪金支出，准予扣除。

（1）工资薪金是指企业每一纳税年度支付给本企业任职或者受雇的员工的所有现金或非现金形式的劳动报酬，包括基本工资、奖金、津贴、补贴、年终加薪、加班工资，以及与员工任职或者受雇有关的其他支出。

合理工资薪金是指企业按照股东大会、董事会、薪酬委员会或相关管理机构制定的工资薪金制度规定实际发放给员工的工资薪金。税务机关在对工资薪金进行合理性确认时，可按以下原则掌握：①企业制定了较为规范的员工工资薪金制度。②企业所制定的工资薪金制度符合行业及地区水平。③企业在一定时期所发放的工资薪金是相对固定的，工资薪金的调整是有序进行的。④企业对实际发放的工资薪金，依法履行了代扣代缴个人所得税义务。⑤有关工资薪金的安排，不以减少或逃避税款为目的。

（2）工资薪金总额是指企业按照规定实际发放的工资薪金总和，不包括企业的职工福利费、职工教育经费、工会经费以及养老保险费、医疗保险费、失业保险费、工伤保险费、生育保险费等社会保险费和住房公积金。属于国有性质的企业，其工资薪金不得超过政府有关部门给予的限定数额；超过部分不得计入企业工资薪金总额，也不得在计算企业应纳税所得额时扣除。

（3）列入企业员工工资薪金制度、固定与工资薪金一起发放的福利性补贴，符合国家税务总局发布的《关于企业工资薪金及职工福利费扣除问题的通知》（国税函〔2009〕3号）第1条规定的，可作为企业发生的工资薪金支出，按规定在税前扣除。不能同时符合上述条件的福利性补贴，应作为职工福利费，按规定计算限额税前扣除。

企业安置残疾人员的，在按照支付给残疾职工工资据实扣除的基础上，按照支付给残疾职工工资的100%加计扣除。残疾人员的范围适用《中华人民共和国残疾人保障法》的有关规定。

2. 职工福利费、工会经费、职工教育经费

企业发生的职工福利费、工会经费、职工教育经费按标准扣除，未超过标准的按实际数扣除，超过标准的按标准扣除。

1）职工福利费

企业发生的职工福利费支出不超过工资薪金总额14%的部分准予扣除。企业职工福利费包括以下内容：

（1）尚未实行分离办社会职能的企业，其内设福利部门所发生的设备、设施和人员费用，包括职工食堂、职工浴室、理发室、医务所、托儿所、疗养院等集体福利部门的设备、设施及维修保养费用和福利部门工作人员的工资薪金、社会保险费、住房公积金、劳务费等。

（2）为职工卫生保健、生活、住房、交通等所发放的各项补贴和非货币性福利，包括企业向职工发放的因公外地就医费用、未实行医疗统筹企业职工医疗费用、职工供养直系亲属医疗补贴、供暖费补贴、职工防暑降温费、职工困难补贴、救济费、职工食堂经费补贴、职工交通补贴等。

（3）按照其他规定发生的其他职工福利费,包括丧葬补助费、抚恤费、安家费、探亲假路费等。

值得注意的是,企业发生的职工福利费,应该单独设置账册,进行准确核算。没有单独设置账册准确核算的,税务机关应责令企业在规定的期限内进行改正。逾期仍未改正的,税务机关可对企业发生的职工福利费进行合理的核定。

【例 6-1】 腾飞服装企业 2024 年实际发放工资 1 300 万元;该企业 2024 年实际发生的职工福利费为 600 万元(其中包括中秋节发给职工的过节费 66 万元);另外,该企业 2023 年在"管理费用"科目列支供暖费补贴、职工防暑降温费共 99 万元。要求:计算该企业 2024 年调整后实际发生的职工福利费、税前准予扣除的职工福利费、职工福利费的纳税调整额。

解: 调整后实际发生的职工福利费:中秋节发给职工的过节费不属于职工福利费的支出范围,应从职工福利费中剔除 66 万元;供暖费补贴和职工防暑降温费本应列入职工福利费,不得列入管理费用,应调增职工福利费 99 万元。

调整后实际发生的职工福利费＝600－66＋99＝633(万元)

职工福利费的税前扣除限额＝1 300×14％＝182(万元)

税前准予扣除的职工福利费为 182 万元。

职工福利费的纳税调整额(增加)＝633－182＝451(万元)

2）工会经费

企业拨缴的工会经费,不超过工资薪金总额 2％的部分准予扣除。凡依法建立工会组织的企业、事业单位以及其他组织,每月按照全部职工工资总额的 2％向工会拨缴工会经费,并凭工会组织开具的"工会经费收入专用收据"在税前扣除。凡不能出具"工会经费收入专用收据"的,其提取的职工工会经费不得在企业所得税前扣除。"工会经费收入专用收据"是由财政部、全国总工会统一监制、印制的收据,并按工会系统自上而下地管理和监督,各工会所需收据应到有组织、经费关系的上一级工会领取。

3）职工教育经费

除国务院财政、税务主管部门另有规定外,企业发生的职工教育经费支出,自 2018 年 1 月 1 日起,不超过工资薪金总额 8％的部分准予扣除,超过部分准予在以后纳税年度结转扣除。

软件生产企业发生的职工教育经费中的职工培训费用,可以全额在企业所得税前扣除。软件生产企业应准确划分职工教育经费中的职工培训费支出,对于不能准确划分的,以及准确划分后职工教育经费中扣除职工培训费用的余额,一律按照工资薪金总额 8％的比例扣除。

上述计算职工福利费、工会经费、职工教育经费的"工资薪金总额"是指企业按照上述第 1 条规定实际发放的工资薪金总和,不包括企业的职工福利费、职工教育经费、工会经费以及养老保险费、医疗保险费、失业保险费、工伤保险费、生育保险费等社会保险费和住房公积金。

【例 6-2】 甲企业 2024 年度职工工资薪金支出为 360 万元,实际发生的职工教育经费支出为 36 万元。要求:计算甲企业 2024 年税前准予扣除的职工教育经费支出及职工教育经费的纳税调整额。

解: 该企业 2024 年职工教育经费的扣除限额＝360×8％＝28.8(万元)

实际发生的职工教育经费支出大于扣除限额,因此,税前准予扣除的职工教育经费支出为 28.8 万元。

本年度职工教育经费的纳税调整额(增加)＝36－28.8＝7.2(万元)

超标准的7.2万元可以结转至以后年度继续扣除。

3. 社会保险费

(1) 企业依照国务院有关主管部门或者省级人民政府规定的范围和标准为职工缴纳的"五险一金",即基本养老保险费、基本医疗保险费、失业保险费、工伤保险费、生育保险费等基本社会保险费和住房公积金,准予扣除。

(2) 企业根据国家有关政策规定为在本企业任职或者受雇的全体员工支付的补充养老保险费、补充医疗保险费,分别在不超过职工工资总额5%标准内的部分,在计算应纳税所得额时准予扣除;超过的部分,不予扣除。

(3) 企业依照国家有关规定为特殊工种职工支付的人身安全保险费和符合国务院财政、税务主管部门规定可以扣除的商业保险费,准予扣除。

(4) 企业参加财产保险,按照规定缴纳的保险费,准予扣除。企业为投资者或者职工支付的商业保险费,不得扣除。

【例6-3】 乘胜钢铁公司2024年为职工实际支付的工资总额为2 000万元(均系合理的工资支出)。该企业2024年已按工资总额的6%为职工支付补充养老保险费、补充医疗保险费。实际支付补充养老保险费116万元,实际支付补充医疗保险费126万元。要求:计算该公司补充保险费的纳税调整额。

解: 补充养老保险费、补充医疗保险费的扣除限额＝2 000×5%＝100(万元)

补充养老保险费的纳税调整额(增加)＝116－100＝16(万元)

补充医疗保险费的纳税调整额(增加)＝126－100＝26(万元)

补充保险费的纳税调整额(增加)＝16＋26＝42(万元)

4. 利息费用

企业在生产经营活动中发生的利息费用,按下列规定扣除:

(1) 非金融企业向金融企业借款的利息支出、金融企业的各项存款利息支出和同业拆借利息支出、企业经批准发行债券的利息支出可据实扣除。

(2) 非金融企业向非金融企业借款的利息支出,不超过按照金融企业同期同类贷款利率计算的数额的部分可据实扣除,超过部分不允许扣除。

(3) 关联企业利息费用的扣除。企业从其关联方接受的债权性投资与权益性投资比例超过规定标准而发生的利息支出,不得在计算应纳税所得额时扣除。①在计算应纳税所得额时,企业实际支付给关联方的利息支出,不超过以下规定比例和《企业所得税法》及《企业所得税法实施条例》有关规定计算的部分,准予扣除,超过的部分不得在发生当期和以后年度扣除。企业实际支付给关联方的利息支出,除符合下面第②条规定外,其接受关联方债权性投资与其权益性投资比例为:金融企业,为5:1;其他企业,为2:1。②企业如果能够按照《企业所得税法》及《企业所得税法实施条例》的有关规定提供相关资料,并证明相关交易活动符合独立交易原则的,或者该企业的实际税负不高于境内关联方的,其实际支付给境内关联方的利息支出,在计算应纳税所得额时准予扣除。③企业同时从事金融业务和非金融业务,其实际支付给关联方的利息支出,应按照合理方法分开计算;没有按照合理方法分开计算的,一律按前述第①条有关其他企业的比例计算准予税前扣除的利息支出。④企业自关联方取得的不符合规定的利息收入应按照有关规定缴纳企业所得税。

【例6-4】 2024年,百盛公司从银行借入经营资金100万元,年利率为6‰,从旺盛公司借入300万元,年利率为10‰,两项借款利息均据实计入财务费用。假设该公司2024年利润总额为600万元。要求:请计算该公司借款利息的纳税调整额。

解: 从旺盛公司借款的利息费用扣除限额=300×6‰=18(万元)

该借款的实际利息费用=300×10‰=30(万元)

该公司借款利息的纳税调整额(增加)=30-18=12(万元)

5. 借款费用

(1)企业在生产经营活动中发生的合理的不需要资本化的借款费用,准予扣除。

(2)企业为购置、建造固定资产、无形资产和经过12个月以上的建造才能达到预定可销售状态的存货发生借款的,在有关资产购置、建造期间发生的合理的借款费用,应予以资本化,作为资本性支出计入有关资产的成本;有关资产交付使用后发生的借款利息,可在发生当期扣除。

(3)企业通过发行债券、取得贷款、吸收保护储金等方式融资而发生的合理的费用支出,符合资本化条件的,应计入相关资产成本;不符合资本化条件的,应作为财务费用,准予在企业所得税前据实扣除。

6. 汇兑损失

企业在货币交易中,以及纳税年度终了时将人民币以外的货币性资产、负债按照期末即期人民币汇率中间价折算为人民币时产生的汇兑损失,除已经计入有关资产成本以及与向所有者进行利润分配相关的部分外,准予扣除。

7. 业务招待费

(1)企业发生的与生产经营活动有关的业务招待费支出,按照发生额的60%扣除,但最高不得超过当年销售(营业)收入的5‰。其中,销售(营业)收入包括主营业务收入、其他业务收入、视同销售收入,不包括营业外收入、投资收益以及税务机关查证的收入。

(2)对从事股权投资业务的企业(包括集团公司总部、创业投资企业等),其从被投资企业分配的股息、红利以及股权转让收入,可按规定的比例计算业务招待费扣除限额。

(3)企业在筹建期间发生的与筹办活动有关的业务招待费支出,可按实际发生额的60%计入企业筹办费,并按有关规定在税前扣除。

【例6-5】 光明商场(一般纳税人)2024年全年收入情况为:商品零售收入4 520万元,出租房屋取得租赁收入141.7万元(含税),债务重组收益10万元;业务招待费为26万元。要求:请计算该商场业务招待费的扣除限额及纳税调整额。

解: 业务招待费计算基数=4 520÷(1+13%)+141.7÷(1+9%)=4 000+130

$$=4\ 130(万元)$$

业务招待费按照销售额的扣除限额=4 130×5‰=20.65(万元)

业务招待费按照发生额的扣除限额=26×60%=15.60(万元)

业务招待费的纳税调整额(增加)=26-15.60=10.40(万元)

8. 广告费和业务宣传费

(1)企业发生的符合条件的广告费和业务宣传费支出,除国务院财政、税务主管部门另有规定外,不超过当年销售(营业)收入 15% 的部分,准予扣除;超过部分,准予在以后纳税年度结转扣除。

(2) 对签订广告费和业务宣传费分摊协议的关联企业,其中一方发生的不超过当年销售(营业)收入税前扣除限额比例内的广告费和业务宣传费支出,可以在本企业扣除,也可以将其中的部分或全部按照分摊协议归集至另一方扣除。另一方在计算本企业广告费和业务宣传费支出扣除限额时,可将按照上述办法归集至本企业的广告费和业务宣传费不计算在内。

(3) 自 2021 年 1 月 1 日起至 2025 年 12 月 31 日止,对部分行业广告费和业务宣传费税前扣除的特殊规定:对化妆品制造或销售、医药制造和饮料制造(不含酒类制造)企业发生的广告费和业务宣传费支出,不超过当年销售(营业)收入 30% 的部分,准予扣除;超过部分,准予在以后纳税年度结转扣除。

(4) 烟草企业的烟草广告费和业务宣传费支出,一律不得在计算应纳税所得额时扣除。

企业申报扣除的广告费支出应与赞助支出严格区分。企业申报扣除的广告费支出,必须符合下列条件:①广告是通过工商部门批准的专门机构制作的。②已实际支付费用,并已取得相应发票。③通过一定的媒体传播。

【例 6-6】 康福食品厂 2024 年销售收入 4 000 万元,广告费支出 600 万元、业务宣传费支出 260 万元。2025 年预计销售收入 4 600 万元,广告费支出 200 万元、业务宣传费支出 90 万元。要求:计算 2024 年、2025 年广告费和业务宣传费的纳税调整额。

解: 2024 年:

广告费和业务宣传费的扣除限额 = 4 000 × 15% = 600(万元)

广告费和业务宣传费的纳税调整额(增加) = (600 + 260) − 600 = 260(万元)

超过扣除限额 260 万元,本年度不得扣除,准予在以后纳税年度结转扣除。

2025 年预计:

广告费和业务宣传费的扣除限额 = 4 600 × 15% = 690(万元)

本年度预计发生的广告费和业务宣传费 = 200 + 90 = 290(万元),小于 690 万元,可全额扣除。

本年度剩余扣除限额 = 690 − 290 = 400(万元)

2024 年度结转未扣除余额 260 万元,小于剩余扣除限额 400 万元,可全额扣除。所以,2025 年度广告费和业务宣传费的纳税调整额为 260 万元。

9. 环境保护专项资金

企业依照法律、行政法规有关规定提取的用于环境保护、生态恢复等方面的专项资金,准予扣除。

上述专项资金提取后改变用途的,不得扣除。

10. 固定资产租赁费

企业根据生产经营活动需要租入固定资产支付的租金,按照以下方法扣除:

(1) 以经营租赁方式租入固定资产发生的租赁费支出,按照租赁期限均匀扣除。经营性租赁是指所有权不转移的租赁。

(2) 以融资租赁方式租入固定资产发生的租赁费支出,按照规定构成融资租入固定资产价值的部分应当提取折旧费用,分期扣除。融资租赁是指在实质上转移与一项资产所有权有关的全部风险和报酬的一种租赁。

11. 劳动保护费

企业发生的合理的劳动保护支出,准予扣除。根据工作性质和特点,企业统一制作并要求员工工作时统一着装所发生的工作服饰费用,可以作为企业合理的支出给予税前扣除。

12. 公益性捐赠支出

公益性捐赠是指企业通过公益性社会组织或者县级以上人民政府及其部门,用于符合法律规定的慈善活动、公益事业的捐赠。

企业发生的公益性捐赠支出,不超过年度利润总额12%的部分,准予扣除;超过年度利润总额12%的部分,准予在以后3年内在计算应纳税所得额时结转扣除。年度利润总额是指企业依照国家统一会计制度规定计算的年度会计利润。

企事业单位、社会团体以及其他组织捐赠住房作为廉租住房的,视同公益性捐赠,按上述规定执行。

公益性社会组织是指同时符合下列条件的慈善组织以及其他社会组织:

(1) 依法登记,具有法人资格。

(2) 以发展公益事业为宗旨,且不以营利为目的。

(3) 全部资产及其增值为该法人所有。

(4) 收益和营运结余主要用于符合该法人设立目的的事业。

(5) 终止后的剩余财产不归属任何个人或者营利组织。

(6) 不经营与其设立目的无关的业务。

(7) 有健全的财务会计制度。

(8) 捐赠者不以任何形式参与该法人财产的分配。

(9) 国务院财政、税务主管部门会同国务院民政部门等登记管理部门规定的其他条件。

公益性社会组织、县级以上人民政府及其部门和直属机构在接受捐赠时,捐赠资产的价值,按以下原则确认:

(1) 接受捐赠的货币性资产,应当按照实际收到的金额计算。

(2) 接受捐赠的非货币性资产,应当以其公允价值计算。捐赠方在向公益性社会组织和县级以上人民政府及其部门和直属机构捐赠时,应当提供注明捐赠非货币性资产公允价值的证明;如果不能提供上述证明,公益性社会组织和县级以上人民政府及其部门和直属机构不得向其开具公益性捐赠票据。

公益性捐赠支出的纳税调整方法如下:

第一步,计算年度利润总额。

第二步,计算公益性捐赠扣除限额。公益性捐赠扣除限额的计算公式为:

$$公益性捐赠扣除限额＝年度利润总额×12\%$$

第三步,确定实际发生的公益性捐赠额。

第四步,确定准予扣除的公益性捐赠额。比较公益性捐赠的扣除限额与实际发生的公益性捐赠额,选择较低者作为准予扣除的公益性捐赠额。

第五步,计算公益性捐赠纳税调整额。其计算公式为:

$$公益性捐赠纳税调整额＝实际发生的公益性捐赠额－准予扣除的公益性捐赠额$$

根据《企业所得税法》的规定,纳税人直接向受赠人的捐赠,以及企业发生的非公益性捐赠不得税前扣除;如果企业纳税年度既有公益性捐赠支出又有非公益性捐赠支出,则非公益性捐赠支出全额调增当期的应纳税所得额。

【例6-7】 腾飞工业企业2024年利润总额为100万元,"营业外支出"账户列支的捐赠支出包括:通过民政部门向贫困山区捐赠29万元,直接向南方冰雪灾害地区捐赠16万元,向其他企业捐赠6万元。要求:假如不考虑其他纳税调整项目,计算该企业2024年的应纳税所得额。

解: 公益性捐赠支出扣除限额＝100×12％＝12(万元)

实际发生的公益性捐赠支出29万元大于公益性捐赠支出扣除限额12万元,则:

公益性捐赠的纳税调整额(增加)＝29－12＝17(万元)

非公益性捐赠不得税前扣除,则:

非公益性捐赠支出的纳税调整额(增加)＝16＋6＝22(万元)

该企业2024年的应纳税所得额＝100＋17＋22＝139(万元)

13. 资产损失

资产损失是指企业在生产经营活动中实际发生的、与取得应税收入有关的资产损失,包括现金损失,存款损失,坏账损失,贷款损失,股权投资损失,固定资产和存货的盘亏、损、报废、被盗损失,自然灾害等不可抗力因素造成的损失以及其他损失。

企业发生的资产损失,应按规定的程序和要求向主管税务机关申报后方能在税前扣除。未经申报的损失,不得在税前扣除。

企业以前年度发生的资产损失未能在当年税前扣除的,可以按照规定,向税务机关说明并进行专项申报扣除。其中,属于实际资产损失,准予追补至该项损失发生年度扣除,其追补确认期限一般不得超过5年。但因规定的特殊原因形成的资产损失,其追补确认期限经国家税务总局批准后可适当延长。属于法定资产损失,应在申报年度扣除。

企业因以前年度实际资产损失未在税前扣除而多缴的企业所得税税款,可在追补确认年度企业所得税应纳税款中予以抵扣,不足抵扣的,向以后年度递延抵扣。

14. 手续费及佣金支出

企业发生与生产经营有关的手续费及佣金支出,不超过以下规定计算限额以内的部分,准予扣除;超过部分,不得扣除。

(1)一般企业实际发生的与其经营活动有关的手续费及佣金支出按与具有合法经营资格中介服务机构或个人(不含交易双方及其雇员、代理人和代表人等)所签订服务协议或合同确认的收入金额的5％计算限额。

(2)保险企业发生与其经营活动有关的手续费及佣金支出,不超过当年全部保费收入扣除退保金等后余额的18％(含本数)的部分,在计算应纳税所得额时准予扣除;超过部分,允许结转以后年度扣除。

(3)电信企业在发展客户、拓展业务等过程中(如委托销售电话入网卡、电话充值卡等),需向经纪人、代办商支付手续费及佣金的,其实际发生的相关手续费及佣金支出,不超过企业当年收入总额5％的部分,准予在企业所得税前据实扣除。

(4)房地产企业委托境外机构销售开发产品的,其支付境外机构的销售费用(含佣金或手续费)不超过委托销售收入 10% 的部分,准予据实扣除。

四、不得扣除的项目

在计算应纳税所得额时,下列支出不得扣除:

(1) 向投资者支付的股息、红利等权益性投资收益款项。

(2) 企业所得税税款。

(3) 税收滞纳金,是指纳税人违反税收法规,被税务机关处以的滞纳金。

(4) 罚金、罚款和被没收财物的损失,是指纳税人违反国家有关法律、法规规定,被有关部门处以的罚款,以及被司法机关处以的罚金和被没收财物。违约金、诉讼费用不属于违法行为导致的惩罚性支出,允许扣除。

(5) 超过规定标准的捐赠支出。

(6) 赞助支出,是指企业发生的与生产经营活动无关的各种非广告性质支出。

(7) 未经核定的准备金支出,是指不符合国务院财政、税务主管部门规定的各项资产减值准备、风险准备等准备金支出。

(8) 企业之间支付的管理费、企业内营业机构之间支付的租金和特许权使用费,以及非银行企业内营业机构之间支付的利息。

(9) 与取得收入无关的其他支出。

五、亏损弥补

1. 基本规定

亏损是指企业依照《企业所得税法》和《企业所得税法实施条例》的规定,将每一纳税年度的收入总额减除不征税收入、免税收入和各项扣除后小于零的数额。税法规定,企业某一纳税年度发生的亏损可以用下一年度的所得弥补,下一年度的所得不足以弥补的,可以逐年延续弥补,但最长不得超过 5 年。而且,企业在汇总计算缴纳企业所得税时,其境外营业机构的亏损不得抵减境内营业机构的盈利。

2. 具体规定

(1) 自 2018 年 1 月 1 日起,当年具备高新技术企业或科技型中小企业资格的企业,在其具备资格年度之前 5 个年度发生的尚未弥补完的亏损,准予结转以后年度弥补,最长结转年限由 5 年延长至 10 年。

(2) 企业筹办期间不计算为亏损年度,企业开始生产经营的年度为开始计算企业损益的年度。企业从事生产经营之前发生的筹办费用支出,不得计算为当期的亏损,企业可以在开始经营的当年一次性扣除,也可以作为长期待摊费用,自支出发生月份的次月起,分期摊销,摊销期限不得低于 3 年,但一经选定,不得改变。

(3) 税务机关对企业以前年度纳税情况进行检查时调增的应纳税所得额,凡企业以前年度发生亏损且该亏损属于《企业所得税法》允许弥补的,应允许调增的应纳税所得额弥补该亏损。在弥补该亏损后仍有余额的,按规定计算缴纳企业所得税。对检查调增的应纳税所得额应根据其情节,依照《税收征收管理法》的有关规定进行处理或处罚。

(4) 对企业发现以前年度实际发生的、按照税法规定应在企业所得税前扣除而未扣除或者少扣除的支出,企业做出专项申报及说明后,准予追补至该项目发生年度计算扣除,但追补确认期限不得超过 5 年。

企业由于上述原因多缴的企业所得税税款,可以在追补确认年度企业所得税应纳税额中抵扣,不足抵扣的,可以向以后年度递延抵扣或申请退税。

亏损企业追补确认以前年度未在企业所得税前扣除的支出,或盈利企业经过追补确认后出现亏损的,应先调整该项支出所属年度的亏损额,再按照弥补亏损的原则计算以后年度多缴的企业所得税税款,并按前述规定处理。

【例 6-8】 M 工业企业 8 年来的经营情况如表 6-1 所示,适用企业所得税税率 25%。要求:试计算该企业 8 年应缴纳的企业所得税税额。

表 6-1 M 工业企业 8 年来的经营情况

年份	第 1 年	第 2 年	第 3 年	第 4 年	第 5 年	第 6 年	第 7 年	第 8 年
所得额(万元)	—160	40	30	20	—30	30	20	40

解: 第 1 年亏损 160 万元,准予向以后年度弥补至第 6 年,所以第 2～6 年的所得用于弥补第 1 年的亏损后无所得,均不纳税。虽然亏损仍未补完,但因结转年限已到,不能再向以后年度结转。

第 5 年亏损 30 万元,第 7 年弥补 20 万元,第 8 年弥补 10 万元,剩余盈利 30 万元,应缴纳企业所得税。

第 8 年应缴纳的企业所得税税额 = 30×25% = 7.5(万元)

第三节 资产的税务处理

根据税法规定,纳入税务处理范围的资产形式主要有固定资产、无形资产、长期待摊费用、投资资产、存货等,均以历史成本为计税基础。历史成本是指企业取得该项资产时实际发生的支出。企业持有各项资产期间资产增值或者减值,除国务院财政、税务主管部门规定可以确认损益外,不得调整该资产的计税基础。

一、固定资产的税务处理

固定资产是指企业为生产产品、提供劳务、出租或者经营管理而持有的、使用时间超过 12 个月的非货币性资产,包括房屋、建筑物、机器、机械、运输工具以及其他与生产经营活动有关的设备、器具、工具等。

(一)固定资产计税基础

固定资产按照以下方法确定计税基础:

(1)外购的固定资产,以购买价款和支付的相关税费以及直接归属于使该资产达到预定用途前发生的其他支出为计税基础。

(2)自行建造的固定资产,以竣工结算前发生的支出为计税基础。

(3)融资租入的固定资产,以租赁合同约定的付款总额和承租人在签订租赁合同过程中发生的相关费用为计税基础,租赁合同未约定付款总额的,以该资产的公允价值和承租人在签订租赁合同过程中发生的相关费用为计税基础。

（4）盘盈的固定资产，以同类固定资产的重置完全价值为计税基础。

（5）通过捐赠、投资、非货币性资产交换、债务重组等方式取得的固定资产，以该资产的公允价值和支付的相关税费为计税基础。

（6）改建的固定资产，除已足额提取折旧的固定资产和租入的固定资产以外的其他固定资产，以改建过程中发生的改建支出增加计税基础。

(二) 不得计入折旧的范围

在计算应纳税所得额时，企业按照规定计算的固定资产折旧，准予扣除。下列固定资产不得计算折旧扣除：

（1）房屋、建筑物以外未投入使用的固定资产。

（2）以经营租赁方式租入的固定资产。

（3）以融资租赁方式租出的固定资产。

（4）已足额提取折旧，但仍继续使用的固定资产。

（5）与经营活动无关的固定资产。

（6）单独估价作为固定资产入账的土地。

（7）其他不得计算折旧扣除的固定资产。

(三) 固定资产折旧的计提方法

企业应当自固定资产投入使用月份的次月起计算折旧；停止使用的固定资产，应当自停止使用月份的次月起停止计算折旧。

企业应当根据固定资产的性质和使用情况，合理确定固定资产的预计净残值。固定资产的预计净残值一经确定，不得变更。

固定资产按照直线法计算的折旧，准予扣除。

(四) 固定资产折旧的计提年限

除国务院财政、税务主管部门另有规定外，固定资产计算折旧最低年限如下：

（1）房屋、建筑物，为 20 年。

（2）飞机、火车、轮船、机器、机械和其他生产设备，为 10 年。

（3）与生产经营活动有关的器具、工具、家具等，为 5 年。

（4）飞机、火车、轮船以外的运输工具，为 4 年。

（5）电子设备，为 3 年。

从事开采石油、天然气等矿产资源的企业，在开始商业性生产前发生的费用和有关固定资产的折耗、折旧方法，由国务院财政、税务主管部门另行规定。

二、无形资产的税务处理

(一) 无形资产的计税基础

无形资产按照以下方法确定计税基础：

（1）外购的无形资产，以购买价款和支付的相关税费以及直接归属于使该资产达到预定用途前发生的其他支出为计税基础。

（2）自行开发的无形资产，以开发过程中该资产符合资本化条件后至达到预定用途前发生的支出为计税基础。

（3）通过捐赠、投资、非货币性资产交换、债务重组等方式取得的无形资产，以该资产的公允价值和支付的相关税费为计税基础。

（二）无形资产摊销的范围

在计算应纳税所得额时，企业按规定计算的无形资产摊销费用，准予扣除。下列无形资产不得计算摊销费用扣除：

（1）自行开发的支出已在计算应纳税所得额时扣除的无形资产。

（2）自创商誉。

（3）与经营活动无关的无形资产。

（4）其他不得计算摊销费用扣除的无形资产。

（三）无形资产的摊销方法及年限

无形资产的摊销，采用直线法计算。无形资产的摊销年限不得低于 10 年。作为投资或者受让的无形资产，有关法律规定或者合同约定了使用年限的，可以按照规定或者约定的使用年限分期摊销。外购商誉的支出，在企业整体转让或者清算时，准予扣除。

三、长期待摊费用的税务处理

长期待摊费用是指企业发生的应在 1 个年度以上或几个年度进行摊销的费用。在计算应纳税所得额时，企业发生的下列支出作为长期待摊费用，按照规定摊销的，准予扣除。

（1）已足额提取折旧的固定资产的改建支出，按照固定资产预计尚可使用年限分期摊销。

（2）租入固定资产的改建支出，按照合同约定的剩余租赁期限分期摊销。

（3）固定资产的大修理支出，按照固定资产尚可使用年限分期摊销。

固定资产的大修理支出是指同时符合下列条件的支出：①修理支出达到取得固定资产时的计税基础 50% 以上。②修理后固定资产的使用年限延长 2 年以上。

（4）其他应当作为长期待摊费用的支出，自支出发生月份的次月起，分期摊销，摊销年限不得假于 3 年。

四、存货的税务处理

（一）存货的计税基础

存货按照以下方法确定成本：

（1）通过支付现金方式取得的存货，以购买价款和支付的相关税费为成本。

（2）通过支付现金以外的方式取得的存货，以该存货的公允价值和支付的相关税费为成本。

（3）生产性生物资产收获的农产品，以产出或者采收过程中发生的材料费、人工费和分摊的间接费用等必要支出为成本。

（二）存货的成本计算方法

企业使用或者销售的存货的成本计算方法，可以在先进先出法、加权平均法、个别计价法中选用一种。计价方法一经选用，不得随意变更。

五、投资资产的税务处理

投资资产是指企业对外进行权益性投资和债权性投资而形成的资产。

(一) 投资资产的成本

投资资产按以下方法确定投资成本：

(1) 通过支付现金方式取得的投资资产，以购买价款为成本。

(2) 通过支付现金以外的方式取得的投资资产，以该资产的公允价值和支付的相关税费为成本。

(二) 投资资产成本的扣除方法

企业对外投资期间，投资资产的成本在计算应纳税所得额时不得扣除，企业在转让或者处置投资资产时，投资资产的成本准予扣除。

(三) 投资企业撤回或减少投资的税务处理

投资企业从被投资企业撤回或减少投资，取得的资产分为下列部分进行税务处理：

(1) 取得的资产中，相当于初始出资的部分，应确认为投资收回。

(2) 相当于被投资企业累计未分配利润和累计盈余公积按减少实收资本比例计算的部分，确认为股息所得。

(3) 其余部分确认为投资资产转让所得。被投资企业发生的经营亏损，由被投资企业按规定结转弥补；投资企业不得调整减低其投资成本，也不得将其确认为投资损失。

六、非货币性资产投资的税务处理

非货币性资产是指现金、银行存款、应收账款、应收票据以及准备持有至到期的债券投资等货币性资产以外的资产。根据财税〔2014〕116 号，限于以非货币性资产出资设立新的居民企业，或将非货币性资产注入现存的居民企业。

企业以非货币性资产对外投资确认的非货币性资产转让所得，可在不超过 5 年的期限内，分期均匀计入相应年度的应纳税所得额，按规定计算缴纳企业所得税。

企业以非货币性资产对外投资，应对非货币性资产进行评估并按评估后的公允价值扣除计税基础后的余额，计算确认非货币性资产转让所得。

企业以非货币性资产对外投资，应于投资协议生效并办理股权登记手续时，确认非货币性资产转让收入的实现。

企业以非货币性资产对外投资而取得被投资企业的股权，应以非货币性资产的原计税成本为计税基础，加上每年确认的非货币性资产转让所得，逐年进行调整。被投资企业取得非货币性资产的计税基础，应按非货币性资产的公允价值确定。

第四节　企业所得税的税收优惠政策

企业所得税的税收优惠是指国家根据经济和社会发展的需要，在一定的期限内对特定地区、行业和企业的纳税人的应缴纳的企业所得税，给予减征或免征的一种照顾和鼓励措施。税法规定的企业所得税的税收优惠方式包括免税、减税、加计扣除、加速折旧、减计收入、税额抵免等。

一、税额式优惠

企业的下列所得，可以免征、减征企业所得税。企业如果从事国家限制和禁止发展的项目，不得享受企业所得税的税收优惠。

（一）从事农、林、牧、渔业项目的所得

企业从事农、林、牧、渔业项目的所得，包括免征和减征两部分。

（1）企业从事下列项目的所得，免征企业所得税：①蔬菜、谷物、薯类、油料、豆类、棉花、麻类、糖料、水果、坚果的种植。②农作物新品种的选育。③中药材的种植。④林木的培育和种植。⑤牲畜、家禽的饲养。⑥林产品的采集。⑦灌溉、农产品初加工、兽医、农技推广、农机作业和维修等农、林、牧、渔服务业项目。⑧远洋捕捞。

（2）企业从事下列项目的所得，减半征收企业所得税：①花卉、茶以及其他饮料作物和香料作物的种植。②海水养殖、内陆养殖。

（二）从事国家重点扶持的公共基础设施项目投资经营的所得

《企业所得税法》所称国家重点扶持的公共基础设施项目，是指《公共基础设施项目企业所得税优惠目录》规定的港口码头、机场、铁路、公路、城市公共交通、电力、水利等项目。

企业从事国家重点扶持的公共基础设施项目的投资经营的所得，自项目取得第一笔生产经营收入所属纳税年度起，第1年至第3年免征企业所得税，第4年至第6年减半征收企业所得税。

企业承包经营、承包建设和内部自建自用上述规定的项目，不得享受所规定的企业所得税税收优惠。

（三）从事符合条件的环境保护、节能节水项目的所得

购置并实际使用专用设备的投资抵免企业，购置并实际使用《环境保护专用设备企业所得税优惠目录》《节能节水专用设备企业所得税优惠目录》和《安全生产专用设备企业所得税优惠目录》规定的环境保护、节能节水、安全生产等专用设备的，该专用设备投资额的10%可以从企业当年的应纳税额中抵免；当年不足抵免的，可以在以后5个纳税年度结转抵免。

享受该优惠政策的企业，应当实际购置并自身实际投入使用上述规定的专用设备。企业购置上述专用设备在5年内转让、出租的，应当停止享受企业所得税税收优惠，并补缴已经抵免的企业所得税税额。转让的受让方可以按照该专用设备投资额的10%抵免当年企业所得税应纳税额；当年应纳税额不足抵免的，可以在以后5个纳税年度结转税额抵免。

自2009年1月1日起，一般纳税人购进固定资产发生的进项税额可从其销项税额中抵扣。如果进项税额允许抵扣，则一般纳税人的专用设备投资额不再包括进项税额；如果进项税额不允许抵扣，则一般纳税人的专用设备投资额应为增值税专用发票上注明的价税合计金额。企业购买专用设备取得普通发票的，其专用设备投资额为普通发票上注明的金额。

企业在2024年1月1日至2027年12月31日期间发生的专用设备数字化、智能化改造投入，不超过该专用设备购置时原计税基础50%的部分，可按照10%比例抵免企业当年应纳税额。企业当年应纳税额不足抵免的，可以向以后年度结转，但结转年限最长不得超过5年。

企业在专用设备改造完成后5个纳税年度内转让、出租的，应在该专用设备停止使用当月停止享受优惠，并补缴已经抵免的企业所得税税款。

环境保护、节能节水项目的所得，自项目取得第一笔生产经营收入所属纳税年度起，第1年至第3年免征企业所得税，第4年至第6年减半征收企业所得税。

符合条件的环境保护、节能节水项目，包括公共污水处理、公共垃圾处理、沼气综合开发利

用、节能减排技术改造、海水淡化等。项目的具体条件和范围由国务院财政、税收主管部门商国务院有关部门制订，报国务院批准后公布施行。

但是，以上规定享受减免税优惠的项目，在减免税期限内转让的，受让方自受让之日起，可以在剩余期限内享受规定的减免税优惠；减免税期限届满后转让的，受让方不得就该项目重复享受减免税优惠。

(四) 符合条件的技术转让所得

居民企业转让技术所得不超过 500 万元的部分，免征企业所得税；超过 500 万元的部分，减半征收企业所得税。

技术转让的范围包括居民企业转让专利技术、计算机软件著作权、集成电路布图设计权、植物新品种、生物医药新品种、5 年(含)以上非独占许可使用权，以及财政部和国家税务总局确定的其他技术。

符合条件的技术转让所得应按以下公式计算：

$$技术转让所得＝技术转让收入－技术转让成本－相关税费$$

技术转让收入是指当事人履行技术转让合同后获得的价款，不包括销售或转让设备、仪器、零部件、原材料等非技术性收入。不属于与技术转让项目密不可分的技术咨询、技术服务、技术培训等收入，不得计入技术转让收入。

技术转让成本是指转让的无形资产的净值，即该无形资产的计税基础减除在资产使用期间按照规定计算的摊销扣除额后的余额。

相关税费是指技术转让过程中实际发生的有关税费，包括除企业所得税和允许抵扣的增值税以外的各项税金及其附加、合同签订费用、律师费等相关费用及其他支出。

享受技术转让所得减免企业所得税税收优惠的企业，应单独计算技术转让所得，并合理分摊企业的期间费用；没有单独计算的，不得享受技术转让所得企业所得税优惠。

【例 6-9】 甲企业取得技术转让收入 2 600 万元，与技术转让相关的成本、费用、税金为 1 000 万元。要求：计算甲企业这笔技术转让所得应缴纳的企业所得税税额。

解： 技术转让所得＝2 600－1 000＝1 600(万元)

应纳企业所得税税额＝(1 600－500)÷2×25%＝137.5(万元)

二、税率式优惠

(一) 国家需要重点扶持的高新技术企业

国家需要重点扶持的高新技术企业，减按 15% 的税率征收企业所得税。

国家需要重点扶持的高新技术企业是指拥有核心自主知识产权，并同时符合下列 8 个方面条件的企业：

(1) 企业申请认定时须注册成立 1 年以上。

(2) 企业通过自主研发、受让、受赠、并购等方式，获得对其主要产品(服务)在技术上发挥核心支持作用的知识产权的所有权。

(3) 对企业主要产品(服务)发挥核心支持作用的技术属于《国家重点支持的高新技术领域》规定的范围。

(4) 企业从事研发和相关技术创新活动的科技人员占企业当年职工总数的比例不低

于 10%。

(5) 企业近 3 个会计年度(实际经营期不满 3 年的按实际经营时间计算,下同)的研究开发费用总额占同期销售收入总额的比例符合如下要求:①最近一年销售收入小于 5 000 万元(含)的企业,比例不低于 5%。②最近一年销售收入在 5 000 万元至 2 亿元(含)的企业,比例不低于 4%。③最近一年销售收入在 2 亿元以上的企业,比例不低于 3%。其中,企业在中国境内发生的研究开发费用总额占全部研究开发费用总额的比例不低于 60%。

(6) 近一年高新技术产品(服务)收入占企业同期总收入的比例不低于 60%。

(7) 企业创新能力评价应达到相应要求。

(8) 企业申请认定前一年内未发生重大安全、重大质量事故或严重环境违法行为。

(二)国家需要重点扶持的技术先进型服务

自 2017 年 1 月 1 日起,在全国范围内对经认定的技术先进型服务企业,减按 15% 的税率征收企业所得税。

技术先进型服务企业的认定,需要同时符合下列条件:

(1) 在中国境内(不包括港澳台地区)注册的法人企业。

(2) 从事《技术先进型服务业务认定范围(试行)》中的一种或多种技术先进型服务业务,采用先进技术或具备较强的研发能力。

(3) 具有大专以上学历的员工占企业职工总数的 50% 以上。

(4) 从事《技术先进型服务业务认定范围(试行)》中的技术先进型服务业务取得的收入占企业当年总收入的 50% 以上。

(5) 从事离岸服务外包业务取得的收入不低于企业当年总收入的 35%。

(三)符合条件的小型微利企业

小型微利企业是指从事国家非限制和禁止行业,且同时符合年度应纳税所得额不超过 300 万元、从业人数不超过 300 人、资产总额不超过 5 000 万元三个条件的企业。

从业人数包括与企业建立劳动关系的职工人数和企业接受的劳务派遣用工人数。从业人数和资产总额指标应按企业全年的季度平均值确定。具体计算公式如下:

$$季度平均值＝(季初值＋季末值)÷2$$
$$全年季度平均值＝全年各季度平均值之和÷4$$

年度中间开业或者终止经营活动的,以其实际经营期作为一个纳税年度确定上述相关指标。

为稳定预期、提振信心,支持小微企业发展,根据财政部、税务总局《关于进一步支持小微企业和个体工商户发展有关税费政策的公告》(财政部、税务总局公告 2023 年第 12 号)第 3 条的规定,对小型微利企业减按 25% 计算应纳税所得额,按 20% 的税率缴纳企业所得税政策,延续执行至 2027 年 12 月 31 日。

【例 6-10】 乙企业 2024 年度应纳税所得额为 280 万元,享受小型微利企业所得税优惠政策。

要求:请计算该企业当年需缴纳的企业所得税税额。

解: 应纳企业所得税税额＝280×25%×20%＝14(万元)

(四)符合条件的非居民企业

非居民企业是指在中国境内未设立机构、场所的,或者虽设立机构、场所但取得的所得与其所设机构、场所没有实际联系的企业。非居民企业取得的下列所得,免征企业所得税:①外国政府向中国政府提供贷款取得的利息所得。②国际金融组织向中国政府和居民企业提供优惠贷款取得的利息所得。③经国务院批准的其他所得。

三、税基式优惠

(一)加计扣除优惠

加计扣除是指对企业支出项目在实际发生额税前扣除的基础上,再按照规定的比例给予追加扣除。加计扣除主要包括以下三项内容。

1. 研究开发费用

(1)企业开展研发活动中实际发生的研发费用,未形成无形资产计入当期损益的,在按规定据实扣除的基础上,自2023年1月1日起,再按照实际发生额的100%在税前加计扣除;形成无形资产的,自2023年1月1日起,按照无形资产成本的200%在税前摊销。

(2)集成电路企业和工业母机企业开展研发活动中实际发生的研发费用,未形成无形资产计入当期损益的,在按规定据实扣除的基础上,在2023年1月1日至2027年12月31日期间,再按照实际发生额的120%在税前扣除;形成无形资产的,在上述期间按照无形资产成本的220%在税前摊销。

注意:不适用税前加计扣除政策的行业:烟草制造业、住宿和餐饮业、批发和零售业、房地产业、租赁和商务服务业、娱乐业、财政部和国家税务总局规定的其他行业。

2. 企业安置残疾人员所支付的工资

企业安置残疾人员所支付的工资的加计扣除是指企业安置残疾人员的,在按照支付给残疾职工工资据实扣除的基础上,按照支付给残疾职工工资的100%加计扣除。

3. 企业投入基础研究的支出

自2022年1月1日起,对企业出资给非营利性科研机构、高等学校和政府性自然科学基金用于基础研究的支出,在计算应纳税所得额时可按实际发生额在税前扣除,并可按100%在税前加计扣除。

(二)创业投资企业应纳税所得额的抵扣

创业投资企业采取股权投资方式投资于未上市的中小高新技术企业2年(24个月)以上,可以按照其对中小高新技术企业投资额的70%,在股权持有满2年的当年抵扣该创业投资企业的应纳税所得额;当年不足抵扣的,可以在以后纳税年度结转抵扣。

【例6-11】 甲企业于2022年1月1日向乙企业(未上市的中小高新技术企业)投资110万元,股权持有至2023年12月31日。甲企业2023年度未抵扣前的应纳税所得额为50万元。2024年度未抵扣前的应纳税所得额为60万元。要求:假设不考虑其他纳税调整项目,计算甲企业以下各项:

(1)2023年度可抵扣的应纳税所得额和实际的应纳税所得额。

(2)2024年度可抵扣的应纳税所得额和实际的应纳税所得额。

解:(1)2023年度可抵扣的应纳税所得额=110×70%=77(万元)

2023年度未抵扣前的应纳税所得额为50万元,小于77万元,所以2023年度实际的应纳税所得额为0。

（2）2024 年度可抵扣的应纳税所得额＝77－50＝27（万元）

2024 年度实际的应纳税所得额＝60－27＝33（万元）

（三）加速折旧优惠

企业的固定资产由于技术进步等原因，确需加速折旧的，可以缩短折旧年限或者采取加速折旧的方法。可采用以上折旧方法的固定资产是指：①由于技术进步，产品更新换代较快的固定资产。②常年处于强震动、高腐蚀状态的固定资产。

采取缩短折旧年限方法的，最低折旧年限不得低于规定折旧年限的 60%；采取加速折旧方法的，可以采取双倍余额递减法或者年数总和法。

自 2019 年 1 月 1 日起，对全部制造业新购进的固定资产，可由企业选择缩短折旧年限或采取加速折旧的方法。

企业在 2018 年 1 月 1 日至 2027 年 12 月 31 日期间内购进的设备、器具、单位价值不超过 500 万元的，允许一次性计入当期成本费用在计算应纳税所得额的扣除，不再分年度计算折旧。

（四）减计收入优惠

企业综合利用资源，生产符合国家产业政策规定的产品所取得的收入，可以在计算应纳税所得额时减计收入。

减计收入是指企业以《资源综合利用企业所得税优惠目录》规定的资源作为主要原材料，生产国家非限制和禁止并符合国家和行业相关标准的产品取得的收入，减按 90% 计入收入总额。

上述所称原材料占生产产品材料的比例不得低于《资源综合利用企业所得税优惠目录》规定的标准。

自 2019 年 6 月 1 日至 2025 年 12 月 31 日，提供社区养老、托育、家政服务取得的收入，在计算应纳税所得额时，减按 90% 计入收入总额。

第五节　企业所得税应纳税额的计算

一、居民企业应纳税额的计算

居民企业应缴纳企业所得税税额等于应纳税所得额乘以适用税率。计算公式为：

$$应纳税额＝应纳税所得额 \times 适用税率－减免税额－抵免税额$$

（一）直接计算法

在直接计算法下，企业每一纳税年度收入总额减除不征税收入、免税收入、各项扣除以及允许弥补的以前年度亏损后的余额为应纳税所得额。计算公式为：

$$应纳税所得额＝收入总额－不征税收入－免税收入－各项扣除金额－弥补亏损$$

（二）间接计算法

在间接计算法下，企业在会计利润总额的基础上加或减按照税法规定调整的项目金额后，即为应纳税所得额。计算公式为：

$$应纳税所得额＝会计利润总额＋纳税调整增加金额－纳税调整减少金额$$

【例6-12】　甲企业为居民企业，2024年发生经营业务如下：取得产品销售收入4 000万元；发生产品销售成本2 500万元；发生销售费用770万元（其中广告费650万元）；管理费用480万元（其中业务招待费25万元）；财务费用60万元；税金及附加160万元（含增值税120万元）；营业外收入80万元，营业外支出50万元（含通过公益性社会团体向贫困山区捐款30万元，支付税收滞纳金6万元）；计入成本、费用中的实发工资总额200万元，拨缴职工工会经费5万元，发生职工福利费31万元，发生职工教育经费7万元。

要求：根据上述资料，计算该企业本年度下列各项：

(1) 会计利润总额。

(2) 广告费的纳税调整额。

(3) 业务招待费的纳税调整额。

(4) 公益性捐赠支出的纳税调整额。

(5) 税收滞纳金的纳税调整额。

(6) 工会经费的纳税调整额。

(7) 职工福利费应调增所得额的纳税调整额。

(8) 职工教育经费的纳税调整额。

(9) 应纳税所得额。

(10) 应纳企业所得税税额。

解：(1) 会计利润总额＝4 000＋80－2 500－770－480－60－(160－120)－50

$$＝180(万元)$$

(2) 广告费的扣除限额＝4 000×15％＝600(元)

广告费的纳税调增额＝650－600＝50(万元)

(3) 业务招待费的扣除限额1＝4 000×5‰＝20(万元)

业务招待费的扣除限额2＝25×60％＝15(万元)

业务招待费的纳税调增额＝25－15＝10(万元)

(4) 公益性捐赠支出的扣除限额＝180×12％＝21.60(万元)

公益性捐赠支出应调增所得额＝30－21.60＝8.40(万元)

(5) 税收滞纳金不得税前扣除，则：

税收滞纳金的纳税调增额＝6(万元)

(6) 工会经费的扣除限额＝200×2％＝4(万元)

工会经费的纳税调增额＝5－4＝1(万元)

(7) 职工福利费的扣除限额＝200×14％＝28(万元)

职工福利费应调增所得额＝31－28＝3(万元)

(8) 职工教育经费的扣除限额＝200×8％＝16(万元)

职工教育经费实际发生额7万元，小于扣除限额16万元，可全额扣除，不调整应纳税所得额。

(9) 应纳税所得额＝180＋50＋10＋8.4＋6＋1＋3＝258.40(万元)

(10) 应纳企业所得税税额＝258.40×25％＝64.60(万元)

【例6-13】 甲企业为制造业企业,2024年发生经营业务如下:全年取得产品销售收入6 000万元,发生产品销售成本4 600万元;取得其他业务收入900万元,发生其他业务成本794万元;取得国债利息收入50万元;缴纳除增值税之外的税金及附加360万元;发生管理费用760万元,其中新技术的研究开发费用为60万元、业务招待费为70万元;发生财务费用200万元;取得直接投资其他居民企业的权益性收益36万元(已在投资方所在地按15%的税率缴纳了所得税);取得营业外收入100万元,发生营业外支出250万元(其中含公益性捐赠40万元)。

要求:根据以上资料,计算该企业本年度以下各项:

(1)利润总额。

(2)国债利息收入的纳税调整额。

(3)研究开发费的纳税调整额。

(4)业务招待费的纳税调整额。

(5)取得的权益性收益的纳税调整额。

(6)公益性捐赠的纳税调整额。

(7)应纳税所得额。

(8)应纳企业所得税税额。

解: (1)利润总额＝6 000－4 600＋900－794＋50－360－760－200＋36＋100－250
＝122(万元)

(2)国债利息收入免征企业所得税,纳税调减额为50万元。

(3)一般企业研究开发费加计扣除100%则:

研究开发费用纳税调减额＝60×100%＝60(万元)

(4)业务招待费的扣除限额1＝70×60%＝42(万元)

业务招待费的扣除限额2＝(6 000＋900)×5‰＝34.5(万元)

业务招待费的纳税调增额＝70－34.5＝35.5(万元)

(5)取得直接投资于其他居民企业的权益性收益属于免税收入,则:

权益性收益的纳税调减额＝36(万元)

(6)公益性捐赠扣除限额＝122×12%＝14.64(万元)

实际捐赠额40万元大于扣除限额14.64万元,

应纳税所得额调增额＝40－14.64＝25.36(万元)

(7)应纳税所得额＝122－50－60(研发费用加计扣除)＋35.5(业务招待费)－36(股息红利)＋25.36＝36.86(万元)

(8)该企业2025年应纳企业所得税税额＝36.86×25%＝9.215(万元)。

【例6-14】 某科技型中小企业,职工人数为90人,资产总额为2 800万元。2024年度生产经营业务如下:取得产品销售收入3 600万元、国债利息收入26万元;与产品销售收入配比的成本为2 600万元;发生销售费用256万元、管理费用390万元(其中业务招待费36万元、新产品研发费用126万元);从非金融企业借款200万元,支付年利息费用20万元(金融企业同期同类借款年利率为6%);企业所得税前准许扣除的税金及附加为32万元;10月购进符合《环境保护专用设备企业所得税优惠目录》规定的专用设备,取得增值税专用发票,注明金额为39万元、增值税进项税额为5.07万元,该设备当月投入使用;计入成本、费用中的实发工资总额为 260 万元,拨缴职工工会经费 6 万元,发放职工福利费 26 万元、职工教育经费 16 万元。

要求:根据以上资料,计算该企业本年度以下各项:

(1) 利润总额。

(2) 国债利息收入的纳税调整额。

(3) 业务招待费的纳税调整额。

(4) 新产品研发费用的纳税调整额。

(5) 利息费用的纳税调整额。

(6) 工会经费的纳税调整额。

(7) 职工福利费的纳税调整额。

(8) 职工教育经费的纳税调整额。

(9) 应纳税所得额。

(10) 专用设备抵减的应纳税额。

(11) 应纳企业所得税税额。

解:(1) 利润总额＝3 600＋26－2 600－256－390－20－32＝328(万元)

(2) 国债利息收入免征企业所得税,纳税调减额为 26 万元。

(3) 业务招待费的扣除限额1＝36×60％＝21.60(万元)

业务招待费的扣除限额2＝3 600×5‰＝18(万元)

业务招待费的纳税调增额＝36－18＝18(万元)

(4) 新产品研发费用加计扣除 75％,则:

纳税调减额＝126×75％＝94.50(万元)

(5) 利息费用的扣除限额＝200×6％＝12(万元)

利息费用的纳税调增额＝20－12＝8(万元)

(6) 工会经费的扣除限额＝260×2％＝5.20(万元)

工会经费的纳税调增额＝6－5.20＝0.80(万元)

(7) 职工福利费的扣除限额＝260×14％＝36.40(万元)

职工福利费的实际发生额 26 万元小于扣除限额 36.40 万元,所以不作纳税调整。

(8) 职工教育经费的扣除限额＝260×8％＝20.80(万元)

职工教育经费的实际发生额 16 万元小于扣除限额 20.80 万元,所以不作纳税调整。

(9) 应纳税所得额＝328－26＋18－94.50＋6＋0.80＝232.30(万元)

(10) 专用设备抵减的应纳税额＝39×10％＝3.90(万元)

(11) 职工人数 90 人不超过 300 人,资产总额 2 800 万元不超过 5 000 万元,年应纳税所得额未超过 300 万元,该企业符合小型微利企业条件。

应纳企业所得税税额＝100×12.5％×20％＋(232.30－100)×25％×20％－3.90

＝2.50＋6.615－3.90＝5.215(万元)

二、境外所得抵免税额的计算

(一) 基本规定

企业应就其按照《企业所得税法实施条例》第 7 条规定确定的中国境外所得(境外税前所

得），按以下规定计算《企业所得税法实施条例》第 78 条规定的境外应纳税所得额：

居民企业在境外投资设立不具有独立纳税地位的分支机构，其来源于境外的所得，以境外收入总额扣除与取得境外收入有关的各项合理支出后的余额为应纳税所得额。居民企业在境外设立不具有独立纳税地位的分支机构取得的各项境外所得，无论是否汇回中国境内，均应计入该企业所属纳税年度的境外应纳税所得额。

非居民企业在境内设立机构、场所的，应就其发生在境外但与境内所设机构、场所有实际联系的各项应税所得，比照上述规定计算相应的应纳税所得额。

居民企业应就其来源于境外的股息、红利等权益性投资收益，以及利息、租金、特许权使用费、转让财产等收入，扣除按照《企业所得税法》及其实施条例等规定计算的与取得该项收入有关的各项合理支出后的余额为应纳税所得额。

企业应按照《企业所得税法》及其实施条例、税收协定以及相关规定，准确计算下列当期与抵免境外所得税有关的项目后，确定当期实际可抵免分国（地区）别的境外所得税税额和抵免限额：境内所得的应纳税所得额和分国（地区）别的境外所得的应纳税所得额；分国（地区）别的可抵免境外所得税税额；分国（地区）别的境外所得税的抵免限额。

企业不能准确计算上述项目实际可抵免分国（地区）别的境外所得税税额的，在相应国家（地区）缴纳的税收均不得在该企业当期应纳税额中抵免，也不得结转以后年度抵免。

（二）可抵免境外所得税税额的范围

可抵免境外所得税税额是指企业来源于中国境外的所得依照中国境外税收法律以及相关规定应当缴纳并已实际缴纳的企业所得税性质的税款。但不包括：

（1）按照境外所得税法律及相关规定属于错缴或错征的境外所得税税款。

（2）按照税收协定规定不应征收的境外所得税税款。

（3）因少缴或迟缴境外所得税而追加的利息、滞纳金或罚款。

（4）境外所得税纳税人或者其利害关系人从境外征税主体得到实际返还或补偿的境外所得税税款。

（5）按照我国《企业所得税法》及其实施条例规定，已经免征我国企业所得税的境外所得负担的境外所得税税款。

（6）按照国务院财政、税务主管部门有关规定已经从企业境外应纳税所得额中扣除的境外所得税税款。

（三）抵免限额的计算

抵免限额是指企业来源于中国境外的所得，依照我国税收法律规定计算的应纳税额。企业可以选择按国（地区）别分别计算，或者不按国（地区）别汇总计算其来源于境外的应纳税所得额。上述方式一经选择，5 年内不得改变。

在 2017 年以前，企业只能按照"分国不分项"计算其可抵免境外所得税税额和抵免限额。为了更好地鼓励企业走出去，财政部、税务总局《关于完善企业境外所得税收抵免政策问题的通知》（财税〔2017〕84 号）规定，自 2017 年 1 月 1 日起，企业可以自行选择"分国（地区）不分项"或者"不分国（地区）不分项"，计算其可抵免境外所得税税额和抵免限额。

抵免限额的计算公式为：

$$\text{抵免限额} = \text{中国境内、境外所得依照税收法律规定计算的应纳税总额} \times \frac{\text{来源于某国（地区）的应纳税所得额}}{\text{中国境内、境外应纳税所得总额}}$$

（1）适用税率。中国境内、境外所得依照《企业所得税法》及其实施条例的规定计算的应纳税总额的税率是 25%，即使企业境内所得按税收法规规定享受企业所得税优惠的，在境外所得税额抵免限额计算中的中国境内、境外所得应纳税总额所适用的税率也是 25%。

以与境内、境外全部生产经营活动有关的研究开发费用总额、总收入、销售收入额、高新技术产品（服务）收入等指标申请并经认定的高新技术企业，其来源于境外所得可以享受高新技术企业所得税优惠政策，即对其来源于境外所得可以按照 15% 的优惠税率缴纳企业所得税，在计算境外抵免限额时，可按照 15% 的优惠税率计算境内外纳税总额。

（2）境内、境外所得之间的亏损弥补。企业按照税法的有关规定计算的当期境内、境外应纳税所得总额小于零的，应以零计算当期境内、境外应纳税所得总额，其当期境外所得税的抵免限额也为零。若企业境内所得为亏损，境外所得为盈利，且企业已使用同期境外盈利全部或部分弥补境内亏损，则境内已用境外盈利弥补的亏损不得再用以后年度境内盈利重复弥补。因此，在计算境外所得抵免限额时，形成当期境内、境外应纳税所得总额小于零的，应以零计算当期境内、境外应纳税所得总额，其当期境外所得税的抵免限额也为零。上述境外盈利在外已纳的可予抵免但未能抵免的税额可以在以后 5 个纳税年度内进行结转抵免。

（3）如果企业境内所得为亏损，境外盈利分别来自多个国家，该企业弥补境内亏损时，企业可以自行选择弥补境内亏损的境外所得来源国家（地区）的顺序。

（四）境外所得抵免税额的计算步骤

在具体计算境外所得已纳税额的抵免时，按下列步骤进行：

第一步，还原境外所得，即如果境外所得为税后所得，则必须先将境外所得还原为税前所得。还原公式为：

$$税前所得＝税后所得÷（1－境外所得税率）$$

第二步，汇总计税，即境内所得按实际适用税率计算的税额与境外所得按法定税率计算的税额相加。

第三步，计算境外所得税的抵免限额。

第四步，确定可抵免税额，将境外所得税抵免限额与境外已缴纳的所得税税款进行比较，按照"就低不就高"的原则确定可抵免税额。

第五步，计算实际应纳所得税税额（抵免后的所得）。其计算公式为：

$$\frac{实际应纳}{所得税额}＝\frac{企业境内外所得}{应纳税总额}－\frac{企业所得税减免}{抵免优惠税额}－\frac{境外所得税}{抵免额}$$

企业在境外投资设立不具有独立纳税地位的分支机构，其计算生产、经营所得的纳税年度与我国规定的纳税年度不一致的，与我国纳税年度当年度相对应的境外纳税年度，应为在我国有关纳税年度中任何一日结束的境外纳税年度。

企业取得上述境外所得实际缴纳或间接负担的境外所得税，应在该项境外所得实现日所在的我国对应纳税年度的应纳税额中计算抵免。

【例6-15】 甲企业在 A、B 两国分别设有分支机构，2024 年取得境内所得 600 万元。在 A 国的分支机构取得生产经营所得 56 万元，A 国税率为 20%；在 B 国的分支机构取得生产经营所得 39 万元，B 国税率为 30%。两个分支机构已在 A、B 两国分别缴纳所得税 11.2 万元和 11.7 万元。要求：计算该企业 2024 年汇总在我国应缴纳的企业所得税税额。

解：（1）该企业按我国税法计算的境内外所得的应纳税额＝（600＋56＋39）×25％
＝695×25％＝173.75（万元）

（2）境外所得税的抵免限额：

A 国抵免限额＝173.75×56÷（600＋56＋39）＝14（万元）

B 国抵免限额＝173.75×39÷（600＋56＋39）＝9.75（万元）

（3）确定准予抵免的境外所得税税额：

A 国已纳税额为 11.2 万元，小于抵免限额 14 万元，11.2 万元可全额抵免。

B 国已纳税额为 11.7 万元，大于抵免限额 9.75 万元，准予抵免 9.75 万元；超过限额的
1.95 万元 2024 年不得抵免，只能在以后的 5 个年度内用每年度抵免限额抵免当年应抵税额后
的余额进行抵补。

（4）该企业 2024 年实际应纳所得税税额＝173.75－11.20－9.75＝152.80（万元）

三、非居民企业应纳税额的计算

对于在中国境内未设立机构、场所的，或者虽设立机构、场所但取得的所得与其所设机构、
场所没有实际联系的非居民企业的所得，按照下列方法计算应纳税所得额：

（1）股息、红利等权益性投资收益和利息、租金、特许权使用费所得，以收入全额为应纳税
所得额。

（2）转让财产所得，以收入全额减除财产净值后的余额为应纳税所得额。财产净值是指
财产的计税基础减除已按规定扣除的折旧、折损、摊销、准备金等后的余额。

（3）其他所得，参照前两项规定的方法计算应纳税所得额。

对未设立机构、场所的非居民企业取得来源于境内的所得征收企业所得税的方法，有以下
主要特点：一是采用由支付人源泉扣缴的方式，无法扣缴或未扣缴的情况下要求纳税人自行
申报；二是税基确定简单，除财产转让收益外，其他类型所得主要以收入总额为基础确定应纳
税所得额；三是适用相对较低的税率，税率为 10％。

四、非居民企业核定征收办法

非居民企业因会计账簿不健全、资料残缺难以查账，或者其他原因不能准确计算并据实申
报应纳税所得额的，税务机关有权采取以下方法核定其应纳税所得额。

（1）能够正确核算收入或通过合理方法推定收入总额，但不能正确核算成本费用的非居
民企业，按收入总额核定应纳税所得额。其计算公式为：

$$应纳税所得额＝收入总额×经税务机关核定的利润率$$

（2）能够正确核算成本费用，但不能正确核算收入总额的非居民企业，按成本费用核定应
纳税所得额。其计算公式为：

$$应纳税所得额＝成本费用总额÷\left(1－经税务机关核定的利润率\right)×经税务机关核定的利润率$$

（3）能够正确核算经费支出总额，但不能正确核算收入总额和成本费用的非居民企业，按
经费支出核定应纳税所得额。其计算公式为：

$$应纳税所得额 = 经费支出总额 \div \left(1 - 经税务机关核定的利润率\right) \times 经税务机关核定的利润率$$

（4）税务机关可按照以下标准确定非居民企业的利润率：①从事承包工程作业、设计和咨询劳务的，利润率为 15%～30%。②从事管理服务的，利润率为 30%～50%。③从事其他劳务或劳务以外经营活动的，利润率不低于 15%。

税务机关有根据认为非居民企业的实际利润率明显高于上述标准的，可以按照比上述标准更高的利润率核定其应纳税所得额。

（5）非居民企业与中国居民企业签订机器设备或货物销售合同，同时提供设备安装装配、技术培训、指导、监督服务等劳务，其销售货物合同中未列明提供上述劳务服务收费金额，或者计价不合理的，主管税务机关可以根据实际情况，参照相同或相近业务的计价标准核定劳务收入。无参照标准的，以不低于销售货物合同总价款的 10% 为原则确定非居民企业的劳务收入。

第六节　企业所得税的征收管理实务

一、纳税地点

除税收法律、行政法规另有规定外，居民企业以企业登记注册地为纳税地点；但登记注册地在境外的，以实际管理机构所在地为纳税地点。企业注册登记地是指企业依照国家有关规定登记注册的住所地。

（1）居民企业在中国境内设立不具有法人资格的营业机构的，应当汇总计算并缴纳企业所得税。企业汇总计算并缴纳企业所得税时，应当统一核算应纳税所得额，具体办法由国务院财政、税务主管部门另行制定。

（2）非居民企业在中国境内设立机构、场所的，应当就其所设机构、场所取得的来源于中国境内的所得，以及发生在中国境外但与其所设机构、场所有实际联系的所得，以机构、场所所在地为纳税地点。非居民企业在中国境内设立两个或者两个以上机构、场所的，经税务机关审核批准，可以选择由其主要机构、场所汇总缴纳企业所得税。

（3）非居民企业经批准汇总缴纳企业所得税后，需要增设、合并、迁移、关闭机构、场所或者停止机构、场所业务的，应当事先由负责汇总申报缴纳企业所得税的主要机构、场所向其所在地税务机关报告；需要变更汇总缴纳企业所得税的主要机构、场所的，依照上述规定办理。

（4）非居民企业在中国境内未设立机构、场所的，或者虽设立机构、场所但取得的所得与其所设机构、场所没有实际联系的所得，以扣缴义务人所在地为纳税地点。

除国务院另有规定外，企业之间不得合并缴纳企业所得税。

二、纳税期限

企业所得税按年计征，分月或者分季预缴，年终汇算清缴，多退少补。

企业所得税的纳税年度，自公历 1 月 1 日起至 12 月 31 日止。企业在一个纳税年度的中间开业,或者由于合并、关闭等原因终止经营活动,使该纳税年度的实际经营期不足 12 个月的,应当以其实际经营期为 1 个纳税年度。企业依法清算时,应当以清算期间作为 1 个纳税年度。

三、纳税申报

企业应当自月份或者季度终了之日起 15 日内,向税务机关报送预缴企业所得税纳税申报表,预缴税款。企业应当自年度终了之日起 5 个月内,向税务机关报送年度企业所得税纳税申报表,并汇算清缴,结清应缴应退税款。企业在报送企业所得税纳税申报表时,应当按规定附送财务会计报告和其他有关资料。企业应当在办理注销登记前,就其清算所得向税务机关申报并依法缴纳企业所得税。企业在纳税年度内,无论盈利或亏损,都应当按照《企业所得税法》规定的期限,向税务机关报送预缴企业所得税纳税申报表、年度企业所得税纳税申报表、财务会计报告和税务机关规定应当报送的其他有关资料。企业因不可抗力,不能按期办理纳税申报的,可按照《税收征收管理法》及其实施细则的规定,办理延期纳税申报。

企业所得税的纳税申报主要通过填制纳税申报表完成。由于企业所得税实行按年计算,分月或分季预缴,年终汇算清缴,企业所得税的纳税申报表年度内有企业所得税预缴申报表,年终有年度纳税申报表。年度纳税申报表又分为查账征收用表和核定征收用表,简称 A 类表或 B 类表。表 6-2 所示是中华人民共和国企业所得税年度纳税申报表中的 A 类表。

表 6-2　中华人民共和国企业所得税年度纳税申报表(A 类)

行次	类别	项目	金额
1	利润总额计算	一、营业收入(填写 A101010\101020\103000)	
2		减:营业成本	
3		税金及附加	
4		销售费用(A 填写 104000)	
5		管理费用(A 填写 104000)	
6		财务费用(A 填写 104000)	
7		资产减值损失	
8	利润总额计算	加:公允价值变动收益	
9		投资收益	
10		二、营业利润(1-2-3-4-5-6-7+8+9)	
11		加:营业外收入(A101010\101020\103000)	
12		减:营业外支出(A102010\102020\103000)	
13		三、利润总额(10+11-12)	
14	应纳税所得额计算	减:境外所得(填写 A108010)	
15		加:纳税调整增加额(填写 A105000)	
16		减:纳税调整减少额(填写 A105000)	

（续表）

行次	类别	项目	金额
17	应纳税所得额计算	减：免税、减计收入及加计扣除（填写 A107010）	
18		加：境外应纳税所得抵减境内亏损（填写 A108000）	
19		四、纳税调整后所得（13－14＋15－16－17＋18）	
20		减：所得减免（填写 A107020）	
21		减：弥补以前年度亏损（填写 A106000）	
22		减：抵扣应纳税所得额（填写 A107030）	
23		五、应纳税所得额（19－20－21－22）	
24	应纳税额计算	税率（25%）	
25		六、应纳所得税额（23×24）	
26		减：减免所得税额（填写 A107040）	
27		减：抵免所得税额（填写 A107050）	
28		七、应纳税额（25－26－27）	
29		加：境外所得应纳所得税额（填写 A108000）	
30		减：境外所得抵免所得税额（填写 A108000）	
31		八、实际应纳所得税额（28＋29－30）	
32		减：本年累计实际已预缴的所得税额	
33		九、本年应补（退）所得税额（31－32）	
34		其中：总机构分摊本年应补（退）所得税额（填写 A109000）	
35		财政集中分配本年应补（退）所得税额（填写 A109000）	
36		总机构主体生产经营部门分摊本年应补（退）所得税额（填写 A109000）	
37	附列资料	以前年度多缴的所得税额在本年抵减额	
38		以前年度应缴未缴在本年入库所得税额	

第七节　企业所得税的税务合规计划

一、企业所得税纳税人身份的税务合规计划

企业所得税的纳税人可以分为居民企业和非居民企业，小型微利企业和大中型企业，高新技术企业和一般企业，总、分公司和母、子公司等。

（一）居民企业和非居民企业的税务合规计划

企业应尽可能避免作为居民企业进行纳税，还应注意要尽可能将企业设在避税地或低税

地区;尽可能减少一些与境内机构场所有实际联系的收入。

纳税人如果被认定为我国居民企业,除了可以享受境内各项税收优惠政策,还可以适用我国与其他国家签订的税收协定,并按照有关规定享受税收协定优惠待遇。因此,在境外注册的中资企业在身份选择上具有一定的筹划空间。

【例 6-16】 中国境内注册成立的甲公司,2024 年在新加坡设立全资子公司 A 公司,年底 A 公司向甲公司分配股息 200 万元。要求:请进行税务合规计划处理。

解:税务合规计划:

(1)若 A 公司实际管理机构设在新加坡,则 A 为外资企业,甲公司从 A 公司分得的 200 万元股息需缴纳企业所得税。

(2)若 A 公司实际管理机构设在中国境内,则是居民企业,甲公司从 A 公司分得的股息就免缴企业所得税。

(二)居民企业的不同身份选择

1. 一般企业与小型微利企业的选择

纳税人应注意把握小型微利企业的认定条件变化,掌握税率临界点的税务合规计划,合理规划企业规模和从业人数,充分享受税收优惠政策。合理利用小型微利企业税收优惠政策的税务合规计划思路:①当企业资产和就业人数符合条件,盈利规模接近临界点时,应采用递延收入,确认或提前费用列支。②当企业从业人数、资产和盈利规模较大时,应将企业分立成为两个或多个独立的小型微利企业。

由于小型微利企业优惠政策按年度应纳税所得额的绝对数设置边界(300 万元),以 20×3 年小微企业优惠新政为例,假设企业可以享受小微企业优惠的应纳税所得额临界值为 N,则 $299.99-(99.99\times25\%+199.99\times50\%)\times20\%=N\times(1-25\%)$,解得应纳税所得额的临界值 N 为 366.66 万元。

税务合规计划结论:

(1)年纳税所得额=300 万元或 366.66 万元时,两者税后利润相等。

(2)年纳税所得额≤300 万元时,数值越大税后利润越大。

(3)300 万元<年纳税所得额<366.66 万元,税收陷阱区,数值越小越好。

(4)年纳税所得额>366.66 万元时,成一般企业适用 25% 税率,年纳税所得额越大,其税后利润越多。

【例 6-17】 A 工业企业人数 450 人,资产总额 6 400 万元,预计年度应纳税所得额 600 万元,要求:请进行税务合规计划处理。

税务合规计划前:

应纳企业所得税税额=600×25%=150(万元)

税后利润=600-150=450(万元)

税务合规计划后:将企业分立成两个企业,都符合小微企业标准。

从 A 企业中分立出的 B 企业 200 人,资产 3 000 万元,预计年度应纳税所得额 300 万元;则 A 企业 250 人,资产 3 400 万元,预计年度应纳税所得额 300 万元。

B 企业税后所得=300-(100×25%+200×50%)×20%=275(万元)

A 企业税后所得=300-(100×25%+200×50%)×20%=275(万元)

两家企业合计税后所得为 550 万元。

税务合规计划后较合规计划前税后所得多 100 万元(550—450)。

2. 法人企业与非法人企业的选择

企业设立前应合理选择纳税主体的身份,选择的思路如下:

(1)从总体税负角度考虑,个人独资企业、合伙企业的税负一般要低于公司制企业,因为公司制企业一般涉及重复征税问题。

(2)在个人独资企业、合伙企业与公司制企业的决策中,要充分考虑税基、税率和税收优惠政策等多种因素,最终税负的高低是多种因素综合起作用的结果,不能仅考虑一种因素。

(3)在个人独资企业、合伙企业与公司制企业的决策中,还要充分考虑各种风险。

【例 6-18】 居民自办企业,预计每年应税所得额 150 万元,要求:请进行税务合规计划,说明选择哪种纳税主体身份最有利。

解:税务合规计划过程:

如该企业为个人独资企业或合伙企业,则:

应缴纳个人所得税金额=1 500 000×35%—65 500=459 500(元)

若该企业为公司制企业,其适用的企业所得税税率为 25%,企业实现的税后利润全部作为股利分配给投资者,则:

该企业所得税和个人所得税=150×25%+150×(1—25%)×20%=60(万元)

税务合规计划结论:投资于公司制企业比投资于个人独资企业或合伙企业多承担所得税 140 500 元。当然,在进行公司组织形式的选择时,还应综合权衡企业的经营风险、经营规模、管理模式及筹资额等因素,选择最有利的组织形式。

3. 设立分支机构时子公司与分公司的选择

企业设立分支机构时,不同的组织形式各有利弊。子公司是以独立的法人身份出现的,因而可以享受子公司所在地提供的包括减免税在内的税收优惠。但设立子公司手续较多,需要具备一定的条件;子公司必须独立经营,自负盈亏,独立纳税;在经营过程中,还要接受当地有关政府监管部门的监督管理等。

分公司不具有独立的法人身份,因而不能享受当地的税收优惠。但设立分公司手续相对简单,也不需要独立缴纳企业所得税。

【例 6-19】 深圳新营养技术生产公司总部设在深圳,所得税税率为 15%。该公司在内地有一全资子公司 A(所得税税率为 25%)。经预测,未来 5 年深圳总部的每年应税所得为 1 000 万元,子公司 A 未来 5 年应税所得分别为 300 万元、200 万元、100 万元、0 万元、—150 万元。

总部打算在内地再建一家芦笋种植加工 M 公司,经预测未来 5 年 M 公司第 1 年亏损 200 万元,第 2 年亏损 150 万元,第 3 年亏损 100 万元,第 4 年亏损 50 万元,第 5 年开始盈利,盈利 300 万元。在内地是建子公司还是建分公司?要求:请予以税务合规计划。

税务合规计划思路:

在投资初期,分支机构发生亏损可能性较大,此时宜采用分公司的形式,其亏损额可以冲抵总公司的盈利,减轻企业所得税税负。

当公司经营成熟,开始盈利,此时宜采用子公司的形式,独立经营、独立纳税,以便充分享受所在地的各项税收优惠政策。

税务合规计划过程：

方案1：将M公司建成具有独立法人资格的全资子公司。

此时，深圳新营养技术生产公司包括三个独立纳税主体：深圳新营养技术生产公司总部、A子公司、M子公司。新建的M子公司为独立的法人，独立纳税，其前4年的亏损不能抵销深圳新营养技术生产公司总部的利润，只能在其以后年度实现的利润中弥补。

在前4年里，深圳公司总部及两个子公司的纳税税额分别为：

第1年总纳税税额＝1 000×15％＋300×25％＋0＝225（万元）

第2年总纳税税额＝1 000×15％＋200×25％＋0＝200（万元）

第3年总纳税税额＝1 000×15％＋100×25％＋0＝175（万元）

第4年总纳税税额＝1 000×15％＋0＋0＝150（万元）

4年间母、子公司缴纳企业所得税总共750万元（225＋200＋175＋150）。

方案2：将M公司建成总部的分公司。

在4年里，公司总部与M分公司及A子公司的纳税额为（总－M）×15％＋A×25％。

第1年纳税税额＝（1 000－200）×15％＋300×25％＝195（万元）

第2年纳税税额＝（1 000－150）×15％＋200×25％＝177.5（万元）

第3年纳税税额＝（1 000－100）×15％＋100×25％＝160（万元）

第4年纳税税额＝（1 000－50）×15％＋0＝142.5（万元）

4年间缴纳的企业所得税总额为675万元（195＋177.5＋160＋142.5）。

方案3：将M公司建成内地A子公司的分公司。

M公司和A子公司合并纳税。此时，深圳新营养技术生产公司有两个独立的纳税主体：深圳新营养技术生产公司总部和A子公司。在这种组织形式下，因M公司作为A子公司的分公司，与A子公司合并纳税，其前4年的亏损可由A子公司当年利润调补，降低了A子公司第1年至第4年的应税所得额，不仅使A子公司的应纳所得税得以延缓，而且使得整体税负下降。

4年里深圳新营养技术生产公司总部、A子公司与M分公司的纳税总额为总×15％（A－M）25％。

第1年纳税税额＝1 000×15％＋（300－200）×25％＝175（万元）

第2年纳税税额＝1 000×15％＋（200－150）×25％＝162.5（万元）

第3年纳税税额＝1 000×15％＋（100－100）×25％＝150（万元）

第4年纳税税额＝1 000×15％＋0＝150（万元）

合计总额＝637.5（万元）

税务合规计划结论：

通过对上述三种方案的比较，应选择第三种组织形式，将芦笋种植加工公司建成内地A子公司的分公司，可以使整体税负最低。即使到了第5年第三种组织形式依然是整体税负最低的，但毕竟A子公司的税率高于深圳新营养技术生产公司总部，实务中还应从长远考虑，在经营趋于稳定后可以通过改制来改变其隶属关系，从而降低企业整体税负。

企业还可以通过产业选择，调整生产经营方向，成为高新技术企业等政策鼓励类的企业类型，享受包括低税率在内的多重税收优惠。

二、企业所得税计税依据的税务合规计划

(一) 收入的税务合规计划

(1) 减少收入以降低计税依据。

(2) 推迟收入确认时间进行所得税合规计划。通过销售结算方式的选择,控制收入确认的时间,可以合理归属所得年度,以达到减税或延缓纳税的目的,从而降低税负。推迟收入的时间可以推迟纳税时间,使企业获得更多的资金时间价值,从而获得纳税的利益。

(二) 税前扣除项目的税务合规计划

税前扣除项目是影响税基大小的基本因素,也是企业所得税汇算清缴中的重点问题。税前扣除项目主要包括成本、费用、税金、损失和其他支出等。税前扣除越大,应纳税所得额就越少。

1. 成本项目的税务合规计划

(1) 合理处理成本的归属对象和归属期间。纳税人必须将经营活动中发生的成本合理划分为直接成本和间接成本。间接成本必须根据与成本计算对象之间的因果关系,以合理的方法分配计入有关成本计算对象。尤其是在既生产应税产品又生产免税产品的企业,合理确定直接成本和间接成本的归属对象和归属期间显得尤为重要。

(2) 成本结转处理方法的税务合规计划。成本结转处理方法主要有在产品不计算成本法、约当产量法、在产品按完工产品计算法和在产品按定额成本计算法等。采用不同的成本结转处理方法对完工产品成本的结转影响很大,企业应根据实际情况选择适当的方法。例如,选择在产品不计算成本法,则每期发生的生产费用都可以作为完工产品成本,相应地扩大了当期的营业成本,减少了当期应纳税所得额。当然,成本结转的处理方法一经确定就不能随意变更。

(3) 成本核算方法的税务合规计划。成本核算方法主要有品种法、分批法和分步法三种基本方法。每一种方法对产成品成本的归集与计算要求各不相同,对最终计算的产成品成本结果也会产生很大的影响。所以,合理选择成本核算方法,能够影响企业的产成品生产成本,进而影响营业成本。

2. 期间费用的税务合规计划

(1) 税法没有扣除标准的费用项目合规计划方法:①正确设置费用项目,合理加大费用开支。②选择合理的费用分摊方法。

正常盈利期间,应尽可能缩短摊销期限,加大摊销额度,减少所得额从而少缴企业所得税;避免企业未来的不确定性风险,使企业后期成本、费用提前扣除,从而获得延期纳税的好处。

在免税期或亏损期间,尽可能不摊销或减少摊销额,把费用尽可能推迟到盈利年度来摊销,从而抵减所得额,少缴纳所得税。

(2) 有限额标准的这类费用一般采用以下税务合规计划方法:①原则上遵照税法的规定进行抵扣,避免因纳税调整而增加企业税负。②区分不同费用项目的核算范围,使税法允许扣除的费用标准得以充分抵扣。③费用的合理转化,将有扣除标准的费用通过会计处理,转化为没有扣除标准的费用,加大扣除项目总额,降低应纳税所得额。

3. 实务中应用较为广泛的 6 个扣除项目的税务合规计划

1) 广告费和业务宣传费的税务合规计划

企业在创立初期、新产品开拓市场初期,以及产品市场占有率出现下降趋势的时期,其广

告费有可能超出标准。纳税人可主要通过以下两种方式予以税务合规计划：

（1）将企业一分为二，扩大广告费扣除限额。将企业的销售部门设立为一个独立核算的销售公司，将企业产品销售给该公司，再由其对外销售。这样就可以多核算一次营业收入。从企业整体来看，扩大了扣除限额的计算基数，允许税前扣除费用的依据标准成倍增加，企业的利润总额并未改变。

（2）改变广告宣传策略，降低广告费支出。企业可改变宣传策略，如自己雇人出去宣传促销。

【例 6-20】 N 饮料厂预计年销售额 2 000 万元，在电视台做广告年需广告费 650 万元。要求：请予以所得税税务合规计划。

解： 税务合规计划前：

年广告费允许扣除的限额 $= 2\ 000 \times 30\% = 600$（万元）

调增应纳税所得额 $= 650 - 600 = 50$（万元）

多负担的所得税税额 $= 50 \times 25\% = 12.5$（万元）

税务合规计划后：派出 200 名雇员身穿特制服装去宣传，服装费 50 万元，600 万元劳务费，合计费用 650 万元。服装可在宣传费限额内全部扣除，工资可全额扣除。此时就无须纳税调整，节约所得税 12.5 万元。

2）业务招待费的税务合规计划

最高扣除限额：实际发生额 $\times 60\%$；不超过销售收入 $\times 5‰$。

业务招待费的税务合规计划，可从列支范围、扣除基数、扣除比例等角度展开税务合规计划，重点是把握费用支出的真实性与合理性。

（1）预先合理安排支出预算。假设年销售收入为 N，业务招待费为 Y，则当年允许税前扣除的业务招待费为 $60\%Y$ 或 $\leqslant 5‰N$。

只有在 $60\%Y = 5‰N$ 时，扣除标准充分利用。

解得：$Y = 8.33‰N$，即业务招待费占销售收入的 8.33‰。

【例 6-21】 某企业预计年销售收入 1 000 万元，要求：计算该企业全年的业务招待费。

解： 全年的业务招待费预算 $= 1\ 000 \times 8.33‰ = 8.33$（万元）最适当。

（2）合理分流业务招待费。企业可将原列为业务招待费的开支分流到业务宣传费，以达到节税的目的。企业可通过改变支出项目性质，将业务招待费分流到扣除限额较大或者没有扣除比例限额的项目中，以节约税负。

设置管理费用下"业务招待费"和"业务宣传费"明细科目。将公司"业务招待费"和"业务宣传费"明细科目核算的费用数与已实现的销售收入相比较，发现其中某一项费用超支时，及时用二者近似项目进行调整。

（3）准确核定扣除基数。应如实申报视同销售收入，及时调增当期销售收入，以扩大销售收入净额，从而提高业务招待费的扣除基数。

（4）设立独立核算分支机构。企业可通过下设独立核算分支机构，来提高业务招待费费用限额的扣除基数。例如，设立独立核算的销售公司，这样招待费扣除基数就大大提高了。

3）公益、救济性捐赠扣除的税务合规计划

捐赠扣除必须满足四个条件：①具有公益救济属性，区别于赞助支出。②通过特定机构捐赠且取得法定扣除凭证。③企业实行查账征收,核定征收企业的捐赠不允许税前扣除。④捐赠金额未超过年度利润总额 12%。

(1) 合理控制企业捐赠预算。假设企业计划捐赠金额为 M,当年捐赠前的预计利润总额为 N。捐赠的最高扣除比例为年度利润总额的 12%。捐赠后的利润总额 $= N - M$,则 $M/(N-M) = 12\%$,解得:$M/N = 10.71\%$。

企业可以将一次大额捐赠分解为若干年度进行,每年捐赠额 < 捐赠前利润额的 10.71%。这样既支持了公益事业,又不需要调增应纳税所得额,无须增加捐赠当年的纳税负担。

(2) 选择适当捐赠途径。纳税人应尽可能采取间接捐赠的方式。企业应通过县级以上人民政府及其组成部门和直属机构或公益性社会团体进行捐赠。公益性捐赠应提供省级及以上财政部门印制并加盖接受捐赠单位印章的公益性捐赠票据或加盖接受捐赠单位印章的《非税收入一般缴款书》收据联,方可按规定进行税前扣除。

(3) 选择适当捐赠主体——个人捐赠或单位捐赠。将企业捐赠和个人捐赠结合起来,是较为理想的做法。

(4) 选择适当捐赠形式——现金或非现金。现金捐赠的纳税成本最低,其他混合模式的纳税成本居中,实物捐赠的纳税成本最高。现金捐赠的会计和涉税处理比较简单,非现金捐赠会计处理和涉税处理比较复杂,还可能面临视同销售的货劳税问题。股权捐赠是一种新型的捐赠形式。受赠的慈善组织可以通过所持股份企业的股权持续获得分红收益,有利于慈善机构财产的保值增值。

(5) 选择适当捐赠对象——可全额扣除的特殊情形。纳税人在捐赠时可以密切关注捐赠对象是否符合全额扣除的范围,最大化捐赠税前扣除。现行企业所得税前全额扣除的公益救济性捐赠主要有以下几种情形:①公益性青年活动场所。②福利性、非营利性老年服务机构。③符合条件的基金会。④教育事业。⑤灾区捐赠。⑥扶贫捐赠。

4) 固定资产折旧的税务合规计划

(1) 折旧年限和折旧方法的选择。若企业处于盈利时期,应缩短折旧年限,尽可能多列支折旧费,发挥折旧费用抵减所得税的作用。若企业处于减免税优惠期,应尽量延长折旧年限,使折旧递延到减免优惠时期之后,从而在以后期间获得增加成本、减少利润的好处。

(2) 利用加速折旧法的税务合规计划。在盈利较多的情况下,加速折旧使更多的折旧费提前扣除,使应纳税所得额尽可能地后移,相当于获得一笔无息贷款,能有效降低企业资金的压力。

5) 固定资产大修理支出的税务合规计划

(1) 支出数额。固定资产修理支出,若达到固定资产计税基础的 50% 以上,且修理后固定资产使用年限延长 2 年以上,此时就应作为长期待摊费用处理。

(2) 企业的盈亏情况。预计企业亏损时,应考虑将修理支出资本化,加大资产的账面价值。预计盈利时,应考虑将支出费用化,加大当期税前扣除,以达到减少当期所得税的目的。

6) 费用加计扣除的税务合规计划

(1) 研发费用加计扣除优惠政策。未形成无形资产的研发费用,按 175% 加计扣除计入当期损益;形成无形资产的,按照无形资产成本的 175% 摊销。该项政策仅适用于会计核算制度健全,实行查账征收,并能够准确归集研发费用的居民企业。

(2) 安置残疾人员及国家鼓励安置的其他就业人员所支付工资的加计扣除优惠政策。企业安置残疾人员及国家鼓励安置的其他就业人员,支付给残疾职工工资,在据实扣除的基础上,可按照支付给残疾职工工资的100%加计扣除,即按200%加计扣除。

【例6-22】 A有限责任公司预计招收员工300人,人均年工资为50 000元,预计年利润总额500万元(没有其他纳税调整项目)。要求:请进行税务合规计划处理。

解:税务合规计划前:聘用普通员工300人。

企业应缴纳所得税税额=500×25%=125(万元)

税务合规计划后:假如招聘100名残疾人,其他为正常员工。工资税前加计扣除100%,即500万元(100×50 000),企业应缴纳所得税税额为0[(500-500)×25%]。

税务合规计划后减少企业所得税税额125万元。

4. 亏损弥补的税务合规计划

企业当年发生的亏损,可在以后连续5年内,用当年的所得进行弥补。亏损弥补的税务合规计划需关注以下几个方面:

(1)亏损弥补仅适用于查账征收,核定征收的亏损不得弥补。

(2)企业合并分立前尚未弥补的亏损,可以由分立合并后的存续企业继续弥补。

(3)企业出现亏损后,确保亏损能在规定的5年期限内足额弥补,不浪费亏损。

(4)除亏损可用以后年度所得弥补外,还应关注总分公司所得税合并的盈亏互抵,境外应税所得抵减当年境内亏损和弥补以前年度境内亏损的相关制度,最大化企业盈亏互抵。

【例6-23】 某企业2020—2024年的应纳税所得额分别为-6 000、1 200、1 000、500和1 800万元,假定2025年年底企业实现的应纳税所得额为1 000万元。同时,2024年年底有一项销售,预计可实现的销售利润为500万元。要求:分析该项销售应如何进行税务合规计划才能最大化利用亏损弥补。

解:税务合规计划分析:在亏损后的前4年已经弥补4 500万元,余1 500万元亏损尚未弥补。如果把这笔销售的利润归入2025年即第5年抵扣,第5年抵扣额1 500万元,恰好是尚未弥补的亏损数,就使"亏损"得到充分抵扣。若把这笔销售利润计入2026年的利润,则超过5年抵扣期,不能再抵扣,造成损失125万元(500×25%)。

5. 税额抵免的税务合规计划

(1)投资额抵免。企业购置并自身实际使用符合规定的环境保护、节能节水、安全生产等专用设备的,该专用设备投资额的10%可以从当年的应纳税额中抵免;当年不足抵免的,可以在以后5个纳税年度结转抵免。若将该设备转让、出租出去的,应当停止享受,并补缴已抵免的企业所得税。

(2)境外所得抵免的税务合规计划。已在境外缴纳的企业所得税税额,可以从其当期应纳税额中抵免,抵免限额为该项所得依照《企业所得税法》规定计算的应纳税额;超过抵免限额的部分,可以在以后5个年度内,用每年度抵免限额抵免当年应抵税额后的余额进行抵补。

三、企业所得税税率的税务合规计划

尽量创造条件符合高新技术企业认定标准,从而享受15%的低税率。处于小型微利企业临界点的企业,尽量向小型微利企业标准靠拢,以适用20%的优惠政策。小微企业条件:年应纳税所得额300万元,从业人数300人,资产总额5 000万元。

注意：政策不可叠加享受。

除执行西部大开发优惠政策的企业外，对一般企业，《企业所得税法》及其实施条例中规定的定期减免税和减低税率类的税收优惠政策通常不可叠加享受，应按企业所得税 25% 的法定税率计算的应纳税额减半征收。

【例 6-24】　A 企业是高新技术企业，同时享受"免三减三"的定期减免税优惠，要求：进行税务合规计划处理。

解：税法规定，除执行西部大开发优惠政策的企业外，对一般企业，《企业所得税法》及其实施条例中规定的定期减免税和减低税率类的税收优惠通常不可叠加享受，应按照企业所得税 25% 的法定税率计算的应纳税额减半征税。所以，A 企业在减半征收期，只能适用 12.5% 的税率。

四、企业所得税优惠政策的税务合规计划

（一）选择投资地区

1. 选择低税负的地区进行投资

企业在设立之初或扩大经营进行投资时，可以选择低税负的地区进行投资，享受税收优惠的好处。现行税法中所规定的享受减免税优惠政策的地区主要包括国务院批准的"老、少、边、穷"地区、西部地区、东北老工业基地、经济特区、经济技术开发区、沿海开放城市、保税区、旅游度假区等。

2. 将企业搬迁至税收优惠地区

对于已经成立的企业来说，如果具备了其他享受优惠政策的条件，只是由于注册地点不在特定区域，而不能享受相应的税收优惠政策，那么就应该考虑企业是否需要搬迁的问题。这就需要企业充分考虑生产经营的寿命周期、享受税收优惠政策的其他条件的保持能力和企业利润，同时权衡搬迁费用、因迁移注册地而产生的新成本费用，以及新注册地与老注册地在信息技术来源、市场开拓和流失等方面的因素。通过全面分析，对相关经济技术数据进行测算，然后做出相应决策。

3. 将企业主要办事机构搬迁至税收优惠地区

如果情况允许，可以将整个企业从一般地区迁移到有税收减免优惠政策的地区。如果全部搬迁不具备条件，可以将企业的主要办事机构迁移到上述地区，采取只变更企业注册地的办法，而把老企业作为分支机构仍留在原地继续生产。如果上述办法不可行，则企业可以通过自身的产权重组达到变更注册地的目的。

4. 采取企业分立或者分别注册的办法

让符合税收优惠条件的业务板块在税收优惠地区注册，让不符合税收优惠条件的业务仍留在老地方继续生产。也可以先在合适的地区创办一家新企业，并取得享受税收优惠的资格，然后再将原企业与新企业进行合并，将原企业变更为享受税收优惠政策企业的分支机构。还可以通过企业间的关联交易，将高税率地区企业的利润转移到享受税收优惠的企业中去，实现企业整体税率的下降。但应注意，关联交易价格必须在税法允许的范围之内。每个企业都应当根据自身的特点、具体情况，深入研究税收优惠政策，找到合理利用税收优惠政策的措施，实现企业利益的最大化。

（二）选择投资方向

企业所得税法确立了"以产业优惠为主、区域优惠为辅"的税收优惠导向。无论是初始投资，还是增加投资，企业都可以根据税收优惠政策审慎选择投资方向与项目，充分享受税收产业优惠政策。

1. 选择减免税项目投资

投资于农、林、牧、渔业项目或公共基础设施项目、环境保护项目、节能节水项目等，可以减征、免征企业所得税。

2. 创业投资企业对外投资的税务合规计划

创业投资企业采取股权投资方式投资于未上市的中小高新技术企业 2 年以上的，可以按照其投资额的 70％在股权持有满 2 年的当年，抵扣该创业投资企业的应纳税所得额；当年不足抵扣的，可以在以后纳税年度结转抵扣。被投资对象：从业人数小于 300 人，资产总额和年销售收入小于 5 000 万元的初创科技型企业。

（三）所得税优惠政策的税务合规计划关注点

所得减免优惠均属于特定项目所得减免，而非企业全部所得减免。因此，税务合规计划者需密切关注相关优惠目录和条件，在投资项目、设备购置选择阶段就开展税务合规计划。

企业所得的减免优惠政策多半都有一定的时效，企业在减免税快到期时，将未来收益在减免税期间实现，将亏损推迟到征税期，可以达到规避一部分所得税的目的。

注意优惠政策不得叠加享受，除符合西部大开发 15％优惠税率条件的企业外，对一般企业而言，定期减免税和减低税率类的税收优惠不得叠加享受。

（四）技术转让所得的免征和减征

税法规定，一个纳税年度内，居民企业技术转让所得不超过 500 万元的部分，免征企业所得税；超过 500 万元的部分，减半征收企业所得税。

企业在利用技术转让税收优惠进行税务合规计划时，要注意以下几点：

（1）单独核算。享受技术转让所得，减免企业所得税优惠的企业，必须单独核算技术转让所得，并合理分摊企业的期间费用。没有单独计算的，不得享受技术转让所得税收优惠。

（2）准确核算。技术转让所得的计算公式为：

$$技术转让所得＝技术转让收入－技术转让成本－相关税费$$

（3）有效性。相关税务合规计划方案设计和有效性评估，需要关注技术转让所得减免税、研发费用加计扣除、高新技术企业税率优惠等鼓励企业技术研发类税收优惠政策叠加享受的相互影响，计算税负平衡点，在结合企业具体情况进行综合分析的基础上，做出最优决策。

【例 6-25】 假设某企业适用企业所得税税率为 25％，预期年度发生技术研发费用 A，技术转让收入 S，要求：通过税务合规计划判断企业研发业务是否应独立核算。

解：情况一，当年技术转让收入＜500 万元时

方案 1：研发部门内设，应纳所得税＝$(S－1.75A)×25\%$。

方案 2：研发部门独立成法人公司，则免缴企业所得税。

两个方案的税负平衡点：$S－1.75A＝0$，即 $S＝1.75A$。

税务合规计划结论：年技术转让收入＜500 万元，当 $S＞1.75A$ 时，将研发部门独立为法人公司更节税；反之，则应选择将研发部门设为内部机构，研发费用加计扣除，还可抵减应纳税

所得额。

情况二：技术转让所得＞500万元，研发部门设置为公司满足高新技术企业资质，适用15%税率。

方案1内设机构：应纳税额＝$(S-1.75A)\times25\%$

方案2独立公司：应纳税额＝$(S-1.75A-500)\times15\%\div2$

两个方案的税负平衡点：$(S-1.75A)\times25\%=(S-1.75A-500)\times15\%\div2$

解得：$S=1.75A-214.29$

税务合规计划结论：年技术转让所得＞500万元，当$S>1.75A-214.29$时，将研发业务登记为公司更为节税；反之，则内设研发部门。

综上所述，在企业技术研发前期，研发费用较大，技术转让收入未形成或者较低，企业可利用研发费用加计扣除抵税，研发部门设为内部机构为宜。在企业技术研发成熟阶段，技术转让所得较大，可考虑将研发部门独立。一方面，通过独立核算，尽享技术转让所得减免税优惠；另一方面，分立出去的研发公司可适用高新技术企业条件，享受更多税收优惠。

五、企业所得税征收和缴纳的税务合规计划

(一) 征收方式选择的税务合规计划

所得税征收方式有：查账征收、核定征收。

1. 核定征税企业，无法享受诸多所得税优惠政策，选择需谨慎

企业需正确核算账务，争取查账征收，按实际计征，才能充分享受各项企业所得税优惠。

2. 不同业务构成和盈利水平的企业，应选择适合的征税方式(4种)

(1) 亏损或盈利较少的企业，应采取查账征收。

【例6-26】 A建筑公司账证健全，符合税务机关规定的查账征收条件。当年营业收入1 000万元，企业所得税汇算清缴申报时，公司纳税调整后所得为−100万元。要求：判断该公司应采用哪种征税方式。

解： 查账征收：不缴纳企业所得税，且亏损留以后年度弥补。

核定征收：假设税务机关规定当地建筑业应税所得率为8%，则该年A公司应缴纳企业所得税税额＝$1\,000\times8\%\times25\%=20$（万元）。

查账征收比核定征收节约企业所得税20万元。

(2) 企业实际利润率＞应税所得率时，应采用核定征收。

【例6-27】 B公司能正确核算收入总额，但不能正确核算成本费用总额，按规定应采取核定应税所得率方式缴纳企业所得税。其主营业务的应税所得率为5%，年销售收入100万元，实际利润率为8%。要求：判断该公司应采用核定征收还是查账征收。

解： 核定征收：应纳所得税税额＝$100\times5\%\times25\%=1.25$（万元）

查账征收：应纳所得税税额＝$100\times8\%\times25\%=2$（万元）

查账征收比核定征收多缴企业所得税0.75万元。

(3) 主营业务应税所得率＜其他业务所得率时，利用核定应税所得率方式降低高应税所得率业务的税额。

【例6-28】 某大酒店所属子公司餐饮A公司和娱乐B公司均能正确核算收入总额，但不

能正确核算成本费用总额,适用核定应税所得率方式缴纳企业所得税。A 餐饮收入 1 000 万元,B 娱乐营业收入 800 万元。要求:请为该酒店进行企业所得税税务合规计划。

解:税务合规计划前:税务机关规定的饮食业应税所得率为 10%,娱乐业为 20%。则大酒店集团即 A 和 B 应纳所得税税额=(1 000×10%×25%)+(800×20%×25%)=65(万元)。

税务合规计划后:若将 A、B 改制成大酒店的分公司。

大酒店应纳所得税税额=(1 000+800)×10%×25%=45(万元)

税务合规计划后节约企业所得税 20 万元。

(4) 主营业务应税所得率>其他业务所得率时,利用核定应税所得率方式降低高应税所得率业务的税额。

【例 6-29】 M 公司兼营餐饮娱乐,适用核定应税所得率方式缴纳企业所得税。年营业收入:其餐饮 800 万元,娱乐业 1 000 万元。税法规定饮食应税所得率为 10%,娱乐业为 20%。要求:请为 M 公司进行所得税税务合规计划处理。

M 公司应纳所得税税额=(800+1 000)×20%×25%=90(万元)

税务合规计划:若将 M 公司分立为 A 公司兼营餐饮和娱乐业,B 公司只经营娱乐。A 餐饮收入 800 万元、娱乐收入 750 万元,B 娱乐收入 250 万元,则:

A 公司的所得税税额=(800+750)×10%×25%=38.75(万元)

B 公司的所得税税额=250×20%×25%=12.5(万元)

A、B 合计应纳所得税税额=38.75+12.5=51.25(万元)

比税务合规计划前节约税款 38.75 万元(90-51.25)。

(二)所得税缴纳方式选择的税务合规计划

所得税实行按年计算、分期预缴、年终汇算清缴的征收办法。企业分月(或季)预缴企业所得税时,应当按照月(或季)的实际利润额预缴;有困难的,可以按照上一纳税年度应纳税所得额的月(或季)平均额预缴;或者按照税务机关认可的其他方法预缴。预缴方法一经确定,该年度内不得随意变更。

应尽可能合法地减少预缴额。在预缴时该预提的费用、能列入账面的成本,要及时处理,避免出现太多账面利润。少预缴的税款在年度汇算清缴时补缴,在年度汇算清缴结束前,不会被加收滞纳金。

税务合规计划结论:

当企业利润处于上升期,按照上一纳税年度应纳所得税额的月(或季)平均额预缴;反之,则应按实际数预缴。

从递延缴纳所得税的角度而言,按季预缴比按月预缴更为有利。企业要避免汇算清缴时发现多预缴税款而退税的情况,以获得资金的时间价值。

【例 6-30】 某公司 2024 年度应纳税所得额为 2 400 万元,预计 2025 年每月实现利润 100 万元,每月都有超过税法扣除标准的费用 20 万元,公司适用 25% 的企业所得税税率。企业应选择何种方式预缴所得税?

解:按季实际预缴=(100+20)×25%×3=90(万元)

按上一年季平均值预缴=2 400÷4×25%=150(万元)

在利润下降期,选择按季度实际利润预缴较好。

复习思考题

1. 居民纳税义务人和非居民纳税义务人的纳税义务分别是什么?

2. 不征税收入和免税收入分别有哪些? 税务处理有什么区别?

3. 企业所得税的限额扣除项目有哪些?

4. 企业所得税的不得扣除项目有哪些?

5. 企业所得税的纳税调整项目有哪些?

6. 捐赠支出怎样扣除?

7. 居民纳税义务人的应纳税所得额怎样计算?

8. 小微企业和国家重点扶持的高新技术企业的优惠政策有哪些?

9. 怎样进行企业所得税的税务合规计划?

巩固训练题　　　　　　　思政园地

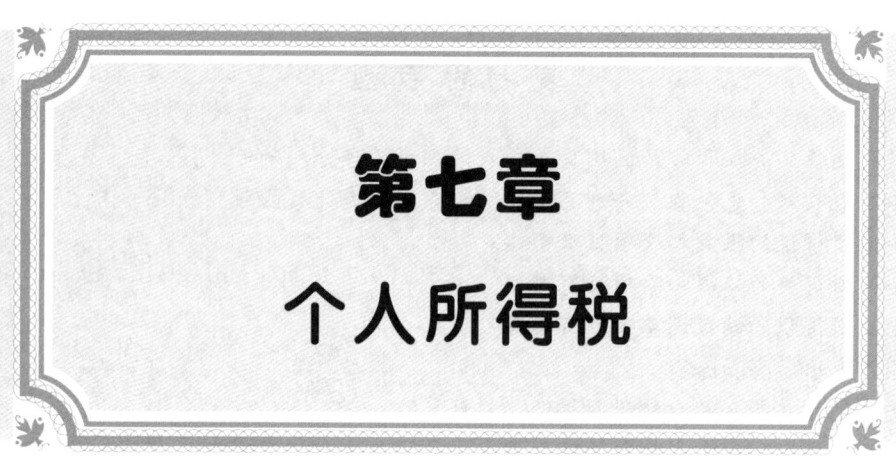

第七章

个人所得税

第一节　个人所得税的基本概念

一、个人所得税的法律依据

个人所得税是以个人(自然人)取得的各项应税所得为征税对象征收的一种税。

我国现行个人所得税的法律依据是 2018 年 8 月 31 日第十三届全国人民代表大会常务委员会第五次会议第七次修正,自 2019 年 1 月 1 日起施行的《中华人民共和国个人所得税法》(以下简称《个人所得税法》),以及 2018 年 12 月 18 日第四次修订公布的《中华人民共和国个人所得税法实施条例》(以下简称《个人所得税法实施条例》)。

《个人所得税法》是国家制定的用以调整个人所得税征收与缴纳之间权利及义务关系的法律规范。《个人所得税法》第 1 条规定,在中国境内有住所,或者无住所而一个纳税年度内在中国境内居住累计满 183 天的个人,为居民个人,居民个人从中国境内和境外取得的所得,依照本法规定缴纳个人所得税。在中国境内无住所又不居住,或者无住所而一个纳税年度内在中国境内居住累计不满 183 天的个人,为非居民个人,非居民个人从中国境内取得的所得,依照本法规定缴纳个人所得税。

二、个人所得税的特点

(一)实行分类综合所得税制

世界各国的个人所得税制一般有三种类型,即分类所得税制、综合所得税制和分类综合所得税制(又称混合所得税制)。这三种所得税制各有利弊,各国在选取时往往根据具体情况加以运用。我国现行个人所得税制采用的是分类综合所得税制,将个人的所得按照性质和来源划分为 9 类,对工资薪金所得、劳务报酬所得、稿酬所得、特许权使用费所得采用综合征收个人所得税;对其他各项所得采用分类征收个人所得税。

(二)超额累进税率与比例税率并用

按照世界各国的普遍做法,分类所得税制一般采用比例税率,而综合所得税制则采用累进税率。我国现行个人所得税兼用这两种税率形式,对工资薪金所得、劳务报酬所得、稿酬所得、特许权使用费所得、经营所得采用超额累进税率形式,实行量能负担原则;而对财产租赁所得、财产转让所得、偶然所得等,则采用比例税率,实行等比负担原则。

(三)采用定额与定率相结合的费用扣除方法

各国的个人所得税均有费用扣除的规定,只是扣除的方法及额度各不相同。我国本着费用扣除从宽、从简的原则,对个人不同的所得项目采用定额与定率相结合的费用扣除方法。例如工资、薪金所得,从 2019 年 1 月 1 日起,每月扣除费用的标准为 5 000 元。此外,还根据个人不同的所得项目,采用定额与定率两种扣除费用的方法,如财产租赁所得,每次收入不超过 4 000 元的,定额减除 800 元;每次收入在 4 000 元以上的,定率减除 20% 的费用。

(四)计算较为复杂

我国个人所得税采用分类综合征收模式,对综合所得的基本费用采取总额扣除法,专项附加扣除虽按月或者按年明确扣除标准,但在同一个家庭中还得分为不同的纳税主体分别扣除;对经营所得,按生产经营过程发生成本、费用等支出项目确定的扣除标准据实扣除;对其他个人所得采用分类分项扣除。在按月或按次预缴的基础上,年终还要汇算清缴,增加了税款计算的复杂程度和税务机关征收管理的难度。

(五)采用代扣代缴和自行申报两种征收方法

我国个人所得税对纳税人的应纳税额,采取由支付单位代扣代缴(源泉扣缴)和纳税人自行申报两种方法。凡是可以在应税所得的支付环节扣缴税额的,均由扣缴义务人履行代扣代缴义务;没有扣缴义务人的,以及个人在两处以上取得工资薪金所得的,采用纳税人自行申报纳税的方法。此外,对其他不便于扣缴税款的,也规定由纳税人自行申报纳税。

三、加强个人所得税管理的意义

加强个人所得税管理,主要有以下几方面的意义。

1. 有助于纳税人实现利益最大化,维护自身利益

纳税义务人在不违反国家税法的前提下,提出多个方案,通过对比选择税负最少,对自己最有利的方案,可以减少个人所得税缴纳的税金,延迟现金流出的时间,从而获得货币时间价值,提高资金使用效率,实现经济利益的最大化,这正是个人所得税税务合规计划要达到的最终目的。

2. 有助于纳税人增强纳税意识

纳税人意识包括三个层面:①纳税人纳税意识淡薄,通常采用偷税、漏税、抗税等非法手段来减少税金的缴纳;②纳税人依法纳税,接受监督,此时运用的手段为合理避税、节税;③纳税人运用税法知识,采用合理的方法对个人所得进行税务合规计划,减少税金的缴纳,维护自身利益。因此,合理运用个人所得税税务合规计划是纳税人税收意识增强的表现。

3. 有助于国家不断完善税收政策

个人所得税税务合规计划是针对税法中尚未明确规定的行为及税法中优惠政策而进行的,是纳税人对国家税法以及有关税收政策的反馈。充分利用纳税人税务合规计划行为反馈来的信息,可以完善现行法律法规和改进有关税收政策,进而不断完善和健全我国的税法和税收制度。

第二节　个人所得税的纳税人与征税范围

一、个人所得税的纳税义务人

个人所得税的纳税义务人包括中国公民、个体工商户、个人独资企业、合伙企业投资者、在中国有所得的外籍人员(包括无国籍人员)和香港、澳门、台湾同胞。纳税义务人依据其住所和居住时间两个标准,区分为居民个人和非居民个人,分别承担不同的纳税义务。

(一)居民纳税义务人

根据《个人所得税法》的规定,居民纳税义务人是指在中国境内有住所,或者无住所而一个纳税年度内在中国境内居住累计满 183 天的个人。

居民纳税义务人负有无限纳税义务。其取得的应纳税所得,无论是来源于中国境内还是中国境外任何地方,都要在中国缴纳个人所得税。

(二)非居民纳税义务人

根据《个人所得税法》的规定,非居民纳税义务人是指在中国境内无住所又不居住,或者无住所而一个纳税年度内在中国境内居住累计不满 183 天(不含)的个人。也就是说,非居民纳税义务人是指习惯性居住地不在中国境内,或者在一个纳税年度内,在中国境内居住累计不满 183(不含)天的个人。

在现实生活中,习惯性居住地不在中国境内的个人,只有外籍人员、华侨或港澳台同胞。

因此,非居民纳税义务人,实际上只能是在一个纳税年度中,没有在中国境内居住,或者在中国境内居住天数累计不满183天(不含)的外籍人员、华侨或香港、澳门、台湾同胞。

非居民纳税义务人承担有限纳税义务,即仅就其来源于中国境内的所得,向中国缴纳个人所得税。

二、个人所得税的征税范围

个人所得税的征税范围包括:工资、薪金所得;劳务报酬所得;稿酬所得;特许权使用费所得;经营所得;利息、股息、红利所得;财产租赁所得;财产转让所得和偶然所得。居民纳税人取得工资薪金所得、劳务报酬所得、稿酬所得和特许权使用费所得(统称综合所得),按纳税年度合并计算个人所得税,由扣缴义务人按月或按次预扣预缴,纳税人年终汇算清缴。非居民纳税人取得综合所得,按月或按次分项计算个人所得税,由扣缴单位代扣代缴。纳税人取得除综合所得之外的其他所得,分别计算个人所得税。

(一)工资、薪金所得

工资、薪金所得是指个人因任职或者受雇而取得的工资、薪金、奖金、年终加薪、劳动分红、津贴、补贴以及与任职或者受雇有关的其他所得。

除工资、薪金以外,奖金、年终加薪、劳动分红、津贴、补贴也被确定为工资薪金范畴。其中,年终加薪、劳动分红不分种类和取得情况,一律按工资、薪金所得课税。津贴、补贴等则有例外。根据我国目前个人收入的构成情况,规定对于一些不属于工资、薪金性质的补贴、津贴或者不属于纳税人本人工资、薪金所得项目的收入,不予征税。这些项目包括:

(1)独生子女补贴。

(2)执行公务员工资制度未纳入基本工资总额的补贴、津贴差额和家属成员的副食品补贴。

(3)托儿补助费。

(4)差旅费津贴、误餐补助。其中,误餐补助是指按照财政部规定,个人因公在城区、郊区工作,不能在工作单位或返回就餐的,根据实际误餐顿数,按规定的标准领取的误餐费。单位以误餐补助名义发给职工的补助、津贴不能包括在内。

(5)外国来华留学生领取的生活津贴费、奖学金,不属于工资、薪金范畴,不征收个人所得税。

(二)劳务报酬所得

劳务报酬所得指个人从事劳务取得的所得。内容包括:设计、装潢、安装、制图、化验、测试、医疗、法律、会计、咨询、讲学、翻译、审稿、书画、雕刻、影视、录音、录像、演出、表演、广告、展览、技术服务、介绍服务、经纪服务、代办服务和其他劳务。

在商品营销活动中,企业和单位对其营销业绩突出的非雇员以培训班、研讨会、工作考察等名义组织旅游活动,通过免收差旅费、旅游费对个人实行的营销业绩奖励(包括实物、有价证券等),应根据所发生费用的全额作为该营销人员当期的劳务收入,按照"劳务报酬所得"项目征收个人所得税,并由提供上述费用的企业和单位代扣代缴。

劳务报酬所得和工资、薪金所得的区别在于:

工资、薪金所得属于非独立个人劳务活动,即在机关、团体、学校、部队、企业、事业单位及其他组织中任职、受雇而得到的报酬。而劳务报酬所得则是个人独立从事各种技艺、提供各项劳务取得的报酬。

个人由于担任董事职务所取得的董事费收入,属于劳务报酬所得性质,按"劳务报酬所得"项目征收个人所得税,但仅适用于个人担任公司董事、监事,且不在公司任职、受雇的情形。个人在公司(包括关联公司)任职、受雇,同时兼任董事的,应将取得的董事费、监事费与个人工资收入合并,统一按"工资、薪金所得"项目缴纳人所得税。

(三) 稿酬所得

稿酬所得是指个人因其作品以图书、报刊等形式出版、发表而取得的所得。将稿酬所得独立划归一个征税项目,而将不以图书、报刊形式出版、发表的翻译、审稿、书画所得归为劳务报酬所得,主要是考虑了出版、发表作品的特殊性:第一,它是一种依靠较高智力创作的精神产品;第二,它具有普遍性;第三,它与社会主义精神文明和物质文明密切相关;第四,它的报酬相对偏低。因此,稿酬所得应当与一般劳务报酬相对区别,并给予适当优惠照顾。

对报纸、杂志、出版等单位的职员在本单位的刊物上发表作品、出版图书取得的所得,按下列规定征收个人所得税:

(1) 任职、受雇于报纸、杂志等单位的记者、编辑等专业人员,因在本单位的报纸、杂志上发表作品取得的所得,属于因任职、受雇而取得的所得,应与其当月工资收入合并,按"工资、薪金所得"项目征税。

除上述专业人员以外,其他人员在本单位的报纸、杂志上发表作品取得的所得,应按"稿酬所得"项目征税。

(2) 出版社的专业作者撰写、编写或翻译的作品,由本社以图书形式出版而取得的稿费收入,应按"稿酬所得"项目计算缴纳个人所得税。

(3) 作者去世后,对取得其遗作稿酬的个人,按"稿酬所得"征收个人所得税。

(四) 特许权使用费所得

特许权使用费所得是指个人提供专利权、商标权、著作权、非专利技术以及其他特许权的使用权取得的所得;提供著作权的使用权取得的所得,不包括稿酬所得。

专利权是由国家专利主管机关依法授予专利申请人或其权利继承人在一定期间内实施其发明创造的专有权。商标权即商标注册人享有的商标专用权。著作权即版权,是作者依法对文学、艺术和科学作品享有的专有权。个人提供或转让商标权、著作权、专有技术或技术秘密、技术诀窍取得的所得,应当依法缴纳个人所得税。

提供著作权的使用权取得的所得,不包括稿酬所得。作者将自己的文学作品手稿原件或复印件公开拍卖(竞价)取得的所得,属于提供著作权的使用所得,应按"特许权使用费所得"项目征税。个人取得特许权的经济赔偿收入应按"特许权使用费所得"项目缴纳个人所得税,税款由支付赔款的单位或个人代扣代缴。编剧从电视剧的制作单位取得剧本使用费,不再区分剧本的使用方是否为其任职单位,统一按"特许权使用费所得"项目计征个人所得税。

(五) 经营所得

经营所得包括以下四项内容:

(1) 个体工商户从事生产、经营活动取得的所得,个人独资企业投资人、合伙企业的个人合伙人来源于境内注册的个人独资企业、合伙企业生产、经营的所得。

(2) 个人依法从事办学、医疗、咨询以及其他有偿服务活动取得的所得。

(3) 个人对企业、事业单位承包经营、承租经营以及转包、转租取得的所得。

（4）个人从事其他生产、经营活动取得的所得。

在执行中，应当注意以下问题：

（1）个体工商户和从事生产、经营的个人，取得与生产、经营活动无关的其他各项应税所得，应分别按照其他应税项目的有关规定计税。例如，取得银行存款的利息所得、对外投资取得的股息所得，应按"利息、股息、红利所得"项目单独计税。

（2）个人因从事彩票代销业务而取得的所得，或者从事个体出租车运营的出租车驾驶员取得的收入，按"经营所得"项目缴纳个人所得税。这里所说的从事个体出租车运营包括出租车属个人所有，但挂靠出租汽车经营单位或企事业单位，驾驶员向挂靠单位缴纳管理费的，以及出租汽车经营单位将出租车所有权转移给驾驶员的。

（3）个人独资企业、合伙企业的个人投资者以企业资金为本人、家庭成员及其相关人员支付与企业生产经营无关的消费性支出及购买汽车、住房等财产性支出，视为企业对个人投资者的利润分配，并入投资者个人的生产经营所得，依照"经营所得"项目计征个人所得税。

（六）利息、股息、红利所得

利息、股息、红利所得是指个人拥有债权、股权等而取得的利息、股息、红利所得。利息是指个人拥有债权而取得的利息，包括存款利息、贷款利息和各种债券的利息。按税法规定，个人取得的利息所得，除国债和国家发行的金融债券利息外，应当依法缴纳个人所得税。股息、红利是指个人拥有股权取得的股息、红利。按照一定的比率派发的每股息金称为股息；根据公司、企业应分配的超过股息部分的利润，按股份分配的称为红利。股息、红利所得，除另有规定外，都应当缴纳个人所得税。

除个人独资企业、合伙企业以外的其他企业的个人投资者，以企业资金为本人、家庭成员及其相关人员支付与企业生产经营无关的消费性支出及购买汽车、住房等财产性支出，视为企业对个人投资者的红利分配，依照"利息、股息、红利所得"项目计征个人所得税。企业的上述支出不允许在所得税前扣除。

纳税年度内个人投资者从其投资企业（个人独资企业、合伙企业除外）借款，在该纳税年度终了后既不归还又未用于企业生产经营的，其未归还的借款可视为企业对个人投资者的红利分配，依照"利息、股息、红利所得"项目计征个人所得税。

（七）财产租赁所得

财产租赁所得是指个人出租不动产、机器设备、车船以及其他财产取得的所得。

个人取得的财产转租收入，属于"财产租赁所得"的征税范围，由财产转租人缴纳个人所得税。在确认纳税义务人时，应以产权凭证为依据；对无产权凭证的，由主管税务机关根据实际情况确定。产权所有人死亡，在未办理产权继承手续期间，该财产出租有租金收入的，以领取租金的个人为纳税义务人。

（八）财产转让所得

财产转让所得是指个人转让有价证券、股权、合伙企业中的财产份额、不动产、机器设备、车船以及其他财产取得的所得。在现实生活中，个人进行的财产转让主要是个人财产所有权的转让。财产转让实际上是一种买卖行为，当事人双方通过签订、履行财产转让合同，形成财产买卖的法律关系，使出让财产的个人从对方取得价款（收入）或其他经济利益。财产转让所得因其性质的特殊性，需要单独列举项目征税。对个人取得的各项财产转让所得，除股票转让所得外，都要征收个人所得税。具体规定如下：

1. 股票转让所得

根据《个人所得税法实施条例》的规定,对股票转让所得征收个人所得税的办法,由国务院另行规定,并报全国人民代表大会常务委员会备案。为了配合企业改制,促进股票市场的稳健发展,经报国务院批准,从 1997 年 1 月 1 日起,对个人转让上市公司股票取得的所得继续暂免征收个人所得税。

2. 量化资产股份转让

集体所有制企业在改制为股份合作制企业时,对职工个人以股份形式取得的拥有所有权的企业量化资产,暂缓征收个人所得税;待个人将股份转让时,就其转让收入额,减除个人取得该股份时实际支付的费用支出和合理转让费用后的余额,按"财产转让所得"项目计征个人所得税。

(九)偶然所得

偶然所得是指个人得奖、中奖、中彩以及其他偶然性质的所得。得奖是指参加各种有奖竞赛活动,取得名次得到的奖金;中奖、中彩是指参加各种有奖活动,如有奖销售、有奖储蓄,或者购买彩票,经过规定程序,抽中、摇中号码而取得的奖金。偶然所得应缴纳的个人所得税税款,一律由发奖单位或机构代扣代缴。

第三节　个人所得税的税率

个人所得税分别对不同所得项目规定了超额累进税率和比例税率两种。

一、综合所得适用的超额累进税率

1. 居民个人综合所得适用七级超额累进税率

表 7-1 所示七级超额累进税率适用于居民个人综合所得。

表 7-1　个人所得税税率表一

（居民个人综合所得适用）

级数	全年应纳税所得额	税率	速算扣除数
1	不超过 36 000 元的	3%	0
2	超过 36 000 元至 144 000 元的部分	10%	2 520
3	超过 144 000 元至 300 000 元的部分	20%	16 920
4	超过 300 000 元至 420 000 元的部分	25%	31 920
5	超过 420 000 元至 660 000 元的部分	30%	52 920
6	超过 660 000 元至 960 000 元的部分	35%	85 920
7	超过 960 000 元的部分	45%	181 920

注: 本表所称"全年应纳税所得额",是指依照《个人所得税法》第 6 条的规定,居民个人取得综合所得以每一纳税年度收入额减除费用 60 000 元以及专项扣除、专项附加扣除和依法确定的其他扣除后的余额。

2. 非居民个人综合所得适用七级超额累进税率

表 7-2 所示七级超额累进税率适用于非居民个人综合所得。

表 7-2　个人所得税税率表二

（非居民个人综合所得适用）

级数	全月应纳税所得额	税率	速算扣除数
1	不超过 3 000 元的	3％	0
2	超过 3 000 元至 12 000 元的部分	10％	210
3	超过 12 000 元至 25 000 元的部分	20％	1 410
4	超过 25 000 元至 35 000 元的部分	25％	2 660
5	超过 35 000 元至 55 000 元的部分	30％	4 410
6	超过 55 000 元至 80 000 元的部分	35％	7 160
7	超过 80 000 元的部分	45％	15 160

注：本表所称"全月应纳税所得额"，是指依照《个人所得税法》第 6 条的规定，非居民个人每月所得（每次）收入额减除规定费用后的余额。

二、经营所得适用的超额累进税率

表 7-3 所示超额累进税率适用于纳税人经营所得。

表 7-3　个人所得税税率表三

（经营所得适用）

级数	全年应纳税所得额	税率	速算扣除数
1	不超过 30 000 元的	5％	0
2	超过 30 000 元至 90 000 元的部分	10％	1 500
3	超过 90 000 元至 300 000 元的部分	20％	10 500
4	超过 300 000 元至 500 000 元的部分	30％	40 500
5	超过 500 000 元的部分	35％	65 500

注：本表所称"全年应纳税所得额"，是指依照《个人所得税法》第 6 条的规定，以每一纳税年度的收入总额减除成本、费用以及损失后的余额。

三、其他所得的适用税率

财产租赁所得，财产转让所得，利息、股息、红利所得，偶然所得，适用 20％的比例税率。对个人按市场价格出租住房取得的所得，减按 10％的税率征收个人所得税。

第四节　个人所得税的税收优惠政策

一、免征个人所得税的优惠

免征个人所得税的项目如下：

（1）省级人民政府、国务院部委和中国人民解放军军以上单位，以及外国组织、国际组织颁发的科学、教育、技术、文化、卫生、体育、环境保护等方面的奖金。

（2）国债和国家发行的金融债券利息。这里所说的国债利息是指个人持有中华人民共和国财政部发行的债券而取得的利息所得和 2012 年及以后年度发行的地方政府债券（以省、自治区、直辖市和计划单列市政府为发行和偿还主体）取得的利息所得；国家发行的金融债券利息是指个人持有经国务院批准发行的金融债券而取得的利息所得。

（3）按照国家统一规定发给的补贴、津贴。这里所说的按照国家统一规定发给的补贴、津贴是指按照国务院规定发给的政府特殊津贴和国务院规定免纳个人所得税的补贴、津贴。

（4）福利费、抚恤金、救济金。这里所说的福利费是指根据国家有关规定，从企业、事业单位、国家机关、社会组织提留的福利费或者工会经费中支付给个人的生活补助费；救济金是指各级人民政府民政部门支付给个人的生活困难补助费。

（5）保险赔款。

（6）军人的转业费、复员费、退役金。

（7）按照国家统一规定发给干部、职工的安家费、退职费、基本养老金或者退休费、离休费、离休生活补助费。

（8）依照有关法律规定应予免税的各国驻华使馆、领事馆的外交代表、领事官员和其他人员的所得。

（9）中国政府参加的国际公约以及签订的协议中规定免税的所得。

二、减征个人所得税的优惠

有下列情形之一的，可以减征个人所得税，具体幅度和期限，由省、自治区、直辖市人民政府规定，并报同级人民代表大会常务委员会备案：

（1）残疾、孤老人员和烈属的所得。

（2）因自然灾害遭受重大损失的。

国务院可以规定其他减税情形，报全国人民代表大会常务委员会备案。

三、其他税收优惠

（1）对个人转让自用 5 年以上并且是家庭唯一生活用房取得的所得，免征个人所得税。

（2）对个人在上海证券交易所、深圳证券交易所转让从上市公司公开发行和转让市场取得的上市公司股票所得，免征个人所得税。

（3）个人实际领（支）取原提存的基本养老保险金、基本医疗保险金、失业保险金和住房公积金时，免征个人所得税。

（4）个人从公开发行和转让市场取得的上市公司的股票，其股息、红利根据持股期限的不同执行不同的税收优惠：①持股期限≤1 个月：全额计税。②1 个月＜持股期限≤1 年：暂减按 50％计税。③持股期限＞1 年：暂免征税。

（5）个人举报、协查各种违法、犯罪行为而获得的奖金。

（6）个人办理代扣代缴税款手续，按规定取得的扣缴手续费。

第五节　个人所得税应纳税额的确定

个人所得税以应纳税所得额为计税依据。由于个人所得税的应税项目不同,并且取得某项所得所需费用也不相同,因此,计算个人所得税应纳税所得额,需按不同应税项目分项计算。以某项应税项目的收入额减去税法规定的该项目费用减除标准后的余额,为该应税项目应纳税所得额。

一、每次收入的确定

《个人所得税法》规定的对纳税义务人的征税方法有三种:一是按年计征,如经营所得、居民个人取得的综合所得;二是按月计征,如非居民个人取得的工资、薪金所得;三是按次计征,如利息、股息、红利所得,财产租赁所得,偶然所得,非居民个人取得的劳报酬所得,稿酬所得,特许权使用费所得6项所得。在按次征收的情况下,扣除费用依据每次应纳税所得额的大小,分别规定了定额和定率两种标准。因此,无论是从正确贯彻税法的立法精神、维护纳税义务人的合法权益方面来看,还是从避免税收漏洞、防止税款流失、保证国家税收收入方面来看,如何准确划分"次"都是十分重要的。《个人所得税法实施条例》对前述6项所得的"次"做出了明确规定。具体是:

(1)非居民个人取得劳务报酬所得、稿酬所得、特许权使用费所得,根据不同所得项目的特点,分别规定为:①只有一次性收入的,以取得该项收入为一次。例如从事设计、安装、装潢、制图、化验、测试等劳务,往往是接受客户的委托,按照客户的要求,完成一次劳务后取得收入。因此,属于只有一次性收入的,应以每次提供劳务取得的收入为一次。②属于同一事项连续取得收入的,以1个月内取得的收入为一次。例如,某歌手与一卡拉OK厅签约,在1年内每天到卡拉OK厅演唱一次,每次演出后付酬50元。在计算其劳务报酬所得时,应视为同一事项的连续性收入,以其1个月内取得的收入为一次计征个人所得税,而不能以每天取得的收入为一次。

(2)稿酬所得,以每次出版、发表取得的收入为一次。这具体又可细分为:①同一作品再版取得的所得,应视作另一次稿酬所得,计征个人所得税。②同一作品先在报刊上连载,再出版,或先出版,再在报刊上连载的,应视为两次稿酬所得征税,即连载作为一次,出版作为另一次。③同一作品在报刊上连载取得收入的,以连载完成后取得的所有收入合并为一次,计征个人所得税。④同一作品在出版和发表时,以预付稿酬或分次支付稿酬等形式取得的稿酬收入,应合并计算为一次。⑤同一作品出版、发表后,因添加印数而追加稿酬的,应与以前出版、发表时取得的稿酬合并计算为一次,计征个人所得税。

(3)特许权使用费所得,以某项使用权的一次转让所取得的收入为一次。一个纳税义务人,可能不仅拥有一项特许权利,每一项特许权的使用权也可能不止一次地向他人提供。因此,对特许权使用费所得的"次"的界定,明确为每一项使用权的每次转让所取得的收入为一次。如果该次转让取得的收入是分笔支付的,则应将各笔收入相加为一次的收入,计征个人所得税。

(4)财产租赁所得,以1个月内取得的收入为一次。

(5) 利息、股息、红利所得,以取得利息、股息、红利收入时为一次。

(6) 偶然所得,以每次收入为一次。

(7) 其他所得,以每次收入为一次。

二、居民个人综合所得的应纳税所得额

居民个人综合所得,以每一纳税年度的收入额减除基本费用 60 000 元以及专项扣除、专项附加扣除和依法确定的其他扣除后的余额,为应纳税所得额。其计算公式为:

$$应纳税所得额＝每一纳税年度的收入总额－基本费用扣除(60 000 元)－专项扣除$$
$$－专项附加扣除－依法确定的其他扣除－免税收入$$

专项扣除、专项附加扣除和依法确定的其他扣除,以居民个人一个纳税年度的应纳税所得额为限额;一个纳税年度扣除不完的,不结转以后年度扣除。

(一)收入总额

收入总额是指在一个纳税年度内工资薪金总额与劳务报酬所得、稿酬所得、特许权使用费所得减除 20％的费用后的余额之和,其中稿酬所得的收入额减按 70％计算。

劳务报酬所得、稿酬所得、特许权使用费所得,属于一次性收入的,以取得该项收入为一次;属于同一项目连续性收入的,以 1 个月内取得的收入为一次。

个人所得的形式,包括现金、实物、有价证券和其他形式的经济利益;所得为实物的,应当按照取得的凭证上所注明的价格计算应纳税所得额,无凭证的实物或者凭证上所注明的价格明显偏低的,参照市场价格核定应纳税所得额;所得为有价证券的,根据票面价格和市场价格核定应纳税所得额;所得为其他形式的经济利益的,参照市场价格核定应纳税所得额。

(二)基本费用扣除

基本费用扣除是指纳税人为维持基本生计而发生的支出,允许在缴纳个人所得税前扣除的固定数额。基本费用扣除和个人收入高低无关,一般是按照全社会平均消费支出情况计算确定的,总体上反映了全国各地区经济发展和居民收入平均水平。按照规定,对居民综合所得所涉及的个人生计费用,采取定额扣除的办法,减除费用标准为 60 000 元/年(5 000 元/月)。

(三)专项扣除

专项扣除包括居民个人按照国家规定的范围和标准缴纳的基本养老保险、基本医疗保险、失业保险等社会保险费和住房公积金等。

1. 社会保险费

按照规定,企事业单位按照国家或省(自治区、直辖市)人民政府规定的缴费比例或办法实际缴付的基本养老保险费、基本医疗保险费和失业保险费,免征个人所得税;个人按照国家或省(自治区、直辖市)人民政府规定的缴费比例或办法实际缴付的基本养老保险费、基本医疗保险费和失业保险费,允许在个人应纳税所得额中扣除。

2. 住房公积金

按照规定,单位和个人在不超过职工本人上一年度平均工资 12％的幅度内,其实际缴存的住房公积金,允许在个人应纳税所得额中扣除。单位和职工个人缴存住房公积金的月平均工资不得超过职工工作地所在设区城市上一年度职工月平均工资的 3 倍,具体标准按照各地

有关规定执行。

(四) 专项附加扣除

专项附加扣除,包括子女教育、继续教育、大病医疗、住房贷款利息或者住房租金、赡养老人等支出。

1. 子女教育

纳税人的子女接受全日制学历教育的相关支出,按照每个子女每月 2 000 元的标准定额扣除。

2. 继续教育

纳税人在中国境内接受学历(学位)继续教育的支出,在学历(学位)教育期间按照每月 400 元定额扣除。同一学历(学位)继续教育的扣除期限不能超过 48 个月。纳税人接受技能人员职业资格继续教育、专业技术人员职业资格继续教育的支出,在取得相关证书的当年,按照 3 600 元定额扣除。

个人接受本科及以下学历(学位)继续教育,符合有关规定扣除条件的,可以选择由其父母扣除,也可以选择由其本人扣除。

纳税人享受符合规定的学历(学位)继续教育专项附加扣除的计算时间,为在中国境内按学历(学位)继续教育入学的当月至学历(学位)继续教育结束的当月,同一学历(学位)继续教育的扣除期限最长不得超过 48 个月。技能人员职业资格继续教育、专业技术人员职业资格继续教育,为取得相关证书的当年。

学历(学位)继续教育的期间,包含因病或其他非主观原因休学但学籍继续保留的休学期间,以及施教机构按规定组织实施的寒暑假等假期。

3. 大病医疗

在一个纳税年度内,纳税人发生的与基本医保相关的医药费用支出,扣除医保报销后,个人负担(指医保目录范围内的自付部分)累计超过 15 000 元的部分,由纳税人在办理年度汇缴时,在 80 000 元限额内据实扣除。

纳税人发生的医药费用支出可以选择由本人或者其配偶扣除;未成年子女发生的医药费用支出可以选择由其父母一方扣除。纳税人及其配偶、未成年子女发生的医药费用支出按照《个人所得税专项附加扣除暂行办法》第 11 条的规定分别计算扣除额。纳税人享受符合规定的大病医疗专项附加扣除的计算时间,为医疗保障信息系统记录的医药费用实际支出的当年。

4. 住房贷款利息

纳税人本人或者配偶单独或者共同使用商业银行或者住房公积金个人住房贷款为本人或者其配偶购买中国境内住房,发生的首套住房贷款利息支出,在实际发生贷款利息的年度,按照每月 1 000 元的标准定额扣除,扣除期限最长不超过 240 个月。纳税人只能享受一次首套住房贷款的利息扣除。

首套住房贷款是指购买住房享受首套住房贷款利率的住房贷款。

经夫妻双方约定,可以选择由其中一方扣除,具体扣除方式在一个纳税年度内不能变更。夫妻双方婚前分别购买住房发生的首套住房贷款,其贷款利息支出,婚后可以选择其中一套购买的住房,由购买方按扣除标准的 100% 扣除,也可以由夫妻双方对各自购买的住房分别按扣除标准的 50% 扣除,具体扣除方式在一个纳税年度内不能变更。

纳税人享受符合规定的住房贷款利息专项附加扣除的计算时间,为贷款合同约定开始还款的当月至贷款全部归还或贷款合同终止的当月,扣除期限最长不得超过 240 个月。

5. 住房租金

纳税人在主要工作城市没有自有住房而发生的住房租金支出,可以按照以下标准定额扣除。

(1) 直辖市、省会(首府)城市、计划单列市以及国务院确定的其他城市,扣除标准为每月 1 500 元。

(2) 除上述所列城市以外,市辖区户籍人口超过 100 万的城市,扣除标准为每月 1 100 元;市辖区户籍人口不超过 100 万的城市,扣除标准为每月 800 元。

纳税人的配偶在纳税人的主要工作城市有自有住房的,视同纳税人在主要工作城市有住房。夫妻双方主要工作城市相同的,只能由一方扣除住房租金支出。

住房租金支出由签订租赁住房合同的承租人扣除。纳税人及其配偶在一个纳税年度内不能同时分别享受住房贷款利息和住房租金专项附加扣除。

纳税人享受符合规定的住房租金专项附加扣除的计算时间,为租赁合同(协议)约定房屋租赁期开始的当月至租赁期结束的当月。提前终止合同(协议)的,以实际租赁期限为准。

6. 赡养老人

纳税人赡养一位及以上被赡养人的赡养支出,统一按照以下标准定额扣除:

(1) 纳税人为独生子女的,按照每月 3 000 元的标准定额扣除。

(2) 纳税人为非独生子女的,由其与兄弟姐妹分摊每月 3 000 元的扣除额度,每人分摊额度不能超过每月 1 500 元。可以由赡养人均摊或者约定分摊,也可以由被赡养人指定分摊。约定或者指定分摊的须签订书面分摊协议,指定分摊优先于约定分摊。具体分摊方式和额度在一个纳税年度内不能变更。

被赡养人是指年满 60 岁的父母,以及子女均已去世的年满 60 岁的祖父母、外祖父母。纳税人享受符合规定的赡养老人专项附加扣除的计算时间,为被赡养人年满 60 周岁的当月至赡养义务终止的年末。

(五) 依法确定的其他扣除

依法确定的其他扣除,包括个人缴付符合国家规定的企业年金、职业年金,个人购买符合国家规定的商业健康保险、税收递延型商业养老保险的支出,以及国务院规定可扣除的其他项目。

【例 7-1】 中国公民王平,受聘于杭州市一家科技公司,2024 年收入费用情况如下:每月领取工资薪金 13 600 元,个人负担"三险一金"每月 2 500 元,申报专项附加扣除时,向单位报送的专项附加扣除信息如下:上小学的儿子一人,尚在偿还贷款的于 5 年前购入的境内住房一套,年满 60 周岁的父母两人。王平为独生子女,所购住房为首套住房,夫妻约定子女教育和住房贷款利息全部由王平扣除。要求:计算王平本年度个人所得税的应纳税所得额。

解: 王平本年度个人所得税应纳税所得额

$= 13\,600 \times 12 - 60\,000 - 2\,500 \times 12 - 1\,000 \times 12 - 2\,000 \times 12 - 3\,000 \times 12$

$= 163\,200 - 60\,000 - 30\,000 - 12\,000 - 24\,000 - 36\,000 = 1\,200 (元)$

三、非居民个人所得的应纳税所得额

(一) 非居民个人的工资、薪金所得的应纳税所得额

非居民个人的工资、薪金所得,以每月收入额减除费用 5 000 元后的余额为应纳税所得额。

(二) 非居民个人劳务报酬所得、稿酬所得、特许权使用费所得的应纳税所得额

非居民个人的劳务报酬所得、稿酬所得、特许权使用费所得,以每次收入额为应纳税所得额。劳务报酬所得、稿酬所得、特许权使用费所得,以收入减除 20% 的费用后的余额为收入额,稿酬所得的收入额减按 70% 计算。

劳务报酬所得、稿酬所得、特许权使用费所得,属于一次性收入的,以取得该项收入为一次;属于同一项目连续性收入的,以一个月内取得的收入为一次。

四、经营所得的应纳税所得额

经营所得以每一纳税年度的收入总额减除成本、费用以及损失后的余额为应纳税所得额。其计算公式为:

$$\frac{应纳税}{所得额} = \frac{每一纳税年度的}{收入总额} - \frac{不征税}{收入} - \frac{免税}{收入} - \frac{经营}{成本} - \frac{经营}{费用} - \frac{允许弥补的}{经营损失}$$

成本、费用是指生产经营活动中发生的各项直接支出和分配计入成本的间接费用以及销售费用、管理费用、财务费用;损失是指生产经营活动中发生的固定资产和存货的盘亏、毁损、报废损失、转让财产损失、坏账损失、自然灾害等不可抗力因素造成的损失以及其他损失。

取得经营所得的个人,没有综合所得的,计算其每一纳税年度的应纳税所得额时,应当减除费用 60 000 元、专项扣除、专项附加扣除以及依法确定的其他扣除。专项附加扣除在办理汇算清缴时减除。其计算公式为:

$$应纳税所得额 = 每一纳税年度的收入总额 - 不征税收入 - 免税收入 - 经营成本$$
$$- 经营费用 - 允许弥补的经营损失 - 基本费用扣除 - 专项扣除$$
$$- 专项附加扣除 - 依法确定的其他扣除$$

从事生产经营活动,未提供完整、准确的纳税资料,不能正确计算应纳税所得额的,由主管税务机关核定应纳税所得额或者应纳税额。

五、财产租赁所得的应纳税所得额

财产租赁所得,每次收入不超过 4 000 元的,减除费用 800 元,4 000 元以上的,减除 20% 的费用,其余额为应纳税所得额。

财产租赁所得的应纳税所得额还可以以每月 800 元为限扣除修缮费用。

财产租赁所得,以 1 个月内取得的收入为一次。

个人将承租房屋转租取得的租金收入,属于个人所得税应税所得,应按"财产租赁所得"项目计算缴纳个人所得税。具体规定为:

取得转租收入的个人向房屋出租方支付的租金,凭房屋租赁合同和合法支付凭据允许在计算个人所得税时,从该项转租收入中扣除。

有关财产租赁所得个人所得税前扣除税费的扣除次序调整为:

(1) 财产租赁过程中缴纳的税费。

(2) 向出租方支付的租金。

(3) 由纳税人负担的租赁财产实际开支的修缮费用。

(4) 税法规定的费用扣除标准。

六、财产转让所得的应纳税所得额

财产转让所得,以转让财产的收入额减除财产原值和合理费用后的余额为应纳税所得额。合理费用是指卖出财产时按照规定支付的有关税费。其计算公式为:

$$应纳税所得额 = 转让财产的收入额 - 财产原值 - 合理费用$$

财产原值,按照下列方法确定:

(1) 有价证券,为买入价以及买入时按照规定缴纳的有关费用。

(2) 建筑物,为建造费或者购进价格以及其他有关费用。

(3) 土地使用权,为取得土地使用权所支付的金额、开发土地的费用以及其他有关费用。

(4) 机器设备、车船,为购进价格、运输费、安装费以及其他有关费用。

其他财产,参照上述规定的方法确定财产原值。

纳税人未提供完整、准确的财产原值凭证,不能按照以上规定的方法确定财产原值的,由主管税务机关核定财产原值。

七、利息、股息、红利所得和偶然所得的应纳税所得额

利息、股息、红利所得和偶然所得,以每次收入额为应纳税所得额。利息、股息、红利所得,以每次取得利息、股息、红利收入为一次;偶然所得,以每次取得该项收入为一次。个人持有挂牌公司的股票,持股期限在1个月以内(含1个月)的,其股息、红利所得全额计入应纳税所得额;持股期限在1个月以上至1年(含1年)的,其股息、红利所得暂减按50%计入应纳税所得额。

八、应纳税所得额的其他规定

(一)个人公益性捐赠的扣除标准

个人将其所得对教育、扶贫、济困等公益慈善事业进行捐赠,捐赠额未超过纳税人申报的应纳税所得额30%的部分,可以从其应纳税所得额中扣除;国务院规定对公益慈善事业捐赠实行全额税前扣除的,从其规定。

个人将其所得对教育、扶贫、济困等公益慈善事业进行捐赠,是指个人将其所得通过中国境内的公益性社会组织、国家机关向教育、扶贫、济困等公益慈善事业的捐赠。

个人通过非营利的社会组织和国家机关向农村义务教育的捐赠,准予在缴纳个人所得税前的所得额中全额扣除。农村义务教育,包括政府和社会力量举办的农村乡镇(不含县和县级市政府所在地的镇)、村的小学和初中以及属于这一阶段的特殊教育学校。纳税人对农村义务

教育与高中在一起的学校的捐赠,也享受此项所得税前扣除。

(二) 应纳税所得额的核定方法

个人所得的形式,包括现金、实物、有价证券和其他形式的经济利益;所得为实物的,应当按照取得的凭证上所注明的价格计算应纳税所得额,无凭证的实物或者凭证上所注明的价格明显偏低的,参照市场价格核定应纳税所得额;所得为有价证券的,根据票面价格和市场价格核定应纳税所得额;所得为其他形式的经济利益的,参照市场价格核定应纳税所得额。

(三) 居民个人境外所得的扣除

居民个人从中国境外取得的所得,可以从其应纳税额中抵免已在境外缴纳的个人所得税税额,但抵免额不得超过该纳税人境外所得依照税法规定计算的应纳税额。

(四) 反避税相关规定

《个人所得税法》第 8 条规定,有下列情形之一的,税务机关有权按照合理方法进行纳税调整:

(1) 个人与其关联方之间的业务往来不符合独立交易原则而减少本人或者其关联方应纳税所得额,且无正当理由。

(2) 居民个人控制的,或者居民个人和居民企业共同控制的设立在实际税负明显偏低的国家(地区)的企业,无合理经营需要,对应当归属于居民个人的利润不作分配或者减少分配。

(3) 个人实施其他不具有合理商业目的的安排而获取不当税收利益。

税务机关依照上述规定做出纳税调整,需要补征税款的,应当补征税款,并依法加收利息。

第六节　个人所得税应纳税额的计算

一、居民个人综合所得应纳税额的计算

居民个人取得综合所得,按年计算个人所得税;有扣缴义务人的,由扣缴义务人按月或者按次预扣预缴税款;需要办理汇算清缴的,应当在取得所得的次年 3 月 1 日至 6 月 30 日内办理汇算清缴。

(一) 居民个人工资、薪金所得预扣预缴税款的计算

扣缴义务人向居民个人支付工资、薪金所得时,应当按照累计预扣法计算预扣税款,并按月或者按次办理扣缴申报。

累计预扣法是指扣缴义务人在一个纳税年度内预扣预缴税款时,以纳税人在本单位截至当前月份工资、薪金所得累计收入减除累计免税收入、累计减除费用、累计专项扣除、累计专项附加扣除和累计依法确定的其他扣除后的余额为累计预扣预缴应纳税所得额,适用个人所得税预扣率表一(见表 7-4),计算累计应预扣预缴税额,再减除累计减免税额和累计已预扣预缴税额,其余额为本期应预扣预缴税额。余额为负值时,暂不退税。纳税年度终了后,余额仍为负值时,由纳税人通过办理工资、薪金所得年度汇算清缴,税款多退少补。

表 7-4　个人所得税预扣税率表一

（居民个人工资、薪金所得预扣预缴适用）

级数	累计预扣预缴应纳税所得额	预扣率	速算扣除数（元）
1	不超过 36 000 元的	3%	0
2	超过 36 000 元至 144 000 元的部分	10%	2 520
3	超过 144 000 元至 300 000 元的部分	20%	16 920
4	超过 300 000 元至 420 000 元的部分	25%	31 920
5	超过 420 000 元至 660 000 元的部分	30%	52 920
6	超过 660 000 元至 960 000 元的部分	35%	85 920
7	超过 960 000 元的部分	45%	181 920

具体计算公式如下：

$$\text{本期应预扣预缴税额} = \text{累计预扣预缴应纳税所得额} \times \text{预扣率} - \text{速算扣除数} - \text{累计减免税额} - \text{累计已预扣预缴税额}$$

$$\text{累计预扣预缴应纳税所得额} = \text{累计收入} - \text{累计免税收入} - \text{累计减除费用} - \text{累计专项扣除} - \text{累计专项附加扣除} - \text{累计依法确定的其他扣除}$$

其中：累计减除费用按照 5 000 元/月乘以纳税人当年截至本月在本单位的任职受雇月份数计算。

居民个人向扣缴义务人提供有关信息并依法要求办理专项附加扣除的，扣缴义务人应当按照规定，在工资、薪金所得按月预扣预缴税款时予以扣除，不得拒绝。

享受子女教育、继续教育、住房贷款利息或者住房租金、赡养老人专项附加扣除的纳税人，自符合条件起，可以向支付工资、薪金所得的扣缴义务人提供上述专项附加扣除的有关信息，由扣缴义务人在预扣预缴税款时，按其在本单位本年可享受的累计扣除额办理扣除；也可以在 3 月 1 日至 6 月 30 日内，向汇缴地主管税务机关办理汇算清缴申报时扣除。

【例 7-2】　居民个人张震 2025 年每月取得工资收入 36 000 元，每月缴纳社保费用和住房公积金 5 600 元，其为独生子女，独立赡养 60 岁以上的父母，全年均享受首套住房贷款利息专项附加扣除。要求：请计算居民个人张震的工资、薪金扣缴义务人 2025 年 1 月、2 月和 3 月预扣预缴的个人所得税税额。

解：

（1）1 月预扣预缴个人所得税：

累计预扣预缴应纳税所得额 = 36 000 − 5 000 − 5 600 − 2 000 − 1 000 = 22 400（元）

本期应预扣预缴个人所得税税额 = 22 400 × 3% − 0 = 672（元）

（2）2 月预扣预缴个人所得税：

累计预扣预缴应纳税所得额 = 36 000 × 2 − 5 000 × 2 − 5 600 × 2 − 2 000 × 2 − 1 000 × 2 = 44 800（元）

本期应预扣预缴个人所得税税额 = （44 800 × 10% − 2 520） − 672 = 1 288（元）

（3）3 月预扣预缴个人所得税：

累计预扣预缴应纳税所得额＝36 000×3－5 000×3－5 600×3－2 000×3－1 000×3

＝67 200（元）

本期应预扣预缴个人所得税税额＝（67 200×10％－2 520）－672－1 288＝2 240（元）

（二）劳务报酬所得、稿酬所得、特许权使用费所得预扣预缴税款的计算

扣缴义务人向居民个人支付劳务报酬所得、稿酬所得、特许权使用费所得时，应当按照以下方法按次或者按月预扣预缴税款：

（1）劳务报酬所得、稿酬所得、特许权使用费所得以收入减除费用后的余额为收入额；其中，稿酬所得的收入额减按 70％计算。

（2）减除费用：预扣预缴税款时，劳务报酬所得、稿酬所得、特许权使用费所得每次收入不超过 4 000 元的，减除费用按 800 元计算；每次收入 4 000 元以上的，减除费用按收入的 20％计算。

（3）劳务报酬所得、稿酬所得、特许权使用费所得，以每次收入额为预扣预缴应纳税所得额，计算应预扣预缴税额。

劳务报酬所得适用个人所得税预扣率表二（见表 7-5），稿酬所得、特许权使用费所得适用 20％的比例预扣率。

表 7-5 个人所得税预扣率表二

（居民个人劳务报酬所得预扣预缴适用）

级数	预扣预缴应纳税所得额	预扣率	速算扣除数
1	不超过 20 000 元的	20％	0
2	超过 20 000 元至 50 000 元的部分	30％	2 000
3	超过 50 000 元的部分	40％	7 000

【例 7-3】 居民个人张菲，2025 年 1 月应邀为立新公司进行为期 1 天的员工培训，约定税前课酬为 3 600 元。要求：立新公司应预扣预缴张菲多少元个人所得税税额？

解： 预扣预缴应纳税所得额＝3 600－800＝2 800（元）

预扣预缴个人所得税税额＝2 800×20％＝560（元）

【例 7-4】 居民个人王强 2025 年 6 月出版一部小说，取得含税稿酬 50 000 元。

要求：出版社支付稿酬时应预扣预缴王强多少元个人所得税税额？

解： 预扣预缴应纳税所得额＝50 000×（1－20％）×70％＝28 000（元）

应预扣预缴个人所得税税额＝28 000×20％＝5 600（元）

（三）居民个人综合所得汇算清缴税款的计算

居民个人取得综合所得，需要办理汇算清缴的，应当在取得所得的次年 3 月 1 日至 6 月 30 日内办理汇算清缴。年度综合所得应纳税额的计算公式为：

$$\text{年度综合所得应纳税额}＝\text{全年应纳税所得额}×\text{适用税率}－\text{速算扣除数}$$

$$\begin{matrix}\text{全年应纳税}\\\text{所得额}\end{matrix}=\begin{matrix}\text{全年}\\\text{收入额}\end{matrix}-60\,000\,元-\begin{matrix}\text{专项}\\\text{扣除}\end{matrix}-\begin{matrix}\text{专项附}\\\text{加扣除}\end{matrix}-\begin{matrix}\text{依法确定}\\\text{的其他扣除}\end{matrix}$$

$$\begin{matrix}\text{全年}\\\text{收入额}\end{matrix}=\begin{matrix}\text{工资、薪}\\\text{金全额}\end{matrix}+\begin{matrix}\text{劳务报酬}\\\text{实际收入}\end{matrix}\times(1-20\%)+\begin{matrix}\text{特许权使用}\\\text{费实际收入}\end{matrix}\times(1-20\%)+$$

$$\begin{matrix}\text{稿酬实}\\\text{际收入}\end{matrix}\times(1-20\%)\times70\%$$

居民个人办理年度综合所得汇算清缴时,应当依法计算劳务报酬所得、稿酬所得、特许权使用费所得的收入额,并入年度综合所得计算应纳税款,税款多退少补。

【例7-5】 居民个人张雯,2024年取得以下所得,每月缴纳"三险一金"等专项扣除1 800元,独自赡养60岁以上的父母,全年均享受独生子女教育、首套住房贷款利息专项附加扣除。

(1) 3月份,为甲企业提供技术服务,取得劳务报酬36 000元。

(2) 每月取得工资、薪金19 000元。

(3) 6月份,将专利许可投入企业使用,取得特许权使用费20 000元。

(4) 10月份,因出版一部专著,取得高等教育出版社支付稿酬46 000元。

要求:请计算2024年支付单位预扣预缴的个人所得税,并进行年终汇算清缴。

解:(1) 工资、薪金每月应预扣预缴个人所得税:

1月份预扣预缴应纳税所得额

$=19\,000-5\,000-1\,800-3\,000-2\,000-1\,000=6\,200(元)$

1月份应预扣预缴个人所得税税款$=6\,200\times3\%=186(元)$

2月份预扣预缴应纳税所得额

$=19\,000\times2-5\,000\times2-1\,800\times2-3\,000\times2-2\,000\times2-1\,000\times2=12\,400(元)$

2月份应预扣预缴个人所得税税款$=12\,400\times3\%-186=186(元)$

3月份预扣预缴应纳税所得额

$=19\,000\times3-5\,000\times3-1\,800\times3-3\,000\times3-2\,000\times3-1\,000\times3=18\,600(元)$

3月份应预扣预缴个人所得税税款$=18\,600\times3\%-186-186=186(元)$

4月份预扣预缴应纳税所得额

$=19\,000\times4-5\,000\times4-1\,800\times4-3\,000\times4-2\,000\times4-1\,000\times4=24\,800(元)$

4月份应预扣预缴个人所得税税款$=24\,800\times3\%-186-186-186=186(元)$

5月份预扣预缴应纳税所得额

$=19\,000\times5-5\,000\times5-1\,800\times5-3\,000\times5-2\,000\times5-1\,000\times5=31\,000(元)$

5月份应预扣预缴个人所得税税款$=31\,000\times3\%-186-186-186-186=186(元)$

6月份预扣预缴应纳税所得额

$=19\,000\times6-5\,000\times6-1\,800\times6-3\,000\times6-2\,000\times6-1\,000\times6=37\,200(元)$

6月份应预扣预缴个人所得税税款

$=37\,200\times10\%-2\,520-186-186-186-186-186=270(元)$

7月份预扣预缴应纳税所得额

$=19\,000\times7-5\,000\times7-1\,800\times7-3\,000\times7-2\,000\times7-1\,000\times7=43\,400(元)$

7 月份应预扣预缴个人所得税税款

＝43 400×10％－2 520－186－186－186－186－186－270＝620(元)

8 月份预扣预缴应纳税所得额

＝19 000×8－5 000×8－1 800×8－3 000×8－2 000×8－1 000×8＝49 600(元)

8 月份应预扣预缴个人所得税税款

＝49 600×10％－2 520－186－186－186－186－186－270－620＝620(元)

9 月份预扣预缴应纳税所得额

＝19 000×9－5 000×9－1 800×9－3 000×9－2 000×9－1 000×9＝55 800(元)

9 月份应预扣预缴个人所得税税款

＝55 800×10％－2 520－186－186－186－186－186－270－620－620＝620(元)

10 月份预扣预缴应纳税所得额

＝19 000×10－5 000×10－1 800×10－3 000×10－2 000×10－1 000×10＝62 000(元)

10 月份应预扣预缴个人所得税税款

＝62 000×10％－2 520－186－186－186－186－186－270－620－620－620＝620(元)

11 月份预扣预缴应纳税所得额

＝19 000×11－5 000×11－1 800×11－3 000×11－2 000×11－1 000×11＝68 200(元)

11 月份应预扣预缴个人所得税税款

＝68 200×10％－2 520－186－186－186－186－186－270－620－620－620－620

＝620(元)

12 月份预扣预缴应纳税所得额

＝19 000×12－5 000×12－1 800×12－3 000×12－2 000×12－1 000×12＝74 400(元)

12 月份应预扣预缴个人所得税税款

＝74 400×10％－2 520－186－186－186－186－186－270－620－620－620－620－620

＝620(元)

工资薪金所得本年共预扣预缴个人所得税税款

＝186×5＋270＋620×6＝930＋270＋3 720＝4 920(元)

(2) 3 月份劳务报酬所得应预扣预缴个人所得税：

劳务报酬所得应预扣预缴个人所得税税额＝36 000×(1－20％)×30％－2 000

＝6 640(元)

(3) 6 月份特许权使用费所得应预扣预缴个人所得税：

特许权使用费所得应预扣预缴个人所得税税额＝20 000×(1－20％)×20％＝3 200(元)

(4) 10 月份稿酬所得应预扣预缴个人所得税：

稿酬所得应预扣预缴个人所得税税额＝46 000×(1－20％)×70％×20％＝5 152(元)

支付单位共计预扣预缴张雯的个人所得税税额

＝4 920＋6 640＋3 200＋5 152＝19 912(元)

2025 年张雯综合所得汇算清缴应补退个人所得税

全年综合所得的收入额

＝19 000×12＋36 000×(1－20％)＋20 000×(1－20％)＋46 000×(1－20％)×70％

＝228 000＋28 800＋16 000＋25 760＝298 560(元)

全年应纳税所得额

＝298 560－5 000×12－1 800×12－3 000×12－2 000×12－1 000×12

＝298 560－105 600＝144 960(元)

全年应纳个人所得税＝144 960×10％－2 520＝11 976(元)

汇算清缴应退税额＝19 912－11 976＝7 936(元)

二、非居民个人工资薪金、劳务报酬、稿酬及特许权使用费所得应纳税额计算

非居民个人工资薪金所得、劳务报酬所得、稿酬所得及特许权使用费所得应缴纳的个人所得税,一般由扣缴义务人代扣代缴。扣缴义务人向非居民个人支付各项所得时,应当按照以下方法按月或者按次代扣代缴个人所得税款。

非居民个人的工资、薪金所得,以每月收入额减除费用5 000元后的余额为应纳税所得额,适用个人所得税税率表二(非居民个人综合所得适用)计算应纳税额。其计算公式为:

非居民个人工资薪金应纳税额＝应纳税所得额×适用税率－速算扣除数

【例7-6】 非居民个人杰克是在某外商投资企业任职的美国籍专家,2025年6月应得税前工资为36 000元。要求:请计算该企业应代扣代缴的个人所得税。

解: 应纳税所得额＝36 000－5 000＝31 000(元)

该企业应扣缴其工资、薪金所得个人所得税＝31 000×25％－2 660＝5 090(元)

劳务报酬所得、稿酬所得、特许权使用费所得,以每次收入额为应纳税所得额,适用个人所得税税率表二(非居民个人综合所得适用)计算应纳税额。其中,劳务报酬所得、稿酬所得、特许权使用费所得以收入减除20％的费用后的余额为收入额;稿酬所得的收入额再减按70％计算。

$$非居民个人劳务报酬所得、稿酬所得、特许权使用费所得应纳税额＝应纳税所得额×适用税率－速算扣除数$$

【例7-7】 甲企业购入非居民个人杰克发明的一项专利技术的使用权。约定的使用费为56 000元,个人所得税由杰克个人承担。要求:计算甲企业应代扣代缴的个人所得税税额。

解: 应纳税所得额＝56 000×(1－20％)＝44 800(元)

应纳所得税税额＝44 800×30％－4 410＝9 030(元)

三、经营所得应纳税额的计算

经营所得,以每一纳税年度的收入总额减除成本、费用以及损失后的余额,为应纳税所得额。成本、费用是指生产经营活动中发生的各项直接支出和分配计入成本的间接费用以及销售费用、管理费用、财务费用;损失是指生产经营活动中发生的固定资产和存货的盘亏、毁损、报废损失,转让财产损失,坏账损失,自然灾害等不可抗力因素造成的损失以及其他损失。

经营所得应纳税额实行按年计算、分月或分季预缴、年终汇算清缴、多退少补的方法。因此,在实际工作中,需要分别计算按月预缴税额和年终汇算清缴税额。其计算公式为:

本月预缴税额＝本月累计应纳税所得额×税率－速算扣除数－上月累计已预缴税额

全年应纳税额＝全年应纳税所得额×税率－速算扣除数

财产租赁所得适用 20% 的比例税率。但对个人按市场价格出租的居民住房取得的所得，暂减按 10% 的税率征收个人所得税。

其应纳税额的计算公式为：应纳税额＝应纳税所得额×适用税率

【例 7-8】 王强于 2025 年 1 月将自有门面房出租给李左作经营场所，租期 1 年，每月取得租金收入 6 000 元，全年租金收入 72 000 元。3 月份因下水道堵塞，发生修理费用 1 000 元，有维修部门的正规收据。要求：不考虑其他税费，计算王强全年应缴纳的个人所得税。

解： 王强 1—2 月、5—12 月每月应缴纳的个人所得税税额＝6 000×(1−20%)×20%
＝960(元)

王强 3 月应缴纳的个人所得税税额＝(6 000−800)×(1−20%)×20%＝832(元)

王强 4 月应缴纳的个人所得税税额＝(6 000−200)×(1−20%)×20%＝928(元)

王强全年应缴纳的个人所得税税额＝960×10＋832＋928＝11 360(元)

在本例中，王强出租的为门面房，因此按 20% 计算缴纳个人所得税；如果出租的是住房，应按 10% 计算缴纳个人所得税。此外，本例在计算个人所得税时未考虑其他税费，如果租金收入计征增值税、房产税、城市维护建设税和教育费附加等，还应将其从税前收入中先扣除，再计算应缴纳的个人所得税。

在实际征税过程中，有时会出现财产租赁所得的纳税人不明确的情况。对此，在确认租赁所得的纳税义务人时，应以产权凭证为依据。无产权凭证的，由主管税务机关根据实际情况确定纳税义务人。如果产权所有人死亡，在未办理产权继承手续期间，该财产因出租而获取租金收入的，以领取租金的个人为纳税义务人。

四、财产转让所得应纳税额的计算

财产转让所得按照一次转让财产的收入额减除财产原值和合理费用后的余额计算个人所得税。

财产转让所得应纳税额的计算公式为：

应纳税额＝应纳税所得额×适用税率＝(每次收入总额−财产原值−合理税费)×20%

自 2006 年 8 月 1 日起，个人转让住房所得应纳个人所得税的计算具体规定如下：

(1) 以实际成交价格为转让收入。纳税人申报的住房成交价格明显低于市场价格且无正当理由的，征收机关依法有权根据有关信息核定其转让收入，但必须保证各税种计税价格一致。

(2) 纳税人可凭原购房合同、发票等有效凭证，经税务机关审核后，允许从其转让收入中减除房屋原值、转让住房过程中缴纳的税金及有关合理费用。

转让住房过程中缴纳的税金是指纳税人在转让住房时实际缴纳的城市维护建设税、教育费附加、土地增值税、印花税等税金。

合理费用是指纳税人按照规定实际支付的住房装修费用、住房贷款利息、手续费、公证费等费用。其中：①住房装修费用。纳税人能提供实际支付装修费用的税务统一发票，并且发票上所列付款人姓名与转让房屋产权人一致的，经税务机关审核，其转让的住房在转让前实际发生的装修费用，可在以下规定比例内扣除：已购公有住房、经济适用房的最高扣除限额为房屋原值的 15%；商品房及其他住房：最高扣除限额为房屋原值的 10%。纳税人原购房为装修房,即合同注明房价款中含有装修费(铺装了地板,装配了洁具、厨具等)的,不得再重复扣除装修费用。②住房贷款利息。纳税人出售以按揭贷款方式购置的住房的,其向贷款银行实际支付的住房贷款利息,凭贷款银行出具的有效证明据实扣除。③纳税人按照有关规定实际支付的手续费、公证费等,凭有关部门出具的有效证明据实扣除。

(3) 纳税人未提供完整、准确的房屋原值凭证,不能正确计算房屋原值和应纳税额的,税务机关可根据《税收征收管理法》第 35 条的规定,对其实行核定征税,即按纳税人住房转让收入的一定比例核定应纳个人所得税额。具体比例由省级税务局或者省级税务局授权的地市级税务局根据纳税人出售住房的所处区域、地理位置、建造时间、房屋类型、住房平均价格水平等因素,在住房转让收入 1‰～3‰ 的幅度内确定。

【例 7-9】 居民个人李飞转让一幢住房,房屋建造价格为 600 000 元,转让价格为 900 000 元,支付转让过程中的相关税费为 86 000 元。要求:计算李飞转让房屋应缴纳的个人所得税。

解: 应纳税所得额＝900 000－600 000－86 000＝214 000(元)

应纳个人所得税税额＝214 000×20‰＝42 800(元)

五、利息、股息、红利所得应纳税额的计算

利息、股息、红利所得以个人每次取得的收入额为应纳税所得额,不得从收入额中扣除任何费用。每次收入是指支付单位或个人每次支付利息、股息、红利时,个人所取得的收入。在计算利息、股息、红利所得应纳税额时,需要注意以下问题:

(1) 股份制企业在分配股息、红利时,以股票形式向股东个人支付应得的股息、红利(派发红股),应以派发红股的股票票面金额为收入额,计征个人所得税。股份制企业用资本公积金转增股本不属于股息、红利性质的分配,对个人取得的转增股本数额,不作为个人所得,不征收个人所得税;用盈余公积金派发红股属于股息、红利性质的分配,对个人取得的红股数额,应作为个人所得征税。

(2) 个人从公开发行和转让市场取得的上市公司股票,持股期限在 1 个月以内(含 1 个月)的,其股息、红利所得全额计入应纳税所得额;持股期限在 1 个月以上至 1 年(含 1 年)的,暂减按 50‰ 计入应纳税所得额;个人从公开发行和转让市场取得的上市公司股票持股期限超过 1 年的,股息、红利所得暂免征个人所得税。

(3) 个人持有挂牌公司的股票,持股期限在 1 个月以内(含 1 个月)的,其股息、红利所得全额计入应纳税所得额;持股期限在 1 个月以上至 1 年(含 1 年)的,其股息、红利所得暂减按 50‰ 计入应纳税所得额;个人持有挂牌公司的股票,持股期限超过 1 年的,对股息、红利所得暂免征个人所得税。

【例 7-10】 黄欢取得单位集资款的利息收入 20 000 元,因持有甲上市公司股(持有期限为 2 个月)取得股息收入 46 000 元。要求:请计算黄欢应纳个人所得税税额。

解: 应纳税额＝20 000×20‰＋46 000×50‰×20‰＝4 000＋4 600＝8 600(元)

六、偶然所得应纳税额的计算

偶然所得以个人每次收入额为应纳税所得额,不扣除任何费用。

偶然所得应纳税额的计算公式为：

$$应纳税额＝应纳税所得额×适用税率＝每次收入额×20\%$$

七、有捐赠扣除的应纳税额的计算

个人将其所得对教育、扶贫、济困等公益慈善事业进行捐赠,捐赠额未超过纳税人申报的应纳税所得额30%的部分,可以从其应纳税所得额中扣除；国务院规定对公益慈善事业捐赠实行全额税前扣除的,从其规定。

个人将其所得对教育、扶贫、济困等公益慈善事业进行捐赠是指个人将其所得通过中国境内的公益性社会组织、国家机关向教育、扶贫、济困等公益慈善事业的捐赠；应纳税所得额是指计算扣除捐赠额之前的应纳税所得额。

个人捐赠住房作为公租房,符合税收法律法规规定的,对其公益性捐赠支出未超过其申报的应纳税所得额30%的部分,准予从其应纳税所得额中扣除,一般捐赠额的扣除,以不超过纳税人申报应纳税所得额的30%为限。其计算公式为：

$$捐赠扣除限额＝申报的应纳税所得额×30\%$$

如果纳税人的实际捐赠额小于或等于捐赠扣除限额,则其实际捐赠额可全额扣除；如果纳税人的实际捐赠额大于捐赠扣除限额,则只能按捐赠扣除限额扣除。

个人的下列公益性捐赠可在计算应纳税所得额时全额扣除：个人通过非营利性的社会组织和国家机关向红十字事业的捐赠；个人通过非营利性的社会组织和国家机关向农村义务教育的捐赠；个人通过非营利性的社会组织和国家机关向公益性青少年活动场所(其中包括新建)的捐赠。

有捐赠扣除的应纳税额计算可按下列步骤进行：

第一步,计算捐赠申报的应纳税所得额。

第二步,计算捐赠扣除限额。计算公式为：

$$捐赠扣除限额＝申报的应纳税所得额×30\%$$

第三步,确定准予扣除的捐赠额。

比较扣除限额与实际发生的公益救济性捐赠,从低确定。

第四步,计算应纳税额。计算公式为：

$$应纳税额＝(申报的应纳税所得额－准予扣除的捐赠额)×适用税率$$

或：　　$$应纳税额＝(申报的应纳税所得额－准予扣除的捐赠额)×适用税率－速算扣除数$$

【例7-11】　居民个人张国欢,2024年扣除"三险一金"后的工资收入为290 000元,假定没有专项附加扣除和其他扣除,当年通过希望工程基金会向希望工程捐赠16 000元,通过民政局向贫困地区捐赠20 000元,直接向当地敬老院捐赠9 000元。要求：请计算2024年张国欢应纳个人所得税税额。

解： 申报的应纳税所得额＝290 000－60 000＝230 000(元)

公益性捐赠扣除限额＝230 000×30%＝69 000(元)

准予扣除的公益性捐赠额＝16 000＋20 000＝36 000(元)

应纳个人所得税税额＝(230 000－36 000)×20％－16 920

＝194 000×20％－16 920＝21 880(元)

第七节　境外所得的税额扣除

一、税法规定的抵免原则

根据《个人所得税法》规定,居民个人从中国境外取得的所得,可以从其应纳税额中抵免已在境外缴纳的个人所得税税额,但抵免额不得超过该纳税人境外所得依照本法规定计算的应纳税额。

税法所称已在境外缴纳的个人所得税税额是指纳税义务人从中国境外取得的所得,依照该所得来源国家或者地区的法律应当缴纳并且实际已经缴纳的税额。

纳税人境外所得依照税法规定计算的应纳税额是居民个人已在境外缴纳的综合所得、经营所得以及其他所得的所得税税额的抵免限额(以下简称抵免限额)。除国务院财政、税务主管部门另有规定外,来源于中国境外一个国家(地区)的综合所得抵免限额、经营所得抵免限额以及其他所得抵免限额之和,为来源于该国家(地区)所得的抵免限额。

居民个人在中国境外一个国家或者地区实际已经缴纳的个人所得税税额,低于依照上述规定计算出的该国家或者地区扣除限额的,应当在中国缴纳差额部分的税款;超过该国家或者地区扣除限额的,超过部分不得在本纳税年度的应纳税额中扣除,但是可以在以后纳税年度的该国家或者地区扣除限额的余额中补扣,补扣期限最长不得超过5年。

二、居民个人应区分来源国计算境外所得抵免限额

我国个人所得税境外抵免采取分国(地区)分项计算并汇总确定限额,分国(地区)不分项抵免境外已税额。

1. 综合所得抵免限额

居民个人从中国境内和境外取得的综合所得,应当合并按照我国个人所得税综合所得税率计算应纳税额。对境外某国家(地区)的抵免限额,按照居民个人从该国家(地区)取得的综合所得占全部境内、境外综合所得的比重,配比计算抵免限额。其计算公式为:

$$\text{某境外国家(地区)抵免限额}=\text{境内、境外全部综合所得应纳税额}\times\left(\frac{\text{某国家(地区)境外综合所得收入额}}{\text{境内综合所得收入额＋全部境外综合所得收入额}}\right)$$

2. 经营所得抵免限额

居民个人从中国境内和境外取得的经营所得,应当合并按照我国个人所得税经营所得税率计算应纳税额。对境外某国家(地区)的抵免限额,按照居民个人从该国家(地区)取得的经营所得占全部境内、境外经营所得的比重,配比计算抵免限额。其计算公式为:

$$某境外国家(地区)\atop 抵免限额 = \frac{境内、境外全部经营}{所得应纳税额} \times \left[\frac{某国家(地区)境外}{经营所得收入} \div \left(\frac{境内经营}{所得收入额} + \frac{全部境外经营}{所得收入额} \right) \right]$$

3. 其他所得项目抵免限额

居民个人从中国境内和境外取得的其他所得,应当分别单独按照我国个人所得税适用税率计算应纳税额。对境外某国家(地区)的抵免限额,为来源于境外某国家(地区)的其他所得项目按我国《个人所得税法》规定计算的应纳税额。其计算公式为:

$$某境外国家(地区)抵免限额 = 境外其他项目所得 \times 适用税率$$

【例 7-12】 居民个人王朱爱,2024 年全年取得工资收入 300 000 元,5 月从 A 国取得特许权使用费收入 60 000 元。8 月,王朱爱的一本著作被境外 B 国出版社出版,取得稿酬所得折合人民币 88 000 元;8 月,又在 C 国取得利息收入 3 000 元。王朱爱已分别按 A 国、B 国和 C 国税法规定,缴纳了个人所得税 10 000 元、9 600 元和 400 元,并已提供完税凭证原件。王朱爱有一独生子女在上小学五年级,父母均超过 60 岁,申报全年可扣除专项附加扣除有两项,子女教育扣除 2 000 元/月、赡养老人扣除 3 000 元/月。要求:假定不考虑专项扣除和依法确定的其他扣除,计算 2025 年 3 月王朱爱汇算清缴应补(退)个人所得税税额。

解:

(1) 境内外全部综合所得应纳个人所得税税额:

来源于境内工资收入额=300 000(元)

来源于 A 国的特许权使用费收入额=60 000×(1−20%)=48 000(元)

来源于 B 国的稿酬收入额=88 000×(1−20%)×70%=49 280(元)

全部综合所得收入额=300 000+48 000+49 280=397 280(元)

2024 年综合所得的应纳税所得额=397 280−60 000−3 000×12−2 000×12

=277 280(元)

境内外全部综合所得应纳税额=277 280×20%−16 920=38 536(元)

(2) 境外其他项目所得应纳个人所得税税额:

2024 年境外其他所得应纳税额=3 000×20%=600(元)

(3) 2024 年在境内预缴个人所得税税额:

2024 年预缴税额=(300 000−60 000−3 000×12−2 000×12)×20%−16 920

=180 000×20%−16 920=19 080(元)

(4) A 国、B 国和 C 国所得税抵免限额:

来自 A 国所得的抵免限额=38 536×(48 000÷397 280)=4 655.98(元)

王朱爱在 A 国缴纳的个人所得税为 10 000 元,高于抵免限额,因此按抵免限额 4 655.98 元抵免。

来自 B 国所得的抵免限额=38 536×(49 280÷397 280)=4 780.14(元)

王朱爱在 B 国缴纳的个人所得税为 9 600 元,高于抵免限额,因此按抵免限额 4 780.14 元抵免。

来自 C 国所得的抵免限额=3 000×20%=600(元)

王朱爱在 C 国实际缴纳的税款低于抵免限额,因此按实际缴纳税额 400 元抵免。

(5) 应补税额=38 536+600−4 655.98−4 780.14−400−19 080=10 219.88(元)

第八节　个人所得税的征收管理实务

一、纳税申报

(一)自行纳税申报

根据《个人所得税法》的规定,有下列情形之一的,纳税人应当依法办理纳税申报:

(1)取得综合所得需要办理汇算清缴。

(2)取得应税所得没有扣缴义务人。

(3)取得应税所得,扣缴义务人未扣缴税款。

(4)取得境外所得。

(5)因移居境外注销中国户籍。

(6)非居民个人在中国境内从两处以上取得工资、薪金所得。

(7)国务院规定的其他情形。

(二)代扣代缴纳税申报

1. 扣缴义务人和代扣代缴的范围

扣缴义务人向个人支付下列所得,应代扣代缴个人所得税:

(1)工资、薪金所得。

(2)劳务报酬所得。

(3)稿酬所得。

(4)特许权使用费所得。

(5)利息、股息、红利所得。

(6)财产租赁所得。

(7)财产转让所得。

(8)偶然所得。

(9)经国务院财政部门确定征税的其他所得。

2. 扣缴义务人的义务

(1)扣缴义务人应指定支付应纳税所得的财务会计部门或其他有关部门的人员为办税人员,由办税人员具体办理个人所得税的代扣代缴工作。

(2)扣缴义务人依法履行代扣代缴税款时,纳税人不得拒绝。纳税人拒绝的,扣缴义务人应及时报告税务机关处理,并暂时停止支付其应纳税所得。

(3)纳税人受雇于中国境内的公司、企业和其他经济组织以及政府部门并派往境外工作,其所得由境内派出单位支付或负担的,境内派出单位为个人所得税扣缴义务人,税款由境内派出单位负责代扣代缴。

(4)外国企业驻京办事机构中外籍个人的工资、薪金所得应缴纳的个人所得税,一律由其任职受雇的外国企业驻京办事机构代扣代缴。在中国境内设有机构、场所的外国企业,对其雇员所取得的由境外总机构或关联企业支付的工资、薪金,应由其中国境内所设机构、场所负责代扣代缴个人所得税。

（三）代扣代缴期限

扣缴义务人每月所扣的税款,应当在次月 7 日内缴入国库,同时向主管税务机关报送或上传《扣缴个人所得税报告表》和个人基础信息。

（四）申报地点

凡是办理税务登记或注册税务登记的企事业单位及个人,应向其主管税务机关申报纳税。没有税务登记或注册税务登记的组织机构、场所、个人应按照其隶属关系,分别到所在地税务机关申报纳税。

（五）代扣代收税款凭证

扣缴义务人在代扣税款时,必须向纳税人开具税务机关统一印制的代扣代收税款凭证,并详细注明纳税人姓名、工作单位、家庭住址和居民身份证或护照号码(无上述证件的,可用其他能有效证明身份的证件)等个人情况。对工资、薪金所得和利息、股息、红利所得等,因纳税人数众多、不便开具代扣代收税款凭证的,经主管税务机关同意,可不开具代扣代收税款凭证,但应通过一定形式告知纳税人已扣缴税款。纳税人为持有完税依据而向扣缴义务人索取代扣代收税款凭证的,扣缴义务人不得拒绝。

二、核定征收

（一）核定征收的范围

有下列情形之一的,主管税务机关应采取核定征收方式征收个人所得税:

(1) 企业依照国家有关规定应当设置但未设置账簿的;

(2) 企业虽设置账簿,但账目混乱或者成本资料、收入凭证、费用凭证残缺不全,难以查账的;

(3) 纳税人发生纳税义务,未按照规定的期限办理纳税申报,经税务机关责令限期申报,逾期仍不申报的。

（二）核定征收方式

核定征收方式包括定额征收、核定应税所得率征收以及其他合理的征收方式。实行核定应税所得率征收方式的,应纳所得税额的计算公式为:

$$应纳所得税额＝应纳税所得额×适用税率$$
$$应纳税所得额＝收入总额×应税所得率$$

或

$$＝成本费用支出额÷(1－应税所得率)×应税所得率$$

企业经营多业的,无论其经营项目是否单独核算,均应根据其主营项目确定其适用的应税所得率。

三、纳税期限

居民个人取得综合所得,按年计算个人所得税;有扣缴义务人的,由扣缴义务人按月或者按次预扣预缴税款;需要办理汇算清缴的,应当在取得所得的次年 3 月 1 日至 6 月 30 日办理汇算清缴。

纳税人取得经营所得,按年计算个人所得税,由纳税人在月度或者季度终了后 15 日内向税务机关报送纳税申报表,并预缴税款;在取得所得的次年 3 月 31 日前办理汇算清缴,纳税人取得应税所得没有扣缴义务人的,应当在取得所得的次月 15 日内向税务机关报纳税申报表,并缴纳税款。

纳税人取得应税所得,扣缴义务人未扣缴税款的,纳税人应当在取得所得的次年 6 月前缴纳税款;税务机关通知限期缴纳的,纳税人应当按照期限缴纳税款。

居民个人从中国境外取得所得的,应当在取得所得的次年 3 月 1 日至 6 月 30 日申报纳税。

非居民个人在中国境内从两处以上取得工资、薪金所得的,应当在取得所得的次月 15 日内申报纳税。

扣缴义务人每月或者每次预扣、代扣的税款,应当在次月 15 日内缴入国库,并向税务机关报送扣缴个人所得税申报表。

四、汇算清缴

根据《个人所得税法实施条例》第 25 条的规定,取得综合所得需要办理汇算清缴的情形包括:

(1) 从两处以上取得综合所得,且综合所得年收入额减除专项扣除后的余额超过 6 万元。

(2) 取得劳务报酬所得、稿酬所得、特许权使用费所得中一项或者多项所得,且综合所得年收入额减除专项扣除的余额超过 6 万元。

(3) 纳税年度内预缴税额低于应纳税额。

(4) 纳税人申请退税。

纳税人申请退税,应当提供其在中国境内开设的银行账户,并在汇算清缴地就地办理税款退库。

居民个人办理年度综合所得汇算清缴时,应当依照《个人所得税法》规定计算劳务报酬所得、稿酬所得、特许权使用费所得的收入额,并入年度综合所得计算应纳税款,税款多退少补。

纳税人可以委托扣缴义务人或者其他单位和个人办理汇算清缴。

汇算清缴的具体办法由国务院税务主管部门制定。

第九节　个人所得税的税务合规计划

一、个人所得税纳税人身份的税务合规计划

纳税人可以通过住所和居住时间的税务合规计划,改变自身居民或非居民身份以实现节税。

(一) 控制居住时间,改变居民身份

通过合理控制居住时间,使居住在中国境内的天数累计不满 183 天,可以避免成为居民个人,从而规避居民个人的无限纳税义务。

(二) 控制住所(居住地)

通过规划住所进行税务合规计划,是指个人通过跨境迁移住所,使其不具备任何国家或者地区的住所,以此规避相关国家对居民个人身份的认定,进而免除个人所得税无限纳税义务。

　　一些从事跨国活动的人员通过不在任何一个国家长期居住,避免成为任何一个国家的居民个人,以此达到少缴或免缴相关税收的目的。

二、企业组织形式的税务合规计划

　　目前,可以选择的企业组织形式主要有:

　　(1) 个体工商户:从事生产经营,按照 5%～35% 的五级超额累进税率缴纳个人所得税。

　　(2) 个人独资企业:无限责任,按照 5%～35% 的五级超额累进税率缴纳个人所得税。

　　(3) 合伙企业:无限责任,按照 5%～35% 的五级超额累进税率缴纳个人所得税。

　　(4) 对企事业单位承包、承租经营:①承包、承租人对企业经营成果不拥有所有权,仅按合同(协议)约定取得一定所得的,应按"工资、薪金所得"项目征收个人所得税,适用 3%～45% 的七级超额累进税率。②承包、承租人按合同约定只向发包方、出租人缴纳一定费用,缴纳承包、承租费后的企业经营成果归承包、承租人所有,其取得的所得,按"经营所得"项目征收个人所得税,适用 5%～35% 的五级超额累进税率。

　　(5) 公司制企业:有限责任公司,缴纳企业所得税,投资者分红缴纳个人所得税。

　　经营者可以根据自身情况,决定采用何种经营形式。

三、个人所得税应纳税所得额的税务合规计划

　　通过减少应税收入或加大费用扣除的税务合规计划来降低应纳税所得额,进而降低应纳个人所得税税额。

(一) 应税收入的税务合规计划

　　若把发给员工的部分现金性工资改为提供免费食宿、免费通勤、办公用品,为职工增加补充社会保险或公积金缴费,安排免费旅游体检,为职工子女提供奖助学金等福利,一方面,能在带来相同消费满足程度的同时,降低名义工薪,从而降低个人应纳税所得额,少缴个人所得税;另一方面,这些支出作为费用还可抵减企业所得税应纳税所得额,减少企业所得税,企业和个人双受益。在纳税人实际收入水平不变的情况下,通过不同项目之间的转换,尽可能降低应税收入,减少应纳税所得额和应交个人所得税,实现税后净收益最大化。

　　【例 7-13】　某经济学家欲创作一本关于中国经济发展趋势的书籍,出版社与该经济学家达成协议:全部稿费为 20 万元。为编写该书,需要出差考察,预计考察费 5 万元。要求:进行这次稿酬所得的税务合规计划,合理规划应税收入。

　　解: 税务合规计划依据:个人在写作过程中,一般会产生以下费用:资料费、稿纸、绘画工具、作图工具、书写工具、其他材料、交通费、住宿费、实验费、实践费等。可以与出版社协商,以这些费用冲抵稿酬收入,降低应税收入,从而减少应纳税所得额,实现个人所得税的减少。

　　税务合规计划过程:

　　方案一:该经济学家承担费用 5 万元,按稿酬收入 20 万元缴纳个人所得税。

　　应纳个人所得税税额 200 000×(1−20%)×70%×20%＝22 400(元)

　　税后净收益＝200 000−50 000−22 400＝127 600(元)

　　方案二:出版社承担考察费用 5 万元,冲抵稿酬。

　　应纳个人所得税税额＝(200 000−50 000)×(1−20%)×70%×20%＝16 800(元)

税后净收益＝200 000－50 000－16 800＝133 200(元)

税务合规计划结论：应选择方案二,考察费用 5 万元冲抵稿酬,该经济学家获取较多收益。

(二)费用扣除项目的税务合规计划

个人所得税费用扣除项目税务合规计划的要点是尽量增加费用扣除项目的金额。可以利用个人所得税的优惠性税收政策,提高费用扣除项目金额,减少应纳税所得额和应缴纳个人所得税税额。

税法关于个人捐赠支出扣除的优惠政策主要有以下两项：

(1) 个人将其所得通过境内公益性社会组织、国家机关向教育、扶贫、济困等公益慈善事业的捐赠,捐赠额未超过纳税人申报的应纳税所得额30％的部分,可以从其应纳税所得额中扣除。

(2) 个人通过境内的公益性社会组织、国家机关向红十字事业的捐赠、向农村义务教育的捐赠、向公益性青少年活动场所的捐赠,可以从其应纳税所得额中全额扣除。

【例 7-14】 演员刘某一次性取得劳务报酬 50 万元,将其中的 20 万元劳务费直接捐赠给了家乡的两所高中。假设刘某的综合所得为 50 万元,不考虑专项扣除项目等。要求：请为演员刘某进行个人捐赠支出的税务合规计划。

解： 税务合规计划思路：个人捐赠支出税务合规计划的重点应该是捐赠方式、捐赠投向、捐赠额度。也就是说,个人捐赠必须在捐赠方式、捐赠投向、捐赠额度上符合税法规定,才能扣除,免缴或少缴个人所得税；否则,不能扣除。

税务合规计划过程：

原方案：直接捐赠,个人捐赠支出 200 000 元不得扣除。

刘某应纳个人所得税税额＝(500 000－60 000)×30％－52 920
$$=440\,000×30％－52\,920＝79\,080(元)$$

税务合规计划新方案一：通过公益性社会组织或国家机关向高中捐赠。

可扣除的个人捐赠支出＝(500 000－60 000)×30％＝132 000(元)

应纳个人所得税税额＝(500 000－60 000－132 000)×25％－31 920
$$=308\,000×25％－31\,920＝45\,080(元)$$

税务合规计划新方案二：通过公益性社会组织向农村初中捐赠(义务教育)。

可扣除的个人捐赠支出＝200 000(元)

缴纳个人所得税税额＝[500 000－60 000－200 000]×20％－16 920
$$=240\,000×20％－16\,920＝31\,080(元)$$

税务合规计划结论：刘某应选择税务合规计划新方案二,通过公益性社会组织向家乡初中捐赠。

四、个人所得税税率的税务合规计划

根据量能纳税原则,我国个人所得税采取综合与分类相结合的征收模式,综合所得实行3％～45％的七级超额累进税率,经营所得实行 5％～35％的五级超额累进税率,其他应税税目基本上采取20％的比例税率。一般来说,个人收入越高,比例税率会带来相对税负不变,而累进税率则随着收入增加而税负相应增加。

税率的税务合规计划的基本原理是,基于累进税率的高收入适用高税率的特点,通过收入的合理安排,避免适用高税率,进而达到节税目的。这主要有以下两种税务合规计划方法。

1. 降低应税收入,降低税负

对于适用超额累进税率的综合所得与经营所得,应在税法允许的范围内降低应税收入及适用的税率,从而达到节税的目的。例如,在税法允许范围内,把工资、薪金收入福利化,降低货币性工资、薪金所得,这样既能保证原生活福利水平不降低,又能通过降低工资、薪金收入及适用税率,减少应纳个人所得税。

2. 不同税率的应税项目的转换

不同应税项目所得适用的税率不同,导致相同收入下不同应税项目应交个人所得税存在较大差异,因此利用不同应税项目之间税率的差异是进行税务合规计划的一个重要思路。如果个人所得额较大,可以考虑将高税率的工资薪金、劳务报酬等综合所得,转换为较低税率的稿酬所得或者股权转让所得等。

【例7-15】 已退休职工李某与某杂志社签订劳动合同,约定李某每月在该杂志上发表10篇文章,文章主要涉及新闻或者财经评论方面的内容,每篇文章的报酬是800元且每月末结算当月收入(不考虑专项扣除和其他扣除等)。要求:进行工资、薪金所得和稿酬所得的税务合规计划处理。

解: 税务合规计划思路:本例税务合规计划的重点是,李某与杂志社签订劳动合同或者不签订劳动合同。李某与杂志社签订劳动合同,取得的文章报酬属于工资、薪金所得,应税收入没有扣除,相对税负较高。李某不与杂志社签订劳动合同,取得的文章报酬属于稿酬所得,扣除费用较多,相对税负较低。

税务合规计划过程:

原方案:李某与杂志社签订劳动合同。

全年应纳税所得额=800×10×12−60 000=36 000(元)

全年应纳个人所得税税额=36 000×3%=1 080(元)

税务合规计划新方案:李某与杂志社不签订劳动合同。

李某年应纳税所得额=800×10×12×(1−20%)×70%=53 760(元)<60 000(元),所以无须纳税。

税务合规计划结论:税务合规计划新方案比原方案全年少缴个人所得税1 080元。所以,应选择税务合规计划新方案,即李某不与杂志社签订劳动合同,使取得的收入属于稿酬所得,就不需要缴纳个人所得税。

五、综合所得的税务合规计划

(一)工资、薪金所得与劳务报酬所得转换的税务合规计划

工资、薪金所得与劳务报酬所得最大的区别在于个人是否与接受其劳动的单位签订了存在雇佣关系的劳动合同。这两个应税项目的费用扣除标准和适用税率存在很大差别,应纳个人所得税税额相差很多。

【例7-16】 孙某2025年欲到甲企业打工,约定年收入为78 000元,每月发放6 500元,孙

某可选择与该企业签署劳动合同或劳务合同。假设无论确定何种用工关系，对企业和个人的其他方面不产生影响。要求：请对上述业务进行"工资、薪金所得"和"劳务报酬所得"的税务合规计划。

税务合规计划依据：

解：居民个人与企业签订劳动合同，其所得属于"工资、薪金所得"；签订劳务合同，其所得属于"劳务报酬所得"。

居民个人"工资、薪金所得"和"劳务报酬所得"都适用预扣预缴方式纳税，但工资、薪金所得适用 3%～45% 的七级超额累进税率，劳务报酬所得适用 20%～40% 的三级超额累进税率。

税务合规计划过程：

方案一：双方签署劳务合同，确立劳务关系，按劳务报酬所得计算应纳个人所得税。

孙某每月预扣预缴个人所得税税额＝$[6\,500×(1-20\%)]×20\%=1\,040$（元）

孙某全年应纳个人所得税税额＝$1\,040×12=12\,480$（元）

方案二：签署劳动合同，确立雇佣关系，按工资、薪金所得计算个人所得税。

每月预扣预缴个人所得税税额＝$6\,500-5\,000-$专项扣除$-$专项附加扣除$-$其他扣除

可见，按工资、薪金所得计算缴纳个人所得税，应少于 1 040 元，或者不缴税。

税务合规计划结论：方案二比方案一少缴纳个人所得税，因此应当选择方案二，即签订劳动合同，按照"工资、薪金"项目计划。签署劳动合同，原则上由单位为员工缴纳"五险一金"；签署劳务合同不涉及"五险一金"问题，可通过缴纳商业保险来代替。所以，实际工作中应统筹考虑。

（二）工资、薪金所得与稿酬所得转换的税务合规计划

任职、受雇于报刊、杂志等单位的记者、编辑等专业人员，在本单位的报刊、杂志上发表作品取得的所得，按"工资、薪金所得"计征个人所得税；如果是在其他单位的报刊、杂志上发表作品取得的所得，按"稿酬所得"计征个人所得税。

【例 7-17】 李某为某报社的记者，月工资为 5 000 元。2025 年 3 月李某准备发表一篇文章，无论是在所任职的报社发表还是在其他报社发表，均可获得 2 000 元的报酬。不考虑专项扣除和其他扣除。要求：请对上述业务进行"工资、薪金所得"和"稿酬所得"的税务合规计划处理。

解：税务合规计划过程：

方案一：李某在所任职的报社发表文章。

2025 年 3 月李某工资、薪金所得应纳个人所得税税额＝$(5\,000+2\,000-5\,000)×3\%-0=60$（元）

方案二：李某在其他报社发表文章，2025 年 3 月其工资 5 000 元未超过扣除数，不需要纳税；稿酬所得应纳个人所得税税额＝$(2\,000-800)×(1-30\%)×20\%=168$（元）。

税务合规计划结论：方案一比方案二少预缴个人所得税 108 元（168-60），因此应当选择方案一，即在任职的杂志社发表文章，可以少缴个人所得税。

（三）工资、薪金所得与红利所得转换的税务合规计划

工资、薪金适用 3%～45% 的七级超额累进税率，而红利适用 20% 的比例税率，工资在税

前列支,而红利在税后列支。由于税率不同以及税前、税后列支不同,因此,支付工资与红利的税负是不同的,纳税人可以通过测算发放工资与发放红利的税负大小来选择合理的税务合规计划。

【例 7-18】　甲公司是由 4 个股东每人出资 100 万元成立的有限责任公司。4 个股东平时不领取工资,年终按照利润情况分红。2024 年度,该公司职工人数为 40 人,年工资总额为 120 万元,实现税前利润 100 万元,假设没有纳税调整项目。年终 4 个股东决定将本年度净利润中的 24 万元进行分红,每人每年取得红利 6 万元。要求:请对上述业务进行"工资、薪金所得"和"股息、红利所得"的税务合规计划。

解:税务合规计划思路:设计取得工资和取得红利两个方案,分别计算其个人所得税和企业所得税的大小,进行比较,选择应纳所得税税额小的方案。需要注意的是,发放的工资应当为合理的工资,以避免被税务机关认定为变相发放红利。

税务合规计划过程:

方案一:每人每年取得工资 6 万元,即每月发放工资 5 000 元,与工资、薪金每月基本扣除数 5 000 元相等,所以工资无须缴纳个人所得税。

应纳企业所得税税额＝(100－4×6)×25％＝76×25％＝19(万元)

方案二:每人每年取得红利 6 万元。

红利所得应纳个人所得税税额＝6×20％×4＝4.8(万元)

此情况下甲公司应纳企业所得税税额＝100×25％＝25(万元)

合计应纳所得税税额＝4.8＋25＝29.8(万元)

税务合规计划结论:方案二比方案一多缴所得税10.8 万元(29.8－19),因此应当选择方案一,即采用取得合理工资的形式,可以达到节税的目的。

(四) 工资薪金、劳务报酬所得和经营所得之间的转化

2019 年个人所得税改革后,工资薪金、劳务报酬所得和经营所得仍属于两类不同性质的所得,适用不同的税率和计税方法。从客观上看,这两种所得税的个人所得税负担不同,并且经营所得的纳税人包括个体工商户、个人独资企业和合伙企业的合伙人,符合条件的可以享受核定征收的待遇。基于这些差异,利用劳务报酬和经营所得形式的转化,进行个人所得税税务合规计划,是目前广泛采用的方式。

例如,有的企业为高管注册独立工作室,将双方的雇佣关系转变为合作关系,高管的高额年薪转变为工作室为企业提供服务的合理收入,将 45％的高边际税率降低至 6.54％的综合税率(个人工作室按个体工商户或个人独资企业核定征税)。

(五) 特许权使用费所得、经营所得和股息所得之间的转换

拥有专利和非专利技术的个人,除获得特许权使用费所得外,还可以选择技术入股,将特许权使用费所得转换为经营所得、股息所得、股权转让所得,以获取递延纳税和其他税收优惠。

【例 7-19】　李工程师有一项发明专利,目前有三个方案:甲愿意出资 200 万元购买该专利;乙愿意贷款给李某创办企业开发该专利技术,并答应包销产品;丙要求专利作价 250 万元与其合伙经营企业。要求:请进行税务合理计划处理。

方案一:售价 200 万元,免增值税,应纳个人所得税税额＝200×80％×20％＝32(万元)。

方案二：李某可利用专利技术兴办企业，享受 15% 低税率，将专利与产品结合起来，进行技术转让，所得不超过 500 万元的部分免税，超过 500 万元的部分减半征税。

方案三：若将专利作价投资入股与他人合营，李某投资入股当期可以暂不确认无形资产转让所得，将个人所得税递延至转让股权时再计算缴纳；被投企业可以按技术投资入股时的评估值入账，并在企业所得税前摊销；李某参与企业税后利润分配所得，应按 20% 的比例税率缴纳个人所得税。

(六)"工资、薪金"项目的税务合规计划

1. 扣除项目的税务合规计划

1）专项附加扣除项目的税务合规计划

《个人所得税法》规定的综合所得专项附加扣除项目包括子女教育、继续教育、住房贷款利息或者住房租金、赡养老人等。这些专项附加扣除可以自行选择夫妻一方扣除。这样就给了纳税人一定的选择空间，可以采取最合适的方式享受最大限度的减税。

在一个家庭夫妻双方中，一般选择收入较高者来分摊这些扣除项，因为其收入较高，适用税率较高，享受扣除以后节税的效果更大。

【例 7-20】 甲和乙为夫妻，甲每月工资 9 000 元，乙每月工资 4 000 元，两人的工资、薪金为家庭唯一收入，且工资收入均已减除了专项扣除。此外，2025 年 7 月，甲、乙在婚后首次贷款购买住宅一套，享受首套住房贷款利率，贷款期限 20 年。要求：进行房贷利息附加扣除的税务合规计划处理。

解：税务合规计划过程：

方案一：每月 1 000 元的房贷利息由甲扣除。

甲应纳个人所得税税额＝(9 000－5 000－1 000)×3%＝90(元)

乙每月工资收入 4 000 元，无须纳税。

甲乙应纳个人所得税税额合计为 90 元。

方案二：每月 1 000 元的房贷利息由乙扣除。

甲应纳个人所得税税额＝(9 000－5 000)×3%＝120(元)

乙每月工资收入 4 000 元，无须纳税。

甲、乙应纳个人所得税税额合计为 120 元。

税务合规计划结论：方案一两人应纳个人所得税税额为 90 元，方案二两人应纳个人所得税税额为 120 元，所以应选用方案一，即房贷利息扣除应由甲进行扣除，可以少缴个人所得税。

2）专项扣除的税务合规计划

(1) 社会保险费的扣除。个人按照国家或省(自治区、直辖市)人民政府的规定实际缴付的基本养老保险费、基本医疗保险费和失业保险费，允许在个人应纳税所得额中扣除。企事业单位和个人超过规定的比例和标准缴付的基本养老保险费、基本医疗保险费和失业保险费，应将超过部分并入个人当期的工资、薪金收入，计征个人所得税。

(2) 住房公积金的扣除。单位和个人分别在不超过职工本人上一年度月平均工资 12% 的幅度内，其实际缴存的住房公积金，允许在个人应纳税所得额中扣除。缴存住房公积金的月平均工资不得超过职工工作所在城市上一年度职工月平均工资的 3 倍。单位和个人超过上述规

定比例和标准缴付的住房公积金,应将超过部分并入个人当期工资、薪金收入,计征个人所得税。

【例7-21】 王某每月工资10 000元,可以扣除的社会保险费为500元(不考虑专项附加扣除项目)。该单位未为王某缴纳住房公积金,王某个人也未缴纳。王某上一年度月平均工资为8 000元,其工作所在地城市上一年度职工月平均工资为5 000元。假设其他条件不变,单位按王某上一年度月平均工资12%缴存住房公积金。要求:对此进行税务合规计划处理。

解: 税务合规计划过程:

原方案:王某不缴纳住房公积金。

全年应纳个人所得税税额 $= (10\,000 - 5\,000 - 500) \times 12 \times 10\% - 2\,520$
$$= 54\,000 \times 10\% - 2\,520 = 2\,880(元)$$

税务合规计划新方案:王某自己缴存住房公积金。

因为王某上一年度月平均工资8 000元<15 000元(上年平均工资5 000×3)。

个人缴纳的住房公积金 $= 8\,000 \times 12\% = 960(元)$。

全年应纳个人所得税税额 $= (10\,000 - 5\,000 - 500 - 960) \times 12 \times 10\% - 2\,520$
$$= 42\,480 \times 10\% - 2\,520 = 1\,728(元)$$

税务合规计划结论:税务合规计划新方案比原方案少缴个人所得税1 152元(2 880 - 1 728),所以应采用税务合规计划新方案,即王某个人以基本工资的12%缴存住房公积金,能够取得节税效果。

3. 年终奖发放的税务合规计划原理及方法

个人所得税中全年一次性奖金的税务合规计划主要关注两个方面:一是由居民选择是否并入当年综合所得计算缴纳个人所得税;二是年终奖的数额要避开陷阱区间。

若纳税人的综合所得为 A(不含年终奖),扣除项目总和为 B,年终奖为 C,则当综合所得<可扣除的项目之和时,即在 $A < B$ 的情况下,将年终奖与综合所得合并计税可以节税。

在全额累进税率形式下,各级距临界点附近的税率和税负跳跃式上升,从而造成税负的增长速度大于奖金收入的增长速度。

如果每个员工的年终奖为36 000元,需要缴纳个人所得税1 080元(36 000×3%),税后收入为34 920元;若年终奖变为36 001元,适用税率跳跃上升为10%,应纳个人所得税3 390.1元(36 001×10%-210),税后收入32 609.9元。也就是说,年终奖增发了1元,税后收入反而减少了2 310.1元(34 920-32 609.9),得不偿失。

若奖金大于36 000元,税率由3%跃升为10%。假设 C 为企业发放超过36 000元的年终奖,与发放36 000元年终奖,二者的税后收入相等,则: $C - (C \times 10\% - 210) = 34\,920$,解得: $C = 38\,567(元)$。

当员工的年终奖在36 000~38 567元时,员工最后得到的税后净收入反而不如直接发36 000元得到的净收入多,这个区间也叫作"年终奖的税收陷阱"。那么,当员工的年终奖位于这个区间时,超过36 000元的部分,就应避免按全年一次性奖金的形式发放,而应将该部分奖金分散在以前月份,并入工资、薪金收入发放,这样可以节税。年终奖的税收陷阱如表7-6所示。

表 7-6 年终奖的税收陷阱

级次	奖金收入级距	适用税率	年终奖的税收陷阱区间
1	不超过 36 000 元的部分	3%	无
2	超过 36 000 元至 144 000 元的部分	10%	超过 36 000 元至 38 567 元的部分
3	超过 144 000 元至 300 000 元的部分	20%	超过 144 000 元至 160 500 元的部分
4	超过 300 000 元至 420 000 元的部分	25%	超过 300 000 元至 318 333 元的部分
5	超过 420 000 元至 660 000 元的部分	30%	超过 420 000 元至 447 500 元的部分
6	超过 660 000 元至 960 000 元的部分	35%	超过 660 000 元至 706 538 元的部分
7	超过 960 000 元部分	45%	超过 960 000 元至 1 120 000 元的部分

假如年终奖为 300 000 元，需要缴纳个人所得税税额 58 590 元（300 000×20%－1 410）。

假如年终奖为 300 001 元，需要缴纳个人所得税税额 72 340 元（300 001×25%－2 660）。

奖金多发 1 元就多缴个人所得税 13 750 元（72 340－58 590），可谓"差之毫厘，失之千里"。综合所得与年终奖的最低税负搭配方案如表 7-7 所示。

表 7-7 综合所得与年终奖的最低税负搭配方案

预计年纳税所得额（A+C－B）	年终奖金额（C）
0～36 000 元	不限
36 000～203 100 元	36 000 元
203 100～672 000 元	144 000 元
672 000～1 277 500 元	300 000 元
1 277 500～1 452 500 元	420 000 元
1 452 500 元以上	660 000 元

当年总纳税所得额小于 203 100 元时，将年终奖定为 36 000 元，其余部分计入综合所得是最佳的节税方案。

当年总纳税所得额处在 203 100～672 000 元区间时，将年终奖定为 144 000 元，其余部分计入综合所得是最佳的节税方案。

当年总纳税所得额处在 672 000～1 277 500 元区间时，将年终奖定为 300 000 元，其余部分计入综合所得是最佳的节税方案。

以此类推，可以根据表 7-7 中所示得到综合所得与年终奖的最低税负分配方案。

【例 7-23】 甲先生每月工资收入 15 000 元，个人承担的"五险一金"2 000 元，专项附加扣除 3 000 元，无其他综合所得和扣除项目。3 月准备发放全年一次性奖金 48 000 元。要求：请设计甲先生的年终奖税务合规计划方案。

解： 税务合规计划思路：

在选择年终奖单独计征个人所得税的情况下,年终奖与工资、薪金在计税方法上存在一定的差别,这就给年终奖与工资、薪金之间的税务合规计划带来了较大的空间。

在职工收入较为稳定的情况下,要使个人所得税负担最轻,需要调整好月工资总额与年终奖的搭配关系,从而使工资、奖金所得最大限度地享受低税率。

税务合规计划过程:

方案一:选择工资、薪金与年终奖合并计算。

年综合所得=12×(15 000−2 000−3 000−5 000)+48 000=108 000(元)

应纳个人所得税税额=108 000×10%−2 520=8 280(元)

方案二:选择工资、薪金与年终奖分别计算:月工资15 000元,年终奖48 000元。

年综合所得应纳个人所得税税额=12×(15 000−2 000−3 000−5 000)×10%−2 520
$$=3 480(元)$$

年终奖应纳个人所得税税额=48 000×10%−210=4 590(元)

合计应纳税额=3 480+4 590=8 070(元)

方案三:年终奖定为36 000元,其他12 000元并入工资。

月工资=15 000+1 000=16 000(元)

年工薪综合所得应纳个人所得税税额=12×(16 000−3 000−2 000−5 000)×10%−2 520
$$=4 680(元)$$

年终奖应纳税额=36 000×3%=1 080(元)

合计应纳税额=4 680+1 080=5 760(元)

税务合规计划结论:奖金与综合所得分开计算可节税,年终奖金额应避开陷阱区间。

【例7-24】　员工甲预计全年个人纳税所得额为320 000元,假设无专项附加扣除和其他扣除,员工甲选择了年终奖单独计税方法。要求:请为其设计最佳工资与奖金搭配方案,使得缴纳个人所得税最少。

解:税务合规计划过程:

方案一:奖金144 000元,其余为工资薪金。

综合所得应纳所得税额=(176 000−60 000)×10%−2 520=9 080(元)

奖金部分应纳税额=144 000×10%−210=14 190(元)

合计应纳税额=9 080+14 190=23 270(元)

方案二:奖金164 000元,其余为工资薪金。

综合所得应纳税所得额=(13 000−5 000)×12=96 000(元)

应纳税额=96 000×10%−2 520=7 080(元)

奖金部分应纳税额=164 000×20%−1 410=31 390(元)

合计应纳税额=7 080+31 390=38 470(元)

税务合规计划结论:选方案一可节税15 200元(38 470−23 270)。

(七) 个人股权激励所得的税务合规计划

1. 上市公司授予本公司员工股票期权、股权期权、限制性股票、股权奖励

股票期权税务合规计划的主要关注点:

(1) 股票期权形式下,工资、薪金所得可与所在纳税年度其他综合所得相区别,单独计算应纳税款。相同金额工资、薪金所得,若将其中一部分以股票期权形式发放,可能适用较低的税率。

(2) 股票期权的股票市价在行权有效期内是波动的,被激励对象可在行权有效期内合理选择行权日,选择股票市价接近施权价的日期行权,从而降低行权环节的应纳税所得额,达到节税的目的。

【例 7-25】 A 上市公司 2023 年股权激励计划规定,2024 年 1 月 1 日授予张某 10 万份股票期权,授权价格为 10 元/股。每份股票期权授予后,自授予日起 3 年内有效;股票期权授予后至股票期权行权之间的等待期为 1 年。

2025 年 1 月 1 日,张某已符合行权条件。2 月 1 日收盘价为 16 元/股,2 月 20 日收盘价为 13.6 元/股,2 月 26 日收盘价为 15 元/股。张某何时行权即按 10 元/股购买 10 万股股票最好? 2019 年 11 月 2 日,张某按 18 元/股转让 10 万股股票,是否需缴纳个人所得税?

解: 2 月 1 日行权,按工资、薪金缴纳个人所得税:

应纳税所得额 = (16 - 10) × 100 000 = 600 000(元)

应交个人所得税 = 600 000 × 30% - 52 920 = 127 080(元)

2 月 20 日行权,按工资、薪金缴纳个人所得税:

应纳税所得额 = (13.6 - 10) × 100 000 = 360 000(元)

应交个人所得税 = 360 000 × 25% - 31 920 = 58 080(元)

应选股票市价接近行权价的日期行权最节税。

11 月 2 日,张某按 18 元/股转让 10 万股股票,根据现行政策,无须缴纳个人所得税。

2. 非上市公司股权激励所得的税务合规计划

员工获得非上市企业股票(权)期权,个人所得税计算缴纳有两种选择:

(1) 不采用递延纳税政策:员工行权时,按照工资、薪金所得适用 3% ~ 45% 的税率征税,并在转让股票或股权时,再按照财产转让所得适用 20% 的税率纳税。

(2) 采用递延纳税政策,仅在转让股票或股权时,按照财产转让所得纳税。

纳税人可根据具体情况,分别测算采用和不采用递延纳税的纳税数额,判断是否采用递延纳税。

【例 7-26】 小王两年前获得了某非上市公司授予的股票期权 1 万股,施权价为 25 元/股。2024 年 6 月小王根据股票期权计划的规定行权。行权日股票的公平市价为 40 元/股。2024 年年底,小王以 45 元/股的价格转让了所有股票。要求:分析小王是否应该选择适用股票期权个人所得税的递延纳税政策。

解: 方案一:适用递延纳税政策。

小王在取得股权激励时,可暂不纳税,递延至转让该股权时纳税。股权转让时,股票期权取得成本按行权价确定,按照财产转让所得缴纳 20% 的个人所得税。

小王股权激励应纳个人所得税税额 = (45 - 25) × 10 000 × 20% = 40 000(元)[按财产转让所得]

方案二:不适用递延纳税政策。

小王应在行权时计算缴纳股权激励个人所得税,在转让非上市公司股票时,按 20% 的税率缴纳个人所得税。规定月份数为 12 个,按照应纳税所得额 12 500 元(150 000÷12)确认适

用税率为 20％,速算扣除数为 1 410,则:

小王行权时应纳个人所得税税额＝(150 000÷12×20％－1 410)×12＝13 080(元)[按工资、薪金所得]

小王转让股票时应纳个人所得税税额＝(45－40)×10 000×20％＝10 000(元)[按财产转让所得]

不享受递延纳税政策,行权时与转让时合计应缴纳个人所得税 23 080 元(13 080＋10 000)。

结论:不享受递延纳税政策,较享受政策少缴个人所得税 16 920 元(40 000－23 080),小王应选择方案二。

(八) 投资者股利分配的税务合规计划

自然人股东一旦获得股利分配,就应缴纳个人所得税。因此,少分配现金股利或者不分配现金股利,可以使股东少缴个人所得税或者推迟个人所得税缴纳。

(1) 利用剩余股利政策,减少股东的税负或者推迟股东的纳税义务,即"所得再投资合规计划法":企业留存未分配利润不分配,自然人股东不领取股息红利,留在企业作为对公司的再投资,不领取红利则无须缴纳个人所得税。这一税务合规计划的前提是公司有良好的投资机会,并且该投资机会的预期收益率高于股东要求的必要收益率。

对股东而言,由于被投资公司有良好的投资机会,预期未来将获利、股价上升,股东可以在股价上升时出售股票,获得资本利得。此时,股东只需承担较获取现金股利时更低的所得税负,甚至不需要就资本利得纳税。

(2) 通过发放股票股利,实现股东少缴纳或不缴纳个人所得税。股票股利是指公司增发股票,将应分配给股东的股利,以股票的形式发放。股票股利并不直接增加股东财富,不会导致公司资产流出或者负债增加,不减少公司的所有者权益,但会引起公司所有者权益结构的变化。公司发行在外的股份数增加,每股净资产和每股收益相应下降,会引起股票价格变动(下跌)。

对股东而言,股东得到公司增发的股票,手中持有的股票数量增加,若持股比例等条件不变,虽然股票市价会下跌,但股东持有股票的总价不变。事实上,公司发放股票股利后,成长型公司的股票价格反而会上升。此时,股东可以通过出售部分股票(分得的股票)获取资本收益,与获取现金股利相比,可以少缴纳或者不缴纳个人所得税。

当公司利润增加时,不增加现金股利发放,而是通过发放股票股利"留存现金",满足追加投资需求,有利于公司发展。

复习思考题

1. 我国现行个人所得税的具体应税所得有哪些?

2. 我国现行个人所得税的费用扣除办法有哪几种?

3. 个人所得税的专项附加扣除包括哪些项目? 具体扣除是如何规定的?

4. 个人所得税自行纳税申报的范围包括哪些内容?

5. 我国现行个人所得税的纳税期限是如何规定的?

6. 怎样进行居民个人所得税年终汇算清缴?

7. 怎样进行个人所得税的税务合规计划?

巩固训练题　　　　　思政园地

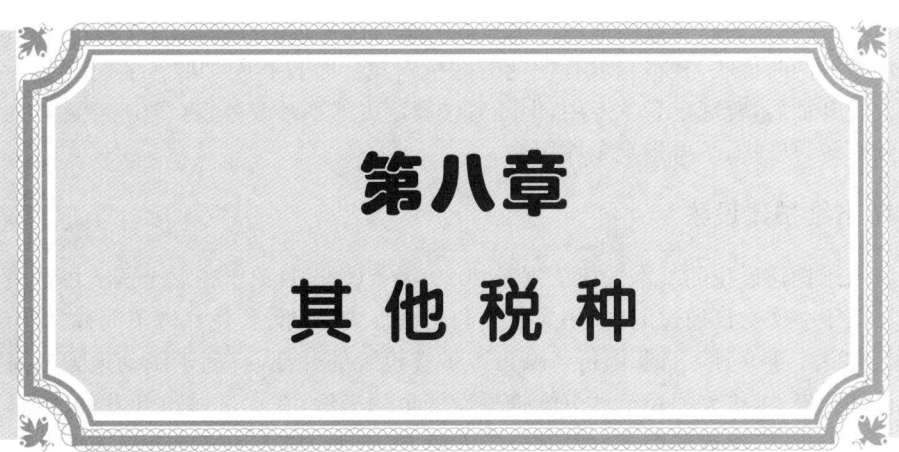

第八章
其他税种

第一节　城市维护建设税和教育费附加管理实务

城市维护建设税和教育费附加是对缴纳增值税、消费税的单位和个人征收的一种附加税。

目前,城市维护建设税和教育费附加以增值税和消费税两税种实际缴纳的税额为计税依据,随增值税和消费税同时征收,其本身没有特定的课税对象。教育费附加收入实行专款专用。城市维护建设税开征后,曾规定专款专用,但随着预算制度的不断改革,自2016年起收入已纳入一般公共预算统筹安排,不再指定专项用途。

一、城市维护建设税

我国城市维护建设税的基本法律依据是2020年8月11日第十三届全国人民代表大会常务委员会第二十一次会议通过的《中华人民共和国城市维护建设税法》(以下简称《城市维护建设税法》),自2021年9月1日起施行。城市维护建设税的开征,有利于调动地方政府加强城市维护建设的积极性,扩大和稳定城市维护建设资金的来源,在促进城市开发和改造,改善城镇企业和居民的生产、生活环境等方面有着重大意义。

(一)城市维护建设税的特点

我国现行城市维护建设税主要有以下几个特点:

(1)属于附加税。城市维护建设税本身没有特定的课税对象,而是以纳税人实际缴纳的增值税、消费税的税额之和为计税依据。

(2)根据城镇规模设计地区差别比例税率。城市维护建设税根据城镇规模不同,设计不同比例税率。

(3)征收范围较广。增值税、消费税是我国流转环节的主体税种,而城市维护建设税又是其附加税,一般而言,缴纳增值税、消费税的纳税人就要缴纳城市维护建设税,因此城市维护建设税的征收范围也相应较广。

(二)城市维护建设税的纳税义务人

在中华人民共和国境内缴纳增值税、消费税的单位和个人,为城市维护建设税的纳税义务人,应当依照规定缴纳城市维护建设税。

对进口货物或者境外单位和个人向境内销售劳务、服务、无形资产缴纳的增值税、消费税税额,不征收城市维护建设税。

采用委托代征、代扣代缴、代收代缴、预缴、补缴等方式缴纳两税的,应当同时缴纳城市维护建设税。

(三)城市维护建设税的税率

城市维护建设税的税率是指纳税人应缴纳的城市维护建设税税额与纳税人实际缴纳的增值税和消费税税额之和的比率。城市维护建设税按纳税人所在地的不同,设置了三档地区差别比例税率,除特殊规定外,即:

(1)纳税人所在地为市区的,税率为7%。

(2)纳税人所在地为县城、镇的,税率为5%。

(3)纳税人所在地不在市区、县城或者镇的,税率为1%。

城市维护建设税的适用税率,应当按纳税人所在地的规定税率执行。但是,对下列两种情况,可按缴纳增值税和消费税所在地的规定税率就地缴纳城市维护建设税:①由受托方代扣代缴、代收代缴增值税和消费税的单位和个人,其代扣代缴、代收代缴的城市维护建设税按受托方所在地适用税率执行。②流动经营等无固定纳税地点的单位和个人,在经营地缴纳增值税和消费税的,其城市维护建设税的缴纳按经营地适用税率执行。

（四）城市维护建设税的税收优惠

由于城市维护建设税具有附加税性质，原则上不单独减免，当主税发生减免时，城市维护建设税也就相应发生了减免。

（1）城市维护建设税按减免后实际缴纳的两税税额计征，即随两税的减免而减免。

（2）对于因减免而需进行两税退库的，城市维护建设税也可以同时退库。但对于出口货物而实行增值税、消费税退库的，不退还已缴纳的城市维护建设税。

（3）对个别缴纳城市维护建设税确有困难的企业和个人，由市县人民政府审批，酌情给予减免税照顾。

（4）对增值税、消费税实行先征后返、先征后退、即征即退办法的，除另有规定外，对随增值税、消费税附征的城市维护建设税，一律不予退（返）还。

（5）对实行增值税期末留抵退税的纳税人，允许其从城市维护建设税、教育费附加和地方教育附加的计税（征）依据中扣除退还的增值税税额。

（6）《城市维护建设税法》第6条规定，根据国民经济和社会发展的需要，国务院对重大公共基础设施建设、特殊产业和群体以及重大突发事件应对等情形可以规定减征或免征城市维护建设税，报全国人民代表大会常务委员会备案。

（五）城市维护建设税的计税依据与应纳税额的计算

1. 计税依据

城市维护建设税的计税依据是纳税人依法实际缴纳的增值税、消费税税额。依法实际缴纳的增值税和消费税税额是指纳税人依照增值税、消费税相关法律法规和税收政策规定计算的应当缴纳的两税税额（不含因进口货物或境外单位和个人向境内销售劳务、服务、无形资产缴纳的两税税额），加上增值税免抵税额，扣除直接减免的两税税额和期末留抵退税退还的增值税税额后的金额。具体计算公式为：

城市维护建设税计税依据＝依法实际缴纳的增值税税额＋依法实际缴纳的消费税税额

依法实际缴纳的增值税税额＝纳税人依照增值税相关法律法规和税收政策规定计算应当缴纳的增值税税额＋增值税免抵税额－直接减免的增值税税额－留抵退税额

依法实际缴纳的消费税税额＝纳税人依照消费税相关法律法规和税收政策规定计算应当缴纳的消费税税额－直接减免的消费税税额

计算城市维护建设税的计税依据，需注意以下几个问题：

（1）纳税人违反增值税、消费税等有关规定而被加收的滞纳金和罚款，是税务机关对纳税人违法行为的经济制裁，不作为城市维护建设税的计税依据；但纳税人在被查补增值税、消费税并被处以罚款时，应同时对其偷漏的城市维护建设税进行补税、征收滞纳金并按规定处以罚款。

（2）对增值税免抵税额征收的城市维护建设税，纳税人应在税务机关核准免抵税额的下一个纳税申报期内向主管税务机关申报缴纳。

（3）直接减免的两税税额是指依照增值税、消费税相关法律法规和税收政策规定，直接减征或免征的两税税额，不包括实行先征后返、先征后退、即征即退办法退还的两税税额。

（4）纳税人自收到留抵退税额之日起，应当在以后纳税申报期从城市维护建设税计税依据中扣除。

留抵退税额仅允许在按照增值税一般计税方法确定的城市维护建设税计税依据中扣除。当期未扣除完的余额,在以后纳税申报期按规定继续扣除。

(5) 对于增值税小规模纳税人更正、查补此前按照一般计税方法确定的城市维护建设税计税依据,允许扣除尚未扣除完的留抵退税额。

2. 应纳税额的计算

城市维护建设税纳税人的应纳税额多少是由纳税人实际缴纳的增值税和消费税的税额决定的。其计算公式为:

应纳税额＝纳税人实际缴纳的增值税税额＋实际缴纳的消费税税额×适用税率

【例8-1】 某市区甲企业2024年12月实际缴纳增值税460 000元,缴纳消费税490 000元。要求:计算该企业应纳城市维护建设税税额。

解: 应纳城市维护建设税税额＝(实际缴纳的增值税＋实际缴纳的消费税)×适用税率
＝(460 000＋490 000)×7％＝66 500(元)

【例8-2】 位于某县城的甲企业,2024年12月申报期,应当缴纳的增值税税额为69万元,享受直接减免增值税优惠(不包含先征后退、即征即退,下同)6万元,11月已核准增值税免抵税额12万元(其中涉及出口货物9万元,涉及增值税零税率应税服务3万元),11月收到增值税留抵退税额8万元。

要求:计算该企业12月应申报缴纳的城市维护建设税税额。

解: 依法实际缴纳的增值税税额＝69－6＋9＋3－8＝67(万元)
应纳城市维护建设税税额＝67×5％＝3.35(万元)

【例8-3】 位于某市区的乙企业,2024年10月收到增值税留抵退税290万元;11月申报缴纳增值税160万元(其中按照一般计税方法计算的税额130万元,按照简易计税方法计算的税额30万元);12月申报期该企业申报缴纳增值税260万元,均为按照一般计税方法产生的税额。要求:请分别计算该企业11月、12月应申报缴纳的城市维护建设税税额。

解: 11月应纳城市维护建设税税额＝(130－130)×7％＋30×7％＝2.1(万元)
12月应纳城市维护建设税税额＝[260－(290－130)]×7％＝7(万元)

(六) 城市维护建设税的征收管理

城市维护建设税的纳税义务发生时间与两税的纳税义务发生时间一致,分别在两税的同一缴纳地点、同一缴纳期限内,一并缴纳对应的城市维护建设税。

在退税环节,因纳税人多缴发生的两税退税,同时退还已缴纳的城市维护建设税。但是,两税实行先征后返、先征后退、即征即退的,除另有规定外,不予退还随两税附征的城市维护建设税。"另有规定"主要指在增值税实行即征即退等情形下,城市维护建设税可以给予免税的特殊规定,例如,财政部、国家税务总局《关于黄金税收政策问题的通知》(财税〔2002〕142号)规定,黄金交易所会员单位通过黄金交易所销售标准黄金(持有黄金交易所开具的《黄金交易结算凭证》),发生实物交割的,由税务机关按照实际成交价格代开增值税专用发票,并实行增值税即征即退的政策,同时免征城市维护建设税。

对出口产品退还增值税、消费税的,不退还已缴纳的城市维护建设税。

【例 8-4】 位于某县城的丙企业,由于申报错误未享受优惠政策,2024 年 12 月申报期,申请退还了多缴的增值税和消费税共 260 万元,同时当月享受增值税即征即退税 190 万元。要求:请计算该企业 12 月应退的城市维护建设税税额。

解: 应退城市维护建设税税额＝260×5％＝13(万元)

二、教育费附加和地方教育附加

教育费附加和地方教育附加是对缴纳增值税、消费税的单位和个人,以其实际缴纳的税额为计算依据征收的一种附加费。教育费附加是为加快地方教育事业、扩大地方教育经费的资金来源而在全国范围内征收的一种专用基金。国务院于 1986 年 4 月 28 日颁布了《征收教育费附加的暂行规定》,自同年 7 月 1 日起在全国范围内征收教育费附加。

《中华人民共和国教育法》第 58 条规定:"税务机关依法足额征收教育费附加,由教育行政部门统筹管理,主要用于实施义务教育。省、自治区、直辖市人民政府根据国务院的有关规定,可以决定开征用于教育的地方附加费,专款专用。"2010 年 11 月,财政部下发《关于统一地方教育附加政策有关问题的通知》,对各省、自治区、直辖市的地方教育附加进行了统一。

(一)征税范围及计征依据

教育费附加和地方教育附加对缴纳增值税、消费税的单位和个人征收,以其实际缴纳的增值税、消费税税款为计征依据,分别与增值税、消费税同时缴纳。

(二)计征比率

教育费附加的计征比率曾几经变化。在 1986 年开征时,规定为 1％;1990 年 6 月修改的《征收教育费附加的暂行规定》中规定为 2％;按照 1994 年 2 月 7 日发布的国务院《关于教育费附加征收问题的紧急通知》的规定,现行教育费附加的征收比率为 3％;地方教育附加的征收率从 2010 年起统一为 2％。

(三)教育费附加和地方教育附加的计算

教育费附加和地方教育附加的计算按照实际缴纳的增值税、消费税乘以具体适用费率计算。其计算公式为:

应缴纳的教育费附加＝(增值税＋消费税)×教育费附加征收比率(3％)

应缴纳的地方教育附加＝(增值税＋消费税)×地方教育附加征收比率(2％)

【例 8-5】 2024 年 10 月,某企业实际缴纳增值税 600 000 元,缴纳消费税 300 000 元。要求:请计算该企业当月应缴纳的教育费附加和地方教育附加。

解: 应纳教育费附加＝(600 000＋300 000)×3％＝27 000(元)

应纳地方教育附加＝(600 000＋300 000)×2％＝18 000(元)

(四)教育费附加和地方教育附加的减免规定

(1)对海关进口产品征收的增值税、消费税,不征收教育费附加。

(2)对由于减免增值税、消费税而发生退税的,可同时退还已征收的教育费附加。但对出口产品退还增值税、消费税的,不退还已征收的教育费附加。

(3)对国家重大水利工程建设基金,免征教育费附加。

（4）关于地方教育附加的减免政策,各地方政府会根据实际情况制定相应的措施。一般来说,对于小型微利企业或月销售额较低的增值税小规模纳税人,会有一定的减免优惠。但具体的减免条件和幅度,需参照当地政府的最新政策规定。

第二节　资源税和环境保护税管理实务

资源税和环境保护税是与资源环境保护相关的两个绿色税种。资源税于 1984 年设立,从征税范围、税率到征收方式,历经多次改革,主要在矿产资源开采环节发挥调节作用。环境保护税通过排污费改税设立,自 2018 年 1 月 1 日起正式实施,对生产经营者排放的应税大气污染物、水污染物、固体废物和噪声税,在应税污染物的排放环节发挥调节作用。

一、资源税

为了贯彻习近平生态文明思想、落实税收法定原则,2019 年 8 月 26 日第十三届全国人民代表大会常务委员会第十二次会议通过了《中华人民共和国资源税法》(以下简称《资源税法》),并自 2020 年 9 月 1 日起施行。

(一)资源税的特点

1. 征税范围较窄

自然资源是生产资料或生活资料的天然来源,它包括的范围很广,如矿产资源、土地资源、水资源、动植物资源等。目前,我国资源税征税范围较窄,仅将级差收入差异较大、资源较为普遍、易于征收管理的矿产品和盐列为征税范围。随着我国的快速发展,对自然资源的合理利用和有效保护越来越重要,因此,资源税的征税范围将逐步扩大。

2. 具有受益税的性质

一般来说,国家既可以凭借对自然资源的所有权向资源的开发经营者收取占用费或租金,也可以凭借政治权力征税。资源税的征收是国家政治权力和所有权的统一。单位或个人开发经营国有自然资源,既应当为拥有开发权而付出一定的“代价”,又因享受国有自然资源而有义务支付一定的“费用”。所以,我国现行资源税具有受益税的性质。

3. 实行从量定额与从价定率相结合的征收方法

自然资源的富贫、品位的高低以及开采条件的优劣,会给从事资源开发的不同企业带来不同的级差收入。因此,在资源税税率设计上必须考虑开采条件、品位高低、稀缺性等各种因素,按照“资源条件好的多征、资源条件差的少征”原则,确定相应的差别税率。在征收方法上,我国现行资源税以应税资源产品的销售额或者销售数量为计税依据,实行从价定率与从量定额相结合的征收方法。

4. 实行一次课征制

我国现行资源税对资源的开采者、生产者和收购者在生产环节、销售环节或收购环节征收一次税后,在以后的流通环节都不再征收资源税。

(二)资源税的纳税人

资源税的纳税义务人是指在中华人民共和国领域及管辖的其他海域开发应税资源的单位和个人。应税资源的具体范围由《资源税法》所附《资源税税目税率表》确定。

资源税仅对在中国境内开发应税资源的单位和个人征收,因此,进口的矿产品和盐不征收资源税。对进口应税产品不征收资源税,相应地,对出口应税产品也不免征或退还已纳资源税。

纳税人自用应税产品,如果属于应当缴纳资源税的情形,应按规定缴纳资源税。纳税人自用应税产品应当缴纳资源税的情形包括:纳税人以应税产品用于非货币性资产交换、捐赠、偿债、赞助、集资、投资、广告、样品、职工福利、利润分配或者连续生产非应税产品等。纳税人开采或者生产应税产品自用于连续生产应税产品的,不缴纳资源税,如铁原矿用于继续生产铁精粉的,在移送铁原矿时不缴纳资源税;但对于生产非应税产品的,如将铁精粉继续用于冶炼的,应当在移送环节缴纳资源税。

(三) 资源税的税目

资源税的税目包括五大类,在五个税目下面又设有若干子目。《资源税法》所列举的税目有 164 个,涵盖了所有已经发现的矿种和盐。

(四) 资源税的税率

《资源税法》按原矿、选矿分别设定税率。对原油、天然气、铀、钍、中重稀土、钨、钼等战略资源实行固定税率,由税法直接确定。其他应税资源实行幅度比例税率或定额税率,其具体适用税率由省、自治区、直辖市人民政府统筹考虑该应税资源的品位、开采条件以及对生态环境的影响等情况,在规定的税率幅度内提出,报同级人民代表大会常务委员会决定,并报全国人民代表大会常务委员会和国务院备案。资源税税目税率如表 8-1 所示。

表 8-1　资源税税目税率

(2020 年 9 月 1 日起执行)

序号	税目			征税对象	税率
1	能源矿产	原油		原矿	6%
2		天然气、页岩气、天然气水合物		原矿	6%
3		煤		原矿或者选矿	2%～10%
4		煤成(层)气		原矿	1%～2%
5		铀、钍		原矿	4%
6		油页岩、油砂、天然沥青、石煤		原矿或者选矿	1%～4%
7		地热		原矿	1%～20% 或者每立方米 1～30 元
8	金属矿产	黑色金属	铁、锰、铬、钒、钛	原矿或者选矿	1%～9%
9		有色金属	铜、铅、锌、锡、镍、锑、镁、钴、铋、汞	原矿或者选矿	2%～10%
10			铝土矿	原矿或者选矿	2%～9%
11			钨	选矿	6.5%
12			钼	选矿	8%
13			金、银	原矿或者选矿	2%～6%

序号	税目			征税对象	税率
14	金属矿产	有色金属	铂、钯、钌、锇、铱、铑	原矿或者选矿	5%～10%
15			轻稀土	选矿	7%～12%
16			中重稀土	选矿	20%
17			铍、锂、锆、锶、铷、铯、铌、钽、锗、镓、铟、铊、铪、铼、镉、硒、碲	原矿或者选矿	2%～10%
18	非金属矿产	矿物类	高岭土	原矿或者选矿	1%～6%
19			石灰岩	原矿或者选矿	1%～6%或者每吨（或者每立方米）1～10元
20			磷	原矿或者选矿	3%～8%
21			石墨	原矿或者选矿	3%～12%
22			萤石、硫铁矿、自然硫	原矿或者选矿	1%～8%
23			天然石英砂、脉石英、粉石英、水晶、工业用金刚石、冰洲石、蓝晶石、硅线石（矽线石）、长石、滑石、刚玉、菱镁矿、颜料矿物、天然碱、芒硝、钠硝石、明矾石、砷、硼、碘、溴、膨润土、硅藻土、陶瓷土、耐火粘土、铁矾土、凹凸棒石粘土、海泡石粘土、伊利石粘土、累托石粘土	原矿或者选矿	1%～12%
24			叶蜡石、硅灰石、透辉石、珍珠岩、云母、沸石、重晶石、毒重石、方解石、蛭石、透闪石、工业用电气石、白垩、石棉、蓝石棉、红柱石、石榴子石、石膏	原矿或者选矿	2%～12%
25			其他粘土（铸型用粘土、砖瓦用粘土、陶粒用粘土、水泥配料用粘土、水泥配料用红土、水泥配料用黄土、水泥配料用泥岩、保温材料用粘土）	原矿或者选矿	1%～5%或者每吨（或者每立方米）0.1～5元
26		岩石类	大理岩、花岗岩、白云岩、石英岩、砂岩、辉绿岩、安山岩、闪长岩、板岩、玄武岩、片麻岩、角闪岩、页岩、浮石、凝灰岩、黑曜岩、霞石正长岩、蛇纹岩、麦饭石、泥灰岩、含钾岩石、含钾砂页岩、天然油石、橄榄岩、松脂岩、粗面岩、辉长岩、辉石岩、正长岩、火山灰、火山渣、泥炭	原矿或者选矿	1%～10%
27			砂石	原矿或者选矿	1%～5%或者每吨（或者每立方米）0.1～5元
28		宝玉石类	宝石、玉石、宝石级金刚石、玛瑙、黄玉、碧玺	原矿或者选矿	4%～20%

（续表）

序号	税目		征税对象	税率
29	水气矿产	二氧化碳气、硫化氢气、氦气、氡气	原矿	2%～5%
30		矿泉水	原矿	1%～20%或者每立方米1～30元
31	盐	钠盐、钾盐、镁盐、锂盐	选矿	3%～15%
32		天然卤水	原矿	3%～15%或者每吨（或者每立方米)1～10元
33		海盐		2%～5%

纳税人开采或者生产不同税目应税产品的，应当分别核算不同税目应税产品的销售额或者销售数量；未分别核算或者不能准确提供不同税目应税产品的销售额或者销售数量的，从高适用税率。

纳税人开采或者生产同一税目下适用不同税率应税产品的，应当分别核算不同税率应税产品的销售额或者销售数量；未分别核算或者不能准确提供不同税率应税产品的销售额或者销售数量的，从高适用税率。

（五）资源税的税收优惠

1. 国务院规定的减免税项目

1）免征资源税的项目

有下列情形之一的，免征资源税：

（1）开采原油以及在油田范围内运输原油过程中用于加热的原油、天然气。

（2）煤炭开采企业因安全生产需要抽采的煤成（层）气。

2）减征资源税的项目

有下列情形之一的，减征资源税：

（1）从低丰度油气田开采的原油、天然气，减征20%资源税。

低丰度油气田包括陆上低丰度油田、陆上低丰度气田、海上低丰度油田、海上低丰度气田。陆上低丰度油田是指每平方公里原油可开采储量丰度低于25万立方米的油田；陆上低丰度气田是指每平方公里天然气可开采储量丰度低于2.5亿立方米的气田；海上低丰度油田是指每平方公里原油可开采储量丰度低于60万立方米的油田；海上低丰度气田是指每平方公里天然气可开采储量丰度低于6亿立方米的气田。

（2）高含硫天然气、三次采油和从深水油气田开采的原油、天然气，减征30%资源税。

高含硫天然气是指硫化氢含量在每立方米30克以上的天然气；三次采油是指二次采油后继续以聚合物驱、复合驱、泡沫驱、气水交替驱、二氧化碳驱、微生物驱等方式进行采油；深水油气田是指水深超过300米的油气田。

（3）稠油、高凝油减征40%资源税。

稠油是指地层原油粘度大于或等于每秒50毫帕或原油密度大于或等于每立方厘米0.92克的原油。高凝油是指凝固点高于40摄氏度的原油。

（4）从衰竭期矿山开采的矿产品，减征30%资源税。

衰竭期矿山是指设计开采年限超过15年，且剩余可开采储量下降到原设计可开采储量的

20％以下或者剩余开采年限不超过 5 年的矿山。衰竭期矿山以开采企业下属的单个矿山为单位确定。

2. 省、自治区、直辖市确定的减免项目

有下列情形之一的,省、自治区、直辖市可以决定免征或者减征资源税:

(1) 纳税人开采或者生产应税产品过程中,因意外事故或者自然灾害等原因遭受重大损失;

(2) 纳税人开采共伴生矿、低品位矿、尾矿。

上述规定的免征或者减征资源税的具体办法,由省、自治区、直辖市人民政府提出,报同级人民代表大会常务委员会决定,并报全国人民代表大会常务委员会和国务院备案。

纳税人开采或者生产同一应税产品,其中既有享受减免税政策的,又有不享受减免税政策的,按照免税、减税项目的产量占比等方法分别核算确定免税、减税项目的销售额或者销售数量。

纳税人开采或者生产同一应税产品同时符合两项或者两项以上减征资源税优惠政策的,除另有规定外,只能选择其中一项执行。

(六) 应纳税额的计算

资源税的应纳税额按照从价定率或者从量定额的办法,分别以应税产品的销售额乘以纳税人具体适用的比例税率或者以应税产品的销售数量乘以纳税人具体适用的定额税率计算。计税销售额或者销售数量,包括应税资源实际销售和视同销售两部分。视同销售包括以下情形:第一,纳税人开采或者生产应税产品自用的,应当缴纳资源税,但是自用于连续生产应税产品的,不缴纳资源税。具体可以区分为:纳税人以自采原矿直接加工为非应税产品的,视同原矿销售;纳税人以自采原矿洗选(加工)后连续生产非应税产品的,视同原矿或者选矿销售。第二,以应税产品投资、分配、抵债、赠与、以物易物等,视同应税产品销售。

1. 从价定率方式应纳税额的计算

实行从价定率方式征收资源税的,根据应税产品的销售额和规定的适用税率计算应纳税额。具体计算公式为:

$$应纳税额＝销售额×适用税率$$

1) 销售额的一般规定

销售额为纳税人销售应税资源向购买方收取的全部价款和价外费用,但不包括收取的增值税销项税额。

价外费用包括价外向购买方收取的手续费、补贴、基金、集资费、返还利润、奖励费、违约金、滞纳金、延期付款利息、赔偿金、代收款项、代垫款项、包装费、包装物租金、储备费、优质费、运输装卸费以及其他各种性质的价外收费。但其不包括下列项目:

(1) 同时符合以下条件的代垫运输费用:①承运部门的运输费用发票开具给购买方的。②纳税人将该项发票转交给购买方的。

(2) 同时符合以下条件代为收取的政府性基金或者行政事业性收费:①由国务院或者财政部批准设立的政府性基金,由国务院或者省级人民政府及其财政、价格主管部门批准设立的行政事业性收费。②收取时开具省级以上财政部门印制的财政票据。③所收款项全额上缴财政。

(3) 同时符合以下条件的运杂费用:①包含在应税资源销售收入中。②属于纳税人销售应税资源产品环节发生的运杂费用,具体是指运送应税资源产品从坑口或者洗选(加工)地到车站、码头或者购买方指定地点的运杂费用。③取得相关运杂费用发票或者其他合法有效凭据。④分别核算运杂费用与计税销售额。

2)核定销售额的基本方法

纳税人申报的应税产品销售额明显偏低且无正当理由的,或者有自用应税产品行为而无售额的,主管税务机关可以按下列方法和顺序确定其应税产品销售额:

(1)纳税人最近时期同类应税资源的平均销售价格。

(2)其他纳税人最近时期同类应税资源的平均销售价格。

(3)应税产品组成计税价格,计算公式为:

$$组成计税价格=成本×(1+成本利润率)÷(1-资源税税率)$$

公式中,成本是指应税资源的实际开采或生产成本;成本利润率由省、自治区、直辖市税务机关确定。

(4)按其他合理方法确定的价格。

2. 从量定额方式应纳税额的计算

实行从量定额征收资源税的,根据应税产品的课税数量和规定的单位税额计算应纳税额。具体计算公式为:

$$应纳税额=课税数量×单位税额$$

【例8-6】 甲矿山6月份销售铝土矿原矿22 000吨,每吨不含税价格为260元,销售铜(Cu=5%,As<0.5%)20 000吨,每吨不含税价格为990元,原矿与精矿换算比为3.2%,铝土矿原矿适用税率为3%,铜矿精矿适用税率为2%。要求:请计算该矿山6月份应纳资源税税额。

解: 该矿山应纳资源税税额=22 000×260×3%+20 000×990×3.2%×2%
=171 600+12 672=184 272(元)

【例8-7】 前进石化企业为增值税一般纳税人,2024年9月发生以下业务:

(1)从国外某石油公司进口原油5 000吨,支付不含税价款折合人民币900万元,其中包含包装费及保险费折合人民币1万元。

(2)开采原油1 200吨,并将开采的原油对外销售600吨,取得不含税销售额240万元,另外支付运输费用0.8万元。

(3)用开采的原油200吨加工生产汽油130吨。

要求:计算该石化企业当月应纳资源税税额。

解:

(1)由于资源税仅对在中国境内开采或生产应税产品的单位和个人征收,因此业务(1)不缴纳资源税。

(2)业务(2)应缴纳的资源税税额=240×6%=14.4(万元)

(3)每吨原油的不含税销售价格=240÷600=0.4(万元)

业务(3)应缴纳的资源税税额=0.4×200×6%=4.8(万元)

(4)该石化企业当月应纳资源税税额=14.4+4.8=19.2(万元)

（七）资源税的征收管理

1. 资源税的纳税义务发生时间

纳税人销售应税产品的,纳税义务发生时间为收讫销售款或者取得索取销售款凭据的当日;自用应税产品的,纳税义务发生时间为移送应税产品的当日。

2. 资源税的纳税期限

资源税按月或者按季申报缴纳;不能按固定期限计算缴纳的,可以按次申报缴纳。纳税人按月或者按季申报缴纳的,应当自月度或者季度终了之日起 15 日内向税务机关办理纳税申报并缴纳税款;按次申报缴纳的,应当自纳税义务发生之日起 15 日内,向税务机关办理纳税申报并缴纳税款。

3. 资源税的纳税地点

资源税实行以下就场(或就地)征收方式:

（1）纳税人应当向应税产品开采地或者生产地的税务机关申报缴纳资源税。

（2）纳税人在本省、自治区、直辖市范围内开采或者生产应税资源,其纳税地点需要调整的,由所在地省、自治区、直辖市税务机关决定。

（3）纳税人应纳的资源税属于跨省开采,其下属生产单位与核算单位不在同一省、自治区、直辖市的,对其开采或生产的应税资源一律在开采地或者生产地纳税。实行从量计征的应税资源,其应纳税款由独立核算的单位,按照每个开采地或者生产地的实际销售量及适用的单位税额计算划拨;实行从价计征的应税资源,其应纳税款由独立核算、自负盈亏的单位,按照每个开采地或者生产地的实际销售量、单位销售价格及适用税率计算划拨。

二、环境保护税

（一）环境保护税的特点

环境保护税是对在我国领域以及管辖的其他海域,直接向环境排放应税污染物的企事业单位和其他生产经营者征收的一种税。环境保护税具有以下基本特点:

（1）属于调节型税种。《中华人民共和国环境保护税法》(以下简称《环境保护税法》)第 1 条规定了环境保护税的立法目的,即保护和改善环境,减少污染物排放,推进生态文明建设。因此,环境保护税的首要功能是减少污染物排放,而非增加财政收入。

（2）其渊源是排污收费制度,基本平移了原排污费的制度框架。

（3）属于综合型环境税。环境保护税的征税范围包括大气污染物、水污染物、固体废物和噪声四大类,与对单一污染物征收的税种不同,属于综合型环境税。

（4）采用税务、环保部门紧密配合的征收方式。环境保护税采用"纳税人自行申报,税务征收,环保监测,信息共享"的征管方式,税务机关负责征收管理,环保部门负责对污染物监测管理,高度依赖税务、环保部门的配合与协作。

（二）环境保护税的纳税义务人

环境保护税的纳税义务人是在我国领域和管辖的其他海域直接向环境排放应税污染物的企事业单位和其他生产经营者。其中,企事业单位和其他生产经营者,直接向环境排放应税污染物排污主体,排污行为和征税对象,是判断应否缴纳环境保护税的三个条件。从排污主体看,排放生活污水和垃圾的居民个人是不需要缴纳环境保护税的;从排污行为看,只有直接向环境排放应税污染物,才缴纳环境保护税;从征税对象看,所排放污染物属于税法规定的应税污染物,才需缴纳环境保护税。如果满足排污主体、排污行为、征税对象三方面条件,即为环境保护税的纳税义务人,应按规定缴纳环境保护税。有下列情形之一的,不属于直接向环境排放污染物,不缴纳相应污染物的环境保护税:

(1) 企业事业单位和其他生产经营者向依法设立的污水集中处理、生活垃圾集中处理场所排放应税污染物的。

(2) 企业事业单位和其他生产经营者在符合国家和地方环境保护标准的设施、场所贮存或者处置固体废物的。

达到省级人民政府确定的规模标准并且有污染物排放口的畜禽养殖场,应当依法缴纳环境保护税,但依法对畜禽养殖废弃物进行综合利用和无害化处理的,不属于直接向环境排放污染物,不缴纳环境保护税。

(三) 税目与税率

1. 税目

环境保护税的税目包括大气污染物、水污染物、固体废物和噪声四大类。

(1) 大气污染物。大气污染物包括二氧化硫、氮氧化物、一氧化碳、氯气、氯化氢、氟化物、氰化氢、硫酸雾、铬酸雾、汞及其化合物、一般性粉尘、石棉尘、玻璃棉尘、碳黑尘、铅及其化合物、镉及其化合物、铍及其化合物、镍及其化合物、锡及其化合物、烟尘、苯、甲苯、二甲苯、苯并(a)芘、甲醛、乙醛、丙烯醛、甲醇、酚类、沥青烟、苯胺类、氯苯类、硝基苯、丙烯腈、氯乙烯、光气、硫化氢、氨、三甲胺、甲硫醇、甲硫醚、二甲二硫、苯乙烯、二硫化碳,共计 44 项。环境保护税的征税范围不包括温室气体二氧化碳。

(2) 水污染物。第一类水污染物包括总汞、总镉、总铬、六价铬、总砷、总铅、总镍、苯并(a)芘、总铍、总银。第二类水污染物包括悬浮物(SS)、生化需氧量(BOD5)、化学需氧量(CODcr)、总有机碳(TOC)、石油类、动植物油、挥发酚、总氰化物、硫化物、氨氮、氟化物、甲醛、苯胺类、硝基苯类、阴离子表面活性剂(LAS)、总铜、总锌、总锰、彩色显影剂(CD-2)、总磷、单质磷(以 P 计)、有机磷农药(以 P 计)、乐果、甲基对硫磷、马拉硫磷、对硫磷、五氯酚及五氯酚钠(以五氯酚计)、三氯甲烷、可吸附有机卤化物(AOX)(以 CI 计)、四氯化碳、三氯乙烯、四氯乙烯、苯、甲苯、乙苯、邻—二甲苯、对—二甲苯、间—二甲苯、氯苯、邻二氯苯、对二氯苯、对硝基氯苯、2,4—二硝基氯苯、苯酚、间—甲酚、2,4—二氯酚、2,4,6—三氯酚、邻苯二甲酸二丁酯、邻苯二甲酸二辛酯、丙烯腈、总硒。应税水污染物共计 61 项。

(3) 固体废物。固体废物包括煤矸石、尾矿、危险废物、冶炼渣、粉煤灰、炉渣以及其他固体废物(含半固态、液态废物)。

(4) 噪声。应税噪声污染只包括工业噪声。

2. 税率

环境保护税采用定额税率,其中,对应税大气污染物和水污染物规定了幅度定额税率,具体适用税额的确定和调整,由省、自治区、直辖市人民政府统筹考虑本地区环境承载能力、污染物排放现状和经济社会生态发展目标要求,在规定的税额幅度内提出,报同级人民代表大会常务委员会决定,并报全国人民代表大会常务委员会和国务院备案。例如,北京市第十四届人民代表大会常务委员会第四十二次会议决定,北京市应税大气污染物的适用税额标准为 12 元/污染当量,应税水污染物的适用税额标准为 14 元/污染当量,统一按法定规定幅度的上限执行。

环境保护税税目税额如表 8-2 所示。

表 8-2　环境保护税税目税额

税目		计税单位	税额	备注
大气污染物		每污染当量	1.2～12 元	
水污染物		每污染当量	1.4～14 元	
固体废物	煤矸石	每吨	5 元	
	尾矿	每吨	15 元	
	危险废物	每吨	1 000 元	
	冶炼渣、粉煤灰、炉渣、其他固体废物（含半固态、液态废物）	每吨	25 元	
噪声	工业噪声	超标 1～3 分贝	每月 350 元	（1）一个单位边界上有多处噪声超标，根据最高一处超标声级计算应纳税额；当沿边界长度超过 100 米有两处以上噪声超标，按照两个单位计算应纳税额。（2）一个单位有不同地点作业场所的，应当分别计算应纳税额，合并计征。（3）昼、夜均超标的环境噪声，昼、夜分别计算应纳税额，累计计征。（4）声源一个月内超标不足 15 天的，减半计算应纳税额。（5）夜间频繁突发和夜间偶然突发厂界超标噪声，按等效声级和峰值噪声两种指标中超标分贝值高的一项计算应纳税额
		超标 4～6 分贝	每月 700 元	
		超标 7～9 分贝	每月 1 400 元	
		超标 10～12 分贝	每月 2 800 元	
		超标 13～15 分贝	每月 5 600 元	
		超标 16 分贝以上	每月 11 200 元	

（四）计税依据与应纳税额的计算

根据计税方法的不同，环境保护税的计算可以分为四类：应税大气污染物和水污染物应纳税额的计算、应税固体废物应纳税额的计算、应税噪声应纳税额的计算和采用抽样计算法的小型排污者应纳税额的计算。

1. 应税大气污染物和水污染物应纳税额的计算

应税大气污染物和水污染物以污染物排放量折合的污染当量数为计税依据，应纳税额为污染当量数乘以适用税额。其计算公式为：

$$应税大气污染物和水污染物的应纳税额＝污染当量数×单位税额$$

1）污染当量数的确定

污染当量数的计算公式为：

$$应税大气污染物、水污染物的污染当量数＝该污染物的排放量÷该污染物的污染当量值$$

污染当量是指根据污染物或者污染排放活动对环境的有害程度以及处理的技术经济性，衡量不同污染物对环境污染的综合性指标或者计量单位。同一介质相同污染当量的不同污染物,其污染程度基本相当。每种应税大气污染物、水污染物的具体污染当量值,依照《环境保护税法》所附《应税污染物和当量值表》执行。大气污染物污染当量值如表 8-3 所示。第一类和第二类水污染物污染当量值如表 8-4 所示。pH 值、色度、大肠菌群数、余氯量水污染物污染当量值如表 8-5 所示。

表 8-3　大气污染物污染当量值

污染物	污染当量值(千克)	污染物	污染当量值(千克)
二氧化硫	0.95	二甲苯	0.27
氮氧化物	0.95	苯并(a)芘	0.000 002
一氧化碳	16.7	甲醛	0.09
氯气	0.34	乙醛	0.45
氯化氢	10.75	丙烯醛	0.06
氟化物	0.87	甲醇	0.67
氰化氢	0.005	酚类	0.35
硫酸雾	0.6	沥青烟	0.19
铬酸雾	0.000 7	苯胺类	0.21
汞及其化合物	0.000 1	氯苯类	0.72
一般性粉尘	4	硝基苯	0.17
石棉尘	0.53	丙烯腈	0.22
玻璃棉尘	2.13	氯乙烯	0.55
碳黑尘	0.59	光气	0.04
铅及其化合物	0.02	硫化氢	0.29
镉及其化合物	0.03	氨	9.09
铍及其化合物	0.000 4	三甲胺	0.32
镍及其化合物	0.13	甲硫醇	0.04
锡及其化合物	0.27	甲硫醚	0.28
烟尘	2.18	二甲二硫	0.28
苯	0.05	苯乙烯	25
甲苯	0.18	二硫化碳	20

表 8-4　第一类和第二类水污染物污染当量值

第一类	
污染物	污染当量值(千克)
总汞	0.000 5
总镉	0.005

（续表）

污染物	污染当量值（千克）
总铬	0.04
六价铬	0.02
总砷	0.02
总铅	0.025
总镍	0.025
苯并(a)芘	0.000 000 3
总铍	0.01
总银	0.02
第二类	
悬浮物(SS)	4
生化需氧量(BOD_5)	0.5
化学需氧量(CODcr)	1
总有机碳(TOC)	0.49
石油类	0.1
动植物油	0.16
挥发酚	0.08
总氰化物	0.05
硫化物	0.125
氨氮	0.8
氟化物	0.5
甲醛	0.125
苯胺类	0.2
硝基苯类	0.2
阴离子表面活性剂(LAS)	0.2
总铜	0.1
总锌	0.2
总锰	0.2
彩色显影剂(C—2)	0.2
总磷	0.25
单质磷(以 P 计)	0.05
有机磷农药(以 P 计)	0.05

（续表）

污染物	污染当量值（千克）
乐果	0.05
甲基对硫磷	0.05
马拉硫磷	0.05
对硫磷	0.05
五氯酚及五氯酚钠（以五氯酚计）	0.25
三氯甲烷	0.04
可吸附有机卤化物（AOX）（以 CI 计）	0.25
四氯化碳	0.04
三氯乙烯	0.04
四氯乙烯	0.04
苯	0.02
甲苯	0.02
乙苯	0.02
邻—二甲苯	0.02
对—二甲苯	0.02
间—二甲苯	0.02
氯苯	0.02
邻二氯苯	0.02
对二氯苯	0.02
对硝基氯苯	0.02
2,4—二硝基氯苯	0.02
苯酚	0.02
间—甲酚	0.02
2,4—二氯酚	0.02
2,4,6—三氯酚	0.02
邻苯二甲酸二丁酯	0.02
邻苯二甲酸二辛酯	0.02
丙烯腈	0.125
总硒	0.02

表 8-5　pH 值、色度、大肠菌群数、余氯量水污染物污染当量值

污染物		污染当量值	备注
1. pH 值	(1) 0~1,13~14 (2) 1~2, 12~13 (3) 2~3, 11~12 (4) 3~4, 10~11 (5) 4~5, 9~10 (6) 5~6	0.06 吨污水 0.125 吨污水 0.25 吨污水 0.5 吨污水 1 吨污水 5 吨污水	pH 值 5~6 是指大于等于5,小于 6;pH 值 9~10.是指大于 9,小于等于 10,以此类推
2. 色度		5 吨水·倍	
3. 大肠菌群数(超标)		3.3 吨污水	大肠菌群数和余氯量只征收一项
4. 余氯量(用氯消毒的医院废水)		3.3 吨污水	

（1）污染物排放量的计算方法。应税大气污染物、水污染物、固体废物的排放量和噪声的分贝数,按照下列方法和顺序计算:

第一,纳税人安装使用符合国家规定和监测规范的污染物自动监测设备的,按照污染物自动监测数据计算。

第二,纳税人未安装使用污染物自动监测设备的,按照监测机构出具的符合国家有关规定和监测规范的监测数据计算。

第三,因排放污染物种类多等原因不具备监测条件的,按照国务院生态环境主管部门规定的排污系数、物料衡算方法计算。

第四,不能按照上述三种方法计算的,按照省、自治区、直辖市人民政府生态环境主管部门规定的抽样测算的方法核定计算。

（2）污染当量数的计算。确定了污染物排放量,用污染物的排放量除以该污染物的污染当量值,即可计算出污染当量数。由某种污染物的排放量与其污染当量值折合的污染当量数是计算应税大气污染物和水污染物应纳税额的计税依据。

【例 8-8】　2024 年 9 月,甲企业向水体直接排放第一类水污染物总汞 10 千克。要求:请确定其污染当量值。

解: 根据第一类水污染物污染当量值表,总汞的污染当量值为 0.000 5 千克。

污染当量数＝10÷0.000 5＝20 000

2）大气污染物应纳税额的计算

每一排放口或者没有排放口的应税大气污染物,按照污染当量数从大到小排序,对前三项污染物征收环境保护税。应纳税额为污染当量乘以具体的适用税额。

【例 8-9】　2024 年 10 月,乙化工厂向大气直接排放二氧化硫、氟化物各 100 千克,一氧化碳 200 千克,氯化氢 80 千克。当地大气污染物每污染当量的税额为 1.2 元。该企业只有一个放口。要求:计算其应纳环境保护税税额。

解:（1）污染物的污染当量数:

二氧化硫污染当量数＝100÷0.95＝105.26

氟化物污染当量数＝100÷0.87＝114.94

一氧化碳污染当量数＝200÷16.7＝11.98

氯化氢污染当量数＝80÷10.75＝7.44

（2）污染当量数排序：

氟化物污染当量数＞二氧化硫污染当量数＞一氧化碳污染当量数＞氯化氢污染当量。

该企业只有一个排放口，排序选取的前三项污染物为氟化物、二氧化硫、一氧化碳。

（3）应纳税额＝（114.94＋105.26＋11.98）×1.2＝278.62（元）

3）水污染物应纳税额

每一排放口的应税水污染物，按照《环境保护税法》所附的《应税污染物和当量值表》，区分第一类水污染物和其他类水污染物，再按照污染当量数从大到小排序，对第一类水污染物按照前五项征收环境保护税，对其他类水污染物按照前三项征收环境保护税。另外，省、自治区、直辖市人民政府根据本地区污染物减排的特殊需要，可以增加同一排放口征收环境保护税的应税污染物项目数，报同级人民代表大会常务委员会决定，并报全国人民代表大会常务委员会和国务院备案。

【例8-10】 甲化工厂是环境保护税纳税人，该厂仅有1个污水排放口且直接向河流排放污水，已安装使用符合国家规定和监测规范的污染物自动监测设备。检测数据显示，某月该排放口共排放污水6万吨（折合6万立方米），应税污染物为六价铬，浓度为0.5毫克/升（该厂所在省的水污染物税率为2.8元/污染当量，六价铬的污染当量值为0.02）。要求：计算当月该厂应缴纳的环境保护税。

解： 六价铬的污染当量数＝排放总量×浓度值÷当量值

$$＝60\ 000\ 000×0.5÷1\ 000\ 000÷0.02＝1\ 500$$

应纳税额＝1 500×2.8＝4 200（元）

2. 应税固体废物应纳税额的计算

应税固体废物按照固体废物的排放量确定计税依据。固体废物的排放量为当期应税固体废物的产生量减去当期应税固体废物的贮存量、处置量、综合利用量的余额。其计算公式为：

$$\begin{matrix} 固体废物的 \\ 排放量 \end{matrix} ＝ \begin{matrix} 当期固体废物 \\ 的产生量 \end{matrix} － \begin{matrix} 当期固体废物的 \\ 综合利用量 \end{matrix} － \begin{matrix} 当期固体废物的 \\ 贮存量 \end{matrix} － \begin{matrix} 当期固体废物 \\ 的处置量 \end{matrix}$$

其中，固体废物的贮存量、处置量是指在符合国家和地方环境保护标准的设施、场所贮存或者处置的固体废物数量；固体废物的综合利用量是指按照国务院发展改革、工业和信息化主管部门关于资源综合利用要求以及国家和地方环境保护标准进行综合利用的固体废物数量。应税固体废物应纳税额的计算公式为：

$$应纳税额＝固体废物的排放量×适用税额$$

纳税人有下列情形之一的，以其当期应税固体废物的产生量作为固体废物的排放量：①非法倾倒应税固体废物。②进行虚假纳税申报。

【例8-11】 甲企业2025年6月产生尾矿1 000吨，其中综合利用的尾矿300吨（符合国家相关法律法规规定），在符合国家和地方环境保护标准的设施贮存200吨。尾矿的税额为15元/吨。要求：计算尾矿应缴纳的环境保护税。

解： 应纳税额＝（1 000－300－200）×15＝7 500（元）

3. 应税噪声应纳税额的计算

应税噪声按照超过国家规定标准的分贝数确定计税依据,应纳税额为超标分贝数的具体适用税额。超过国家规定标准的分贝数是指实际产生的工业噪声与国家规定的工业噪声排放标准限值之间的差值。

【例 8-12】 某工业企业只在白天生产,生产时产生的噪声为 60 分贝。该区域昼间的噪声排放限值为 55 分贝,当月超标天数为 18 天。要求:计算该企业当月噪声污染应缴纳的环境保护税。

解: 噪声一个月内超标不足 15 天的,减半征收,由于当月超标天数为 18 天,应全额征税,超标分贝数为 5 分贝(60—55)。

根据《环境保护税税目税额表》,可得出该企业当月噪声污染应缴纳环境保护税 700 元。

4. 采用抽样计算法的小型排污者应纳税额的计算

对于适用抽样计算法的情形,纳税人应按照《环境保护税法》所附《禽畜养殖业、小型企业和第三产业水污染物污染当量值》所规定的当量值计算污染当量数。

【例 8-13】 2025 年 8 月,某养殖场养牛的存栏量为 500 头,污染当量值为 0.1 头。当地水污染物的适用税额为每污染当量 2.8 元。要求:计算当月环境保护税的应纳税额。

解: 水污染物当量数=500÷0.1=5 000

应纳税额=5 000×2.8=14 000(元)

【例 8-14】 丙餐饮公司通过安装水流量计测得 2025 年 6 月排放的污水量为 60 吨,污染当量值为 0.5 吨。假设当地水污染物的适用税额为每污染当量 2.8 元。要求:计算当月环境保护税应纳税额。

解: 水污染物当量数=60÷0.5=120

应纳税额=120×2.8=336(元)

【例 8-15】 某县医院共有床位 56 张,每月按时消毒,无法计量月污水排放量,污染当量值为 0.14 床,当地水污染物适用税额为每污染当量 2.8 元。要求:计算当月应纳环境保护税税额。

解: 水污染物当量数=56÷0.14=400

应纳税额=400×2.8=1 120(元)

(五)环境保护税的税收优惠

1. 暂免征税项目

《环境保护税法》第 12 条规定,下列情形,暂予免征环境保护税:

(1)农业生产(不包括规模化养殖)排放应税污染物的。

(2)机动车、铁路机车、非道路移动机械、船舶和航空器等流动污染源排放应税污染物的。

(3)依法设立的城乡污水集中处理、生活垃圾集中处理场所排放相应应税污染物,不超过国家和地方规定的排放标准的。

(4)纳税人综合利用固体废物,符合国家和地方环境保护标准的。

(5)国务院批准免税的其他情形。

2. 减征税额项目

纳税人排放应税大气污染物或者水污染物的浓度值低于国家和地方规定的污染物排放标

准30%的,减按75%征收环境保护税。

纳税人排放应税大气污染物或者水污染物的浓度值低于国家和地方规定的污染物排放标准50%的,减按50%征收环境保护税。

(六) 环境保护税的征收管理

1. 纳税时间

环境保护税的纳税义务发生时间为纳税人排放应税污染物的当日。环境保护税按月计算,按季申报缴纳。不能按固定期限计算缴纳的,可以按次申报缴纳。纳税人按季申报缴纳的,应当自季度终了之日起15日内,向税务机关办理纳税申报缴纳税款。纳税人按次申报缴纳的,应当自纳税义务发生之日起15日内,向税务机关办理纳税申报并缴纳税款。

2. 纳税地点

纳税人应当向应税污染物排放地的税务机关申报缴纳环境保护税。应税污染物排放地是指应税大气污染物、水污染物排放口所在地,应税固体废物产生地,应税噪声产生地。

纳税人跨区域排放应税污染物,税务机关对税收征收管辖有争议的,由争议各方按照有利于征收管理的原则协商解决。

纳税人从事海洋工程向中华人民共和国管辖海域排放应税大气污染物、水污染物或者固体废物,申报缴纳环境保护税的具体办法,由国务院税务主管部门会同国务院生态环境主管部门规定。

第三节　城镇土地使用税和耕地占用税管理实务

城镇土地使用税和耕地占用税都是政府通过经济手段提高单位和个人使用土地的成本,引导合理使用土地的税种。城镇土地使用税对拥有土地使用权的单位和个人,以其实际占用的土地面积为计税依据,按年计征,有利于促进土地合理使用,调节土地级差收入,筹集地方财政资金。耕地占用税是指对占用耕地建房或从事其他非农业建设的单位和个人,根据其实际占用的耕地面积一次性征收,属于对特定土地资源占用的课税,有利于发挥保护耕地的引导作用。

一、城镇土地使用税

(一) 城镇土地使用税的征税范围

城镇土地使用税的征税范围,包括在城市、县城、建制镇和工矿区内的国家所有和集体所有的土地。

上述城市、县城、建制镇和工矿区分别按以下标准确认:

(1) 城市是指经国务院批准设立的市。

(2) 县城是指县人民政府所在地。

(3) 建制镇是指经省、自治区、直辖市人民政府批准设立的建制镇。

(4) 工矿区是指工商业比较发达、人口比较集中、符合国务院规定的建制镇标准,但尚未设立建制镇的大中型工矿企业所在地,工矿区须经省、自治区、直辖市人民政府批准。

（二）城镇土地使用税的纳税义务人

城镇土地使用税的纳税义务人，是使用城市、县城、建制镇和工矿区土地的单位和个人，包括国有企业、集体企业、私营企业、股份制企业、外商投资企业、外国企业以及其他企业和事业单位、社会团体、国家机关、军队及其他单位，个体工商户及其他个人也是纳税人。纳税人通常包括以下几类：

（1）拥有土地使用权的单位和个人。

（2）拥有土地使用权的单位和个人不在土地所在地的，其土地的实际使用人和代管人为纳税人。

（3）土地使用权未确定或权属纠纷未解决的，其实际使用人为纳税人。

（4）土地使用权共有的，共有各方都是纳税人，由共有各方分别纳税。

（5）在城镇土地使用税征税范围内，承租集体所有建设用地的，由直接从集体经济组织承租土地的单位和个人缴纳城镇土地使用税。

几个人或几个单位共同拥有一块土地的使用权，这块土地的城镇土地使用税的纳税人应是对这块土地拥有使用权的每一个人或每一个单位。他们应以其实际使用的土地面积占总面积的比例，分别计算缴纳城镇土地使用税。例如，某城市的甲与乙共同拥有一块土地的使用权，这块土地面积为 1 500 平方米，甲实际使用 1/3，乙实际使用 2/3，则甲应是其所占的 500 平方米（1 500×1/3）土地的城镇土地使用税的纳税人，乙是其所占的 1 000 平方米（1 500×2/3）土地的城镇土地使用税的纳税人。

（三）城镇土地使用税的税率

城镇土地使用税采用定额税率，即采用有幅度的差别税额，按照大、中、小城市和县城、工矿区分别规定每平方米城镇土地使用税年应纳税额。具体标准如下：

（1）大城市（指人口超过 50 万人的城市）1.5～30 元。

（2）中等城市（指人口超过 20 万～50 万人的城市）1.2～24 元。

（3）小城市（指人口不超过 20 万人的城市）0.9～18 元。

（4）县城、建制镇、工矿区 0.6～12 元。

（四）城镇土地使用税的计税依据

城镇土地使用税以纳税人实际占用的土地面积为计税依据，土地面积计量标准为每平方米。税务机关根据纳税人实际占用的土地面积，按照规定的税额计算应纳税额，向纳税人征收城镇土地使用税。

纳税人实际占用的土地面积按下列办法确定：

（1）以测定面积为计税依据，适用于由省、自治区、直辖市人民政府确定的单位组织测定土地面积的纳税人。

（2）以证书确认的土地面积为计税依据，适用于尚未组织测量土地面积，但持有政府部门核发的土地使用证书的纳税人。

（3）尚未核发土地使用证书的，应由纳税人据实申报土地面积，并据以纳税，待核发土地使用证书以后再作调整。

（4）对在城镇土地使用税征税范围内单独建造的地下建筑用地，按规定征收城镇土地使用税。其中，已取得地下土地使用权证的，按土地使用权证确认的土地面积计算应征税款；未取得地下土地使用权证或地下土地使用权证上未标明土地面积的，按地下建筑垂直投影面积计算应征税款。

对上述地下建筑用地暂按应征税款的50％征收城镇土地使用税。

（五）城镇土地使用税应纳税额的计算

城镇土地使用税应纳税额通过实际占用应税土地面积（平方米）乘以适用税率计算得到。其计算公式为：

$$全年应纳税额＝实际占用应税土地面积（平方米）×适用税率$$

【例8-16】 某公司实际占地50 000平方米。由于经营规模扩大，年初该公司又受让了一尚未办理土地使用证的土地5 000平方米，该公司所在地每平方米土地的城镇土地使用税2元。要求：计算该公司当年城镇土地使用税应纳税额。

解： 城镇土地使用税应纳税额＝（50 000＋5 000）×2＝110 000（元）

二、耕地占用税

（一）耕地占用税的含义和特点

1. 耕地占用税的含义

耕地占用税是对占用耕地建房或从事其他非农业建设的单位和个人，就其实际占用的耕地面积征收的一种税，它属于对特定土地资源占用课税。

2. 耕地占用税的特点

耕地占用税作为一个出于特定目的、对特定的土地资源课征的税种，与其他税种相比，具有比较鲜明的特点。这主要表现在以下4个方面。

（1）兼具资源税与特定行为税的性质。耕地占用税以占用农用耕地建房或从事其他非农用建设的行为为征税对象，以约束纳税人占用耕地的行为、促进土地资源的合理运用为课征目的，除具有资源占用税的属性外，还具有明显的特定行为税的特点。

（2）采用地区差别税率。耕地占用税采用地区差别税率，根据不同地区的具体情况，分别制定差别税额，以适应我国地域辽阔、各地区之间耕地质量差别较大、人均占有耕地面积相差悬殊的具体情况，具有因地制宜的特点。

（3）在占用耕地环节一次性课征。耕地占用税在纳税人获准占用耕地的环节征收，除对获准占用耕地后超过两年未使用者需加征耕地占用税外，此后不再征收耕地占用税。因而，耕地占用税具有一次性征收的特点。

（4）税收收入专门用于耕地开发与改良。耕地占用税收入按规定应用于建立发展农业专项基金，主要用于开展宜耕土地开发和改良现有耕地，因此具有"取之于地、用之于地"的补偿性特点。

（二）耕地占用税的纳税义务人

在中华人民共和国境内占用耕地建设建筑物、构筑物或者从事非农业建设的单位和个人，为地占用税的纳税人。

经批准占用耕地的，纳税人为农用地转用审批文件中标明的建设用地人；农用地转用审批文件中未标明建设用地人的，纳税人为用地申请人，其中用地申请人为各级人民政府的，由同级土地储备中心、自然资源主管部门或政府委托的其他部门、单位履行耕地占用税申报纳税义务。未经批准占用耕地的，纳税人为实际用地人。

（三）耕地占用税的征税范围

1. 征税范围的一般规定

耕地占用税的征税范围包括纳税人占用耕地建设建筑物、构筑物或从事非农业建设的国家所有和集体所有的耕地。《中华人民共和国耕地占用税法》所称耕地是指用于种植农作物的土地。占用园地、林地、草地、农田水利用地、养殖水面、渔业水域滩涂以及其他农用地建设建筑物、构筑物或者从事非农业建设的，依照耕地占用税法的规定缴纳耕地占用税。

2. 征税范围的特殊规定

占用规定的农用地建设直接为农业生产服务的生产设施的，不缴纳耕地占用税。

直接为农业生产服务的生产设施是指直接为农业生产服务而建设的建筑物和构筑物。具体包括：储存农用机具和种子、苗木、木材等农业产品的仓储设施；培育、生产种子、种苗的设施；畜、养殖设施；木材集材道、运材道；农业科研、试验、示范基地；野生动植物保护、护林、森林病虫害防治、森林防火、木材检疫的设施；专为农业生产服务的灌溉排水、供水、供电、供热、供气、通讯基础设施；农业生产者从事农业生产必需的食宿和管理设施；其他直接为农业生产服务的生产设施。

（四）耕地占用税的税率及应纳税额的计算

1. 耕地占用税的税率

耕地占用税实行地区差别幅度定额税率。人均耕地面积越少，单位税额越高。具体税率规定如下：

（1）人均耕地不超过1亩的地区（以县、自治县、不设区的市、市辖区为单位，下同），每平方米为10元至50元。

（2）人均耕地超过1亩但不超过2亩的地区，每平方米为8元至40元。

（3）人均耕地超过2亩但不超过3亩的地区，每平方米为6元至30元。

（4）人均耕地超过3亩的地区，每平方米为5元至25元。

（5）在人均耕地低于0.5亩的地区，省、自治区、直辖市可以根据当地经济发展情况，适当提高耕地占用税的适用税额，但提高的部分不得超过确定的适用税额的50%。

（6）占用基本农田的，应当按照当地适用税额，加按150%征收。基本农田是指依据《基本农田保护条例》划定的基本农田保护区范围的耕地。

2. 耕地占用税应纳税额的计算

耕地占用税以纳税人实际占用的耕地面积为计税依据，按照规定的适用税额标准计算应纳税额，实行一次性征收。应纳税额计算公式为：

$$应纳税额＝应税土地面积×适用税额$$

加按150%征收耕地占用税的计算公式为：

$$应纳税额＝应税土地面积×适用税额×150\%$$

应税土地面积包括经批准占用面积和未经批准占用面积，以平方米为单位。适用税额是指省、自治区、直辖市人民代表大会常务委员会决定的应税土地所在地县级行政区的现行适用税额。

【**例8-17**】 位于某市的甲企业新占用16 000平方米耕地用于工业建设，所占耕地适用的定额税率为 20 元/平方米。要求：计算该企业耕地占用税的应纳税额。

解： 耕地占用税应纳税额＝16 000×20＝320 000（元）

第四节　房产税和契税管理实务

房产税、契税和土地增值税都是与房地产相关的特定税种。房产税属于静态税，在保有环节征收，目前主要对城镇经营性房屋征收；契税和土地增值税在不动产权属转移环节征收，契税由取得产权的买方缴纳，土地增值税由转移地产取得增值收益的卖方缴纳。上述税种贯穿了房地产的开发环节、流转环节和保有环节。

一、房产税

（一）房产税的特点

房产税是以房屋为征税对象，按照房屋的计税余值或租金收入，向产权所有人征收的一种财产税。房产税具有以下特点。

1. 房产税属于财产税中的个别财产税

财产税按征收方式分类，可分为一般财产税与个别财产税。一般财产税也称综合财产税，是对纳税人拥有的财产综合课征的税收。个别财产税也称特种财产税，是对纳税人所有的土地、房屋、资本或其他财产分别课征的税收。我国现行房产税属于个别财产税。

2. 征税范围有所界定

房产税的征税范围是在城市、县城、建制镇和工矿区，不涉及农村。农村的房屋，大部分是农民居住用房，为了不增加农民负担，农村的房屋没有纳入征税范围。另外，对某些拥有房屋但自身没有纳税能力的单位，如国家拨付行政经费、事业经费和国防经费的单位自用的房产，税法也通过免税的方式将这类房屋排除在征税范围之外。因为这些单位本身没有经营收入，若对其征税，就要相应增加财政拨款，征税也就失去意义。

3. 税源稳定、征收简便

由于房产税的课税对象属于不动产，因此税源相对稳定。房产税采用简易的征收办法，其计税依据是房产的计税余值及房屋的租金收入，因此只需对房屋产权进行登记并对出租房产活动加强管理，易于控制管理，房产税的征收相对较为简便。

4. 结合房屋的使用方式确定征税办法

按照规定，纳税人将房屋用于经营自用的，应按房产的计税余值计算缴纳房产税；将房屋用于出租，按租金收入计算缴纳房产税。依据房屋的不同使用方式确定征税办法，可以使征税办法符合纳税人的经营特点，便于平衡税收负担。

（二）房产税的纳税义务人

房产税的纳税义务人是指房屋的产权所有人。

（1）产权属于全民所有的，由经营管理的单位缴纳；产权属于集体和个人所有的，由集体单位和个人纳税。

（2）产权出典的，由承典人缴纳。

（3）产权所有人、承典人不在房产所在地的，由房产代管人或者使用人缴纳。

（4）产权未确定及租典纠纷未解决的，由房产代管人或者使用人缴纳。

（5）无租使用其他单位房产的单位和个人，使用人代为缴纳房产税（按照房产余值）。

（三）房产税的征税对象

房产税的征税对象是房产，即有屋面和围护结构（有墙或两边有柱），能够遮风避雨，可提供人们在其中生产、学习、工作、娱乐、居住或储藏物资的场所。

（四）房产税的计税依据

房产税的计税依据是房产的计税价值或房产的租金收入。按照房产计税价值征税的，称为从价计征；按照房产租金收入计征的，称为从租计征。

1. 从价计征

《中华人民共和国房产税暂行条例》第 3 条规定，房产税依照房产原值一次减除 10%～30% 后的余值计算缴纳。具体减除幅度，由省、自治区、直辖市人民政府规定。

（1）房产原值是指纳税人按照会计制度规定，在账簿"固定资产"科目中记载的房屋原价。因此，凡按会计制度规定在账簿中记载有房屋原价的，应以房屋原价按规定减除一定比例后作为房产余值计征房产税；没有记载房屋原价的，按照上述原则并参照同类房屋，确定房产原值，按规定计征房产税。

（2）房产原值应包括与房屋不可分割的各种附属设备或一般不单独计算价值的配套设施。这主要有：暖气、卫生、通风、照明、煤气等设备；各种管线，如蒸汽、压缩空气、石油、给水排水等管道及电力、电讯、电缆导线；电梯、升降机、过道、晒台等。属于房屋附属设备的水管、下水道、暖气管、煤气管等应从最近的探视井或三通管起，计算原值；电灯网、照明线从进线盒连接管起，计算原值。

（3）纳税人对原有房屋进行改建、扩建的，要相应增加房屋的原值。

2. 从租计征

房产出租的，以房产租金收入为房产税的计税依据。房产的租金收入是房屋产权所有人出租房产使用权所得的报酬，包括货币收入和实物收入。如果是以劳务或者其他形式为报酬抵付房租收入的，应根据当地同类房产的租金水平，确定一个标准租金额从租计征。对出租房产，租赁双方签订的租赁合同约定有免收租金期限的，免收租金期间由产权所有人按照房产原值缴纳房产税。

（五）房产税的税率

我国现行房产税采用的是比例税率。由于房产税的计税依据分为从价计征和从租计征两种形式，因此房产税的税率也有两种：一种是按房产原值一次减除 10%～30% 后的余值计征的，税率为 1.2%；另一种是按房产出租的租金收入计征的，税率为 12%。

对个人出租住房，不区分用途，按 4% 的税率征收房产税。

自 2021 年 10 月 1 日起，对企事业单位、社会团体以及其他组织向个人、专业化规模化住房租赁企业出租住房的，减按 4% 的税率征收房产税。

（六）房产税应纳税额的计算

房产税的计税依据有两种，与之相适应的应纳税额计算也分为两种：一是从价计征的计算；二是从租计征的计算。

1. 从价计征的计算

从价计征是按房产的原值减除一定比例后的余值计征。其计算公式为：

$$应纳税额＝应税房产原值×(1－扣除比例)×1.2\%。$$

房产原值是"固定资产"会计科目中记载的房屋原价；减除一定比例是省、自治区、直辖市人民政府规定的10%～30%的减除比例；计征的适用税率为1.2%。

2. 从租计征的计算

从租计征是按房产的租金收入计征。其计算公式为：

$$应纳税额＝租金收入×12\%(或4\%)$$

二、契税

(一)契税的含义

契税是以在中华人民共和国境内转移土地、房屋权属为征税对象，向承受权属的单位和个人征收的一种财产税。

(二)契税的征税对象

1. 国有土地使用权出让

国有土地使用权出让是指土地使用者向国家缴付土地使用权出让费用，国家将国有土地使用权在一定年限内让予土地使用者的行为。

2. 土地使用权的转让

土地使用权的转让是指土地使用者以出售、赠与、交换或者其他方式将土地使用权转移给其他单位和个人的行为。土地使用权的转让不包括农村集体土地承包经营权的转移。

3. 房屋买卖

房屋买卖，即以货币为媒介，出卖者向购买者过渡房产所有权的交易行为。以下几种特殊情况，视同买卖房屋：

(1) 以作价投资(入股)、偿还债务等应交付经济利益的方式转移土地、房屋权属的，参照土地使用权出让、出售或房屋买卖确定契税适用税率、计税依据等。

(2) 以划分、奖励等没有价格的方式转移土地房屋权属的，参照土地使用权或房屋赠与确定契税适用税率、计税依据等。

税务机关依法核定计税价格，应参照市场价格，采用房地产价格评估等方法合理确定。

以自有房产作股投入，本人独资经营的企业，不征契税。因为其产权所有人和使用权使用人未发生变化，不需要办理房产变更手续，也不办理契税手续。

4. 房屋赠与

房屋赠与是指房屋产权所有人将房屋无偿转让给他人所有。其中，将自己的房屋转交给他人的法人和自然人，称作房屋赠与人；接受他人房屋的法人和自然人，称为受赠人。房屋赠与的前提必须是产权无纠纷，赠与人和受赠人双方自愿。

由于房屋是不动产，价值较大，法律要求赠与房屋应有书面合同(契约)，并到房地产管理机关或农村基层政权机关办理登记过户手续，才能生效。如果房屋赠与行为涉及涉外关系，还需公证处证明和外事部门认证才能有效。房屋受赠人要按规定缴纳契税。以获奖方式取得房屋产权，实质是接受赠与房产的行为，也应缴纳契税。

5. 房屋交换

房屋交换是指房屋所有者之间互相交换房屋的行为。交换双方应订立交换契约，办理房屋产权变更手续和契税手续。房屋产权相互交换,双方交换价值相等,免征契税,办理免征契税手续;价值不相等的,按超出部分由支付差价方缴纳契税。

6. 视同土地使用权转让、房屋买卖或房屋赠与的行为

下列行为视同土地使用权转让、房屋买卖或房屋赠与:

(1)以土地、房屋权属作价投资、入股。

(2)以土地、房屋权属抵债。

(3)以获奖方式承受土地、房屋权属。

(4)以预购方式或者预付集资建房款方式承受土地、房屋权属。

(三)契税的纳税义务人

契税的纳税义务人是在境内转移土地、房屋权属,承受的单位和个人。境内是指中华人民共和国实际税收行政管辖范围内。土地、房屋权属是指土地使用权和房屋所有权。单位是指企业单位、事业单位、国家机关、军事单位和社会团体以及其他组织。个人是指个体经营者及其他个人,包括中国公民和外籍人员。

(四)契税的税率

契税实行3%~5%的幅度税率。实行幅度税率是考虑到我国经济发展的不平衡,各地经济差别较大的实际情况。因此,各省、自治区、直辖市人民政府可以在3%~5%的幅度税率规定范围内,按照本地区的实际情况决定。

(五)契税的计税依据

契税的计税依据为不动产的价格。由于土地、房屋权属转移方式不同,定价方法不同,因而具体计税依据视不同情况而决定。

(1)土地使用权出让、出售,房屋买卖,其计税依据为土地、房屋权属转移合同确定的成交价格,包括应交付的货币、实物、其他经济利益对应的价款。

(2)土地使用权赠与、房屋赠与以及其他没有价格的转移土地、房屋权属行为,其计税依据为税务机关参照土地使用权出售、房屋买卖的市场价格依法核定的价格。

(3)以划拨方式取得的土地使用权,经批准改为出让方式重新取得该土地使用权的,应由该土地使用权人以补缴的土地出让价款为计税依据缴纳契税。

(4)先以划拨方式取得土地使用权,后经批准转让房地产,划拨土地性质改为出让的,承受方应分别以补缴的土地出让价款和房地产权属转移合同确定的成交价格为计税依据缴纳契税。

(5)先以划拨方式取得土地使用权,后经批准转让房地产,划拨土地性质未发生改变的,承受方应以房地产权属转移合同确定的成交价格为计税依据缴纳契税。

(6)土地使用权及所附建筑物、构筑物等(包括在建的房屋、其他建筑物、构筑物和其他附着物)转让的,计税依据为承受方应交付的总价款。

(7)土地使用权出让的,计税依据包括土地出让金、土地补偿费、安置补助费、地上附着物和青苗补偿费、征收补偿费、城市基础设施配套费、实物配建房屋等应交付的货币以及实物、其他经济利益对应的价款。

(8)土地使用权互换、房屋互换,为所互换的土地使用权、房屋价格的差额。

以上就是契税计税依据的主要内容。需要注意的是,如果纳税人申报的成交价格、互换价格差额明显偏低且无正当理由的,由税务机关依照《中华人民共和国税收征收管理法》的规定核定。

（六）契税应纳税额的计算

契税应纳税额的计算公式为：

$$契税应纳税额＝计税依据×税率$$

【例 8-18】 居民甲有两套住房，其中一套转让给居民乙，转让价格为 300 000 元；另一套住房与居民丙进行交换，并支付差价 50 000 元。要求：计算甲、乙、丙相关行为应缴纳的契税（假定税率为 5％）。

解：（1）甲应缴纳契税＝50 000×5％＝2 500(元)

（2）乙应缴纳契税＝300 000×5％＝15 000(元)

（3）丙不缴纳契税。

第五节 车船税和车辆购置税管理实务

一、车船税

（一）车船税的含义及纳税义务人

车船税是指在中华人民共和国境内的车辆、船舶的所有人或者管理人依照《中华人民共和国车船税法》(以下简称《车船税法》)应缴纳的一种税。在中华人民共和国境内，车辆、船舶的所有人或者管理人为车船税的纳税人。

（二）车船税的征税范围

车船税的征收范围是指在中华人民共和国境内属于《车船税法》所附《车船税税目税额表》规定的车辆、船舶。车辆、船舶是指：

（1）依法应当在车船登记管理部门登记的机动车辆和船舶。

（2）依法不需要在车船登记管理部门登记的在单位内部场所行驶或者作业的机动车辆和船舶。

车船登记管理部门是指公安、交通运输、农业、渔业、军队、武装警察部队等依法具有车船登记管理职能的部门；单位是指依照中国法律、行政法规规定，在中国境内成立的行政机关、企业单位、事业单位、社会团体以及其他组织。

（3）境内单位和个人租入外国籍船舶的，不征收车船税。境内单位和个人将船舶出租到境外的，应依法征收车船税。

经批准临时入境的外国车船和香港特别行政区、澳门特别行政区、台湾地区的车船，不征收车船税。

（三）车船税的税目与税率

车船税实行定额税率。定额税率也称固定税额，是税率的一种特殊形式。定额税率计算简便，适宜从量计征的税种。车船税的适用税额，依照《车船税法》所附的《车船税税目税额表》执行。

车辆的具体适用税额由省、自治区、直辖市人民政府依照《车船税法》所附《车船税税目税额表》规定的税额幅度和国务院的规定确定。

　　船舶的具体适用税额由国务院在《车船税法》所附《车船税税目税额表》规定的税额幅度内确定。

　　车船税税目税额如表 8-6 所示。

表 8-6　车船税税目税额

税　目		计税单位	年基准税额(元)	备　注
乘用车 [按发动机汽缸容量(排气量)分档]	1.0升(含)以下的	每辆	60～360	核定载客人数 9 人(含)以下
	1.0升以上至1.6升(含)的		300～540	
	1.6升以上至2.0升(含)的		360～660	
	2.0升以上至2.5升(含)的		660～1 200	
	2.5升以上至3.0升(含)的		1 200～2 400	
	3.0升以上至4.0升(含)的		2 400～3 600	
	4.0升以上的		3 600～5 400	
商用车	客车	每辆	480～1 440	核定载客人数 9 人以上,(包括电车)
	货车	整备质量每吨	16～120	包括半挂牵引车、三轮汽车和低速载货汽车等
挂车			按照货车税额的 50%计算	
其他车辆	专用作业车	整备质量每吨	16～120	不包括拖拉机
	轮式专用机械车		16～120	
摩托车		每辆	36～180	
船舶	机动船舶	净吨位每吨	3～6	拖船、非机动驳船分别按照机动船舶税额的 50%计算
	游艇	艇身长度每米	600～2 000	

注:《车船税税目税额表》中车辆、船舶的含义如下:
乘用车是指在设计和技术特性上主要用于载运乘客及随身行李,核定载客人数包括驾驶员在内不超过 9 人的汽车。
商用车是指除乘用车外,在设计和技术特性上用于载运乘客、货物的汽车,划分为客车和货车。
半挂牵引车是指装备有特殊装置用于牵引半挂车的商用车。
三轮汽车是指最高设计车速不超过每小时 50 公里,具有 3 个车轮的货车。
低速载货汽车是指以柴油机为动力,最高设计车速不超过每小时 70 公里,具有 4 个车轮的货车。
挂车是指就其设计和技术特性需由汽车或者拖拉机牵引,才能正常使用的一种无动力的道路车辆。
专用作业车是指在其设计和技术特性上用于特殊工作的车辆。
轮式专用机械车是指有特殊结构和专门功能,装有橡胶车轮可以自行行驶,最高设计车速大于每小时 20 公里的轮式工程机械车。
摩托车是指无论采用何种驱动方式,最高设计车速大于每小时 50 公里,或者使用内燃机,其排量大于 50 毫升的两轮或者三轮车辆。
船舶是指各类机动、非机动船舶以及其他水上移动装置,但是船舶上装备的救生艇筏和长度小于 5 米的艇筏除外。其中,机动船舶是指用机器推进的船舶;拖船是指专门用于拖(推)动运输船舶的专业作业船舶;非机动驳船是指在船舶登记管理部门登记为驳船的非机动船舶;游艇是指具备内置机械推进动力装置,长度在 90 米以下,主要用于游览观光、休闲娱乐、水上体育运动等活动,并应当具有船舶检验证书和适航证书的船舶。

车船税采用定额税率,即对征税的车船规定单位固定税额。车船税确定税额总的原则是:非机动车船的税负轻于机动车船;人力车的税负轻于畜力车;小吨位船舶的税负轻于大船舶。由于车辆与船舶的行驶情况不同,车船税的税额也有所不同。

(1) 机动船舶,具体适用税额为:①净吨位不超过 200 吨的,每吨 3 元。②净吨位超过 200 吨但不超过 2 000 吨的,每吨 4 元。③净吨位超过 2 000 吨但不超过 10 000 吨的,每吨 5 元。④净吨位超过 10 000 吨的,每吨 6 元。

拖船按照发动机功率每 1 千瓦折合净吨位 0.67 吨计算征收车船税。

(2) 游艇,具体适用税额为:①艇身长度不超过 10 米的,每米 600 元。②艇身长度超过 10 米但不超过 18 米的,每米 900 元。③艇身长度超过 18 米但不超过 30 米的,每米 1 300 元。④艇身长度超过 30 米的,每米 2 000 元。⑤辅助动力帆艇,每米 600 元。

游艇艇身长度是指游艇的总长。

(3)《车船税法》及其实施条例所涉及的整备质量、净吨位、艇身长度等计税单位,有尾数的一律按照含尾数的计税单位据实计算车船税应纳税额。计算得出的应纳税额小数点后超过两位的,可四舍五入保留两位小数。

(4) 乘用车以车辆登记管理部门核发的机动车登记证书或者行驶证所载的排气量毫升数确定税额区间。

(5)《车船税法》及其实施条例所涉及的排气量、整备质量、核定载客人数、净吨位、功率(千瓦或马力)、艇身长度,以车船登记管理部门核发的车船登记证书或者行驶证相应项目所载数据为准。

依法不需要办理登记的车船和依法应当登记而未办理登记或者不能提供车船登记证书、行驶证的车船,以车船出厂合格证明或者进口凭证标注的技术参数、数据为准;不能提供车船出厂合格证明或者进口凭证的,由主管税务机关参照国家相关标准核定,没有国家相关标准的参照同类车船核定。

(四) 车船税的计税依据

由于车船税的征税对象既有车辆又有船舶,而且车船的种类繁多、用途各异,无法统一标准,因此只能选择几种基本、通用的计量单位作为计税单位。具体以辆、整备质量、净吨位、艇身长度四种作为计税依据。

(1) 乘用车、商用车客车、摩托车的计税依据为辆。

(2) 商用车货车、挂车、专用作业车、轮式专用机械车的计税依据为整备质量吨数。整备质量是指汽车完全装备好的质量,包括润滑油、燃料、随车工具、备胎等所有装置的质量。

(3) 机动船舶、拖船、非机动驳船的计税依据为净吨位。净吨位是指按船舶丈量法定的船内封闭处的总容积(总吨位)减去驾驶室、轮机间、业务办公室、燃料舱、物料房或间、卫生设备及船员住室等占用容积所剩余的吨位,即实际载货或载客的吨位。1 吨位约等于 2.83 立方米。

(4) 游艇的计税依据为艇身长度(总长)。

(五) 车船税应纳税额的计算

车船税实行从量定额计税方法。其应纳税额根据不同类型的车船及其适用的计税标准分别计算。具体的计算公式为:

乘用车应纳税额＝乘用车辆数×适用年税额

商用车客车应纳税额＝商用车客车辆数×适用年税额

商用车货车应纳税额＝整备质量吨数×适用年税额

专用作业车应纳税额＝整备质量吨数×适用年税额

轮式专用机械车应纳税额＝整备质量吨数×适用年税额

摩托车应纳税额＝摩托车辆数×适用年税额

机动船舶应纳税额＝船舶净吨位×适用年税额

游艇应纳税额＝艇身长度米数×适用年税额

【例 8-19】 某公司拥有商用车货车 10 辆,每辆自重吨数均为 5 吨;另拥有商用车客车 4 辆,均为 45 座。已知该车船税的年税额商用车货车为每吨 80 元,商用车客车为每辆 880 元。要求:计算该公司应缴纳的车船税。

解:商用车货车应纳税额＝5×10×80＝4 000(元)

商用车客车应纳税额＝4×880＝3 520(元)

该公司应纳车船税总额＝4 000＋3 520＝7 520(元)

(六)车船税的征收管理

1. 纳税义务发生时间

车船税的纳税义务发生时间为取得车船所有权或者管理权的当月,即以购买车船的发票或者其他证明文件所载日期的当月作为车船税的纳税义务发生时间,或者以实际控制和管理车船的当月作为车船税的纳税义务发生时间。对无法提供车船购置发票的,主管税务机关有权核定其纳税义务发生时间。

购置的新车船,购置当年的应纳税额自纳税义务发生的当月起按月计算。应纳税额为年应纳税额除以 12 再乘以应纳税月份数。

已办理退税的被盗抢车船失而复得的,纳税人应当从公安机关出具相关证明的当月起计算缴纳车船税。已缴纳车船税的车船在同一纳税年度内办理转让过户的,不另纳税,也不退税。

2. 税款征收

车船税按年申报,分月计算,一次性缴纳,具体申报纳税期限由省、自治区、直辖市人民政府规定。纳税人向税务机关申报车船税,税务机关应当受理,并向纳税人开具含有车船信息的完税凭证。税务机关征收车船税的,应当严格依据车船登记地确定征管范围。依法不需要办理登记的车船,应当依据车船的所有人或管理人所在地确定征管范围。车船登记地或车船所有人或管理人所在地以外的车船税,税务机关不应征收。

保险机构应当在收取机动车第三者责任强制保险费时依法代收车船税,并将注明已收税款信息的机动车第三者责任强制保险单及保费发票作为代收税款凭证。

保险机构应当按照本地区车船税代收代缴管理办法规定的期限和方式,及时向保险机构所在地的税务机关办理申报、结报手续,报送代收代缴税款报告表和投保机动车缴税的明细信息。

对已经向主管税务机关申报缴纳车船税的纳税人,保险机构在销售机动车第三者责任强制保险时,不再代收车船税,但应当根据纳税人的完税凭证原件,将车辆的完税凭证号和出具该凭证的税务机关名称录入交强险业务系统。对出具税务机关减免税证明的车辆,保险机构在销售机动车第三者责任强制保险时,不代收车船税,保险机构应当将减免税证明号和出具该证明的税务机关名称录入交强险业务系统。纳税人对保险机构代收代缴税款数额有异议的,可以直接向税务机关申报缴纳,也可以在保险机构代收代缴税款后向税务机关提出申诉,税务机关应在接到纳税人申诉后按照本地区代收代缴管理办法规定的受理程序和期限进行处理。

车船税联网征收系统已上线地区,税务机关应当及时将征收信息、减免税信息、保险机构和代征单位汇总解缴信息等传递至车船税联网征收系统,与税源数据库历史信息进行比对核验,实现税源数据库数据的实时更新、校验、清洗,以确保车船税足额收缴。

纳税人自行申报缴纳车船税的,纳税地点为车船登记地;依法不需要办理登记的车船,纳税地点为车船的所有人或者管理人所在地;扣缴义务人代收代缴车船税的,纳税地点为扣缴义务人所在地。

(七)退税管理

已经缴纳车船税的车船,因质量原因,被退回生产企业或者经销商的,纳税人可以向纳税所在地的主管税务机关申请退还自退货月份至该纳税年度终了期间的税款,退货月份以退货发票所载日期的当月为准。

已完税车辆因被盗抢、报废、灭失而申请车船税退税的,由纳税人纳税所在地的主管税务机关按照有关规定办理;在车辆登记地之外购买机动车第三者责任强制保险,由保险机构代收代缴车船税的,凭注明已收税款信息的机动车第三者责任强制保险单或保费发票,车辆登记地的主管税务机关不再征收该纳税年度的车船税,已经征收的应予退还。

二、车辆购置税

(一)车辆购置税概述

车辆购置税是以在中国境内购置规定车辆为课税对象,在特定的环节向车辆购置者征收的一种税。就其性质而言,属于直接税的范畴。

车辆购置税除具有税收的共同特点外,还有其自身独立的特点:

(1)征收范围单一。作为财产税的车辆购置税,是以购置的特定车辆为课税对象,而不是对所有的财产或消费财产征税,征税范围相对窄,是一种特种财产税。

(2)征收环节单一。车辆购置税实行一次课征制,它不是在生产、经营和消费的每一个环节实行道道征收,而只是在退出流通环节进入消费领域的特定环节征收。

(3)税率单一。车辆购置税只确定一个统一比例税率征收,税率具有不随课税对象数额变动的特点,计征简便、负担稳定,有利于依法治税。

(4)征收方法单一。车辆购置税根据纳税人购置应税车辆的计税价格实行从价计征,以价格为计税标准,课税与价值直接发生关系,价值高者多征税,价值低者少征税。

(5)征税具有特定目的。车辆购置税具有专门用途,由中央财政根据国家交通建设投资计划,统筹安排。这种特定目的的税收,可以保证国家财政支出的需要,既有利于统筹合理地安排资金,又有利于保证特定事业和建设支出的需要。

(6)价外征收,税负不发生转嫁。车辆购置税的计税依据中不包含车辆购置税额,车辆购置税税额是附加在价格之外的,且纳税人即为负税人,税负不发生转嫁。

（二）车辆购置税的纳税义务人

车辆购置税的纳税义务人是指在中华人民共和国境内购置汽车、有轨电车、汽车挂车、排气量超过 150 毫升的摩托车（以下统称应税车辆）的单位和个人。其中购置是指以购买、进口、自产、受赠、获奖或者其他方式取得并自用应税车辆的行为。

（三）车辆购置税的征税范围

车辆购置税以列举的车辆作为征税对象，未列举的车辆不纳税。其征税范围包括汽车、排气量超过 150 毫升的摩托车、有轨电车、汽车挂车。具体规定如下：

（1）汽车：包括各类汽车。

（2）摩托车：排气量超过 150 毫升的摩托车。

（3）有轨电车：以电能为动力，在轨道上行驶的公共车辆。

（4）汽车挂车，分为全挂车和半挂车：①全挂车：无动力设备，独立承载，由牵引车辆牵引行驶的车辆。②半挂车：无动力设备，与牵引车共同承载，由牵引车辆牵引行驶的车辆。

地铁、轻轨等城市轨道交通车辆，装载机、平地机、挖掘机、推土机等轮式专用机械车，以及起重机（吊车）、叉车、电动摩托车，不属于应税车辆。

（四）车辆购置税的税率与计税依据

1. 适用税率

车辆购置税实行统一比例税率，税率为 10%。

2. 计税依据

计税依据为应税车辆的计税价格，按照下列规定确定：

（1）纳税人购置应税车辆，以发票电子信息中的不含增值税价作为计税价格。纳税人依据相关规定提供其他有效价格凭证的情形除外。

应税车辆存在多条发票电子信息或者没有发票电子信息的，纳税人按照购置应税车辆实际支付给销售方的全部价款（不包括增值税税款）申报纳税。

（2）纳税人进口自用应税车辆的计税价格，为关税完税价格加上关税和消费税；纳税人进口自用应税车辆是指纳税人直接从境外进口或者委托代理进口自用的应税车辆，不包括在境内购买的进口车辆。

（3）纳税人自产自用应税车辆的计税价格，按照纳税人生产的同类应税车辆（车辆配置序列号相同的车辆）的销售价格确定，不包括增值税税款；没有同类应税车辆销售价格的，按照组成计税价格确定。组成计税价格计算公式为：

$$组成计税价格＝成本×（1＋成本利润率）$$

（4）纳税人以受赠、获奖或者其他方式取得自用应税车辆的计税价格，按照购置应税车辆时相关凭证载明的价格确定，不包括增值税税款。

这里所称的购置应税车辆时相关凭证，是指原车辆所有人购置或者以其他方式取得应税车辆时载明价格的凭证。无法提供相关凭证的，参照同类应税车辆市场平均交易价格确定其计税价格。原车辆所有人为车辆生产或者销售企业，未开具机动车销售统一发票的，按照车辆生产或者销售同类应税车辆的销售价格确定应税车辆的计税价格。无同类应税车辆销售价格的，按照组成计税价格确定应税车辆的计税价格。

纳税人以外汇结算应税车辆价款的，按照申报纳税之日的人民币汇率中间价折合成人民币计算缴纳税款。

（五）车辆购置税应纳税额的计算

车辆购置税实行从价定率的方法计算应纳税额，计算公式为：

$$应纳税额＝计税依据×税率$$

1. 购买自用应税车辆应纳税额的计算

纳税人购买自用应税车辆的计税价格，为纳税人实际支付给销售者的全部价款，不包括增值税税款。

【例8-20】　张某2024年9月从某汽车有限公司购买一辆小汽车供自己使用，支付了含增值税税款在内的款项226 000元，所支付的款项由该汽车有限公司开具"机动车销售统一发票"。要求：计算张某应纳车辆购置税税额。

解： 计税依据＝226 000÷(1+13％)＝200 000(元)

　　　应纳税额＝200 000×10％＝20 000(元)

2. 进口自用应税车辆应纳税额的计算

纳税人进口自用应税车辆的计税价格，为关税完税价格加上关税和消费税。

纳税人进口自用应税车辆应纳税额的计算公式为：

$$应纳税额＝(关税完税价格＋关税＋消费税)×税率$$

【例8-21】　甲外贸进出口公司2024年9月从国外进口10辆某公司生产的某型号小轿车。该公司报关进口这批小轿车时，经报关地海关对有关报关资料的审查，确定关税完税价格为每辆190 000元，关税税率为25％，消费税税率为12％，增值税税率为13％。由于联系业务需要，该公司将一辆小轿车留在本单位使用。要求：根据以上资料，计算应纳车辆购置税税额。

解： 计税依据＝190 000×(1+25％)÷(1−12％)＝269 886.36(元)

　　　应纳税额＝269 886.36×10％＝26 988.64(元)

3. 其他自用应税车辆应纳税额的计算

纳税人自产自用应税车辆的计税价格，按照纳税人生产的同类应税车辆的销售价格确定，不包括增值税税款。

纳税人以受赠、获奖或者其他方式取得自用应税车辆的计税价格，按照购置应税车辆时相关凭证载明的价格确定，不包括增值税税款。

【例8-22】　乙客车制造厂将自产的一辆某型号的客车用于本厂后勤服务，该厂在办理车辆上牌落户前，出具该车的发票，注明金额为100 000元。要求：计算该车应纳车辆购置税税额。

解： 应纳税额＝100 000×10％＝10 000(元)

（六）车辆购置税的征收管理

1. 纳税义务发生时间

车辆购置税的纳税义务发生时间为纳税人购置应税车辆的当日，具体以纳税人购置应税车辆所取得的车辆相关凭证上注明的时间为准。

已经办理免税、减税手续的车辆因转让、改变用途等原因不再属于免税、减税范围的,纳税义务发生时间为车辆转让或者用途改变等情形发生之日。

按照规定,纳税义务发生时间,按照下列情形确定:

(1)购买自用应税车辆的,为购买之日,即车辆相关价格凭证的开具日期。

(2)进口自用应税车辆的,为进口之日,即海关进口增值税专用缴款书或者其他有效凭证的开具日期。

(3)自产、受赠、获奖或者以其他方式取得并自用应税车辆的,为取得之日,即合同、法律书或者其他有效凭证的生效或者开具日期。

2. 纳税申报

车辆购置税实行一车一申报制度。纳税人应当自纳税义务发生之日起60日内申报缴纳车辆购置税。

纳税人应当在向公安机关交通管理部门办理车辆注册登记前,缴纳车辆购置税。公安机关交通管理部门办理车辆注册登记,应当根据税务机关提供的应税车辆完税或者免税电子信息对纳税人申请登记的车辆信息进行核对,核对无误后依法办理车辆注册登记。税务机关和公安、商务、海关、工业和信息化等部门应当建立应税车辆信息共享和工作配合机制,及时交换应税车辆和纳税信息资料。

3. 纳税地点

车辆购置税由税务机关负责征收。车辆购置税实行一次性征收。购置已征车辆购置税的车辆,不再征收车辆购置税。纳税人购置应税车辆,需要办理车辆登记的,向车辆登记地的主管税务机关申报缴纳车辆购置税;不需要办理车辆登记的,单位纳税人向其机构所在地的主管税务机关申报纳税,个人纳税人向其户籍所在地或者经常居住地的主管税务机关申报纳税。

第六节　印花税管理实务

一、印花税概述

2021年6月10日,第十三届全国人民代表大会常务委员会第二十九次会议通过了《中华人民共和国印花税法》(以下简称《印花税法》),该法自2022年7月1日起施行,1988年8月6日国务院发布的《中华人民共和国印花税暂行条例》同时废止。

印花税是对经济活动和经济交往中书立应税凭证、进行证券交易的单位和个人征收的一种税。在中华人民共和国境内书立应税凭证、进行证券交易,以及在中华人民共和国境外书立在境内使用的应税凭证的行为,就必须依照印花税法的有关规定履行纳税义务。

印花税具有下列特点。

1. 征税范围广

凡税法列举的合同、产权转移书据、营业账簿、证券交易等,都必须依法纳税。印花税的应税凭证共有4大类17个税目,涉及经济活动的各方面。

2. 税率低,税负轻

印花税的税率有:0.5‰、2‰、2.5‰、3‰、1‰。印花税最高税率为1‰,最低税率为0.5‰。

3. 纳税人自行纳税

印花税实行"三自"纳税办法,即纳税人在书立、使用、领受应税凭证并发生纳税义务的同时,先根据凭证所载计税金额和应适用的税目税率,自行计算其应纳税额;再由纳税人自行购买印花税票,并一次足额粘贴在应税凭证上;最后由纳税人按《印花税法》的规定对已粘贴的印花税票自行注销或画销,至此纳税人的纳税义务才算履行完毕。而对于其他税种,则一般由纳税人申报,税务机关审核确定其应纳税额后,纳税人再办理缴纳税款手续。

二、印花税的纳税人

在中华人民共和国境内书立应税凭证、进行证券交易的单位和个人,为印花税的纳税人,应当依照《印花税法》规定缴纳印花税。在中华人民共和国境外书立在境内使用的应税凭证的单位和个人,应当依照《印花税法》规定缴纳印花税。

应税凭证是指《印花税法》所附《印花税税目税率表》列明的合同、产权转移书据和营业账簿。证券交易是指转让在依法设立的证券交易所、国务院批准的其他全国性证券交易场所交易的股票和以股票为基础的存托凭证。印花税的纳税人主要有以下几种:

(1)书立应税凭证的纳税人,为对应税凭证有直接权利义务关系的单位和个人。

(2)采用委托贷款方式书立的借款合同纳税人,为受托人和借款人,不包括委托人。

(3)按买卖合同或者产权转移书据税目缴纳印花税的拍卖成交确认书纳税人,为拍卖标的产权人和买受人,不包括拍卖人。

(4)证券交易印花税对证券交易的出让方征收,不对受让方征收。

上述单位和个人,按照书立、领受应税凭证的不同,可以分别确定为立合同人、立据人、立账簿人和出让人四种。

1. 立合同人

立合同人是指合同的当事人,当事人是指对凭证有直接权利义务关系的单位和个人,但不包括合同的担保人、证人、鉴定人。各类合同的纳税人是立合同人。各类合同包括:借款合同、融资租赁合同、买卖合同、承揽合同、建设工程合同、运输合同、技术合同、租赁合同、保管合同、仓储合同、财产保险合同。

2. 立据人

立据人是指书立产权转移书据的纳税人,主要包括土地使用权出让书据的纳税人、书立土地使用权、房屋等建筑物和构筑物所有权转让书据的纳税人,股权转让书据(不包括应缴纳证券交易印花税)的纳税人,商标专用权、著作权、专利权、专有技术使用权转让书据的纳税人。

3. 立账簿人

立账簿人是指设立并使用营业账簿的单位和个人。目前,印花税中营业账簿税目,只对反映生产经营单位"实收资本"("股本")和"资本公积"的资金账簿征税,对其他营业账簿不征收印花税。

4. 出让人

出让人是指证券交易的出让方。对上海和深圳证券交易所上市公司 A 股和 B 股股权交易单边征税。纳税人是股权的出让人,包括上市公司限售股股权出让人。

三、印花税的税目

印花税的税目指《印花税法》明确规定的应当纳税的项目,它具体划定了印花税的征税范围。一般地说,列入税目的就要征税,未列入税目的就不征税。

企业之间书立的确定买卖关系、明确买卖双方权利义务的订单、要货单等单据,且未另外书立买卖合同的,应当按规定缴纳印花税。

发电厂与电网之间、电网与电网之间书立的购售电合同,应当按买卖合同税目缴纳印花税。

四、印花税的税率

印花税的税率设计,遵循税负从轻、共同负担的原则。所以,税率比较低;凭证的当事人,即对凭证有直接权利与义务关系的单位和个人均应就其所持凭证依法纳税。印花税税目、税率如表8-7所示。

表8-7　印花税税目、税率

税　目		税　率	备　注
合同(指书面合同)	借款合同	借款金额的万分之零点五	指银行业金融机构、经国务院银行业监督管理机构批准设立的其他金融机构与借款人(不包括同业拆借)的借款合同
	融资租赁合同	租金的万分之零点五	
	买卖合同	价款的万分之三	指动产买卖合同(不包括个人书立的动产买卖合同)
	承揽合同	报酬的万分之三	
	建设工程合同	价款的万分之三	
	运输合同	运输费用的万分之三	指货运合同和多式联运合同(不包括管道运输合同)
	技术合同	价款、报酬或者使用费的万分之三	不包括专利权、专有技术使用权转让书据
	租赁合同	租金的千分之一	
	保管合同	保管费的千分之一	
	仓储合同	仓储费的千分之一	
	财产保险合同	保险费的千分之一	不包括再保险合同
产权转移书据	土地使用权出让书据	价款的万分之五	转让包括买卖(出售)、继承、赠与、互换、分割
	土地使用权、房屋等建筑物和构筑物所有权转让书据(不包括土地承包经营权和土地经营权转移)		
	股权转让书据(不包括应缴纳证券交易印花税的)		
	商标专用权、著作权、专利权、专有技术使用权转让书据	价款的万分之三	

（续表）

税　目	税　率	备　注
营业账簿	实收资本（股本）、资本公积合计金额的万分之二点五	
证券交易	成交金额的千分之一	

五、印花税的计税依据

1. 印花税计税依据的一般规定

印花税的计税依据为各种应税凭证上所记载的计税金额。具体规定为：

（1）应税合同的计税依据，为合同所列的金额，不包括列明的增值税税款。

（2）应税产权转移书据的计税依据，为产权转移书据所列的金额，不包括列明的增值税税款。

（3）应税营业账簿的计税依据，为账簿记载的实收资本（股本）、资本公积合计金额。

（4）证券交易的计税依据，为成交金额。

2. 印花税计税依据的特殊规定

印花税计税依据的特殊规定如下：

（1）应税合同、产权转移书据未列明金额的，印花税的计税依据按照实际结算的金额确定。计税依据按照前述规定仍不能确定的，按照书立合同、产权转移书据时的市场价格确定；依法应当执行政府定价或者政府指导价的，按照国家有关规定确定。

（2）证券交易无转让价格的，按照办理过户登记手续时该证券前一个交易日收盘价计算确定计税依据；无收盘价的，按照证券面值计算确定计税依据。

（3）同一应税合同、应税产权转移书据中涉及两方以上纳税人，且未列明纳税人各自涉及金额的，以纳税人平均分摊的应税凭证所列金额（不包括列明的增值税税款）确定计税依据。

（4）应税合同、应税产权转移书据所列的金额与实际结算金额不一致，不变更应税凭证所列金额的，以所列金额为计税依据；变更应税凭证所列金额的，以变更后的所列金额为计税依据。已缴纳印花税的应税凭证，变更后所列金额增加的，纳税人应当就增加部分的金额补缴印花税；变更后所列金额减少的，纳税人可以就减少部分的金额向税务机关申请退还或者抵缴印花税。

（5）纳税人因应税凭证列明的增值税税款计算错误而导致应税凭证的计税依据减少或者增加的，纳税人应当按规定调整应税凭证列明的增值税税款，重新确定应税凭证计税依据。已缴纳印花税的应税凭证，调整后计税依据增加的，纳税人应当就增加部分的金额补缴印花税；调整后计税依据减少的，纳税人可以就减少部分的金额向税务机关申请退还或者抵缴印花税。

（6）纳税人转让股权的印花税计税依据，按照产权转移书据所列的金额（不包括列明的认缴后尚未实际出资权益部分）确定。

（7）应税凭证金额为人民币以外的货币的，应当按照凭证书立当日的人民币汇率中间价折合人民币确定计税依据。

（8）境内的货物多式联运，采用在起运地统一结算全程运费的，以全程运费作为运输合同的计税依据，由起运地运费结算双方缴纳印花税；采用分程结算运费的，以分程的运费作为计税依据,分别由办理运费结算的各方缴纳印花税。

(9)未履行的应税合同、产权转移书据,已缴纳的印花税不予退还及抵缴税款。

(10)纳税人多贴的印花税票,不予退税及抵缴税款。

六、印花税应纳税额的计算

纳税人的应纳税额,根据应纳税凭证的性质分别按比例税率或者定额税率计算。其计算公式为:

$$应纳税额＝计税依据×适用税率$$

【例 8-23】 某企业 2024 年 7 月开业,当年发生以下有关业务事项:领受房屋产权证、工商营业执照、土地使用证各 1 份;与其他企业订立转移专用技术使用权书据 1 份,所载金额为 200 万元;订立产品购销合同 1 份,所载金额为 500 万元;订立借款合同 1 份,所载金额为 600 万元;企业记载资金的账簿,"实收资本"余额为 800 万元、"资本公积"余额为 200 万元;其他营业账簿 20 本。要求:计算该企业当年应纳印花税税额。

解:

(1)企业领受权利、许可证照不缴纳印花税。

(2)企业订立转移专用技术使用权书据应纳税额＝2 000 000×0.3‰＝600(元)

(3)企业订立购销合同应纳税额＝5 000 000×0.3‰＝1 500(元)

(4)企业订立借款合同应纳税额＝6 000 000×0.05‰＝300(元)

(5)企业记载资金的账簿应纳税额＝12 000 000×0.25‰＝3 000(元)

(6)企业其他营业账簿不缴纳印花税。

(7)当年企业应纳印花税税额＝600＋1 500＋300＋3 000＝5 400(元)

七、印花税征收管理

(一)纳税义务发生时间

(1)印花税的纳税义务发生时间为纳税人书立应税凭证或者完成证券交易的当日。

(2)证券交易印花税扣缴义务发生时间为证券交易完成的当日。

(二)纳税地点

(1)纳税人为单位的,应当向其机构所在地的主管税务机关申报缴纳印花税;纳税人为个人的,应当向应税凭证书立地或者纳税人居住地的主管税务机关申报缴纳印花税。

(2)不动产产权发生转移的,纳税人应当向不动产所在地的主管税务机关申报缴纳印花税。

(3)纳税人为境外单位或者个人,在境内有代理人的,以其境内代理人为扣缴义务人;在境内没有代理人的,由纳税人自行申报缴纳印花税,具体办法由国务院税务主管部门规定。

(4)证券登记结算机构为证券交易印花税的扣缴义务人,应当向其机构所在地的主管税务机关申报解缴税款以及银行结算的利息。

(三)纳税期限

(1)印花税按季、按年或者按次计征。

(2)实行按季、按年计征的,纳税人应当自季度、年度终了之日起 15 日内申报缴纳税款。

（3）实行按次计征的，纳税人应当自纳税义务发生之日起 15 日内申报缴纳税款。

（4）证券交易印花税按周解缴。证券交易印花税扣缴义务人应当自每周终了之日起 5 日内申报解缴税款以及银行结算的利息。

（四）缴纳方式

（1）印花税可以采用粘贴印花税票或者由税务机关依法开具其他完税凭证的方式缴纳。

（2）印花税票粘贴在应税凭证上的，由纳税人在每枚税票的骑缝处盖戳注销或者画销。

第七节　其他税种的税务合规计划

一、资源税的税务合规计划

资源税的税务合规计划主要围绕税收优惠和应纳税额计算的特殊规定进行。

（1）根据我国《资源税法》，纳税人的减税、免税项目，应当单独核算课税数量；未单独核算或者不能准确提供减、免税产品课税数量的，不予减税或者免税。纳税人开采或者生产不同税目应税产品的，应当分别核算不同税目应税产品的课税数量；未分别核算或者不能准确提供不同税目应税产品的课税数量的，从高适用税率。因此，纳税人不仅要准确核算征免项目，而且对不同税目的产品要准确区分，以避免遭受不必要的税收负担。

（2）按"折算比"纳税有技巧。税法规定，纳税人不能准确提供应税产品销售数量或移送使用数量的，以应税产品的产量或主管税务机关确定的折算比换算成的数量为课税数量。纳税人自产自用应税产品，因无法准确提供移送使用量，可按加工产品的综合回收率或选矿比折算数量作为课税数量。税务机关确定折算比一般是按照同行业的平均水平确定的，而各企业的实际综合回收率或选矿比总是在围绕这个平均折算比上下波动。

纳税人可预先测算出自己的综合回收率或选矿比，若低于同行业折算比，则按税务机关核定的同行业平均综合回收率或选矿比折算应税产品数量，就会少算课税数量，从而节省资源税。纳税人实际综合回收率高于税务机关确定的综合回收率时，应按本企业的高回收率计算应税产品的销售数量，就会少算课税数量，从而节省资源税。

【例 8-24】 某煤矿企业 12 月份对外销售原煤 200 万吨，使用本矿生产的原煤加工洗煤 100 万吨，已知该矿加工产品的综合回收率为 80%，税务机关确定的同行业综合回收率为 60%，原煤适用单位税额为每吨 2 元。要求：对此业务进行税务合规计划处理。

解： 税务合规计划思路：事先测定单位的综合回收率或折算比，并比较其与税务机关确定的行业平均综合回收率或者折算比，如果低于税务机关确定的综合回收率，则不用准确核算提供应税产品的销售数量或移送使用数量，全部采用税务机关确定的综合回收率可以节税；如果高于税务机关确定的综合回收率，则务必准确核算提供应税产品的销售数量或移送使用数量，这样可以采用单位确定的综合回收率达到节税目的。

税务合规计划过程：

方案一：不能准确核算提供应税产品的销售数量或移送使用数量。

按税务机关确定的综合回收率计算课税数量 $100 \div 60\% = 167$（万吨）

应纳资源税税额 $= (200 + 167) \times 2 = 734$（万元）

方案二：能够准确核算提供应税产品的销售数量或移送使用数量。

按实际综合回收率计算课税数量＝100÷80%＝125(万吨)

应纳资源税税额＝(200+125)×2＝650(万元)

方案二比方案一节约资源税84万元(734-650)。

税务合规计划结论：比较计算结果可以发现，按实际综合回收率计算可节省税款84万元。因此，当企业实际综合回收率高于税务机关确定的综合回收率时，应当加强财务核算，准确提供应税产品销售数量或移送数量，方可免除不必要的税收负担。

【例8-25】 甲煤矿2024年10月开采原煤100万吨，当月对外销售90万吨。该煤矿每吨原煤含增值税售价为550元(含从坑口到车站、码头等运杂费用50元，且该运杂费用未取得相关运杂费发票或者其他合法有效凭证，也不能与销售额分别核算)，适用的资源税税率为5%。

要求：对上述业务进行税务合规计划。

解： 税务合规计划思路：根据资源税计税依据，合理确定销售额。

销售额是指纳税人销售应税产品，向购买方收取的全部价款和价外费用，不包括增值税销项税额。对同时符合以下条件的运杂费用，纳税人在计算应税产品计税销售额时，可予以扣减，包含在应税产品销售收入中：

(1)属于纳税人销售应税产品环节发生的运杂费用，具体是指运送应税产品从坑口或者洗选(加工)地到车站、码头或者购买方指定地点的运杂费用。

(2)取得相关运杂费用发票或者其他合法有效凭证。

(3)将运杂费用与计税销售额分别进行核算。

(4)纳税人扣减的运杂费用明显偏高导致应税产品价格偏低且无正当理由，主管税务机关可以合理调整计税价格。

税务合规计划过程：

方案一：未取得相关运杂费用发票或其他合法有效凭据，也不能与计税销售额分别进行核算。

销售单价＝550÷(1+13%)＝486.73(元/吨)

应纳资源税税额＝900 000×486.73×5%＝21 902 850(元)

方案二：取得相关运杂费用发票或其他合法有效凭据，且与计税销售额分别进行核算。

销售单价＝(550-50)÷(1+13%)＝442.48(元/吨)

应纳资源税税额＝900 000×442.48×5%＝19 911 600(元)

税务合规计划结论：方案二比方案一少缴纳资源税1 991 250元(21 902 850-19 911 600)，因此，对于煤炭企业来讲，在运营过程中，各环节尽可能独立核算，或者可以进行运输劳务外包，取得相应的运输发票或其他合法有效凭证，且与计税销售额分别核算，这可以在一定程度上达到为企业节税的目的。

二、房产税的税务合规计划

(一)降低房产原值、降低租金收入

合理地减少房产原值是房产税税务合规计划的关键。税法规定，从价计征房产税的房屋原值包括与房屋不可分割的各种附属设备或一般不单独计算价值的配套设施。独立于房屋之

外的建筑物,如酒窖菜窖、室外游泳池、玻璃暖房、各种油气罐等则不属于房产。在进行房产税税务合规计划时,如果将除厂房、办公用房以外的建筑物建成露天的,并且把这些独立建筑物的造价同厂房、办公用房的造价分开,在会计账簿中单独核算,则这部分建筑物的造价不计入房产原值,不缴纳房产税。

对于房产出租,房产税采用从租计征方式,出租方代收的其他项目收入应当与实际租金收入分开核算,分开签订合同,从而降低从租计征的计税依据。在出租房屋时,还将房屋内部或者外部的机器设备、生产线、办公用品等附属设施一同出租,就应分开签出租合同,只按房屋租金缴纳房产税。

【例 8-26】　甲公司位于某市市区,该公司除厂房、办公用房外,还包括厂区围墙、烟囱、水塔、变电塔、游泳池、停车场等建筑物,总计工程造价 100 000 万元,除厂房、办公用房以外的建筑设施工程造价 20 000 万元。当地政府规定计算房产余值的扣除比例为 30%。要求:对上述业务进行税务合规计划。

解:税务合规计划思路:税收优惠是税法对某些纳税人和征税对象给予鼓励和照顾的一种特殊规定。充分利用税收优惠政策,可以实现合法节税。

房产税在城市、县城、建制镇和工矿区征收,不包括农村。房产是以房屋形态表现的财产。房屋则是指有屋面和围护结构(有墙或两边有柱),能够遮风避雨,可供人们在其中生产、工作、学习、娱乐、居住或储藏物资的场所。独立于房屋之外的建筑物,如围墙、烟囱、水塔、变电塔、油池、油柜、酒窖、菜窖、酒精池、糖蜜池、室外游泳池、玻璃暖房、砖瓦石灰窑以及各种油气罐等,则不属于房产。与房屋不可分离的附属设施,属于房产。

税务合规计划过程:

税务合规计划前:将所有建筑物都作为房产计入房产原值。

应纳房产税税额 = 100 000 × (1 − 30%) × 1.2% = 840(万元)

税务合规计划后:将游泳池、停车场等都建成露天的,并且把这些独立建筑物的造价同厂房、办公用房的造价分开,在会计账簿中单独核算,则这部分建筑物的造价不计入房产原值,不缴纳房产税。

应纳房产税税额 = (100 000 − 20 000) × (1 − 30%) × 1.2% = 672(万元)

税务合规计划结论:由上述税务合规计划过程可以看出,方案二比方案一少缴纳房产税168 万元(840 − 672)。因此,在对房产税进行税务合规计划时,根据房产税有关规定以及税收优惠政策,降低房产原值是一种有效的合规计划方法。

【例 8-27】　某公司拥有一栋写字楼,配套设施齐全,对外出租。全年共收取租金 2 000 万元,其中包含代收的物业管理费 200 万元,水电费 400 万元。要求:请对上述业务进行税务合规计划。

解:税务合规计划思路:对外出租的房产通常按照租金的 12% 征收房产税,在税率不变的情况下,合理确定租金收入,使得确认的租金收入降低,则可以有效降低房产税负。

税务合规计划过程:

税务合规计划前:公司与承租方签订租赁合同,租金为 2 000 万元。

应纳房产税税额 = 2 000 × 12% = 240(万元)

税务合规计划后:公司将代收的物业费、水电费分别由各相关方签订合同,如物业管理费由承租方与物业公司签订合同,水电费按照承租人实际耗用的数量和规定的价格标准结算。

应纳房产税税额＝(2 000−200−400)×12%＝168(万元)

税务合规计划结论:由上述税务合规计划过程可以看出,方案二相较于方案一少缴房产税 72 万元(240−168),降低租金收入中的代收款部分可以有效降低房产税。

(二)从税率入手进行税务合规计划

房产税从价计征与从租计征的税率不一致,纳税金额也不同。

(1)当房屋原值×(1−原值扣除比率)＞10 倍租金收入时,房屋出租可少缴房产税。

(2)当房屋原值×(1−原值扣除比率)＜10 倍租金收入时,房屋自用可少缴房产税。

(三)利用税收优惠进行税务合规计划

例如,根据税法规定,房产税对在城市、县城、建制镇和工矿区的房产征收,不包括农村。因此,在不影响企业生产经营的情况下,可将企业设立在农村,则可免缴房产税。又如,对个人出租住房,减按 4%的税率征收房产税;房产大修停用半年以上的,经纳税人申请,税务机关审核,在大修期间可免征房产税。

三、城镇土地使用税的税务合规计划

城镇土地使用税的税务合规计划思路:一是充分利用税收优惠政策;二是利用计税依据中不同地区的级差定额税率。

例如,根据税法规定,农、林、牧、渔业的生产用地免税,纳税人如果能准确核算企业生产办公用地与农、林、牧、渔业的生产用地,就可以享受生产用地免税条款。又如,企业可以利用开山填海整治的土地和改造的废弃土地进行生产经营,按照税法规定,可以享受从使用的月份起免缴城镇土地使用税 5～10 年。

城镇土地使用税采用分类定额幅度税率,大中型城市的税率高于县城、建制镇或工矿区,在不影响生产经营的情况下,将企业生产车间等设置在县城或建制镇等地,可以大大降低城镇土地使用税支出。

【例 8-28】 甲公司欲投资建厂,需占用土地 10 万平方米,现有两种方案可供选择。方案一:在某中等城市的城区,当地城镇土地使用税税额为 20 元/平方米。方案二:在某小城市的城区,当地城镇土地使用税税额为 8 元/平方米。

要求:对此业务进行税务合规计划。

解:税务合规计划思路:城镇土地使用税采取的是有幅度的差别定额税率,最高税额(30 元)是最低税额(0.6 元)的 50 倍。本例可以利用城镇土地使用税计税依据中不同地区的级差定额税率来进行税务合规计划。

税务合规计划过程:

方案一:在某中等城市的城区建厂。

应纳城镇土地使用税税额＝10×20＝200(万元)

方案二:在某小城市的城区建厂。

应纳城镇土地使用税税额＝10×8＝80(万元)

税务合规计划结论:由上述税务合规计划过程可以看出,方案二比方案一少缴城镇土地使用税 120 万元(200−80),企业应在综合考虑生产资料的供应、销售等基础上确定建厂地址。

四、城市维护建设税的税务合规计划

城市维护建设税是以纳税人实际缴纳的增值税、消费税税额为计税依据,因此对城市维护建设税的合规计划主要依托增值税和消费税的合规计划,同时考虑地区差别税率的影响。比如选择委托加工方时,可以选择城市维护建设税税率较低的非市区、县城或建制镇等的受托单位进行委托加工。

【例8-29】 某化妆品公司委托加工一批化妆品,受托加工企业代扣代缴消费税100万元、增值税50万元。要求:对该公司的城市维护建设税进行税务合规计划。

解: 税务合规计划思路:在增值税和消费税既定且保证产品质量的前提下,利用地区差别税率进行税务合规计划。纳税人所在地在市区适用的城市维护建设税税率为7%;纳税人在县城和镇适用的城市维护建设税税率为5%;纳税人在市区、县城或镇以外的其他地区,适用的城市维护建设税税率为1%。

税务合规计划过程:

方案一:选择市区的受托加工企业。

应纳城市维护建设税税额=(100+50)×7%=10.5(万元)

方案二:选择县城或镇上的受托加工企业。

应纳城市维护建设税税额=(100+50)×5%=7.5(万元)

方案三:选择村里的受托加工企业。

应纳城市维护建设税税额=(100+50)×1%=1.5(万元)

税务合规计划结论:由以上方案的比较可以看出,不同地区城市维护建设税适用税率不同,在保证产品质量的情况下,选择市区、县城和镇以外的其他地区开办企业或设立加工企业可以降低城市维护建设税纳税支出。

五、印花税的税务合规计划

印花税是小税种,税目众多,税率档次多,通常按合同金额的万分之几计算缴纳,税款微乎其微。实际操作中,合同金额不好估算,若订立合同金额较小,可能带来变更合同的麻烦。而订立合同金额过大,实际履行金额却很少,有的甚至不及合同订立金额的三分之一。

印花税一般税务合规计划思路是:

(1)充分利用税收优惠政策。

(2)尽可能分项核算不同经济业务。

(3)对于不确定金额的合同应做好充分的统计工作,可根据上年合同执行金额和本年工作量预测分析今年有关合同金额的最高金额和最低金额。

对于同一经济业务涉及两种以上印花税税率行为,企业可以按不同印花税税率的经济事项分别订立经济合同,这样可以按不同税率计征印花税,若未分别订立经济合同,则按照高税率计征印花税。

【例8-30】 华东门窗厂为A建筑安装公司供应原材料,同时为其提供仓储服务业务。销售原材料合同金额为500万元,仓储费合同为100万元。要求:进行税务合规计划处理。

解: 税务合规计划思路:根据税法规定,对于销售收入和提供仓储费收入,由于其印花税

税率不同,应分别签订购销合同和仓储合同,不能分别签订的,一律从高按照 1‰ 贴花。本例中,华东门窗厂如果没有分开签合同,就应按高税率 1‰ 多缴纳印花税。

税务合规计划过程:华东门窗厂与建筑安装公司分别就提供原材料签订购销合同,收取仓储费再签订仓储费合同。则购销合同金额为 500 万元,仓储合同金额为 100 万元。

购销合同应纳印花税税额 $= 5\,000\,000 \times 3‰ = 1\,500$(元)

仓储合同应纳印花税税额 $= 1\,000\,000 \times 1‰ = 1\,000$(元)

合计应缴纳印花税 $= 1\,500 + 1\,000 = 2\,500$(元)

税务合规计划结论:由税务合规计划过程可以看出,只要签订合同形式恰当,就可以在一定程度上达到节税的效果。

六、契税的税务合规计划

在目前的经济生活中,涉及转移土地、房屋权属的契税缴纳行为较多,根据契税缴纳的税收政策进行税务合规计划,降低契税支出,日益为各方面纳税人所重视。契税的计税依据是不动产的价格,由于土地房屋权属转移方式不同,定价方法不同。进行契税的税务合规计划,通常思路是:

1. 充分利用税收优惠和特殊规定进行税务合规计划

根据税法规定,城镇职工按规定第一次购买公有住房的,免征契税;个人购买自用普通住宅,暂减半征收契税。

对于企业合并分立以及改组,契税法律条文中做了特殊的规定。比如,在企业合并中,新设方或者存续方承受被解散方土地、房屋权属,若合并前后各方为相同投资主体,则不征契税,其余征收契税。在企业分立中,对派生方、新设方承受原企业土地、房屋权属的,不征契税;以增资扩股进行股权重组,对以土地、房屋权属作价入股或作为出资投入企业的,征收契税,而以股权转让进行重组,单位、个人承受企业股权,企业的土地、房屋权属不发生转移,则不征契税。了解并充分利用这些规定进行税务合规计划,可以节省不少税收。

2. 利用房屋互换进行税务合规计划

我国《契税法》规定,土地使用权互换、房屋互换时,以所互换的土地使用权、房屋价格的差额为契税计税依据。由此可见,房屋互换所纳契税显然远远低于房屋购置。所以,纳税人可以将原来不属于互换的行为,通过合法的途径转变为互换行为,以便减轻税负。特别是,如果双方当事人互换的价格相等,由于价差为零,任何一方都不用缴纳契税。所以,当纳税人互换土地使用权或房屋所有权的时候,如果能想办法保持双方的价格差额较小甚至没有,就可达到节税目的。

【例 8-31】 甲和乙在本市均拥有一套市价 150 万元(不含增值税)的房屋,甲想买乙的房屋,丙想买甲的房屋。假设甲、乙、丙三方都知道各自的购房或售房供求信息,且土地契税适用税率为 4%。要求:对上述业务进行税务合规计划。

解:税务合规计划过程:

方案一:甲买乙的房屋须缴契税 $= 150 \times 4\% = 6$(万元)

丙买甲的房屋须缴契税 $= 150 \times 4\% = 6$(万元)

方案二:甲、乙的房屋等价互换,无须缴税。

乙将房屋卖给丙,须缴契税 $= 150 \times 4\% = 6$(万元)

复习思考题

1. 资源税在什么环节征收？其计税依据是如何确定的？
2. 环境保护税的计税依据是什么？怎样计算应缴纳的环境保护税？
3. 什么是房产税？房产税有哪些特点？
4. 房产税的计税依据有哪两种？如何确定房产税的计税依据？
5. 契税的征税范围、纳税人是如何规定的？
6. 契税的计税依据如何确定？
7. 印花税的纳税人包括哪些？印花税税率有哪几种？
8. 如何确定印花税的计税依据？
9. 车辆购置税的计税依据是什么？怎样计算应缴纳的车辆购置税？

巩固训练题

思政园地

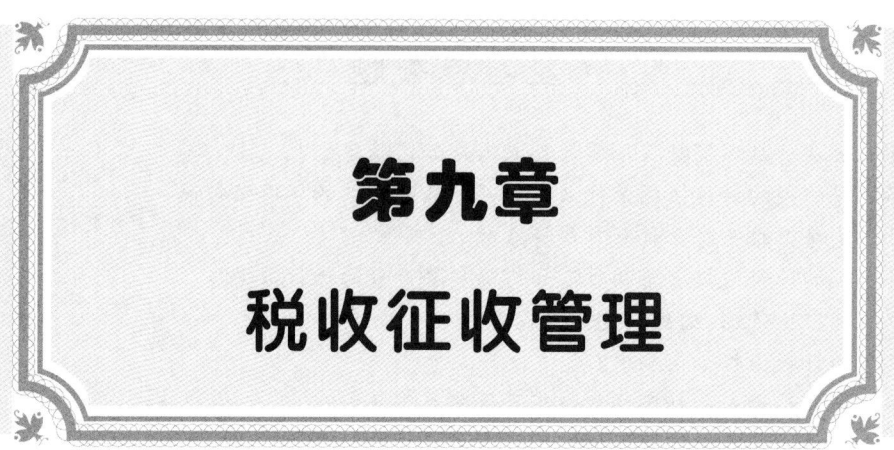

第九章
税收征收管理

第一节　税收征收管理法概述

一、《税收征收管理法》的立法目的

国家为了加强税收征收管理,规范税收征收和缴纳行为,保障国家税收收入,保护纳税人

的合法权益,促进经济和社会发展,制定了《税收征收管理法》。按照本法规定,税收征收管理立法的目的主要包括以下五个方面。

1. 加强税收征收管理

税收是国家凭借政治权力参与社会产品分配的活动,反映了国家与其他社会主体之间的经济利益分配关系,具有强制性、无偿性和固定性的特点。税收分配必须以法律为基础,以法律形式确定税收分配关系,才能真正体现税收的强制性,实现税收的无偿性,保证税收的固定性。税收征收管理是国家征税的具体过程,是税收分配程序的主要内容,加强税收征收管理,必须确立相应的制度规范,建立税收征收管理相关法律法规。

2. 规范税收征收和缴纳行为

规范税收征收和缴纳行为,是加强税收征收管理的重要保障。税收征收管理活动可以分为征税和纳税两个方面。征税主体是国家,代表国家行使征税权的是税务机关,税务机关征收税款的行为就是税收征收行为。纳税主体是纳税人,纳税人缴纳税款的行为就是承担法律责任;同时也要为纳税人缴纳税款提供标准和规范,纳税人只有按照法律规定程序和办法缴纳税款,才能更好地保障自身的权益。因此,在该法中加入"规范税收征收和缴纳行为"的目的,是对依法治国、依法治税思想的深刻理解和运用,为《税收征收管理法》其他条款的修订指明了方向。

3. 保障国家税收收入

税收收入是国家财政的主要来源,组织税收收入是税收的基本职能之一。《税收征收管理法》是税收征收管理的标准和规范,其根本目的是保证税收收入的及时、足额入库,这也是任何一部税收征收管理法都具有的目的。

4. 保护纳税人的合法权益

税收征收管理作为国家的行政行为,一方面要维护国家的利益,另一方面要保护纳税人的合法权益不受侵犯。纳税人按照国家税收法律、行政法规的规定缴纳税款之外的任何其他款项都是对纳税人合法权益的侵害。保护纳税人的合法权益一直是《税收征收管理法》的立法目的。

5. 促进经济发展和社会进步

税收是国家宏观调控的重要杠杆,《税收征收管理法》是市场经济的重要法律规范。这就要求税收征收管理的措施,如税务登记、纳税申报、税款征收、税收检查以及税收政策等,应以促进经济发展和社会进步为目标,方便纳税人,保护纳税人。因此,在该法中加入"促进经济和社会发展"的目的,表明了税收征收管理的历史使命和前进方向。

二、《税收征收管理法》的适用范围

《税收征收管理法》第 2 条规定:"凡依法由税务机关征收的各种税收的征收管理均适用本法。"这就明确界定了《税收征收管理法》的适用范围。

我国税收的征收机关有税务部门和海关部门,税务机关征收各种工商税收,海关征收关税和船舶吨税。《税收征收管理法》只适用于由税务机关征收的各种税收的征收管理。海关征收的关税和船舶吨税及代征的增值税、消费税,适用其他法律法规的规定。值得注意的是,目前还有一部分政府收费由税务机关征收,如教育费附加。这些收费不适用《税收征收管理法》,不能采取《税收征收管理法》规定的措施,其具体管理办法由收费的条例和规章决定。

三、《税收征收管理法》的遵守主体

1. 税收征收管理主体

国务院税务主管部门主管全国税收征收管理工作。各地税务局及稽查局应当按照国务院规定的税收征收管理范围分别进行征收管理。

征税主体的职权主要有以下几个方面：

（1）税收立法权。税收立法权包括参与起草税收法律法规草案，提出税收政策建议，在职权内制定、发布关于税收征管的部门规章等。

（2）税务管理权。税务管理权包括对纳税人进行税务登记管理、账簿和凭证管理、发票管理、纳税申报管理等。

（3）税款征收权。税款征收权是征税主体享有的最基本、最主要的职权。税款征收权包括依计征权、核定税款权、税收保全和强制执行权、追征税款权等。

（4）税务检查权。税务检查权包括查账权、场地检查权、询问权、责成提供资料权、存款账户核查权等。

（5）税务行政处罚权。税务行政处罚权是对税收违法行为依照法定标准予以行政制裁的职权，如罚款等。

（6）其他职权。如在法律、行政法规规定的权限内，对纳税人的减、免、退、延期缴纳的申请予以审批的权利；阻止欠税纳税人离境的权利；委托代征权；估税权；代位权与撤销权；定期对纳税人欠缴税款情况予以公告的权利；上诉权等。

2. 征税主体的职责

（1）税务机关应当广泛宣传税收法律、行政法规，普及纳税知识，无偿地为纳税人提供纳税咨询服务。

（2）税务机关应当依法为纳税人、扣缴义务人的情况保密。收到检举的机关和负责查处的机应当为检举人保密。

（3）税务机关应当加强队伍建设，提高税务人员的政治业务素质。

（4）税务机关、税务人员必须秉公执法，忠于职守，清正廉洁，礼貌待人，文明服务，尊重保护纳税人、扣缴义务人的权利，依法接受监督。

（5）税务人员不得索贿受贿、徇私舞弊、玩忽职守、不征或者少征应征税款；不得滥用职权多征税款或者故意刁难纳税人和扣缴义务人。

（6）各级税务机关应当建立、健全内部制约和监督管理制度。上级税务机关应当对下级税务机关的执法活动依法进行监督。各级税务机关应当对其工作人员执行法律、行政法规和廉洁自律的情况进行监督检查。

（7）税务机关负责征收、管理、稽查、行政复议的人员的职责应当明确，并相互分离、相互制约。

（8）税务人员在核定应纳税额、调整税收定额、进行税务检查、实施税务行政处罚、办理税务行政复议时，与纳税人、扣缴义务人或者其法定代表人、直接责任人有利害关系的，应当回避。

3. 税务行政管理相对人——纳税人、扣缴义务人和其他有关单位

《税收征收管理法》第4条规定，法律、行政法规规定负有纳税义务的单位和个人为纳税

人。法律、行政法规规定负有代扣代缴、代收代缴税款义务的单位和个人为扣缴义务人。纳税人、扣缴义务人必须依照法律、行政法规的规定缴纳税款、代扣代缴、代收代缴税款。《税收征收管理法》第6条第2款规定,纳税人、扣缴义务人和其他有关单位应当按照国家有关规定如实向税务机关提供与纳税和代扣代缴、代收代缴税款有关的信息。

根据上述规定,纳税人、扣缴义务人和其他有关单位是税务行政管理的相对人,是《税收征收管理法》的遵守主体,必须按照《税收征收管理法》的有关规定接受税务管理,维护合法权益。

4. 有关单位和部门

《税收征收管理法》第5条第2款和第3款规定,地方各级人民政府应当依法加强对本行政区域内税收征收管理工作的领导或者协调,支持税务机关依法执行职务,依照法定税率计算税额,依法征收税款。各有关部门和单位应当支持、协助税务机关依法执行职务。这说明包括地方各级人民政府在内的有关单位和部门同样是《税收征收管理法》的遵守主体,必须遵守《税收征收管理法》的有关规定。

第二节　税务日常管理实务

税务日常管理是指税务机关在税收征收管理中对征纳过程实施的基础性管理制度和管理行为,它是为贯彻执行国家税收法律制度,加强税收工作,协调征纳关系而开展的一项有目的的活动。税务征收管理主要包括税务登记管理、账簿和凭证管理、发票管理、纳税申报管理四个方面的内容。

一、税务登记管理

税务登记是税务机关根据税法规定对纳税人的生产经营活动进行登记管理的一项基本制度,也是纳税人已经纳入税务机关监督管理范围的法定证明。税务登记对于纳税人依法纳税和税务机关依法征税都有重要意义。

县以上税务局(分局)是税务登记的主管税务机关,负责税务登记的设立登记、变更登记、注销登记和税务登记证件验证、换证以及非正常户处理、报验登记等有关事项。

(一) 税务登记的范围

企业在外地设立的分支机构和从事生产、经营的场所,个体工商户和从事生产、经营的事业单位,以及其他纳税人均应当按照规定办理税务登记,但不包括国家机关、个人和无固定生产、经营场所的流动性农村小商贩。

根据税收法律、行政法规的规定,负有扣缴税款义务的扣缴义务人也应按规定办理扣缴税款登记,但不包括国家机关。

(二) 税务登记的种类

县以上税务局(分局)按照国务院规定的税收征收管理范围,实施属地管理。有条件的城市,可以按照"各区分散受理、全市集中处理"的原则办理税务登记。税务登记的种类,从发展过程和状态上看,主要有设立登记、变更登记、停业和复业登记、注销登记和外出经营报验登记五种。

1. 设立登记

企业在外地设立的分支机构和从事生产、经营的场所,个体工商户和从事生产、经营的事

业单位(以下统称从事生产、经营的纳税人),向生产、经营所在地税务机关申报办理税务登记,分如下几种情况处理:

(1) 从事生产、经营的纳税人领取工商营业执照(含临时工商营业执照)的,应当自领取工商营业执照之日起 30 日内申报办理税务登记。

(2) 从事生产、经营的纳税人未办理工商营业执照但经有关部门批准设立的,应当自有关部门批准设立之日起 30 日内申报办理税务登记。

(3) 从事生产、经营的纳税人未办理工商营业执照,也未经有关部门批准设立的,应当自纳税义务发生之日起 30 日内申报办理税务登记。

(4) 有独立的生产经营权、在财务上独立核算并定期向发包人或者出租人上交承包费或租金的承包承租人,应当自承包承租合同签订之日起 30 日内,向其承包承租业务发生地税务机关申报办理税务登记。

(5) 境外企业在中国境内承包建筑、安装、装配、勘探工程和提供劳务的,应当自项目合同或协议签订之日起 30 日内,向项目所在地税务机关申报办理税务登记。

(6) 除国家机关、个人和无固定生产、经营场所的流动性农村小商贩外,其他纳税人均应当自纳税义务发生之日起 30 日内,向纳税义务发生地税务机关申报办理税务登记。

(7) 已办理税务登记的扣缴义务人应当自扣缴义务发生之日起 30 日内,向税务登记地税务机关申报办理扣缴税款登记。税务机关在其税务登记证件上登记扣缴税款事项,税务机关不再发放扣缴税款登记证件。根据税收法律、行政法规的规定可不办理税务登记的扣缴义务人,应当自扣缴义务发生之日起 30 日内,向机构所在地税务机关申报办理扣缴税款登记。税务机关发放扣缴税款登记证件。

2. 变更登记

变更登记是指纳税人税务登记内容发生重大变化时,向原税务登记机关再次申报办理的税务登记手续。纳税人已在工商行政管理机关办理变更登记的,应当自工商行政管理机关变更登记之日起 30 日内,向原税务登记机关如实提供下列证件、资料,申报办理变更税务登记:①工商登记变更表。②纳税人变更登记内容的有关证明文件。③税务机关发放的原税务登记证件(登记证正、副本和登记表等)。④其他有关资料。

纳税人按照规定不需要在工商行政管理机关办理变更登记,或者其变更登记的内容与工商登记内容无关的,应当自税务登记内容实际发生变化之日起 30 日内,或者自有关机关批准或者宣布变更之日起 30 日内,持下列证件到原税务登记机关申报办理变更税务登记:①纳税人变更登记内容的有关证明文件。②税务机关发放的原税务登记证件(登记证正、副本和税务登记表等)。③其他有关资料。

税务机关应当于受理当日办理变更税务登记。纳税人税务登记表和税务登记证中的内容都发生变更的,税务机关按变更后的内容重新发放税务登记证件;纳税人税务登记表的内容发生变更而税务登记证中的内容未发生变更的,税务机关不重新发放税务登记证件。

3. 停业、复业登记

停业、复业登记是指实行定期定额征收方式的纳税人,因自身经营的需要暂停经营或者恢复经营而向主管税务机关申请办理的税务登记手续。

实行定期定额征收方式的个体工商户需要停业的,应当在停业前向税务机关申报办理停业登记。纳税人的停业期限不得超过 1 年。纳税人在申报办理停业登记时,应如实填写《停业复业报告书》,说明停业理由、停业期限、停业前的纳税情况和发票的领、用、存等情况,并结清应纳税款、滞纳金、罚款。税务机关应收存税务登记证件及副本、发票领购簿、未使用完的发票和其他税务证件。纳税人在停业期间发生纳税义务的,应当按照税收法律、行政法规的规定申报缴纳税款。纳税人应当于恢复生产经营之前,向税务机关申报办理复业登记,如实填写《停业复业报告书》,领回并启用税务登记证件、发票领购簿及其停业前领购的发票。纳税人停业期满不能及时恢复生产经营的,应当在停业期满前到税务机关办理延长停业登记,并如实填写《停业复业报告书》。

4. 注销登记

注销登记是指纳税人税务登记内容发生根本性变化,需要终止履行纳税义务时,向税务机关申请办理的税务登记手续。

1)注销登记的适用范围

注销登记的适用范围包括:纳税人因经营期限届满而自动解散;企业由于改组、分立、合并等原因而被撤销;企业资不抵债而破产;纳税人住所、经营地址迁移而涉及改变原主管税务机关的;纳税人被工商行政管理部门吊销营业执照;纳税人依法终止履行纳税义务的其他情形。

2)注销登记的时间要求

纳税人发生解散、破产、撤销以及其他情形,依法终止纳税义务的,应当在向工商行政管理机关或者其他机关办理注销登记前,持有关证件和资料向原税务登记机关申报办理注销税务登记;按规定不需要在工商行政管理机关或者其他机关办理注册登记的,应当自有关机关批准或者宣告终止之日起 15 日内,持有关证件和资料向原税务登记机关申报办理注销税务登记。纳税人被工商行政管理机关吊销营业执照或者被其他机关予以撤销登记的,应当自营业执照被吊销或者被撤销登记之日起 15 日内,向原税务登记机关申报办理注销税务登记。

纳税人因住所、经营地点变动,涉及改变税务登记机关的,应当在向工商行政管理机关或者其他机关申请办理变更、注销登记前,或者住所、经营地点变动前,持有关证件和资料,向原税务登记机关申报办理注销税务登记,并自注销税务登记之日起 30 日内,向迁达地税务机关申报办理税务登记。

境外企业在中国境内承包建筑、安装、装配、勘探工程和提供劳务的,应当在项目完工、离开中国前 15 日内,持有关证件和资料,向原税务登记机关申报办理注销税务登记。

3)其他规定

纳税人办理注销税务登记前,应当向税务机关提交相关证明文件和资料,结清应纳税款、多退(免)税款、滞纳金和罚款,缴销发票、税务登记证件和其他税务证件,经税务机关核准后,办理注销税务登记手续。

5. 外出经营报验登记

纳税人到外县(市)临时从事生产经营活动的,应当在外出生产经营以前,持税务登记证到主管税务机关开具《外出经营活动税收管理证明》(以下简称《外管证》)。

税务机关按照一地一证的原则,发放《外管证》,《外管证》的有效期限一般为 30 日,最长不得超过 180 天。

纳税人应当在《外管证》注明地进行生产经营前向当地税务机关报验登记,并提交税务登记证件副本和《外管证》。

纳税人在《外管证》注明地销售货物的,除提交以上证件、资料外,应如实填写《外出经营货物报验单》,申报查验货物。

纳税人外出经营活动结束,应当向经营地税务机关填报《外出经营活动情况申报表》,并结清税款、缴销发票。

纳税人应当在《外管证》有效期届满后 10 日内,持《外管证》回原税务登记地税务机关办理《外管证》缴销手续。

(三)非正常户处理

已办理税务登记的纳税人未按照规定的期限申报纳税,在税务机关责令其限期改正后,逾期不改正的,税务机关应当派员实地检查,查无下落并且无法强制其履行纳税义务的,由检查人员制作非正常户认定书,存入纳税人档案,税务机关暂停其税务登记证件、发票领购和发票的使用。

纳税人被列入非正常户超过 3 个月的,税务机关可以宣布其税务登记证件失效,其应纳税款的追征仍按《税收征收管理法》及其实施细则的规定执行。

(四)税务登记证的使用和管理

1. 税务登记证的使用

除按规定不需要发给税务登记证件的以外,纳税人办理下列业务必须持税务登记证件:①开立银行账户。②申请减税、免税、退税。③申请办理延期申报,延期缴纳税款。④领购发票。⑤申请开具外出经营活动税收管理证明。⑥办理停业、歇业。⑦其他有关税务事项。

2. 税务登记证的管理

税务机关对税务登记证件实行定期验证和换证制度。纳税人应当在规定的期限内持有关证件到主管税务机关办理验证或者换证手续。税务机关应当加强税务登记证件的管理,采取实地调查、上门验证等方法,或者结合税务部门和工商部门之间以及税务局(分局)之间的信息交换比对进行税务登记证件的管理。

纳税人应当将税务登记证件正本在其生产、经营场所或者办公场所公开悬挂,接受税务机关检查。

从事生产、经营的纳税人到外县(市)临时从事生产、经营活动的,应当持税务登记证副本和所在地税务机关填开的《外出经营活动税收管理证明》,向营业地税务机关报验登记,接受税务管理。

税务登记证式样改变,需统一换发税务登记证的,由国家税务总局确定。税务登记证件不得转借、涂改、损毁、买卖或者伪造。

纳税人、扣缴义务人遗失税务登记证件的,应当自遗失税务登记证件之日起 15 日内,书面报告主管税务机关,如实填写《税务登记证件遗失报告表》,并将纳税人的名称、税务登记证件名称、税务登记证件号码、税务登记证件有效期、发证机关名称在税务机关认可的报刊上作遗失声明,凭报刊上刊登的遗失声明到主管税务机关补办税务登记证件。

二、账簿和凭证管理

账簿和凭证是记录和反映纳税人经营活动的基本材料之一,也是税务机关对纳税人、扣缴义务人计征税款以及确认是否正确履行纳税义务的重要依据。

（一）设置账簿的规定

纳税人、扣缴义务人按照有关法律、行政法规和国务院财政、税务主管部门的规定设置账簿，根据合法、有效的凭证记账，进行核算。

从事生产、经营的纳税人应当自领取营业执照或者发生纳税义务之日起 15 日内，按照国家有关规定设置总账、明细账、日记账以及其他辅助性账簿。生产、经营规模小又确无建账能力的纳税人，可以聘请经批准从事会计代理记账业务的专业机构或者财会人员代为建账和处理账务。扣缴义务人应当自税收法律、行政法规规定的扣缴义务发生之日起 10 日内，按照所代扣代收的税种，分别设置代扣代缴、代收代缴税款账簿。

（二）会计核算的要求

所有纳税人和扣缴义务人都必须根据合法、有效的凭证进行账务处理。纳税人建立的会计电算化系统应当符合国家有关规定，并能正确、完整地核算其收入或者所得。

纳税人使用计算机记账的，应当在使用前将会计电算化系统的会计核算软件、使用说明书及有关资料报送主管税务机关备案。

纳税人、扣缴义务人会计制度健全，能够通过计算机正确、完整地计算其收入和所得或者代扣代缴、代收代缴税款情况的，其计算机输出的完整的书面会计记录，可视同会计账簿。

纳税人、扣缴义务人会计制度不健全，不能通过计算机正确、完整地计算其收入和所得或者代扣代缴、代收代缴税款情况的，应当建立总账及与纳税或者代扣代缴、代收代缴税款有关的其他账簿。

账簿、会计凭证和报表，应当使用中文。民族自治地方可以同时使用当地一种通用的民族文字。外商投资企业和外国企业可以同时使用一种外国文字。

（三）财务、会计制度的管理

从事生产、经营的纳税人应当自领取税务登记证件之日起 15 日内，将其财务、会计制度或者财务、会计处理办法报送主管税务机关备案。纳税人、扣缴义务人的财务、会计制度或者财务、会计处理办法与国务院或者国务院财政、税务主管部门有关税收的规定抵触的，依照国务院或者国务院财政、税务主管部门有关税收的规定，计算应纳税款、代扣代缴和代收代缴税款。

（四）账簿和凭证的保存与管理

从事生产、经营的纳税人、扣缴义务人必须按照国务院财政、税务主管部门规定的保管期限保管账簿、记账凭证、完税凭证及其他有关资料。账簿、记账凭证、完税凭证及其他有关资料不得伪造、变造或者擅自损毁。

账簿、记账凭证、报表、完税凭证、发票、出口凭证以及其他有关涉税资料应当保存 10 年；但是，法律、行政法规另有规定的除外。

三、发票管理

（一）发票管理机关

发票管理工作应当坚持和加强党的领导，为经济社会发展服务。国务院税务主管部门统一负责全国的发票管理工作。省、自治区、直辖市税务机关依据职责做好本行政区域内的发票管理工作。财政、审计、市场监督管理、公安等有关部门在各自的职责范围内，配合税务机关做好发票管理工作。

（二）发票的形式

发票是指在购销商品、提供或者接受服务以及从事其他经营活动中，开具、收取的收付款凭证。发票的基本内容包括：发票的名称、发票代码和号码、联次及用途、客户名称、开户银行及账号、商品名称或经营项目、计量单位、数量、单价、大小写金额、税率（征收率）、税额、开票人、开票日期、开票单位（个人）名称（章）等。发票包括纸质发票和电子发票。电子发票与纸质发票具有同等法律效力。国家积极推广使用电子发票。

1. 纸质发票

纸质发票的基本联次包括存根联、发票联、记账联。

存根联由收款方或开票方留存备查，发票联由付款方或受票方作为付款原始凭证，记账联由收款方或开票方作为记账原始凭证。

2. 电子发票管理

电子发票是指在购销商品、提供或者接受服务以及从事其他经营活动中，按照税务机关发票管理规定以数据电文形式开具、收取的收付款凭证。电子发票与纸质发票的法律效力相同，任何单位和个人不得拒收。国家积极推广使用电子发票，税务机关建设电子发票服务平台，为用票单位和个人提供数字化等形态电子发票开具、交付、查验等服务。

（三）发票的领用

（1）需要领用发票的单位和个人，应当持设立登记证件或者税务登记证件，以及经办人身份证明，向主管税务机关办理发票领用手续。领用纸质发票的，还应当提供按照国务院税务主管部门规定式样制作的发票专用章的印模。

（2）主管税务机关根据领用单位和个人的经营范围、规模和风险等级，在5个工作日内确认领用发票的种类、数量以及领用方式。

（3）单位和个人领用发票时，应当按照税务机关的规定报告发票使用情况，税务机关应当按照规定进行查验。

（四）发票开具

开具发票应当按照规定的时限、顺序、栏目，全部联次一次性如实开具，开具纸质发票应当加盖发票专用章。任何单位和个人不得有下列虚开发票行为：

（1）为他人、为自己开具与实际经营业务情况不符的发票。

（2）让他人为自己开具与实际经营业务情况不符的发票。

（3）介绍他人开具与实际经营业务情况不符的发票。

（五）发票的使用和保管

1. 发票的使用

任何单位和个人应当按照发票管理规定使用发票，不得有下列行为：①转借、转让、介绍他人转让发票、发票监制章和发票防伪专用品。②知道或者应当知道是私自印制、伪造、变造、非法取得或者废业的发票而受让、开具、存放、携带、邮寄、运输。③拆本使用发票。④扩大发票使用范围。⑤以其他凭证代替发票使用。⑥窃取、截留、篡改、出售、泄露发票数据。

税务机关应当提供查询发票真伪的便捷渠道。

2. 发票的保管

已经开具的发票存根联，应当保存5年。

四、纳税申报管理

纳税申报是指纳税人按照法律、行政法规规定的期限和内容,向税务机关提交有关纳税事项书面报告的法律行为。它既是纳税人履行纳税义务的法定程序,又是税务机关核定应征税款和开具纳税凭证的主要依据。

(一)纳税申报的对象

在税收征收管理过程中,需要办理纳税申报的对象为纳税人和扣缴义务人。

1. 纳税人

纳税人必须依照法律、行政法规规定或者税务机关依照法律、行政法规的规定确定的申报期限、申报内容如实办理纳税申报,报送纳税申报表、财务会计报表以及税务机关根据实际需要要求纳税人报送的其他纳税资料。

纳税人在纳税期内没有应纳税款的,也应当按照规定办理纳税申报。

纳税人享受减税、免税待遇的,在减税、免税期间应当按照规定办理纳税申报。

2. 扣缴义务人

扣缴义务人必须依照法律、行政法规规定或者税务机关依照法律、行政法规的规定确定的申报期限、申报内容如实报送代扣代缴、代收代缴税款报告表以及税务机关根据实际需要要求扣缴义务人报送的其他有关资料。

(二)纳税申报的内容

纳税申报的内容,主要在各税种的纳税申报表和代扣代缴、代收代缴税款报告表中体现,还有的是在随纳税申报表附报的财务报表和有关纳税资料中体现。纳税人、扣缴义务人的纳税申报或者代扣代缴、代收代缴税款报告的主要内容包括税种、税目,应纳税项目或者应代扣代缴、代收代缴税款项目,计税依据,扣除项目及标准,适用税率或者单位税额,应退税项目及税额、应减免税项目及税额,应纳税额或者应代扣代缴、代收代缴额,税款所属期限、延期缴纳税款、欠税、滞纳金等。

(三)纳税申报的期限

纳税人和扣缴义务人都必须按照法定的期限办理纳税申报。纳税申报的期限有两种:一种是法律、行政法规明确规定的;另一种是税务机关按照法律、行政法规的原则规定,结合纳税人生产经营的实际情况及其所应缴纳的税种等相关问题予以确定的。两种期限具有同等的法律效力。

纳税申报期限的最后一日是法定休假日的,可以顺延,但不得超过法定的申报期限。

(四)纳税申报的要求

纳税人办理纳税申报时,应当如实填写纳税申报表,并根据不同情况相应报送下列有关证件、资料:财务会计报表及其说明材料;与纳税有关的合同、协议书及凭证;税控装置的电子报税资料;外出经营活动税收管理证明和异地完税凭证;境内或者境外公证机构出具的有关证明文件;税务机关规定应当报送的其他有关证件、资料。

扣缴义务人办理代扣代缴、代收代缴税款申报时,应当如实填写代扣代缴、代收代缴税款报告表,并报送代扣代缴、代收代缴税款的合法凭证以及税务机关规定的其他有关证件、资料。

(五)纳税申报的方式

纳税人、扣缴义务人可以直接到税务机关办理纳税申报或者报送代扣代缴、代收代缴税款报告表,也可以按照规定采取邮寄、数据电文或者其他方式办理上述申报、报送事项。

1. 直接申报

直接申报是指纳税人、扣缴义务人依法在法定申报期限内，直接到主管税务机关办理纳税申报或报送代扣代缴、代收代缴税款报告表，经税务机关核实后，填开纳税缴款书，限期缴纳。

2. 邮寄申报

邮寄申报是指纳税人到税务机关申报确有困难的，经税务机关批准，可以采用邮寄方式进行纳税申报。采取邮寄申报的纳税人应当在邮寄纳税申报表的同时，汇寄应纳税款。税务机关在收到纳税申报表和税款后，必须向纳税人开具完税凭证，办理税款缴库手续。

纳税人采取邮寄方式办理纳税申报的，应当使用统一的纳税申报专用信封，并以邮政部门收据作为申报凭据。邮寄申报以寄出的邮戳日期为实际申报日期。

3. 数据电文申报

数据电文申报是指以税务机关确定的电话语音、电子数据交换和网络传输等电子方式办理纳税申报。纳税人采用电子方式办理纳税申报的，应当按照税务机关规定的期限和要求保存有关资料，并定期书面报送主管税务机关。

4. 委托代理申报

委托代理申报是指由委托人出具委托书，通过代理人进行纳税申报的方式。委托代理方式才是税务代理人主要从事的代理申报业务。

5. 其他方式申报

除上述方式外，实行定期定额缴纳税款的纳税人，可以实行简易申报和简并征期两种申报纳税方式。

（1）简易申报，纳税人按照税务机关核定的税额和期限缴清税款，即视为已纳税申报的一种方式。

（2）简并征期，月纳税额较少的定期定额征收的纳税人，可以按季度或半年合并征收税款，并在季度终了或者半年之后 10 日内缴纳税款的一种方式。

（六）延期申报管理

延期申报是指纳税人、扣缴义务人不能按照税法规定的期限办理纳税申报或扣缴税款报告而延期申报的情形。

纳税人、扣缴义务人按照规定的期限办理纳税申报或者报送代扣代缴、代收代缴税款报告表确有困难，需要延期的，应当在规定的期限内向税务机关提出书面延期申请，经税务机关核准，在核准的期限内办理。

纳税人、扣缴义务人因不可抗力，不能按期办理纳税申报或者报送代扣代缴、代收代缴税款报告表的，可以延期办理；但是，应当在不可抗力情形消除后立即向税务机关报告。税务机关应当查明事实，予以核准。

经核准延期办理纳税申报的，应当在纳税期内按照上期实际缴纳的税额或者税务机关核定的税额预缴税款，并在核准的延期内办理纳税结算。

第三节　税款征收管理实务

税款征收是税务机关依照税收法律、法规的规定，将纳税人应当缴纳的税款组织征收入库的一系列活动的总称。它是税收征收管理工作的核心内容和中心环节,是实现税收职能的关键一环,在整个税收工作中占据着极其重要的地位。《税收征收管理法》规定,税务机关按照法律、行政法规的规定征收税款,不得违反法律、行政法规的规定开征、停征、多征、少征、提前征收、延缓征收或者摊派税款。除税务机关、税务人员以及经税务机关依照法律、行政法规委托的单位和个人外,任何单位和个人不得进行税款征收活动。

一、税款征收方式

税款征收方式是指税务机关根据各税种的不同特点和征纳双方的具体情况而确定的征收税款的方法和形式。我国税款征收的方式主要有以下几种。

(一)查账征收

查账征收是指由纳税人依据账簿记载,先自行计算缴纳,事后经税务机关查账核实,若有不符合税法规定的,多退少补。这种方式主要适用于已建立会计账册且会计记录完整的单位。

(二)查定征收

查定征收是指税务机关根据纳税人的生产能力在正常条件下的生产、销售情况,对其生产的应税产品查实核定产量、销售额,并依照税法规定的税率征收税款的方式。这种方式主要适用于生产不固定、账册不够健全的单位。

(三)查验征收

查验征收是指税务机关对纳税人的应税产品进行查验后征税,并贴上完税证、查验证或盖查验戳,并据以征税的一种税款征收方式。这种方式主要适用于生产零星、分散的高税率产品的纳税单位。

(四)定期定额征收

定期定额征收是指税务机关依照有关法律、法规的规定,按照一定程序,核定纳税人在一定经营时期内的应纳税经营额及收益额作为计税依据,确定应纳税额(包括增值税税额、消费税税额、所得税税额等)的一种税款征收方式。该方式主要适用于生产经营规模小又确无建账能力,经主管税务机关批准可以不设置账簿或暂缓建账的小型纳税单位。

(五)委托代征

委托代征是指受托单位按照税务机关核发的代征证书的要求,以税务机关的名义向纳税人征收一些零散税款的税款征收方式。

二、税款征收措施

税款征收措施是指为保证税款及时征收入库所采取的措施,主要有核定应纳税额、加收滞纳金、税款的补缴与追征、税收保全措施、税收强制执行措施、阻止出境、税收优先权等。

(一)核定应纳税额

《税收征收管理法》规定,对未按照规定办理税务登记的从事生产、经营的纳税人以及临时从事经营的纳税人,由税务机关核定其应纳税额,责令缴纳;不缴纳的,税务机关可以扣押其价值相当于应纳税款的商品、货物。扣押后缴纳应纳税款的,税务机关必须立即解除扣押,并归还所扣押的商品、货物;扣押后仍不缴纳应纳税款的,经县以上税务局(分局)局长批准,依法拍卖或者变卖所扣押的商品、货物,以拍卖或者变卖所得抵缴税款。

1. 应纳税额的核定情形

根据《税收征收管理法》的规定,纳税人有下列情形之一的,税务机关有权核定其应纳税额:

(1)依照法律、行政法规的规定可以不设置账簿的。

(2)依照法律、行政法规的规定应当设置但未设置账簿的。

(3)擅自销毁账簿或者拒不提供纳税资料的。

(4)虽设置账簿,但账目混乱或者成本资料、收入凭证、费用凭证残缺不全,难以查账的。

(5)发生纳税义务,未按照规定的期限办理纳税申报,经税务机关责令限期申报,逾期仍不申报的。

(6)纳税人申报的计税依据明显偏低,又无正当理由的。

2. 应纳税额的核定方式

为减少核定应纳税额的随意性,使核定的税额更接近纳税人的实际情况和法定负担水平,税务机关可以按以下方式核定:

(1)参照当地同类行业或者类似行业中经营规模和收入水平相近的纳税人的税负水平核定。

(2)按照营业收入或者成本加合理的费用和利润的方法核定。

(3)按照耗用的原材料、燃料、动力等推算或者测算核定。

(4)按照其他合理方法核定。

若采用一种方式不足以正确核定应纳税额的,税务机关可以同时采用两种以上的方式核定。

3. 关联企业应纳税额的核定

《税收征收管理法》第 36 条规定,企业或者外国企业在中国境内设立的从事生产、经营的机构、场所与其关联企业之间的业务往来,应当按照独立企业之间的业务往来收取或者支付价款、费用;不按照独立企业之间的业务往来收取或者支付价款、费用,而减少其应纳税的收入或者所得额的,税务机关有权进行合理调整。

税务机关可以按照下列顺序和方法调整计税收入额或者所得额:

(1)按照独立企业之间进行的相同或者类似业务活动的价格。

(2)按照再销售给无关联关系的第三者的价格所应取得的收入和利润水平。

(3)按照成本加合理的费用和利润。

(4)按照其他合理的方法。

纳税人与其关联企业未按照独立企业之间的业务往来支付价款、费用的,税务机关自该业务往来发生的纳税年度起 3 年内进行调整;有特殊情况的,可以自该业务往来发生的纳税年度起 10 年内进行调整。

(二)加收滞纳金

为了保证税款的及时入库,法律、法规根据税种的不同特点、纳税人的经营情况、应纳税额的大小,规定了不同的纳税期限。纳税人必须按照规定的期限缴纳税款。根据《税收征收管理法》的规定,纳税人未按照规定期限缴纳税款的,扣缴义务人未按照规定期限解缴税款的,税务机关除责令限期缴纳外,从滞纳税款之日起,按日加收滞纳税款 5‰的滞纳金,加收滞纳金的起止时间为法律、行政法规规定或者税务机关依照法律、行政法规的规定确定的税款缴纳期限届满次日起至纳税人、扣缴义务人实际缴纳或者解缴税款之日止。经税务机关批准延期缴纳税款的,在批准期限内不加收滞纳金。拒绝缴纳滞纳金的,可以按不履行纳税义务实行强制执行措施,强行划拨或者强制征收。

【例 9-1】 甲公司把应于 2025 年 6 月 7 日缴纳的税款 10 万元拖至 6 月 27 日缴纳。要求:计算税务机关应加收滞纳金的金额。

解:税务机关加收滞纳金的金额$=10\times5‰\times20=0.1$(万元)

(三)税收保全措施

税收保全措施是指税务机关对可能由于纳税人的行为或者某种客观原因,致使以后税款的征收不能保证或难以保证的,采取限制纳税人处理或转移商品、货物或其他财产的措施。

根据《税收征收管理法》的规定,税务机关有根据认为从事生产、经营的纳税人有逃避纳税义务行为的,可以在规定的纳税期之前,责令限期缴纳税款;在限期内发现纳税人有明显的转移、隐匿其应纳税的商品、货物以及其他财产迹象的,税务机关可以责成纳税人提供纳税担保。如果纳税人不能提供纳税担保,经县以上税务局(分局)局长批准,税务机关可以采取下列税收保全措施:

(1)书面通知纳税人开户银行或者其他金融机构冻结纳税人的金额相当于应纳税款的存款。

(2)扣押、查封纳税人的价值相当于应纳税款的商品、货物或者其他财产。

纳税人在规定的限期内缴纳税款的,税务机关必须立即解除税收保全措施;限期届满仍未缴纳税款的,经县以上税务局(分局)局长批准,税务机关可以书面通知纳税人开户银行或者其他金融机构从其冻结的存款中扣缴税款,或者依法拍卖或者变卖所扣押、查封的商品、货物或者其他财产,以拍卖或者变卖所得抵缴税款。拍卖或者变卖所得抵缴税款、滞纳金、罚款以及拍卖、变卖等费用后,剩余部分应当在 3 日内退还被执行人。

个人及其所扶养家属维持生活必需的住房和用品,不在税收保全措施的范围之内。因税务机关滥用职权违法采取税收保全措施以及采取税收保全措施不当,或者纳税人在期限内已缴纳税款,税务机关未立即解除税收保全措施,使纳税人的合法权益遭受损失的,税务机关应当承担赔偿责任。

(四)税收强制执行措施

税收强制执行措施是指当事人不履行法律、行政法规规定的义务,有关国家机关采用法定的强制手段,强迫当事人履行义务的行为。

根据《税收征收管理法》的规定,从事生产、经营的纳税人、扣缴义务人未按照规定的期限缴纳或者解缴税款,纳税担保人未按照规定的期限缴纳所担保的税款,由税务机关责令限期缴纳,逾期仍未缴纳的,经县以上税务局(分局)局长批准,税务机关可以采取下列强制执行措施:

(1)书面通知其开户银行或者其他金融机构从其存款中扣缴税款。

(2)扣押、查封、依法拍卖或者变卖其价值相当于应纳税款的商品、货物或者其他财产,以拍卖或者变卖所得抵缴税款。

税务机关确定应扣押、查封的商品、货物或者其他财产的价值时,还应当包括滞纳金和拍卖、变卖所发生的费用。对价值超过应纳税额且不可分割的商品、货物或者其他财产,税务机关在纳税人、扣缴义务人或者纳税担保人无其他可供强制执行的财产的情况下,可以整体扣押、查封、拍卖。

税务机关采取强制执行措施时,对上述所列纳税人、扣缴义务人、纳税担保人未缴纳的滞纳金同时强制执行。纳税人、扣缴义务人和其他当事人因偷税、抗税未缴或少缴的税款或者骗取的出口退税款,税务部门除可以无限期追征外,还可以采取税收强制执行措施。

税务机关将扣押、查封的商品、货物或者其他财产变价抵缴税款时,应当交由依法成立的拍卖机构拍卖;无法委托拍卖或者不适于拍卖的,可以交由当地商业企业代为销售,也可以责令纳税人限期处理;无法委托商业企业销售,纳税人也无法处理的,可以由税务机关变价处理,具体办法由国家税务总局规定。国家禁止自由买卖的商品,应交由有关单位按照国家规定的价格收购。

强制执行措施必须由法定的税务机关行使,不得由其他单位和个人行使。税务机关行使强制执行措施必须依照法定权限和法定程序,不得查封、扣押纳税人个人及其所扶养家属维持生活必需的住房和用品。税务机关对单价 5 000 元以下的其他生活用品,不采取强制执行措施。税务机关滥用职权违法采取强制执行措施以及强制执行措施不当,使纳税人、扣缴义务人或者纳税担保人的合法权益遭受损失的,税务机关应当承担赔偿责任。

(五)阻止出境

根据《税收征收管理法》的规定,欠缴税款的纳税人或者他的法定代表人需要出境的,应当在出境前向税务机关结清应纳税款、滞纳金或者提供担保。未结清税款、滞纳金,又不提供担保的,税务机关可以通知出境管理机关阻止其出境。阻止出境的范围适用于未结清税款、滞纳金,又不提供纳税担保的纳税人或者其法定代表人。

(六)其他有关税款征收的规定

1. 税收优先权

《税收征收管理法》第 45 条规定了税收优先权,主要内容有以下几个方面:

(1)税务机关征收税款,税收优先于无担保债权,法律另有规定的除外。

(2)纳税人欠缴的税款发生在纳税人以其财产设定抵押、质押或者纳税人的财产被留置之前的,税收应当先于抵押权、质权、留置权执行。

(3)纳税人欠缴税款,同时又被行政机关决定处以罚款、没收违法所得的,税收优先于罚款、没收违法所得。

2. 税款的补缴与追征

纳税人有合并、分立情形的,应当向税务机关报告,并依法缴清税款。纳税人合并时未缴清税款的,应当由合并后的纳税人继续履行未履行的纳税义务;纳税人分立时未缴清税款的,分立后的纳税人对未履行的纳税义务应当承担连带责任。

欠缴税款的纳税人因怠于行使到期债权,或者放弃到期债权,或者无偿转让财产,或者以明显不合理的低价转让财产而受让人知道该情形,对国家税收造成损害的,税务机关可以依照规定行使代位权、撤销权。

税务机关依照规定行使代位权、撤销权的,不免除欠缴税款的纳税人尚未履行的纳税义务和应承担的法律责任。

纳税人超过应纳税额缴纳的税款,税务机关发现后应当立即退还;纳税人自结算缴纳税款之日起 3 年内发现的,可以向税务机关要求退还多缴的税款并加算银行同期存款利息,税务机关及时查实后应当立即退还;涉及从国库中退库的,依照法律、行政法规有关国库管理的规定退还。

因税务机关的责任,致使纳税人、扣缴义务人未缴或者少缴税款的,税务机关在 3 年内可以要求纳税人、扣缴义务人补缴税款,但是不得加收滞纳金。因纳税人、扣缴义务人计算错误等失误,未缴或者少缴税款的,税务机关在 3 年内可以追征税款、滞纳金;有特殊情况的,追征期可以延长至 5 年。对偷税、抗税、骗税的,税务机关追征其未缴或者少缴的税款、滞纳金或者所骗取的税款,不受前述规定期限的限制。

3. 延期缴纳税款

纳税人和扣缴义务人必须在税法规定的期限内缴纳、解缴税款。纳税人因有特殊困难,不能按期缴纳税款的,经省、自治区、直辖市税务局批准,可以延期缴纳税款,但最长不得超过 3 个月,同一笔税款不得滚动审批。

纳税人需要延期缴纳税款的,应当在缴纳税款期限届满前提出申请,并报送下列材料:申请延期缴纳税款报告、当期货币资金余额情况及所有银行存款账户的对账单、资产负债表、应付职工工资和社会保险费等税务机关要求提供的支出预算。税务机关应当自收到申请延期缴纳税款报告之日起 20 日内作出批准或者不予批准的决定;批准延期内免予加收滞纳金,不予批准的,从缴纳税款期限届满之日起加收滞纳金。

4. 税收减免

减免税必须符合法律、行政法规的规定(具体规定在税收实体法中体现)。地方各级人民政府、各级人民政府主管部门、单位和个人违反法律、行政法规规定,擅自做出的减税、免税决定无效,税务机关不得执行,并向上级税务机关报告。纳税人依照法律、行政法规的规定办理减税、免税。减免税的申请须经法律、行政法规规定的减税、免税审查批准机关审批。纳税人在享受减免税待遇期间,仍应按规定办理纳税申报。减税、免税期满,纳税人应当自期满次日起恢复纳税。

第四节　税务检查实务

税务检查是指税务机关根据税收法律、法规的规定,对纳税人、扣缴义务人履行纳税义务和扣缴义务的情况进行审查监督的活动。通过税务检查,税务机关能够了解税法执行情况,发现有无违反财经法律和财务会计制度以及隐瞒收入、偷税漏税、骗取出口退税等问题;严格执行税务检查,有利于严肃税收法纪,纠正错漏,保证税收收入。

一、税务检查的主要内容

(1)检查纳税人、扣缴义务人遵守税收实体法的情况。检查其有无逃避缴纳税款、欠税、应扣未扣税款、应收未收税款、挪用截留税款、骗取退税等违反税法的行为。

(2)检查纳税人、扣缴义务人遵守税收程序法的情况。检查其有无不按规定程序办事,违反税收征收管理法律制度的行为。

二、税务检查权

1. 查账权

检查纳税人的账簿、记账凭证、报表和有关资料,检查扣缴义务人代扣代缴、代收代缴税款账簿、记账凭证和有关资料。

因检查需要时,经县以上税务局(分局)局长批准,可以将纳税人、扣缴义务人以前会计年度的账簿、记账凭证、报表和其他有关资料调回税务机关检查,但是税务机关必须向纳税人、扣缴义务人开付清单,并在 3 个月内完整退还;有特殊情况的,经设区的市、自治州以上税务局局长批准,税务机关可以将纳税人、扣缴义务人当年的账簿、记账凭证、报表和其他有关资料调回检查,但是税务机关必须在 30 日内退还。

2. 实地检查权

到纳税人的生产、经营场所和货物存放地检查纳税人应纳税的商品、货物或者其他财产,检查扣缴义务人与代扣代缴、代收代缴税款有关的经营情况。

3. 责成提供资料权

责成纳税人、扣缴义务人提供与纳税或者代扣代缴、代收代缴税款有关的文件、证明材料和有关资料。

4. 询问权

询问纳税人、扣缴义务人与纳税或者代扣代缴、代收代缴税款有关的问题和情况。

5. 交通和邮政检查权

到车站、码头、机场、邮政企业及其分支机构检查纳税人托运、邮寄应纳税商品、货物或者其他财产的有关单据、凭证和有关资料。

6. 存款账户核查权

经县以上税务局(分局)局长批准,凭全国统一格式的检查存款账户许可证明,查询从事生产、经营的纳税人、扣缴义务人在银行或者其他金融机构的存款账户。税务机关在调查税收违法案件时,经设区的市、自治州以上税务局(分局)局长批准,可以查询案件涉嫌人员的储蓄存款。税务机关查询所获得的资料,不得用于税收以外的用途。税务机关查询的内容,包括纳税人存款账户余额和资金往来情况。

7. 调查权

税务机关依法进行税务检查时,有权向有关单位和个人调查纳税人、扣缴义务人和其他当事人与纳税或者代扣代缴、代收代缴税款有关的情况,有关单位和个人有义务向税务机关如实提供有关资料及证明材料。

8. 税收保全措施或者强制执行措施权

税务机关对从事生产、经营的纳税人以前纳税期的纳税情况依法进行税务检查时,发现纳税人有逃避纳税义务行为,并有明显的转移、隐匿其应纳税的商品、货物以及其他财产或者应纳税的收入的迹象的,可以按照《税收征收管理法》规定的批准权限采取税收保全措施或者强制执行措施。

9. 记录、录音、录像、照相和复制权

税务机关调查税务违法案件时,对与案件有关的情况和资料,可以记录、录音、录像、照相和复制。

三、税务检查权的约束

税务机关派出的人员进行税务检查时,应当出示税务检查证和税务检查通知书,并有责任为被检查人保守秘密;未出示税务检查证和税务检查通知书的,被检查人有权拒绝检查,税务机关对集贸市场及集中经营业户进行检查时,可以使用统一的税务检查通知书。

税务机关应当建立科学的检查制度,统筹安排检查工作,严格控制对纳税人、扣缴义务人的检查次数。税务机关应当制定合理的税务稽查工作规程,负责选案、检查、审理、执行的人员的职责应明确,并相互分离、相互制约,规范选案程序和检查行为。

税务机关检查存款账户时,应当指定专人负责,凭全国统一格式的检查存款账户许可证明进行,并有责任为被检查人保守秘密。税务机关对纳税人、扣缴义务人以及其他当事人处以罚款或者没收违法所得时,应当开付罚没凭证;未开付罚没凭证的,纳税人、扣缴义务人以及其他当事人有权拒绝给付。税务机关进入纳税人会计电算化系统进行检查时,有责任保证纳税人会计电算化系统的安全性,并保守纳税人的商业秘密。

四、税务检查的方法和程序

税务检查的方法分为具体方法和基本方法。税务检查的具体方法是指检查某个环节、某项具体问题时所采取的特定方法,主要有复核、对账、调查、审阅、盘点、比较分析。税务检查的基本方法是指具有普遍意义的方法,主要有:①全查法与抽查法。②顺查法和逆查法。③联系查法与侧面查法。④比较分析法与控制计算法。这4种方法各有优缺点,在实际运用中应有选择地结合运用。

税务检查必须遵循一定的程序。一般来说,税务检查包括查前准备、实施检查、分析定案、上报审批、送达执行和立卷归档6个环节。

税务检查的分析定案是税务检查的终结性工作。在定案时,必须以事实为依据,按照有关法律的规定提出处理意见,并起草处理意见审批报告,经审批后,即可送达当事人执行。当事人对处理决定不服时,必须先按规定执行处理决定,然后在规定的时间内向上级税务机关申请复议。对税务行政复议决定仍然不服的,可以在接到税务行政复议决定之日起15日内,直接向人民法院起诉。当事人也可以在接到处理决定的15日内,直接向人民法院提起诉讼。在复议和诉讼期间,强制执行措施和税收保全措施不停止执行。

第五节　税收法律责任

税收法律责任是指税收法律关系主体因违反税法义务、实施税收违法行为所应承担的不利法律后果。在税收法律关系中,违法主体所需承担的责任主要是税收行政法律责任和税收刑事法律责任。

一、税收行政法律责任

税收行政法律责任是指税收法律关系主体违反税收法律规定,尚不构成犯罪的,由税务机关依行政程序所给予的税收行政制裁。

(一)纳税人的行政法律责任

1. 纳税人违反税收管理行为的法律责任

纳税人有下列行为之一的,由税务机关责令限期改正,可以处2 000元以下的罚款;情节严重的,处2 000元以上1万元以下的罚款:

（1）未按照规定的期限申报办理税务登记、变更或者注销登记的。

（2）未按照规定设置、保管账簿或者保管记账凭证和有关资料的。

（3）未按照规定将财务、会计制度或者财务、会计处理办法和会计核算软件报送税务机关备查的。

（4）未按照规定将其全部银行账号向税务机关报告的。

（5）未按照规定安装、使用税控装置，或者损毁或者擅自改动税控装置的。

纳税人不办理税务登记的，由税务机关责令限期改正；逾期不改正的，经税务机关提请，由工商行政管理机关吊销其营业执照。

纳税人未按照规定使用税务登记证件，或者转借、涂改、损毁、买卖、伪造税务登记证件的，处 2 000 元以上 1 万元以下的罚款；情节严重的，处 1 万元以上 5 万元以下的罚款。

纳税人未按照规定办理税务登记证件验证或者换证手续的，由税务机关责令限期改正，可以处 2 000 元以下的罚款；情节严重的，处 2 000 元以上 1 万元以下的罚款。

扣缴义务人未按照规定设置、保管代扣代缴、代收代缴税款账簿或者保管代扣代缴、代收代缴税款记账凭证及有关资料的，由税务机关责令限期改正，可以处 2 000 元以下的罚款；情节严重的，处 2 000 元以上 5 000 元以下的罚款。

纳税人、扣缴义务人在规定期限内不缴或者少缴应纳或者应解缴的税款，经税务机关限期缴纳，逾期仍未缴纳的，税务机关除依照《税收征收管理法》第 40 条的规定采取强制措施追缴其不缴或者少缴的税款外，可以处不缴或者少缴的税款 50% 以上 5 倍以下的罚款。

纳税人拒绝代扣、代收税款的，扣缴义务人应当向税务机关报告，由税务机关直接向纳税人追缴税款、滞纳金；纳税人拒不缴纳的，可以处不缴税款 50% 以上 5 倍以下的罚款。纳税人、扣缴义务人有下列情形之一的，由税务机关责令改正，可以处 1 万元以下的罚款；情节严重的，处 1 万元以上 5 万元以下的罚款：

（1）提供虚假资料，不如实反映情况，或者拒绝提供有关资料的。

（2）拒绝或者阻止税务机关记录、录音、录像、照相和复制与案件有关的情况和资料的。

（3）在检查期间，纳税人、扣缴义务人转移、隐匿、销毁有关资料的。

（4）有不依法接受税务检查的其他情形的。

2. 纳税人违反纳税申报规定行为的法律责任

纳税人未按照规定的期限办理纳税申报和报送纳税资料的，或者扣缴义务人未按照规定的期限向税务机关报送代扣代缴、代收代缴税款报告表和有关资料的，由税务机关责令限期改正，可以处 2 000 元以下的罚款；情节严重的，可以处 2 000 元以上 1 万元以下的罚款。扣缴义务人应扣未扣、应收而不收税款的，由税务机关向纳税人追缴税款，对扣缴义务人处应扣未扣、应收未收税款 50% 以上 3 倍以下的罚款。

3. 纳税人逃避缴纳税款行为的法律责任

纳税人伪造、变造、隐匿、擅自销毁账簿、记账凭证，或者在账簿上多列支出或者不列、少列收入，或者经税务机关通知申报而拒不申报或者进行虚假的纳税申报，不缴或者少缴应纳税款的，属于逃避缴纳税款行为。

对纳税人逃避缴纳税款的，由税务机关追缴其不缴或者少缴的税款、滞纳金，并处不缴或者少缴的税款 50% 以上 5 倍以下的罚款；构成犯罪的，依法追究刑事责任。

扣缴义务人采取上述所列手段，不缴或者少缴已扣、已收税款，由税务机关追缴其不缴或少缴的税款、滞纳金,并处不缴或者少缴的税款50%以上5倍以下的罚款;构成犯罪的,依法追究刑事责任。

纳税人、扣缴义务人编造虚假计税依据的,由税务机关责令限期改正,并处5万元以下的罚款。

纳税人不进行纳税申报,不缴或者少缴应纳税款的,由税务机关追缴其不缴或者少缴的税款、滞纳金,并处不缴或者少缴的税款50%以上5倍以下的罚款。

4. 纳税人逃避追缴欠税行为的法律责任

纳税人欠缴应纳税款,采取转移或者隐匿财产的手段,妨碍税务机关追缴欠缴的税款的,由税务机关追缴欠缴的税款、滞纳金,并处欠缴税款50%以上5倍以下的罚款;构成犯罪的,依法追究刑事责任。

5. 纳税人骗取出口退税行为的法律责任

以假报出口或者其他欺骗手段,骗取国家出口退税款的,由税务机关追缴其骗取的退税款,并处骗取退税款1倍以上5倍以下的罚款;构成犯罪的,依法追究刑事责任。

对骗取国家出口退税款的,税务机关可以在规定期间内停止为其办理出口退税。

6. 纳税人抗税行为的法律责任

以暴力、威胁方法拒不缴纳税款的,属于抗税行为,除由税务机关追缴其拒缴的税款、滞纳金外,还应依法追究其刑事责任;情节轻微、未构成犯罪的,由税务机关追缴其拒缴的税款、滞纳金并处拒缴税款1倍以上5倍以下的罚款。

纳税人、扣缴义务人逃避、拒绝或者以其他方式阻挠税务机关检查的,由税务机关责令改正,并处1万元以下的罚款;情节严重的,处1万元以上5万元以下的罚款。

7. 纳税人非法印制发票行为的法律责任

对纳税人非法印制发票,由税务机关销毁非法印制的发票,没收违法所得和作案工具,并处1万元以上5万元以下的罚款;构成犯罪的,依法追究刑事责任。

(二)税务代理人的行政法律责任

税务代理人违反税收法律、行政法规,造成纳税人未缴或者少缴税款的,除由纳税人缴纳或者补缴应纳税款、滞纳金外,对税务代理人处纳税人未缴或者少缴税款50%以上3倍以下的罚款。

(三)其他当事人的行政法律责任

其他当事人的行政法律责任如下:

(1)税务机关依照《税收征收管理法》的规定,到车站、码头、机场、邮政企业及其分支机构检查纳税人有关情况时,有关单位拒绝的,由税务机关责令改正,可以处1万元以下的罚款;情节严重的,处1万元以上5万元以下的罚款。

(2)纳税人、扣缴义务人的开户银行或者其他金融机构拒绝接受税务机关依法检查纳税人、扣缴义务人存款账户,或者拒绝执行税务机关作出的冻结存款或者扣缴税款的决定,或者在接到税务机关的书面通知后帮助纳税人、扣缴义务人转移存款,造成税款流失的,由税务机关处10万元以上50万元以下的罚款,对直接负责的主管人员和其他直接责任人员处1 000元以上1万元以下的罚款。

(3)银行和其他金融机构未依照《税收征收管理法》的规定在从事生产、经营的纳税人的账户中登录税务登记证件号码,或者未按规定在税务登记证件中登录从事生产、经营的纳税人的账户账号的,由税务机关责令其限期改正,处 2 000 元以上 2 万元以下的罚款;情节严重的,处 2 万元以上 5 万元以下的罚款。

(4) 为纳税人、扣缴义务人非法提供银行账户、发票、证明或者其他方便,导致未缴、少缴税款或者骗取国家出口退税款的,税务机关除没收其违法所得外,可以处未缴、少缴或者骗取的税款 1 倍以下的罚款。

(5) 税务人员在征收税款或者查处税收违法案件时,未按照规定进行回避的,对直接负责的主管人员和其他直接责任人员,依法给予行政处分。

(6) 未按照规定为纳税人、扣缴义务人、检举人保密的,对直接负责的主管人员和其他直接责任人员,由所在单位或者有关单位依法给予行政处分。

(四)税务人员的行政法律责任

税务人员的行政法律责任如下:

(1) 税务人员与纳税人、扣缴义务人勾结,唆使或者协助纳税人、扣缴义务人有《税收征收管理法》第 63 条、第 65 条、第 66 条规定的行为,构成犯罪的,依法追究刑事责任;尚不构成犯罪的,依法给予行政处分。

(2) 税务人员私分扣押、查封的商品、货物或者其他财产,情节严重,构成犯罪的,依法追究刑事责任;尚不构成犯罪的,依法给予行政处分。

(3) 税务人员利用职务上的便利,收受或者索取纳税人、扣缴义务人财物或者谋取其他不正当利益,构成犯罪的,依法追究刑事责任;尚不构成犯罪的,依法给予行政处分。

(4) 税务人员徇私舞弊或者玩忽职守,不征或者少征应征税款,致使国家税收遭受重大损失,构成犯罪的,依法追究刑事责任;尚不构成犯罪的,依法给予行政处分。

税务人员滥用职权,故意刁难纳税人、扣缴义务人,调离税收工作岗位,并依法给予行政处分。

税务人员对控告、检举税收违法违纪行为的纳税人、扣缴义务人以及其他检举人进行打击报复的,依法给予行政处分;构成犯罪的,依法追究刑事责任。

(5) 违反法律、行政法规的规定提前征收、延缓征收或者摊派税款的,由其上级机关或者行政监察机关责令改正,对直接负责的主管人员和其他直接责任人员依法给予行政处分。

(6) 违反法律、行政法规的规定,擅自作出税收的开征、停征或者减税、免税、退税、补税以及其他同税收法律、行政法规相抵触的决定,除依照《税收征收管理法》规定撤销其擅自作出的决定外,补征应征未征税款,退还不应征收而征收的税款,并由上级机关追究直接负责的主管人员和其他直接责任人员的行政责任;构成犯罪的,依法追究刑事责任。

二、税收刑事法律责任

税收刑事法律责任是指税收主体违反税收法律规定,情节严重,构成犯罪的,由国家司法机关对其进行的刑事制裁。

(一)逃税罪

逃避缴纳税款罪是指纳税人、扣缴义务人故意违反税收法规、采取伪造、变造、隐匿、擅自销毁账簿、记账凭证、在账簿上多列支出或者不列、少列收入、经税务机关通知申报而拒不申报或者进行虚假的纳税申报的手段,不缴或者少缴应缴纳税款,情节严重的行为。逃避缴纳税款数额较大且占应纳税额 10% 以上的,处 3 年以下有期徒刑或拘役,并处罚金;数额巨大并且占应纳税额 30％以上的,处 3 年以上 7 年以下有期徒刑,并处罚金。

有逃避缴纳税款行为,经税务机关依法下达追缴通知后,补缴应纳税款,缴纳滞纳金,已受行政处罚的,不予追究刑事责任;但 5 年内因逃避缴纳税款受过刑事处罚或被税务机关给予两次以上行政处罚的除外。

(二) 抗税罪

抗税罪是指税务机关向其依法征税时使用暴力、威胁方法拒不缴纳税款。

抗税罪处 3 年以下有期徒刑或者拘役,并处拒缴税款 1 倍以上 5 倍以下罚金;情节严重的,处 3 年以上 7 年以下有期徒刑,并处拒缴税款 1 倍以上 5 倍以下罚金。

(三) 逃避追缴欠税罪

逃避追缴欠税罪是指纳税人欠缴应纳税款,采取转移或者隐匿财产的手段,致使税务机关无法追缴欠缴的税款,数额较大的行为。

逃避追缴欠税罪与逃税罪的区分如下:逃税罪是指纳税人采取非法手段向税务机关隐匿其应纳税数额,使税务机关不知其应纳税额;逃避追缴欠税罪则是纳税人欠缴税款已被税务机关掌握,纳税人也承认,但隐瞒其纳税能力,并转移、隐匿财产,致使税务机关客观上无法追缴其欠税款。

纳税人欠缴应纳税款,采取转移或藏匿税款的手段使税务机关无法追缴欠缴的税款,数额在 1 万元以上不满 10 万元的,处 3 年以下有期徒刑或者拘役,并处或单处欠缴税款 1 倍以上 5 倍以下罚金;数额在 10 万元以上的,处 3 年以上 7 年以下有期徒刑,并处欠缴税款 1 倍以上 5 倍以下罚金。

(四) 骗取出口退税罪

骗取出口退税罪是指以假报出口或者其他欺骗手段,骗取国家出口退税款,数额较大的行为。

以假报出口或者其他欺骗手段,骗取国家出口退税款,数额较大的,处 5 年以下有期徒刑或者拘役,并处骗取税款 1 倍以上 5 倍以下罚金;数额巨大或者有其他严重情节的,处 5 年以上 10 年以下有期徒刑,并处骗取税款 1 倍以上 5 倍以下罚金;数额特别巨大或者有其他特别严重情节的,处 10 年以上有期徒刑或者无期徒刑,并处骗取税款 1 倍以上 5 倍以下罚金或者没收财产。

纳税人缴纳税款后,采取上述欺骗方法,骗取所缴纳的税款的,依逃税罪处罚,骗取税款超过所缴纳的税款部分,依照本罪的规定处罚。

单位犯有本罪的,对单位判处罚金,并对其直接负责的主管人员和其他直接责任人员,依照上述规定处罚。

被判处罚金、没收财产的,在执行前应当先由税务机关追缴其所骗取的出口退税款。

(五) 虚开增值税专用发票罪

虚开增值税专用发票罪是指违反国家税收管理制度,虚开增值税专用发票或者虚开用于骗取出口退税、抵扣税款的其他发票的行为。有下列行为之一的,属于虚开增值税专用发票:

(1) 没有货物购销或者没有提供或接受应税劳务而为他人、为自己、让他人为自己、介绍他人开具增值税专用发票。

(2) 有货物购销或者提供或接受了应税劳务,但为他人、为自己、让他人为自己、介绍他人开具数量或者金额不实的增值税专用发票。

（3）进行了实际经营活动，但让他人为自己代开增值税专用发票。

虚开增值税专用发票或者虚开用于骗取出口退税、抵扣税款的其他发票的，处3年以下有期徒刑或者拘役，并处2万元以上20万元以下罚金；虚开的税款数额较大或者有其他严重情节的，处3年以上10年以下有期徒刑，并处5万元以上50万元以下罚金；虚开的税款数额巨大或者有其他特别严重情节的，处10年以上有期徒刑或者无期徒刑，并处5万元以上50万元以下罚金或者没收财产。

复习思考题

1. 纳税申报的要求有哪些？如何办理纳税申报？
2. 税款征收有哪些具体措施？
3. 哪些情况下可以开具增值税专用发票？
4. 什么是税收保全措施？税收保全措施的主要形式包括哪几种？
5. 什么是纳税担保？纳税担保的范围是什么？
6. 税务检查主要有哪些内容？
7. 税收法律责任的内容有哪些？

巩固训练题

思政园地

第十章

税务行政管理

📖 **知识目标** ┈┈┈┈┈┈┈┈┈┈┈┈┈┈┈┈┈┈┈┈┈┈┈┈┈┈┈┈┈┈┈┈┈┈┈┈┈┈┈

　　理解税务行政处罚、税务行政复议、税务行政诉讼的基本概念、特点及原则。熟悉税务行政处罚的设定和种类、处罚主体与管辖，税务行政复议管辖、和解与调解，税务行政诉讼的受案范围、诉讼管辖。掌握税务行政处罚的程序、处罚执行，税务行政复议的受案范围、复议程序，税务行政诉讼的程序。

📖 **技能目标** ┈┈┈┈┈┈┈┈┈┈┈┈┈┈┈┈┈┈┈┈┈┈┈┈┈┈┈┈┈┈┈┈┈┈┈┈┈┈┈

　　能够运用税务行政管理的相关法律法规对相关案件进行分析。

📖 **思政目标** ┈┈┈┈┈┈┈┈┈┈┈┈┈┈┈┈┈┈┈┈┈┈┈┈┈┈┈┈┈┈┈┈┈┈┈┈┈┈┈

　　树立敬畏税收法律的意识，培养税法遵循的自觉性。积极践行"忠诚担当、崇法守纪、兴税强国"的中国税务精神，为高质量推进税收现代化建设贡献力量。

第一节　税务行政处罚实务

　　税务行政处罚是指税务机关对纳税主体违反税收法律、法规和规章，但尚未构成犯罪的违法行为，依法实施税务行政制裁的一种具体行政行为。实施税务行政处罚既可以惩治税务违法当事人，教育其他纳税人，预防新的税务违法行为的发生，又可以规范税务机关的税收执法行为,保障各项税收法律、法规的顺利实施。

税务违法行为是我国税法所禁止的,纳税主体的涉税行为一旦违法,主管税务机关就必须依法予以纠正和处理,税务行政处罚是税务机关纠正和处理涉税违法行为强有力的手段。

税务行政处罚是行政处罚的重要组成部分。为了贯彻实施《中华人民共和国行政处罚法》(以下简称《行政处罚法》),规范税务行政处罚的实施,保护纳税人和其他税务当事人的合法权益,1996年9月28日国家税务总局发布了《税务行政处罚听证程序实施办法(试行)》,并于1996年10月1日施行。

一、税务行政处罚的特点

税务行政处罚具有以下特点:

(1)实施税务行政处罚的主体是具有税收管理职权的税务机关。行政处罚的这一主体特点使其能区别于刑事制裁和民事制裁。刑事制裁和民事制裁的实施主体是司法机关。税务行政处罚的主体特点还表明实施税务行政处罚的机关只能是税务机关,而不是其他行政机关。

(2)税务行政处罚的对象是违反税收法律规范的纳税人、扣缴义务人、纳税担保人。税务行政处罚的对象范围只能是纳税人、扣缴义务人、纳税担保人等纳税主体;税务行政处罚的原因是纳税人、扣缴义务人、纳税担保人的行为违反了税收法律规范。

(3)税务行政处罚的性质是行政制裁。税务行政处罚在处罚方式上与税收管理活动密切相关,在程度上轻于刑事制裁,它属于行政制裁的范畴。

二、税务行政处罚的原则

(一)法定原则

税务行政处罚的法定原则包括四个方面的内容:

(1)对公民和组织实施税务行政处罚必须有法定依据。

(2)税务行政处罚必须由法定的国家机关在其职权范围内设定。

(3)税务行政处罚必须由法定的税务机关在其职权范围内实施。

(4)税务行政处罚必须由税务机关按照法定程序实施。

(二)公正、公开原则

公正就是要防止偏听偏信,要使当事人了解其违法行为的性质,并给其申辩的机会。公开包含两方面内容:一是税务行政处罚的规定要公开,凡是需要公开的法律规范都要事先公布;二是处罚程序要公开,如依法举行听证会等。

(三)以事实为依据原则

任何法律规范的适用必然基于一定的法律行为和事件,法律事实不清或者脱离了法律事实,法律的适用就不可能准确,法律对各种社会关系的调整功能就不可能有效发挥。因此,税务行政处罚必须以事实为依据、以法律为准绳。

(四)过罚相当原则

过罚相当是指在税务行政处罚的设定和实施方面,都要根据税务违法行为的性质、情节、社会危害性的大小而定,防止畸轻畸重或者"一刀切"的行政处罚现象。

(五)处罚与教育相结合原则

税务行政处罚的目的是纠正违法行为,教育公民自觉守法,处罚只是手段。因此,税务机关在实施行政处罚时,要责令当事人改正或者限期改正违法行为,对情节轻微的违法行为也不一定都实施处罚。

(六) 监督、制约原则

对税务机关实施行政处罚实行两方面的监督制约:一是内部层面,如违法行为调查与处罚决定分开,决定罚款的机关与收缴的机构分离,当场作出的处罚决定向所属行政机关备案等;二是外部层面,包括税务系统上下级之间的监督制约和司法监督,主要体现为税务行政复议和诉讼。

三、税务行政处罚的设定和种类

(一) 税务行政处罚的设定

税务行政处罚的设定是指由特定的国家机关通过一定形式首次独立规定公民、法人或者其他组织的行为规范,并规定违反该行为规范的行政制裁措施。我国现行税收法制的原则是税权集中、税法统一,税收的立法权主要集中在中央。

全国人民代表大会及其常务委员会可以通过法律的形式设定各种税务行政处罚。

国务院可以通过行政法规的形式设定除限制人身自由以外的税务行政处罚。

尚未制定法律、行政法规的,国家税务总局可通过规章的形式设定警告、通告批评或一定数额的行政处罚。尚未制定法律、行政法规,因行政管理迫切需要,依法先以部门规章设定罚款的,设定的罚款数额最高不得超过 10 万元,且不得超过法律、行政法规对相似违法行为的罚款数额,涉及公民生命健康安全、金融安全且有危害后果的,设定的罚款数额最高不得超过 20 万元;超过上述限额的,要报国务院批准。

(二) 税务行政处罚的种类

根据税务行政处罚的设定原则,税务行政处罚的种类是可变的,它将随着税收法律、法规、规章设定的变化而变化或者增减。根据税法的规定,现行税务行政处罚主要有:①罚款。②没收财物和违法所得。③停止出口退税权。④法律、法规和规章规定的其他行政处罚。

四、税务行政处罚的主体与管辖

(一) 税务行政处罚的主体

税务行政处罚的实施主体主要是县以上的税务机关。税务机关是指能够独立行使税收征管职权,具有法人资格的行政机关。各级税务机关的内设机构、派出机构不具处罚主体资格,不能以自己的名义实施税务行政处罚。但是税务所可以实施罚款额在 2 000 元以下的税务行政处罚。这是《税收征收管理法》对税务所的特别授权。

(二) 税务行政处罚的管辖

根据《行政处罚法》和《税收征收管理法》的规定,税务行政处罚由当事人税收违法行为发生地的县(市、旗)以上税务机关管辖。这一管辖原则有以下三层含义:

(1) 从税务行政处罚的地域管辖来看,税务行政处罚实行行为发生地原则。只有当事人违法行为发生地的税务机关才有权对当事人实施处罚,其他地方的税务机关则无权实施。

(2) 从税务行政处罚的级别管辖来看,必须是县(市、旗)以上的税务机关。法律特别授权的税务所除外。

(3) 从税务行政处罚的管辖主体的要求来看,必须有税务行政处罚权。

五、税务行政处罚的简易程序

税务行政处罚的简易程序是指税务机关及其执法人员对于公民、法人或者其他组织违反税收征收管理秩序的行为,当场作出税务行政处罚决定的行政处罚程序。

简易程序的适用条件:一是案情简单、事实清楚、违法后果比较轻微且有法定依据应当给予处罚的违法行为;二是给予的处罚较轻,仅适用于对公民处以 50 元以下和对法人或者其他组织处以 1 000 元以下罚款的违法案件。符合上述条件,税务行政执法人员当场作出税务行政处罚决定,应当按照下列程序进行:

(1) 向当事人出示税务行政执法身份证件。

(2) 告知当事人受到税务行政处罚的违法事实、依据和陈述申辩权。

(3) 听取当事人陈述申辩意见。

(4) 填写具有预定格式、编有号码的税务行政处罚决定书,并当场交付当事人。

六、税务行政处罚的听证

为了规范税务行政处罚听证程序的实施,保护公民、法人和其他组织的合法权益,根据《行政处罚法》,国家税务总局制定了《税务行政处罚听证程序实施办法(试行)》。税务行政处罚的听证遵循合法、公正、公开、及时和便民的原则,应符合以下要求:

(1) 税务机关对公民作出 2 000 元以上(含本数)罚款或者对法人或者其他组织作出 1 万元以上(含本数)罚款的行政处罚之前,应当向当事人送达《税务行政处罚事项告知书》,告知当事人已经查明的违法事实、证据、行政处罚的法律依据和拟将给予的行政处罚,并告知有要求举行听证的权利。

(2) 要求听证的当事人,应当在《税务行政处罚事项告知书》送达后 3 日内向税务机关书面提出听证;逾期不提出的,视为放弃听证权利。当事人要求听证的,税务机关应当组织听证。

(3) 税务机关应当在收到当事人听证要求后 15 日内举行听证,并在举行听证的 7 日前将《税务行政处罚听证通知书》送达当事人,通知当事人举行听证的时间、地点、听证主持人的姓名及有关事项。

当事人由于不可抗力或者其他特殊情况而耽误提出听证期限的,在障碍消除后 5 日内,可以申请延长期限。申请是否准许,由组织听证的税务机关决定。

(4) 当事人提出听证后,税务机关发现自己拟作的行政处罚决定对事实认定有错误或者偏差,应当予以改正,并及时向当事人说明。

(5) 税务行政处罚的听证,由税务机关负责人指定的非本案调查机构的人员主持,当事人、本案调查人员及其他有关人员参加。听证主持人应当依法行使职权,不受任何组织和个人的干涉。

(6) 当事人可以亲自参加听证,也可以委托一至二人代理。当事人委托代理人参加听证的,应当向其代理人出具代理委托书。代理委托书应当注明有关事项,并经税务机关或者听证主持人审核确认。

(7) 听证过程中,当事人或者其代理人、本案调查人员、证人及其他人员违反听证秩序,听证主持人应当警告制止;对不听制止的,可以责令其退出听证会场。

当事人或者其代理人有前款规定严重行为致使听证无法进行的,听证主持人或者税务机关可以终止听证。

(8) 听证的全部活动,应当由记录员写成笔录,经听证主持人审阅并由听证主持人和记录员签名后,封卷上交税务机关负责人审阅。

听证笔录应交当事人或者其代理人、本案调查人员、证人及其他有关人员阅读或者向他们宣读,他们认为有遗漏或者有差错的,可以请求补充或者改正。他们承认没有错误后,应当签字或者盖章。拒绝签名或者盖章的,记明情况附卷。

(9) 听证结束后,听证主持人应当将听证情况和处理意见报告税务机关负责人。

(10) 对应当进行听证的案件,税务机关不组织听证,行政处罚决定不能成立;当事人放弃听证权利或者被正当取消听证权利的除外。

七、税务行政处罚的执行

税务机关作出行政处罚决定后,应当依法送达当事人执行。税务行政处罚的执行是指履行税务机关依法作出的行政处罚决定的活动。税务机关依法作出行政处罚决定后,当事人应当在行政处罚决定规定的期限内,予以履行。当事人在法定期限内不申请复议又不起诉,并且在规定期限内不履行的,税务机关可以依法强制执行或者申请法院强制执行。

税务机关对当事人作出罚款行政处罚决定的,当事人应当在收到行政处罚决定书之日起15日内缴纳罚款,到期不缴纳的,税务机关可以对当事人每日按罚款数额的3%加处罚款。

(一)税务机关行政执法人员当场收缴罚款

税务机关对当事人当场作出行政处罚决定,具有依法给予20元以下罚款或者不当场收缴罚款事后难以执行情形的,税务机关行政执法人员可以当场收缴罚款。

税务机关行政执法人员当场收缴罚款的,必须向当事人出具合法罚款收据,并应当自收缴罚款之日起2日内将罚款交至税务机关。税务机关应当在2日内将罚款缴付指定的银行或者其他金融机构。

(二)税务行政罚款决定与罚款收缴分离

税务机关的主要职能是依法对税务违法行为进行调查、认定,并作出罚款的决定。代收机构则负责按照与行政机关签订的代收罚款协议,为当事人提供缴纳罚款的服务,并将罚款直接上缴国库。

税务机关作出罚款决定的行政处罚决定书应当载明代收机构的名称、地址和当事人应当缴纳罚款的数额、期限等,并明确对当事人逾期缴纳罚款是否加处罚款。当事人应当按照行政处罚决定书确定的罚款数额、期限,到指定的代收机构缴纳罚款。

通过将罚款决定与收缴分离,能有效避免税务机关既作出罚款决定又收缴罚款可能带来的不规范行为,加强了对罚款收缴活动的监督,保证罚款及时上缴国库,防止行政机关、组织或者个人以任何形式截留、私分或者变相私分罚款。

自代收罚款协议签订之日起15日内,税务机关应当将代收罚款协议报上一级税务机关和同级财政部门备案;代收机构应当将代收罚款协议报中国人民银行或当地分支机构备案。代收机构代收罚款,应当向当事人出具财政部规定的罚款收据。

八、税务行政处罚裁量权行使规则

税务行政处罚裁量权是指税务机关根据法律、法规和规章的规定,综合考虑税收违法行为的事实、性质、情节及社会危害程度,选择处罚种类和幅度并作出处罚决定的权利。

(一)行使税务行政处罚裁量权应当遵循的原则

1. 合法原则

合法原则是指在法律、法规、规章规定的种类和幅度内,依照法定权限,遵守法定程序,保障当事人合法权益。

2. 合理原则

合理原则是指符合立法目的,考虑相关事实因素和法律因素,作出的行政处罚决定与违法行为的事实、性质、情节、社会危害程度相当,与本地的经济社会发展水平相适应。

3. 公平公正原则

公平公正原则是指对事实、性质、情节及社会危害程度等因素基本相同的税收违法行为,所适用的行政处罚种类和幅度应当基本相同。

4. 公开原则

公开原则是指按规定公开行政处罚依据和行政处罚信息。

5. 程序正当原则

程序正当原则是指依法保障当事人的知情权、参与权和救济权等各项法定权利。

6. 信赖保护原则

信赖保护原则是指非因法定事由并经法定程序,不得随意改变已经生效的行政行为。

7. 处罚与教育相结合原则

处罚与教育相结合原则是指预防和纠正涉税违法行为,引导当事人自觉守法。

(二)行政处罚裁量基准制定

税务行政处罚裁量基准是税务机关为规范行使行政处罚裁量权而制定的细化量化标准。税务行政处罚裁量基准,应当包括违法行为、处罚依据、裁量阶次、适用条件和具体标准等内容。

税务行政处罚裁量基准应当在法定范围内制定,并符合以下要求:

(1)法律、法规、规章规定可予以行政处罚的,应当明确是否予以行政处罚的适用条件和具体标准。

(2)法律、法规、规章规定可以选择行政处罚种类的,应当明确不同种类行政处罚的适用条件和具体标准。

(3)法律、法规、规章规定行政处罚幅度的,应当根据违法事实、性质、情节、社会危害程度等因素确定适用条件和具体标准。

(4)法律、法规、规章规定可以单处也可以并处行政处罚的,应当明确单处或者并处行政处罚的适用条件和具体标准。

制定税务行政处罚裁量基准,参照下列程序进行:

(1)确认行政处罚裁量依据。

(2)整理、分析行政处罚典型案例,为细化量化税务行政处罚裁量权提供参考。

(3)细化量化税务行政处罚裁量权,拟定税务行政处罚裁量基准。

税务行政处罚裁量基准应当以规范性文件形式发布,并结合税收行政执法实际及时修订。

(三)行政处罚裁量规则适用

法律、法规、规章规定可以给予行政处罚,当事人首次违反且情节轻微,并在税务机关发现前主动改正的或者在税务机关责令限期改正的期限内改正的,不予行政处罚。

税务机关应当责令当事人改正或者限期改正违法行为的,除法律、法规、规章另有规定外,责令限期改正的期限一般不超过 30 日。

对当事人的同一个税收违法行为,不得给予两次以上罚款的行政处罚。当事人同一个税收违法行为违反不同行政处罚规定且均应处以罚款的,应当选择适用处罚较重的条款。

当事人有下列情形之一的,不予行政处罚:

(1) 违法行为轻微并及时纠正,没有造成危害后果的。

(2) 违法行为人不满 14 周岁的未成年人有违法行为的。

(3) 精神病人在不能辨认或者不能控制自己行为时有违法行为的。

(4) 受他人胁迫有违法行为的,或者配合行政机关查处违法行为有立功表现的。

(5) 其他法律规定不予行政处罚的:除了上述情形外,还有一些其他的法律规定了不予行政处罚的情况。例如,法律、行政法规可以创设六种行政处罚以外的其他行政处罚,如通报批评、强制履行兵役、驱逐出境、撤销注册商标、注销城市户口等。

当事人有下列情形之一的,应当从轻或者减轻行政处罚:

(1) 主体特殊类,主要有以下两类:

未成年人违法:已满 14 周岁不满 18 周岁的未成年人有违法行为的,应当从轻或者减轻行政处罚。

限制行为能力人违法:尚未完全丧失辨认或者控制自己行为能力的精神病人、智力残疾人有违法行为的,应当从轻或者减轻行政处罚。

(2) 行为补救类:主动消除或者减轻违法行为危害后果的,当事人积极采取措施降低危害程度,避免损失进一步扩大,这种情况下应从轻或减轻处罚。比如,企业在违规排放污染物后,立即采取有效措施处理已排放的污染物,并对环境进行修复,可从轻或减轻处罚。

(3) 被迫违法类:受他人胁迫或者诱骗实施违法行为的,当事人是在受到外部压力或欺骗的情况下做出违法行为,并非完全出于自身意愿,所以应当从轻或者减轻处罚。例如,有人被威胁若不参与某项违法活动就会伤害其家人,在这种情况下实施了违法行为,可从轻或减轻处罚。

(4) 主动供述类:主动供述行政机关尚未掌握的违法行为的,当事人主动交代未被行政机关发现的违法事实,体现了其认错态度和主动性,可从轻或减轻处罚。

(5) 立功表现类:配合行政机关查处违法行为有立功表现的,如提供重要线索帮助行政机关破获其他违法案件等,应从轻或者减轻处罚。

(6) 其他法定类:法律、法规、规章规定的其他从轻或者减轻行政处罚情形,这是一个兜底条款,以涵盖其他可能的特殊情形。

违反税收法律、行政法规应当给予行政处罚的行为在 5 年内未被发现的,不再给予行政处罚。

行使税务行政处罚裁量权应当依法履行告知义务。在作出行政处罚决定前,应当告知当事人作出行政处罚决定的事实、理由、依据及拟处理结果,并告知当事人依法享有的权利。

税务机关行使税务行政处罚裁量权涉及法定回避情形的,应当依法告知当事人享有申请回避的权利。税务人员存在法定回避情形的,应当自行回避或者由税务机关决定回避。

当事人有权进行陈述和申辩。税务机关应当充分听取当事人的意见,对其提出的事实、理由或者证据进行复核,陈述申辩事由成立的,税务机关应当采纳;不采纳的,应予说明理由。税务机关不得因当事人的申辩而加重处罚。

税务机关对公民做出 2 000 元以上罚款或者对法人或者其他组织做出 1 万元以上罚款的行政处罚决定之前,应当告知当事人有要求举行听证的权利;当事人要求听证的,税务机关应当组织听证。

对情节复杂、争议较大、处罚较重、影响较广或者拟减轻处罚等税务行政处罚案件,应当经过集体审议决定。

税务机关按照一般程序实施行政处罚,应当在执法文书中对事实认定、法律适用、基准适用等说明理由。

省税务机关应当积极探索建立案例指导制度,通过案例指导规范税务行政处罚裁量权。

第二节　税务行政复议实务

为了防止和纠正税务机关违法或者不当的具体行政行为,保护纳税人及其他当事人的合法权益,保障和监督税务机关依法行使职权,根据《中华人民共和国行政复议法》(以下简称《行政复议法》)、《税收征收管理法》和其他有关规定,国家税务总局制定了《税务行政复议规则》,已于 2009 年 12 月 15 日由国家税务总局第 2 次局务会议审议通过并于 2010 年 2 月 10 日公布,自 2010 年 4 月 1 日起施行,2015 年 12 月 28 日和 2018 年 6 月 15 日国家税务总局对该规则进行了修正。

税务行政复议是指当事人(纳税人、扣缴义务人、纳税担保人及其他税务当事人)不服税务机关及其工作人员作出的税务具体行政行为,依法向上一级税务机关(复议机关)提出申请,复议机关经审理对原税务机关具体行政行为依法作出维持、变更、撤销等决定的活动。

一、税务行政复议的特点

税务行政复议是我国行政复议制度的一个重要组成部分。我国税务行政复议具有以下特点:

(1) 税务行政复议以当事人不服税务机关及其工作人员作出的税务具体行政行为为前提。这是由行政复议对当事人进行行政救济的目的所决定的。如果当事人认为税务机关的处理合法、适当,或税务机关还没有作出处理,当事人的合法权益没有受到侵害,就不存在税务行政复议。

(2) 税务行政复议因当事人的申请而产生。当事人提出申请是引起税务行政复议的重要条件之一。当事人不申请,就不可能通过行政复议这种形式获得救济。

(3) 税务行政复议案件的审理一般由原处理税务机关的上一级税务机关进行。

(4) 税务行政复议与行政诉讼相衔接。根据《中华人民共和国行政诉讼法》(以下简称《行政诉讼法》)和《行政复议法》的规定,对于大多数行政案件来说,当事人都可以选择行政复议或者行政诉讼程序解决,当事人对行政复议决定不服的,还可以向法院提起行政诉讼。在此基础上,在两个程序的衔接方面,税务行政案件的适用还有其特殊性。根据《税收征收管理法》第 88 条的规定,对于因征税问题而引起的争议,税务行政复议是税务行政诉讼的必经前置程序,未经复议不能向法院起诉,经复议仍不服的,才能起诉;对于因处罚、保全措施及强制执行而引起的争议,当事人可以选择适用复议或诉讼程序,如选择复议程序,对复议决定仍不服的,可以向法院起诉。

二、税务行政复议的基本原则

税务行政复议的基本原则是指贯穿税务行政复议活动的始终,反映其特点,体现其精神实质,对税务行政复议活动具有普遍指导意义的基本准则。税务行政复议应遵循以下基本原则。

(一)一级复议原则

一级复议原则是指税务行政争议案件经一个税务行政复议机关的一次复议后即告终结,申请人对复议决定不服的,不能再向税务行政复议机关的上一级税务机关或原税务行政复议机关要求复议。实行一级复议原则,主要考虑的是税务行政复议决定并非终局决定,相对人对复议决定不服的,可以向人民法院提起税务行政诉讼,诉讼才是解决争议的最终途径。如果复议的审理太多,将会大大增加行政成本,也会使相对人的负担过重。这样既不利于迅速解决税务行政争议,恢复正常的行政管理秩序,又不利于及时保护税务行政相对人的合法权益。税务行政复议在实行一级复议原则的前提下,也存在例外情况。《税务行政复议规则》第18条规定,对国家税务总局的具体行政行为不服的,向国家税务总局申请行政复议。对行政复议决定不服,申请人可以向人民法院提起行政诉讼,也可以向国务院申请裁决。国务院的裁决为最终裁决。

(二)合法性与合理性全面审查原则

行政复议监督范围可以包括被监督对象执法行为的一切方面,既包括对具体行政行为合法性的监督,也包括适当性监督。因此,行政复议对具体行政行为的监督在广度上要大于行政诉讼。

(三)合法、公正、公开、及时和便民原则

合法原则包含三层含义:一是受理税务行政复议申请的机关必须是法律赋予复议权的税务机关或人民政府;二是税务复议机关审查复议案件适用的依据必须合法;三是复议程序必须合法。

公正原则,即复议机关在案件审理过程中,要严格依法办事,公正、平等地对待双方当事人,不偏不倚,以事实为依据,以法律为准绳。

公开原则,即要求税务复议机关审理复议案件作出复议决定应当向社会公开,接受各方面的监督,确保案件得到合法、公正的处理,做到案件复议的过程公开、案件复议的材料公开、案件复议的决定公开。

及时原则是指基于行政复议的效率特性以及行政复议与司法监督环节衔接的需要,行政复议机关应当在保障工作质量的前提下,尽可能在法定期限内迅速结案,税务行政复议也不例外。

便民原则是指在行政复议过程中,要方便于民,尽量为复议申请人着想,考虑到各种情况,在复议的申请、受理、审理等方面,使申请人感到快捷、简便,不能让申请人处处感到不方便。

(四)书面审查原则

行政复议机关对被申请人提交的书面答复,作出具体行政行为的证据、依据和其他有关资料,采取书面审查的办法,但是申请人提出要求或者行政复议机构认为有必要时,应当听取申

请人、被申请人和第三人的意见,并可以向有关组织和人员调查了解情况。另外,按照《税务行政复议规则》的规定,对重大、复杂的案件,申请人提出要求或者行政复议机构认为必要时,可以采取听证的方式审理。

(五)复议期间不停止执行原则

复议期间不停止执行原则是指税务行政相对人认为税务机关的具体税务行政行为侵犯其合法权益而提出复议申请,复议机关在受理之后,在复议期间,一般不停止具体行政行为的执行。除非被申请人或复议机关认为需要停止执行,或申请人申请停止执行,复议机关认为其要求合理,决定停止执行,或法律规定停止执行的。这是由具体税务行政行为效力先定性所决定的,即具体税务行政行为一经作出,不论其事实上是合法还是违法,在其被有权国家机关认定为违法并予以撤销之前,均推定为合法,相对人必须服从。具体税务行政行为效力先定是与具体税务行政行为本身的属性相联系的。税务机关作出具体行政行为属于行使公权力的范畴,而公权力行使的目的在于维护公共利益和公共秩序。公共利益和公共秩序的有效维护要求税收征收管理活动必须具有连续性和稳定性,不得随意中断。

三、税务行政复议范围

行政复议机关受理申请人对税务机关下列具体行政行为不服提出的行政复议申请:

(1)征税行为,包括确认纳税主体、征税对象、征税范围、减税、免税、退税、抵扣税款、适用税率、计税依据、纳税环节、纳税期限、纳税地点和税款征收方式等具体行为,征收税款、加收滞纳金,扣缴义务人、受税务机关委托的单位和个人作出的代扣代缴、代收代缴、代征行为等。

(2)行政许可、行政审批行为。

(3)发票管理行为,包括发售、收缴、代开发票等。

(4)税收保全措施、强制执行措施。

(5)行政处罚行为:①罚款。②没收财物和违法所得。③停止出口退税权。

(6)不依法履行下列职责的行为:①颁发税务登记。②开具、出具完税凭证、外出经营活动税收管理证明。③行政赔偿。④行政奖励。⑤其他不依法履行职责的行为。

(7)资格认定行为。

(8)不依法确认纳税担保行为。

(9)政府信息公开工作中的具体行政行为。

(10)纳税信用等级评定行为。

(11)通知出入境管理机关阻止出境行为。

(12)其他具体行政行为。

申请人认为税务机关的具体行政行为所依据的下列规定不合法,对具体行政行为申请行政复议时,可以一并向行政复议机关提出对有关规定的审查申请;申请人对具体行政行为提出行政复议申请时不知道该具体行政行为所依据的规定的,可以在行政复议机关作出行政复议决定以前提出对该规定的审查申请:

(1)国家税务总局和国务院其他部门的规定。

(2)其他各级税务机关的规定。

(3)地方各级人民政府的规定。

(4)地方人民政府工作部门的规定。

上述规定不包括规章。

四、税务行政复议管辖

税务行政复议管辖是指税务行政复议机关之间以及税务行政复议机关与其他行政复议机关之间受理税务行政复议案件的具体分工和权限划分。管辖是税务行政复议制度的重要内容之一,对税务行政复议机关来说,它确定了不同职能和不同层级的税务机关审理税务行政复议案件的具体分工,明确了不同行政机关之间受理行政复议案件的权限,能够避免复议机关在管辖问题上互相推诿,提高行政复议的效率;对复议申请人来说,解决了向哪一个税务机关申请复议的问题,能够防止复议申请人投诉无门的情况出现,有利于保护复议申请人的合法权益。税务行政复议管辖分为一般管辖和特殊管辖两类。

(一) 一般管辖

税务行政复议的管辖权是作出税务具体行政行为的上级税务机关,这种管辖方式为一般管辖,具体为:

(1) 对各级税务局的具体行政行为不服的,向其上一级税务局申请行政复议。

(2) 对计划单列市税务局的具体行政行为不服的,向国家税务总局申请行政复议。

(3) 对税务所(分局)、各级税务局的稽查局的具体行政行为不服的,向其所属税务局申请行政复议。

(4) 对国家税务总局的具体行政行为不服的,向国家税务总局申请行政复议。对行政复议决定不服,申请人可以向人民法院提起行政诉讼,也可以向国务院申请裁决。国务院的裁决为最终裁决。

(二) 特殊管辖

对一般管辖以外的其他税务机关、组织等作出的具体行政行为不服的,实行特殊管辖,按照下列规定申请行政复议:

(1) 对两个以上税务机关以共同的名义作出的具体行政行为不服的,向共同上一级税务机关申请行政复议;对税务机关与其他行政机关以共同的名义作出的具体行政行为不服的,向其共同上一级行政机关申请行政复议。

(2) 对被撤销的税务机关在撤销以前所作出的具体行政行为不服的,向继续行使其职权的税务机关的上一级税务机关申请行政复议。

(3) 对税务机关作出逾期不缴纳罚款加处罚款的决定不服的,向作出行政处罚决定的税务机关申请行政复议。但是对已处罚款和加处罚款都不服的,一并向作出行政处罚决定的税务机关的上一级税务机关申请行政复议。

申请人向具体行政行为发生地的县级地方人民政府提交行政复议申请的,由接受申请的县级地方人民政府依照《行政复议法》的有关规定予以转送。

五、税务行政复议申请人和被申请人

税务行政复议的申请人是指认为税务机关的具体行政行为侵犯其合法权益,依法向税务复议机关申请行政复议的公民、法人或者其他组织以及外国人、无国籍人和外国组织。税务行政复议的被申请人是指作出引起争议的具体税务行政行为的税务机关。具体分以下几种情况:

（1）合伙企业申请行政复议的，应当以核准登记的企业为申请人，由执行合伙事务的合伙人代表该企业参加行政复议；其他合伙组织申请行政复议的，由合伙人共同申请行政复议。

上述规定以外的不具备法人资格的其他组织申请行政复议的，由该组织的主要负责人代表该组织参加行政复议；没有主要负责人的，由共同推选的其他成员代表该组织参加行政复议。

（2）股份制企业的股东大会、股东代表大会、董事会认为税务具体行政行为侵犯企业合法权益的，可以以企业的名义申请行政复议。

有权申请行政复议的法人或者其他组织发生合并、分立或终止的，承受其权利义务的法人或者其他组织可以申请行政复议。

（3）有权申请行政复议的公民死亡的，其近亲属可以申请行政复议；有权申请行政复议的公民为无行为能力人或者限制行为能力人，其法定代理人可以代理申请行政复议。

（4）行政复议期间，行政复议机关认为申请人以外的公民、法人或者其他组织与被审查的具体行政行为有利害关系的，可以通知其作为第三人参加行政复议。

行政复议期间，申请人以外的公民、法人或者其他组织与被审查的税务具体行政行为有利害关系的，可以向行政复议机关申请作为第三人参加行政复议。

第三人不参加行政复议，不影响行政复议案件的审理。

（5）非具体行政行为的行政管理相对人，但其权利直接被该具体行政行为所剥夺、限制或者被赋予义务的公民、法人或其他组织，在行政管理相对人没有申请行政复议时，可以单独申请行政复议。

（6）同一行政复议案件申请人超过5人的，应当推选1～5名代表参加行政复议。

（7）申请人对具体行政行为不服申请行政复议的，作出该具体行政行为的税务机关为被申请人。

（8）申请人对扣缴义务人的扣缴税款行为不服的，主管该扣缴义务人的税务机关为被申请人；对税务机关委托的单位和个人的代征行为不服的，委托税务机关为被申请人。

（9）税务机关与法律、法规授权的组织以共同的名义作出具体行政行为的，税务机关和法律、法规授权的组织为共同被申请人。

税务机关与其他组织以共同名义作出具体行政行为的，税务机关为被申请人。

（10）税务机关依照法律、法规和规章规定，经上级税务机关批准作出具体行政行为的，批准机关为被申请人。

申请人对经重大税务案件审理程序作出的决定不服的，审理委员会所在税务机关为被申请人。

（11）税务机关设立的派出机构、内设机构或者其他组织，未经法律、法规授权，以自己名义对外作出具体行政行为的，税务机关为被申请人。

（12）申请人、第三人可以委托1～2名代理人参加行政复议。申请人、第三人委托代理人的，应当向行政复议机构提交授权委托书。授权委托书应当载明委托事项、权限和期限。公民在特殊情况下无法书面委托的，可以口头委托。口头委托的，行政复议机构应当核实并记录在卷。申请人、第三人解除或者变更委托的，应当书面告知行政复议机构。

被申请人不得委托本机关以外人员参加行政复议。

六、税务行政复议申请

税务行政复议申请须符合以下要求：

（1）申请人可以在知道税务机关作出具体行政行为之日起 60 日内提出税务行政复议申请。

因不可抗力或者被申请人设置障碍等原因耽误法定申请期限的，申请期限的计算应当扣除被耽误时间。

（2）申请人对复议范围内征税行为不服的，应当先向行政复议机关申请行政复议；对行政复议决定不服的，可以向人民法院提起行政诉讼。

申请人按照上述规定申请行政复议的，必须依照税务机关根据法律、法规确定的税款、期限，先行缴纳或者解缴税款和滞纳金，或者提供相应的担保，才可以在缴清税款和滞纳金以后或者所提供的担保得到作出具体行政行为的税务机关确认之日起 60 日内提出行政复议申请。

申请人提供担保的方式包括保证、抵押和质押。作出具体行政行为的税务机关应对保证人的资格、资信进行审查，对不具备法律规定资格或者没有能力保证的，有权拒绝。作出具体行政行为的税务机关应当对抵押人、出质人提供的抵押担保、质押担保进行审查，对不符合法律规定的抵押担保、质押担保，不予确认。

（3）申请人对复议范围中税务机关作出的征税行为以外的其他具体行政行为不服，可以申请行政复议，也可以直接向人民法院提起行政诉讼。

申请人对税务机关作出逾期不缴纳罚款加处罚款的决定不服的，应当先缴纳罚款和加处罚款，再申请行政复议。

（4）申请人可以在知道税务机关作出具体行政行为之日起 60 日内提出行政复议申请期限的计算，依照下列规定办理：①当场作出具体行政行为的，自具体行政行为作出之日起计算。②载明具体行政行为的法律文书直接送达的，自受送达人签收之日起计算。③载明具体行政行为的法律文书邮寄送达的，自受送达人在邮件签收单上签收之日起计算；没有邮件签收单的，自受送达人在送达回执上签名之日起计算。④具体行政行为依法通过公告形式告知受送达人的，自公告规定的期限届满之日起计算。⑤税务机关作出具体行政行为时未告知申请人，事后补充告知的，自该申请人收到税务机关补充告知的通知之日起计算。⑥被申请人能够证明申请人知道具体行政行为的，自证据材料证明其知道具体行政行为之日起计算。

税务机关作出具体行政行为，依法应当向申请人送达法律文书而未送达的，视为该申请人不知道该具体行政行为。

（5）申请人依照 2017 年《行政复议法》第 6 条第 8 项、第 9 项、第 10 项的规定申请税务机关履行法定职责，税务机关未履行的，行政复议申请期限依照下列规定计算：①有履行期限规定的，自履行期限届满之日起计算。②没有履行期限规定的，自税务机关收到申请满 60 日起计算。

（6）税务机关作出的具体行政行为对申请人的权利、义务可能产生不利影响的，应当告知其申请行政复议的权利、行政复议机关和行政复议申请期限。

（7）申请人书面申请行政复议的，可以采取当面递交、邮寄或者传真等方式提出行政复议申请。

有条件的行政复议机关可以接受以电子邮件形式提出的行政复议申请。

对以传真、电子邮件形式提出行政复议申请的,行政复议机关应当审核确认申请人的身份、复议事项。

(8) 申请人书面申请行政复议的,应当在行政复议申请书中载明下列事项:①申请人的基本情况,包括公民的姓名、性别、出生年月、身份证件号码、工作单位、住所、邮政编码、联系电话,法人或者其他组织的名称、住所、邮政编码、联系电话和法定代表人或者主要负责人的姓名、职务。②被申请人的名称。③行政复议请求、申请行政复议的主要事实和理由。④申请人的签名或者盖章。⑤申请行政复议的日期。

(9) 申请人口头申请行政复议的,行政复议机构应当依照上述第8项规定的事项,当场制作行政复议申请笔录,交申请人核对或者向申请人宣读,并由申请人确认。

(10) 有下列情形之一的,申请人应当提供证明材料:①认为被申请人不履行法定职责的,提供要求被申请人履行法定职责而被申请人未履行的证明材料。②申请行政复议时一并提出行政赔偿请求的,提供受具体行政行为侵害而造成损害的证明材料。③法律、法规规定需要申请人提供证据材料的其他情形。

(11) 申请人提出行政复议申请时错列被申请人的,行政复议机关应当告知申请人变更被申请人。申请人不变更被申请人的,行政复议机关不予受理,或者驳回行政复议申请。

(12) 申请人向行政复议机关申请行政复议,行政复议机关已经受理的,在法定行政复议期限内,申请人不得向人民法院提起行政诉讼;申请人向人民法院提起行政诉讼,人民法院已经依法受理的,不得申请行政复议。

七、税务行政复议受理

税务行政复议受理是指税务行政复议机关在接到复议申请后,经审查决定接受申请或者不接受申请的行为及过程。

(一) 受理条件

税务行政复议申请符合下列规定的,行政复议机关应当受理:

(1) 属于《税务行政复议规则》规定的行政复议范围。

(2) 在法定申请期限内提出。

(3) 有明确的申请人和符合规定的被申请人。

(4) 申请人与具体行政行为有利害关系。

(5) 有具体的行政复议请求和理由。

(6) 符合《税务行政复议规则》第33条和第34条规定的条件。

(7) 属于收到行政复议申请的行政复议机关的职责范围。

(8) 其他行政复议机关尚未受理同一行政复议申请,人民法院尚未受理同一主体就同一事实提起的行政诉讼。

(二) 受理时限

行政复议机关收到行政复议申请以后,应当在5日内审查,决定是否受理。对不符合规定的行政复议申请,决定不予受理,并书面告知申请人。

对不属于本机关受理的行政复议申请,应当告知申请人向有关行政复议机关提出。

行政复议机关收到行政复议申请以后未按照规定期限审查并作出不予受理决定的,视为受理。

（三）其他规定

申请人依法提出行政复议申请，行政复议机关无正当理由不予受理且申请人没有向人民法院提起行政诉讼的，上级税务机关可以督促其受理；经督促仍然不受理的，责令其限期受理。必要时，上级税务机关可以直接受理或者提审由下级税务机关管辖的行政复议案件。

对应当先向行政复议机关申请行政复议，对行政复议决定不服再向人民法院提起行政诉讼的具体行政行为，行政复议机关决定不予受理或者受理后超过行政复议期限不作答复的，申请人可以自收到不予受理决定书之日起或者行政复议期满之日起 15 日内，依法向人民法院提起行政诉讼。但对符合延长行政复议期限规定的，以延长以后的时间为行政复议期满时间。

行政复议期间具体行政行为不停止执行。但是有下列情形之一的，可以停止执行：

（1）被申请人认为需要停止执行的。

（2）行政复议机关认为需要停止执行的。

（3）申请人申请停止执行，行政复议机关认为其要求合理，决定停止执行的。

（4）法律规定停止执行的。

八、税务行政复议证据

（一）税务行政复议证据的种类

税务行政复议证据是指能够用来证明税务行政复议案件真实情况的一切事实材料，包括以下类别。

1. 书证

书证是指以文字、符号、图等载于纸上、布上、木料上、塑料上、金属上、石块上或者其他物品上表达一定的思想，其内容能够证明案件事实的一部或全部的一种证据形式，如税务登证、账簿、会计凭证、处罚决定书等。书证应当提交原件，提交原件有困难的，可以提交复印件照片、副本、节录本等。

2. 物证

物证是指以外形、特征、质量等来证明案件事实的物品或痕迹。物证可以是生物，也可是非生物；可以是物品本身，也可以是物品上遗留的痕迹。

3. 视听资料

视听资料是指利用录音、录像、计算机存储等手段所反映出的音像、影像或其他信息证明案件事实的资料。它能够更直观、更逼真地再现案件事实的原始状态。

4. 电子数据

电子数据是指税务行政复议案件发生过程中形成的，以数字化形式存储、处理、传输的能够证明案件事实的数据。电子数据包括但不限于下列信息、电子文件：

（1）网页、博客、微博客、朋友圈、贴吧、网盘等网络平台发布的信息。

（2）手机短信、电子邮件、即时通信、通信群组等网络应用服务的通信信息。

（3）用户注册信息、身份认证信息、电子交易记录、通信记录、登录日志等信息。

（4）文档、图片、音视频、数字证书、计算机程序等电子文件。

5. 证人证言

证人证言即证人所陈述的证言，是指了解案件情况的人根据复议机关的要求，在他人之间进行的复议活动中作出的证明案件事实的陈述。证人一般是符合法律规定的自然人,单位不能作为证人。不能正确表达自己意志的人,以及当事人、代理人也不能作为证人。

6. 当事人的陈述

当事人的陈述是指税务行政复议当事人就案件事实情况向复议机关所作的叙述。这里所讲的当事人是指广义上的当事人,即除税务行政复议申请人与被申请人之外,还包括税务行政复议第三人。

7. 鉴定意见

鉴定意见是指由具体有专门知识的人对某些专门性问题进行分析、鉴别和判断,从而得出能够证明案件事实的书面结论。鉴定意见应当用书面形式,鉴定书中应写明鉴定结论,以及做出该结论的科学和事实根据,鉴定部门和鉴定人应在鉴定书上签名或者盖章。鉴定人鉴定的,应当由鉴定人所在单位加盖印章,证明鉴定人身份。

8. 勘验笔录、现场笔录

勘验笔录是指税务机关工作人员或复议人员对能够证明案件事实的现场或物证,就地进行分析、检验、测量、勘查后制作的笔录。现场笔录是指税务机关工作人员在实施行政行为的现场所作的书面笔录。

(二) 举证责任

税务行政复议的举证责任是指由法律所规定的,在税务行政复议中当事人对自己提出的主张应当提供证据加以证明的责任。在行政复议中,被申请人对其作出的具体行政行为负有举证责任。但是,被申请人不得自行向申请人和其他有关组织或者个人收集证据。

(三) 证据材料的审查

行政复议机关应当依法全面审查相关证据。行政复议机关审查行政复议案件,应当以证据证明的案件事实为依据。定案证据应当具有合法性、真实性和关联性。

(1) 行政复议机关应当根据案件的具体情况,从以下方面审查证据的合法性:①证据是否符合法定形式。②证据的取得是否符合法律、法规、规章和司法解释的规定。③是否有影响证据效力的其他违法情形。

(2) 行政复议机关应当根据案件的具体情况,从以下方面审查证据的真实性:①证据形成的原因。②发现证据时的环境。③证据是否为原件、原物,复制件、复制品与原件、原物是否相符。④提供证据的人或者证人与行政复议参加人是否具有利害关系。⑤影响证据真实性的其他因素。

(3) 行政复议机关应当根据案件的具体情况,从以下方面审查证据的关联性:①证据与待证事实是否具有证明关系。②证据与待证事实的关联程度。③影响证据关联性的其他因素。

(四) 不得作为定案依据的证据材料

下列证据材料不得作为定案依据:

(1) 违反法定程序收集的证据材料。

(2) 以偷拍、偷录和窃听等手段获取侵害他人合法权益的证据材料。

(3) 以利诱、欺诈、胁迫和暴力等不正当手段获取的证据材料。

(4) 无正当事由超出举证期限提供的证据材料。

(5) 无正当理由拒不提供原件、原物,又无其他证据印证,且对方不予认可的证据的复制件、复制品。

（6）无法辨明真伪的证据材料。

（7）不能正确表达意志的证人提供的证言。

（8）不具备合法性、真实性的其他证据材料。

（五）调查取证

行政复议机构认为必要时，可以调查取证。行政复议工作人员向有关组织和人员调查取证时，可以查阅、复制和调取有关文件和资料，向有关人员询问。调查取证时，行政复议工作人员不得少于 2 人，并应当向当事人和有关人员出示证件。被调查单位和人员应当配合行政复议工作人员的工作，不得拒绝、阻挠。

需要现场勘验的，现场勘验所用时间不计入行政复议审理期限。

申请人和第三人可以查阅被申请人提出的书面答复、作出具体行政行为的证据、依据和其他有关材料，除涉及国家秘密、商业秘密或者个人隐私外，行政复议机关不得拒绝。

九、税务行政复议审查

（一）审查材料的提交

行政复议机构应当自受理行政复议申请之日起 7 日内，将行政复议申请书副本或者行政复议申请笔录复印件发送被申请人。被申请人应当自收到申请书副本或者申请笔录复印件之日起 10 日内提出书面答复，并提交当初作出具体行政行为的证据、依据和其他有关材料。

对国家税务总局的具体行政行为不服申请行政复议的案件，由原承办具体行政行为的相关机构向行政复议机构提出书面答复，并提交当初作出具体行政行为的证据、依据和其他有关材料。

（二）复议案件的审查

行政复议案件的审查须注意：

（1）行政复议机构审理行政复议案件，应当由 2 名以上行政复议工作人员参加。

（2）行政复议原则上采用书面审查的办法，但是申请人提出要求或者行政复议机构认为有必要时，应当听取申请人、被申请人和第三人的意见，并可以向有关组织和人员调查了解情况。

（3）对重大、复杂的案件，申请人提出要求或者行政复议机构认为必要时，可以采取听证的方式审理。

（4）行政复议机构决定举行听证的，应当将举行听证的时间、地点和具体要求等事项通知申请人、被申请人和第三人。第三人不参加听证的，不影响听证的举行。

（5）听证应当公开举行，但是涉及国家秘密、商业秘密或者个人隐私的除外。

（6）行政复议听证人员不得少于 2 人，听证主持人由行政复议机构指定。

（7）听证应当制作笔录。申请人、被申请人和第三人应当确认听证笔录内容。行政复议听证笔录应当附卷，作为行政复议机构审理案件的依据之一。

（8）行政复议机关应当全面审查被申请人的具体行政行为所依据的事实证据、法律程序、法律依据和设定的权利义务内容的合法性、适当性。

（9）申请人在行政复议决定作出以前撤回行政复议申请的，经行政复议机构同意，可以撤回。申请人撤回行政复议申请的，不得再以同一事实和理由提出行政复议申请。但是，申请人能够证明撤回行政复议申请违背其真实意思表示的除外。

（10）行政复议期间被申请人改变原具体行政行为的,不影响行政复议案件的审理。但是,申请人依法撤回行政复议申请的除外。

（11）行政复议机关审查被申请人的具体行政行为时,认为其依据不合法,本机关有权处理的,应当在 30 日内依法处理;无权处理的,应当在 7 日内按照法定程序逐级转送有权处理的国家机关依法处理。处理期间,中止对具体行政行为的审查。

十、税务行政复议决定

(一) 复议案件的复议决定

行政复议机构应当对被申请人的具体行政行为提出审查意见,经行政复议机关负责人批准,按照下列规定作出行政复议决定:

（1）决定维持。具体行政行为认定事实清楚,证据确凿,适用依据正确,程序合法,内容适当的,决定维持。

（2）决定履行。被申请人不履行法定职责的,决定其在一定期限内履行。

（3）具体行政行为有下列情形之一的,决定撤销、变更或者确认该具体行政行为违法;决定撤销或者确认该具体行政行为违法的,可以责令被申请人在一定期限内重新作出具体行政行为:①主要事实不清、证据不足的。②适用依据错误的。③违反法定程序的。④超越职权或者滥用职权的。⑤具体行政行为明显不当的。

(二) 复议申请的驳回

有下列情形之一的,行政复议机关应当决定驳回行政复议申请:

（1）申请人认为税务机关不履行法定职责申请行政复议,行政复议机关受理以后发现该税务机关没有相应法定职责或者在受理以前已经履行法定职责的。

（2）受理行政复议申请后,发现该行政复议申请不符合《行政复议法》及其实施条例和《税务行政复议规则》规定的受理条件的。

上级税务机关认为行政复议机关驳回行政复议申请的理由不成立的,应当责令限期恢复受理。行政复议机关审理行政复议申请期限的计算应当扣除因驳回耽误的时间。

(三) 行政复议的中止

行政复议期间,有下列情形之一的,行政复议中止:

（1）作为申请人的公民死亡,其近亲属尚未确定是否参加行政复议的。

（2）作为申请人的公民丧失参加行政复议的能力,尚未确定法定代理人参加行政复议的。

（3）作为申请人的法人或者其他组织终止,尚未确定权利义务承受人的。

（4）作为申请人的公民下落不明或者被宣告失踪的。

（5）申请人、被申请人因不可抗力,不能参加行政复议的。

（6）行政复议机关因不可抗力原因暂时不能履行工作职责的。

（7）案件涉及法律适用问题,需要有权机关作出解释或者确认的。

（8）案件审理需要以其他案件的审理结果为依据,而其他案件尚未审结的。

（9）其他需要中止行政复议的情形。

行政复议中止的原因消除以后,应当及时恢复行政复议案件的审理。行政复议机构中止、恢复行政复议案件的审理,应当告知申请人、被申请人、第三人。

(四) 行政复议的终止

行政复议期间,有下列情形之一的,行政复议终止:

(1) 申请人要求撤回行政复议申请,行政复议机构准予撤回的。

(2) 作为申请人的公民死亡,没有近亲属,或者其近亲属放弃行政复议权利的。

(3) 作为申请人的法人或者其他组织终止,其权利义务的承受人放弃行政复议权利的。

(4) 申请人与被申请人依照税务行政复议和解与调解的规定,经行政复议机构准许达成和解的。

(5) 行政复议申请受理以后,发现其他行政复议机关已经先于本机关受理,或者人民法院已经受理的。

十一、税务行政复议和解与调解

(一) 可以和解或调解的行政复议事项

对下列行政复议事项,按照自愿、合法的原则,申请人和被申请人在行政复议机关作出行政复议决定以前可以达成和解,行政复议机关也可以调解:

(1) 行使自由裁量权作出的具体行政行为,如行政处罚、核定税额、确定应税所得率等。

(2) 行政赔偿。

(3) 行政奖励。

(4) 存在其他合理性问题的具体行政行为。

行政复议审理期限在和解、调解期间中止计算。

(二) 调解协议

申请人和被申请人达成和解的,应当向行政复议机构提交书面和解协议。和解内容不损害社会公共利益和他人合法权益的,行政复议机构应当准许。

经行政复议机构准许和解终止行政复议的,申请人不得以同一事实和理由再次申请行政复议。

调解应当符合下列要求:

(1) 尊重申请人和被申请人的意愿。

(2) 在查明案件事实的基础上进行。

(3) 遵循客观、公正和合理原则。

(4) 不得损害社会公共利益和他人合法权益。

行政复议机关按照下列程序调解:

(1) 征得申请人和被申请人同意。

(2) 听取申请人和被申请人的意见。

(3) 提出调解方案。

(4) 达成调解协议。

(5) 制作行政复议调解书。

行政复议调解书应当载明行政复议请求、事实、理由和调解结果,并加盖行政复议机关印章。行政复议调解书经双方当事人签字,即具有法律效力。

调解未达成协议,或者行政复议调解书不生效的,行政复议机关应当及时作出行政复议决定。

申请人不履行行政复议调解书的,由被申请人依法强制执行,或者申请人民法院强制执行。

十二、税务行政复议指导和监督

各级税务复议机关应当加强对履行行政复议职责的监督。行政复议机构负责对行政复议工作进行系统督促、指导。

各级税务机关应当建立健全行政复议工作责任制,将行政复议工作纳入本单位目标责任制。

各级税务机关应当按照职责权限,通过定期组织检查、抽查等方式,检查下级税务机关的行政复议工作,并及时向有关方面反馈检查结果。

行政复议期间行政复议机关发现被申请人和其他下级税务机关的相关行政行为违法或者需要做好善后工作的,可以制作行政复议意见书。有关机关应当自收到行政复议意见书之日起60日内将纠正相关行政违法行为或者做好善后工作的情况报告行政复议机关。

行政复议期间行政复议机构发现法律、法规和规章实施中带有普遍性的问题,可以制作行政复议建议书,向有关机关提出完善制度和改进行政执法的建议。

省以下各级税务机关应当定期向上一级税务机关提交行政复议、应诉、赔偿统计表和分析报告,及时将重大行政复议决定报上一级行政复议机关备案。

行政复议机构应当按照规定将行政复议案件资料立卷归档。

行政复议案卷应当按照行政复议申请分别装订立卷,一案一卷,统一编号,做到目录清晰、资料齐全、分类规范、装订整齐。

行政复议机构应当定期组织行政复议工作人员进行业务培训和工作交流,提高行政复议工作人员的专业素质。

行政复议机关应当定期总结行政复议工作。对行政复议工作中做出显著成绩的单位和个人,依照有关规定表彰和奖励。

行政复议机关、行政复议机关工作人员和被申请人在税务行政复议活动中,违反《行政复议法》及其实施条例和《税务行政复议规则》规定,应当依法处理。

第三节　税务行政诉讼

税务行政诉讼是指公民、法人和其他组织认为税务机关及其工作人员的具体税务行政行为违法或者不当,侵犯了其合法权益,依法向人民法院提起行政诉讼,由人民法院对具体税务行政行为的合法性和适当性进行审理并作出裁决的司法活动。其目的是保证人民法院公正、及时审理税务行政案件,保护纳税人、扣缴义务人等当事人的合法权益,维护和监督税务机关依法行使行政职权。

一、税务行政诉讼的特点

1. 税务行政诉讼是由人民法院进行审理并作出裁决的一种诉讼活动

税务行政诉讼由人民法院进行审理并作出裁决,这是税务行政诉讼与税务行政复议的根本区别。税务行政复议和税务行政诉讼是解决税务行政争议的两条重要途径。由于税务行政争议范围广、数量多、专业性强,大量税务行政争议由税务机关以税务复议方式解决,有的案件采用税务行政诉讼,由人民法院对税务案件进行审理并作出裁决。

2. 税务行政诉讼以解决税务行政争议为前提

这是税务行政诉讼与其他行政诉讼活动的根本区别,具体体现在:

(1)被告必须是税务机关,或经法律、法规授权的行使税务行政管理权的组织,而不是其他行政机关或组织。

(2)税务行政诉讼解决的争议发生在税务行政管理过程中。

(3)因税款征纳问题发生的争议,当事人在向人民法院提起行政诉讼前,必须先经过税务行政复议程序。对复议决定不服的,才可以依法向人民法院起诉。不缴纳税款或者不提供相应的担保就没有提起行政诉讼的权利。

3. 税务行政诉讼的时效性强

申请人不服复议决定的,可以在收到复议决定书之日起 15 日内向人民法院提起诉讼。公民、法人或者其他组织直接向人民法院提起诉讼的,应当在知道作出具体行政行为之日起 3 个月内提出。超过了诉讼时效,则意味着丧失了诉讼权。

二、税务行政诉讼的原则

税务行政诉讼除遵循人民法院独立行使审判权,实行合议、回避、公开、辩论、两审终审等共有原则外,还应遵循以下特有原则。

1. 不适用调解原则

税收行政管理权是国家权力的重要组成部分,税务机关无权依自己的意愿进行处置,因此,人民法院也不能对税务行政诉讼法律关系的双方当事人进行调解。

2. 起诉不停止执行原则

当事人不能以起诉为理由而停止执行税务机关所作出的具体行政行为,如税收保全措施和税收强制执行措施。

3. 税务机关负举证责任原则

由于税务行政行为是税务机关单方依一定事实和法律作出的,只有税务机关最了解作出该行为的证据。如果税务机关不提供或不能提供证据就可能败诉。

4. 税务机关负责赔偿的原则

依据《国家赔偿法》的有关规定,税务机关及其工作人员因执行职务不当,给当事人造成人身及财产损害,应承担赔偿责任。

三、税务行政诉讼的受案范围

税务行政诉讼的受案范围是指人民法院对税务机关的哪些行为拥有司法审查权。界定税务行政诉讼的受案范围,便于明确人民法院、税务机关及其他国家机关间在解决税务行政争议方面的分工和权限。具体地说,税务行政诉讼的受案范围包括:

(1)税务机关作出的征税行为:一是征收税款、加收滞纳金;二是扣缴义务人、受税务机关委托的单位作出代扣代缴、代收代缴行为及代征行为。

（2）税务机关作出的责令纳税人提交纳税保证金或者纳税担保行为。

（3）税务机关作出的行政处罚行为：①罚款。②没收财物和违法所得。③停止出口退税权。④收缴发票和暂停供应发票。

（4）税务机关作出的通知出境管理机关阻止出境行为。

（5）税务机关作出的税收保全措施：①书面通知银行或者其他金融机构冻结存款。②扣押、查封商品、货物或者其他财产。

（6）税务机关作出的税收强制执行措施：①书面通知银行或者其他金融机构扣缴税款。②拍卖所扣押、查封的商品、货物或者其他财产抵缴税款。

（7）对税务机关不依法履行颁发税务登记证，开具或出具完税凭证、外出经营活动税收管理证明，行政赔偿，行政奖励等职责的行为不服。

（8）对税务机关资格认定行为不服。

（9）对税务机关政府信息公开工作中的具体行政行为不服。

（10）对税务机关纳税信用等级评定行为不服。

（11）对税务机关其他具体行政行为不服。

四、税务行政诉讼的管辖

税务行政诉讼管辖是指人民法院受理第一审税务案件的职权分工。具体来讲，税务行政诉讼的管辖分为级别管辖、地域管辖和裁定管辖。

（一）级别管辖

级别管辖是上下级人民法院之间受理第一审税务案件的分工和权限，分为基层人民法院管辖、中级人民法院管辖、高级人民法院管辖和最高人民法院管辖。

基层人民法院管辖除上级法院管辖的第一审税务行政案件以外的所有第一审税务行政案件，即一般的税务行政案件。

中级人民法院管辖以下案件：①对国务院部门或者县级以上地方人民政府所作的行政行为提起诉讼的案件。②海关处理的案件。③本辖区内重大、复杂的案件。④其他法律规定由中级人民法院管辖的案件。

高级人民法院管辖本辖区内重大、复杂的第一审税务行政案件。

最高人民法院管辖全国范围内重大、复杂的第一审税务行政案件。

（二）地域管辖

地域管辖是指同级人民法院之间受理第一审行政案件的分工和权限，分一般地域管辖和特殊地域管辖。

1. 一般地域管辖

一般地域管辖是指按照最初作出具体行政行为的行政机关所在地来确定管辖法院。属于一般地域管辖的复议案件有：凡是未经复议直接向人民法院提起诉讼的，或者经过复议，复议裁决维持原具体行政行为，当事人不服向人民法院提起诉讼的案件。

2. 特殊地域管辖

特殊地域管辖是指根据特殊行政法律关系或特殊行政法律关系所指的对象来确定管辖法院。

属于特殊地域管辖的复议案件有：经过复议的案件,复议机关改变原具体行政行为的,由原告选择最初作出具体行政行为的税务机关所在地的人民法院或者复议机关所在地人民法院管辖。原告可以向任何一个有管辖权的人民法院起诉,最先收到起诉状的人民法院为第一审法院。

经复议的案件,也可以由复议机关所在地人民法院管辖。经最高人民法院批准,高级人民法院可以根据审判工作实际情况,确定若干人民法院跨行政区域管辖行政案件。

(三)裁定管辖

裁定管辖是指人民法院依法自行裁定的管辖,包括移送管辖、指定管辖及管辖权的转移三种情况。

1. 移送管辖

移送管辖是指人民法院将已经受理的案件,移送给有管辖权的人民法院审理。受移送的人民法院应当受理。受移送的人民法院认为受移送的案件按照规定不属于本院管辖的,应当报请上级人民法院指定管辖,不得再自行移送。

移送管辖必须具备三个条件：一是移送人民法院已经受理了该案件;二是移送人民法院发现自己对该案件没有管辖权;三是接受移送的人民法院必须对该案件确有管辖权。

2. 指定管辖

指定管辖是指上级人民法院以裁定的方式,指定某下一级人民法院管辖某一案件。指定管辖的情形及主体如下：

(1)有管辖权的人民法院因特殊原因不能行使对行政诉讼的管辖权的,由其上级人民法院指定管辖。

(2)人民法院对管辖权发生争议且协商不成的,报它们的共同上级人民法院指定管辖。

3. 管辖权的转移

管辖权转移是指经上级人民法院决定或同意,对第一审税务行政案件的管辖权,由下一级人民法院移送上级人民法院,或者由上级人民法院转给下级人民法院。

根据《中华人民共和国行政诉讼法》第24条的规定,上级人民法院有权审理下级人民法院管辖的第一审税务行政案件,也可以将自己管辖的第一审行政案件移交下级人民法院审判。下级人民法院对其管辖的第一审税务行政案件,认为需要由上级人民法院审判的,可以报请上级人民法院决定。

五、税务行政诉讼的起诉和受理

(一)税务行政诉讼的起诉

税务行政诉讼的起诉是指公民、法人或者其他组织认为自己的合法权益受到税务机关行政行为的侵害,而向人民法院提出诉讼请求,要求人民法院行使审判权,依法予以保护的诉讼行为。

在税务行政诉讼等行政诉讼中,起诉权是单向性权利,税务机关不享有起诉权,只有应诉权,即税务机关只能作为被告;与民事诉讼不同,作为被告的税务机关不能反诉。

纳税人、扣缴义务人等税务管理相对人在提起税务行政诉讼时,必须符合下列条件：

(1)原告是认为具体行政行为侵犯其合法权益的公民、法人或者其他组织。

(2)有明确的被告。

（3）有具体的诉讼请求和事实、法律根据。

（4）属于人民法院的受案范围和受诉人民法院管辖。

提起税务行政诉讼，还必须符合法定的期限和必经的程序。对税务机关的征税行为提起诉讼，必须先经过复议，对复议决定不服的，可以在接到复议决定书之日起 15 日内向人民法院起诉。对其他具体行政行为不服的，当事人可以在接到通知或者知道之日起 15 日内直接向人民法院起诉。

税务机关作出具体行政行为时，未告知公民、法人或者其他组织起诉期限的，起诉期限从公民、法人或者其他组织知道或者应当知道起诉期限之日起计算，但从知道或者应当知道行政行为内容之日起最长不得超过 1 年。

（二）税务行政诉讼的受理

税务行政诉讼的受理是指人民法院接到诉讼请求后，经审查认为符合法定起诉条件，决定予以立案审理的行为。

1. 诉讼案件的审查内容

对当事人的起诉，人民法院一般从以下 6 个方面进行审查并作出是否受理的决定：①是否属于法定的诉讼受案范围。②是否具备法定的起诉条件。③是否已经受理或者正在受理。④是否有管辖权。⑤是否符合法定的期限。⑥是否经过必经复议程序。

2. 受理裁定

人民法院在接到起诉状时对符合规定的起诉条件的，应当登记立案。对当场不能判定是否符合规定的起诉条件的，应当接收起诉状，出具注明收到日期的书面凭证，并在 7 日内决定是否立案。不符合起诉条件的，作出不予立案的裁定。裁定书应当载明不予立案的理由。原告对裁定不服的，可以提起上诉。

起诉状内容欠缺或者有其他错误的，应当给予指导和释明，并一次性告知当事人需要补正的内容。不得未经指导和释明即以起诉不符合条件为由不接收起诉状。

对于不接收起诉状、接收起诉状后不出具书面凭证，以及不一次性告知当事人需要补正的起诉状内容的，当事人可以向上级人民法院投诉，上级人民法院应当责令改正并对直接负责的主管人员和其他直接责任人员依法给予处分。

人民法院既不立案，又不作出不予立案裁定的，当事人可以向上一级人民法院起诉。上一级人民法院认为符合起诉条件的，应当立案、审理，也可以指定其他下级人民法院立案、审理。

六、税务行政诉讼的审理和判决

（一）税务行政诉讼的审理

人民法院审理行政案件实行合议、回避、公开审判和两审终审的审判制度。对人民法院受理的税务行政诉讼案件，人民法院在完成了审理前的各项准备工作后，诉讼程序即转入正式审理阶段。

人民法院审理一审行政案件应采用开庭审理的方式，即在人民法院审判人员的主持下，在诉讼参加人和其他参与人的参加下，依法定程序对被诉的税务具体行政行为进行审查并作出裁判。开庭审理包括宣布开庭、法庭调查、法庭辩论、休庭合议、宣告判决等阶段。

1. 审理前的准备

人民法院在审理之前应做好相应的准备工作，包括依法组成合议庭、阅卷、查证及通知被告应诉等。其中,通知被告应诉是一项重要的工作。人民法院应当在立案之日起 5 日内将起诉状副本发送税务机关。税务机关应在收到法院送达的应诉通知书和原告起诉状副本后,由其法定代表人指定本机关法制机构及时办理有关事项,积极应诉,向人民法院提交作出具体行政行为的有关材料,并提出答辩状,人民法院应在收到答辩状之日起 5 日内将答辩状副本发送给原告。被告不提交答辩状的,不影响人民法院审理。经两次传唤原告不到庭视为撤诉,被告两次不到庭,则可缺席判决。

2. 宣布开庭审理

宣布开庭审理主要包括以下内容:书记员查明当事人和其他诉讼参与人是否到庭并把结果报告法庭;书记员宣布法庭纪律;审判长宣布开庭并核对原告、被告和第三人的身份;审判长宣布案由;审判长宣布组成合议庭审判人员的名单和书记员姓名;告知当事人的诉讼权利与义务,并对有关法律作简要解释;询问当事人是否申请回避。

3. 法庭调查

法庭调查是人民法院在诉讼当事人和诉讼参与人的参加下,核实和审查证据,查明案件真相的诉讼阶段。法庭调查的内容包括:听取当事人的陈述;审查当事人所提供的税收法律、法规、规章的有效性以及各种证据;全面、客观、公正地查明案情,查明哪些证据可以作为定案的证据,哪些税收法律、法规、规章可以作为审理的依据。

4. 法庭辩论

法庭辩论是指由诉讼当事人对税务争议案件,各自陈述自己的意见、理由和根据,批驳对方的论点和论据的活动。在此阶段,当事人双方就认定事实和适用法律进行辩论。法庭辩论在法庭调查的基础上进行,其目的在于使当事人充分阐述自己的主张和论据,为审判人员准确查明事实、正确适用法律奠定基础。

5. 休庭合议

法庭辩论结束后,审判长宣布休庭,由合议庭组成人员进行合议,讨论如何依法正确判决。合议庭应按照少数服从多数的原则提出对案件的判决意见,但少数人的意见应当记入会议笔录,并拟定判决书或裁定书。

(二)税务行政诉讼的判决

人民法院对受理的税务行政案件,经过调查、收集证据、开庭审理之后,分别作出如下判决:

(1)维持判决。适用于具体行政行为证据确凿,适用法律、法规正确,符合法定程序的案件。

(2)撤销判决。行政行为有下列情形之一的,人民法院判决撤销或者部分撤销,并可以判决被告重新作出行政行为:①主要证据不足的。②适用法律、法规错误的。③违反法定程序的。④超越职权的。⑤滥用职权的。⑥明显不当的。

(3)履行判决。人民法院经过审理,查明被告不履行法定职责的,判决被告在一定期限内履行。

(4)变更判决。税务行政处罚明显不当或显失公正的,可以判决变更。

七、税务行政诉讼的执行

税务机关要依法自觉履行人民法院生效判决、裁定和调解,不得拒绝履行或者拖延履行。

对人民法院作出的责令重新作出行政行为的判决,税务机关应当在法定期限或者人民法院指定的期限内重新作出,除原行政行为因程序违法或者法律适用问题被人民法院判决撤销的情形外,不得以同一事实和理由作出与原行政行为基本相同的行政行为。

对人民法院提出的司法建议或者人民检察院提出的检察建议,税务机关要认真研究并按照要求作出书面回复,确有问题的要加以整改。

税务机关拒绝履行判决、裁定的,第一审人民法院可以采取以下措施:

(1) 对应当归还的罚款或者应当给付的赔偿金,通知银行从该税务机关账户内划拨。

(2) 在规定期限内不履行的,从期满之日起,对该税务机关按日处 50 元至 100 元的罚款。

(3) 向该税务机关的上一级税务机关或者监察、人事机关提出司法建议。接受司法建议的机关,根据有关规定进行处理,并将处理情况告知人民法院。

(4) 拒不履行判决、裁定,情节严重,构成犯罪的,依法追究主管人员和直接责任人员的刑事责任。

复习思考题

1. 税务行政处罚的主体是什么?处罚的种类包括哪些?
2. 税务行政处罚的基本程序有哪些?
3. 税务行政复议的受案范围包括哪些?
4. 提请税务行政复议的条件是什么?
5. 税务行政诉讼的受案范围包括哪些?如何管辖?
6. 税务行政诉讼程序有哪些?

巩固训练题

思政园地